A Study of the Artistic Ideas of Xunzi

荀子文艺思想研究

刘延福 著

山东大学出版社

图书在版编目(CIP)数据

荀子文艺思想研究/刘延福著. —济南:山东大学出版社,2015.8
ISBN 978-7-5607-5329-4

Ⅰ.①荀… Ⅱ.①刘… Ⅲ.①荀况(前 313～前 238)—文艺思想—思想评论 Ⅳ.①B222.65②I206.2

中国版本图书馆 CIP 数据核字(2015)第 181558 号

责任策划:王立强
责任编辑:王立强
封面设计:牛 钧

出版发行:山东大学出版社
社 址 山东省济南市山大南路 20 号
邮 编 250100
电 话 市场部(0531)88364466
经 销:山东省新华书店
印 刷:山东省英华印刷厂
规 格:720 毫米×1000 毫米 1/16
18.25 印张 330 千字
版 次:2015 年 8 月第 1 版
印 次:2015 年 8 月第 1 次印刷
定 价:36.00 元

目录

中 编

下 编

绪论

一、问题的提出

荀子与儒家的前辈孔子、孟子并称为“先秦儒家的三位大师”。郭沫若先生说他是“先秦诸子中最后一位大师，他不仅集了儒家的大成，而且可以说是集了百家的大成的”[①]。李泽厚也称赞他“上承孔孟，下接易庸，旁收诸子，开启汉儒”[②]。这充分说明了他在中国思想史上具有举足轻重的地位。他的思想虽然没有被此后的儒者奉为儒家的正统，但对中国政治、哲学的影响却极其深远，甚至在某种程度上超过了“孔孟”。乃至于谭嗣同说：“两千年来之学，荀学也。”[③]遗憾的是，长期以来，荀子及荀学一直受到不公正的对待。在儒学研究中，学者往往偏重于孟学体系，尊孟而抑荀。自汉以来，学者对于荀子的了解，大多局限于其“性恶说”，特别是唐宋以来，攻击者益众。例如：韩愈认为孟子为儒家中之“醇乎醇者”，却批评荀子是“大醇而小疵”[④]；程颐说“荀子极偏驳，只一句‘性恶’，大本已失”[⑤]，又说“荀卿才高学陋，以礼为伪，以性为恶，不见圣贤，虽曰尊子弓，然而时相去甚远。圣人之道，至卿不传”[⑥]；苏轼更指责荀子“喜为异说而不让，敢为高论而不顾；其言，愚人之所惊，小人之所喜也”[⑦]；朱熹则认为“荀卿则全是申、韩”[⑧]，将荀子划入法家的阵营。此后，学者对于荀子及荀学的研究与

---

① 郭沫若：《十批判书·荀子的批判》，东方出版社 1996 年版，第 218 页。

② 李泽厚：《中国古代思想史论·荀易庸记要》(上)，安徽文艺出版社 1999 年版，第 110 页。

③ 谭嗣同：《谭嗣同全集·仁学》(增订本)，中华书局 1981 年版，第 1 页。

④ 韩愈著，马其昶校注：《韩昌黎文集校注》，古典文学出版社 1957 年版，第 21 页。

⑤ 程颢、程颐著，王孝鱼点校：《二程集》，中华书局 1981 年版，第 262 页。

⑥ 程颢、程颐著，王孝鱼点校：《二程集》，第 403 页。

⑦ 苏轼：《荀卿论》，李扶九、黄仁黼选评，姚敏杰校点：《古文笔法百篇》，三秦出版社 2005 年版，第 84 页。

⑧ 黎靖德编，王星贤点校：《朱子语类》第 8 册，中华书局 1986 年版，第 3255 页。

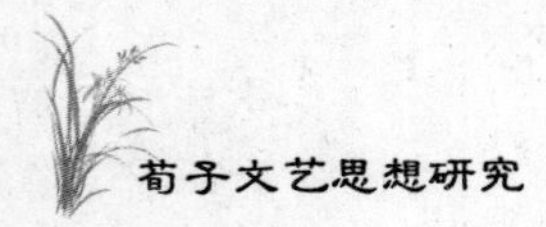

评价，基本上延续着宋明理学家的思路与观点。荀子之学也因此在很长时间内被人冷落。进入 20 世纪，随着诸子之学的复兴，荀学在此时得到长足的发展，但相对于孔、孟等传统儒者，学者对荀子的关注度依然不够。特别是在其诗歌、音乐等艺术思想的研究上，更是鲜有作品出现。这一现象与荀子的学术贡献极其不符。章太炎曾说："他（荀子）书中的《王制》、《礼论》、《乐论》等篇，可推独步。"[①]郭绍虞先生也说："孔子以后，孟荀并称，但是从文学批评来讲，荀子要比孟子为重要。……就文学批评讲，也是荀子为得其统。所以荀子奠定了后世封建时代的传统的文学观。"[②]荀子能得儒家文学批评之正统，我们就理应充分重视其在中国文艺思想史中的地位，给予其客观公正的评价。正是基于这一目的，笔者特对荀子的文艺思想及实践作一系统的梳理与探讨，抛砖引玉，希望能够引起学者对荀子文艺思想和文学创作的重视。

二、研究思路与研究方法

(一)研究思路

本书从荀子的哲学思想入手，系统地阐释了在"天生人成"这一原则指导下，荀子关于文艺的生成、文艺的审美理想及文艺的功用理论；对荀子两篇重要的文学作品——《成相》与《赋》作了详细的研究，考证了其来源，阐释了其影响；分析了荀子引《诗》、解《诗》、释《诗》的基本观点与特色，阐述了荀子的经典诠释理论；最后，从孟学与荀学的差异入手，对荀子文艺思想的社会实践品格作了总结。

(二)研究方法

本书的研究，力在呈现荀子文艺思想的全貌，同时就其理论特色作一客观的论述。为了能使荀子的文艺思想更加完整、立体地呈现在我们面前，本书主要尝试了以下几种主要的研究方法：

1. 文献研究方法

研究荀子的文艺思想，必须从《荀子》一书的原典入手。本书以《荀子》一书为主要研究对象，为分析荀子的文艺思想提供了客观的依据。本着实事求是、客观公正的原则，本书在参照相关研究成果的基础上，充分占有材料，进行了文献调研。本书搜集、鉴别、整理了与荀子有关的文献，特别是运用王国维先生所提

---

① 章太炎：《国学概论》，上海古籍出版社 1997 年版，第 33 页。

② 郭绍虞：《中国文学批评史》，上海古籍出版社 1979 年版，第 18 页。

倡的"二重证据法"[①]，对荀子《乐论》与《礼记·乐记》、郭店楚简、上博竹简论乐的相关资料作了考证与对比，结合《论语》《孟子》《中庸》等"纸上之材料"与郭店楚墓竹简、上海博物馆藏战国楚竹书等"地下之新材料"，对荀子文艺思想形成的背景、前提作了解释，了解了荀子文艺思想产生的动机与缘由，并对具体的核心范畴，如"天人观""中和"等的历史沿革与发展变化问题作了进一步的考证，以明了荀子思想的来龙去脉，进而把握其正确的内涵，确立其在思想史中的地位。

此外，本书对前人已取得的研究成果、研究现状等作了分类与综述，总结了前人优秀的研究成果，同时也发现了研究中存在的许多问题。在此基础上，本书从问题意识出发，对荀子思想作了重新阐释。

2.系统分析的方法

系统分析的方法是中国古代文论研究中最常用的一种方法。由于荀子的文艺思想是整个荀学的有机组成部分，是从属于整个荀学系统乃至儒学系统的，因此，本书尝试以系统分析的方法，将荀子的文艺思想放在整个荀学乃至儒学的大环境下，解析了荀子的文艺思想在荀学系统中的地位与作用，剖析了其与荀子的哲学观、美学观、伦理观的区别与联系。在此基础上，掌握了荀子文艺思想的立论基础与结构框架，清晰地勾勒出荀子的文艺思想在荀学体系及儒学体系中的架构与蓝图，从而能够更好地阐释荀子文艺思想的理论特质与独特的艺术价值。

3.比较的方法

一种理论的产生，必然离不开其产生的历史传统与文化语境，因而就不可避免地涉及其与其他理论的比较问题。所以，本书采取了历时与共时相结合的研究方法：从历时的方面（纵线）来说，一种思想的展开必然离不开其历史传承，故而本书通过历时的比较，分析解释了荀子文艺思想产生的理论背景、在当时所处的历史地位及对后世的影响等方面，力图借由了解过去以分析现在、展望未来；从共时的方面（横面）来说，由于荀子的文艺思想受到时代的限制以及同时代其他学者（比如稷下学派）的影响，因而，本书常常将荀子的文艺思想与同时代的其他人的观点加以比较分析，以把握其独特的理论特色。

三、研究内容

本书的写作目的是在前贤已有的研究成果的基础上，用新的视角与方法及

---

① 王国维先生说："吾辈生于今日，幸于纸上之材料外更得地下之新材料。由此种材料，我辈固得据以补正纸上之材料，亦得证明古书之某部分全为实录，即百家不雅训之言亦不无表示一面之事实。此二重证据法惟在今日始得为之。"意思是运用"地下之新材料"与古文献记载相印证，以考古代历史文化。（顾颉刚编著：《古史辨》第1册，景山书社1926年版，第265页）

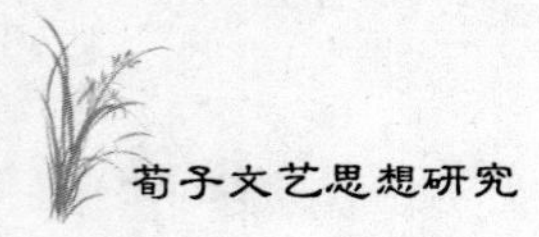

新出土的郭店及上博楚简等材料，以荀子“天生人成”的哲学思想为线索，对荀子的文艺思想及其在这种思想指导下的文艺实践活动进行系统的研究与阐释，论证并阐释荀子文艺思想的理论特质与独特魅力。根据研究的侧重点的差异，全书分为上、中、下三编。

上编主要是对荀子文艺思想与创作实践的“前问题”的研究，主要探讨了荀子文艺思想与创作实践产生的时代背景、理论渊源及哲学基础。包括三章：第一章主要从文献研究与考证的角度对学界争议较大的有关荀子及《荀子》的问题作了考证，明确了研究对象与内容；第二章从荀子的诗乐思想入手，梳理了荀子文艺思想产生的理论渊源；第三章分析了荀子文艺思想与实践产生的哲学基础。

中编主要是对荀子文艺思想与文学创作的义理方面的研究，包括三章内容：第四章论述了荀子的文艺生成与创作理论，第五章阐述了荀子的文艺审美理想论，第六章分析了荀子关于文艺功用的理论。

下编主要探讨了荀子在其文艺思想指导下的实践活动，共分为三章：第七章对荀子两篇重要的文学作品——《成相》与《赋》作了论述；第八章对《荀子》引《诗》、释《诗》的现象作了考证，阐述了“为其人以处之”的实践性品格。

余论部分，主要对荀子文艺思想的理论特色作了阐述。

四、研究概述

作为荀学的一部分，荀子的文艺思想与文学创作活动在我国的文学史、文论史、音乐史上有着不可取代的地位和作用。《荀子·乐论》不仅是我国第一篇比较系统的音乐理论专论，它所蕴含的丰富的文艺思想也是我国历代文艺理论论著的理论源头之一，是中国文学思想的宝库。笔者拟就荀子文艺思想与实践研究的以下几个方面对近三十年来的研究成果加以梳理与还原，为学者们的后续研究提供些许线索与参考。

学者关于荀子文艺思想的研究，主要分为三个方面：一是关于荀子文艺思想的文献研究，二是关于荀子文艺思想的义理研究，三是关于荀子文艺创作实践的研究。

(一)荀子文艺思想的文献研究简述

荀子文艺思想的文献研究，主要集中在《乐论》与《乐记》的先后关系与理论传承关系的考证、《乐论》与郭店竹简论乐的关系等方面。

1.《乐论》与《乐记》

由于《荀子·乐论》与《礼记·乐记》的产生年代以及承继关系直接影响到两者在中国文艺史上的地位和作用，因此这一直以来都是学者们关注的对象。一些学者认为，在产生的时序上，《荀子·乐论》在前，《礼记·乐记》在后；两者在内容上相同或相近的地方，是后者传承或抄袭前者。早在新中国成立前，梁启超等人就认为《礼记》本是汉儒杂编而成，所以凡是大小戴记与《荀子》相同的地方，“皆当认为《礼记》采《荀子》，不能谓《荀子》袭《礼记》”[①]。改革开放后，学者大多赞同这种观点。孙尧年先生以《乐记》本身的文风及体制为切入点，认为《乐记》是孔子以后到西汉中期以前儒家论乐的综合论著，且八篇中采自荀子《乐论》者最多，构成八篇的重要部分，主要为荀子学派的作品。[②] 蔡仲德先生比较了《乐记》与《乐论》的创作特点与行文规律，认为《荀子》一书各篇均无整抄痕迹；《乐记》成书当在汉武帝时期，很多内容采自《乐论》。[③] 吴毓清先生认为《乐论》与《荀子》全书从立论到语言风格均很统一，没有任何外来的痕迹，《乐论》乃荀子自作无疑；相反，《乐记》中的许多语句及句法都是荀子的“特性”语言，且《乐记》成书于汉，所以“《乐记》自是抄袭了《乐论》”，《乐记》当是对《乐论》观点的承袭。[④] 敏泽先生也撰文考证了《乐记》早于荀子《乐论》之说在根本上是站不住脚的。[⑤] 吴乃恭先生也认为《乐记》是汉初的著作，是晚于《乐论》的作品，并抄袭了《乐论》中的大部分内容。[⑥] 国外的许多学者，如 Homer H. Dubs（德效骞）、Scott Cook 等人亦持此种观点。[⑦] 与这种观点相似的一种观点认为，所谓公孙尼者，原有二人：一为儒家，春秋战国间人，即公孙尼子；一为杂家，汉武帝时人，即公孙尼。《乐记》是后者也即武帝时的公孙尼所作。因此，《乐论》在前而《乐记》在后。[⑧]

另一种观点认为，《荀子·乐论》抄袭了《礼记·乐记》。在改革开放前，以郭沫若为首的许多学者依据唐张守节在《史记正义》中的考证以及沈约等人的观点[⑨]，认为《乐记》取自战国时的《公孙尼子》。公孙尼子可能是孔子的直传弟子，早于荀子，因此荀子在乐理上很明显是受公孙尼的影响。所以郭沫若先生认为“与其谓《乐记》出于‘剿袭’，毋宁认《乐论》、《吕览》、《易·系》诸书之出于剿袭之

---

① 梁启超：《梁启超全集·要籍解题及其读法》，北京出版社 1999 年版，第 464 页。

② 参见孙尧年：《乐记作者问题考辨》，中华书局编辑部编：《文史》第 10 辑，中华书局 1980 年版，第 175－190页。

③ 参见蔡仲德：《〈乐记〉作者辨证》，《中央音乐学院学报》1980 年第 1 期。

④ 参见吴毓清：《〈乐记〉的成书年代及其作者——〈乐记〉探索之一》，人民音乐出版社编辑部编：《乐记论辩》，人民音乐出版社 1983 年版，第 320－335 页。

⑤ 参见敏泽：《中国美学思想史》第 1 卷，齐鲁书社 1987 年版，第 185－186 页。

⑥ 参见吴乃恭：《荀子〈乐论〉及其同〈乐记〉关系的探讨》，《社会科学战线》1987 年第 4 期。

⑦ Homer H. Dubs, *Hsün tze. the Moulder of Ancient Confucianism*, London: Arthur Probsthain, 1927; Scott Cook, *Yue Ji*. Record of Music: Introduction, Translation, Notes, and Commentary. Cornell: Asian Music, 1995, 26(2).

⑧ 参见丘琼荪：《历代乐志律志校释》第 1 分册，人民音乐出版社编辑部编：《乐记论辩》，第 71 页。

⑨ 张守节《史记正义》于《乐书》云：“《乐记》者公孙尼子所次撰也。”《隋书·音乐志》引沈约对梁武帝的奏答说：“《乐记》取公孙尼子。”（转引自人民音乐出版社编辑部编：《乐记论辩》，第 21－22 页）

为宜"[1]。他的这种观点被杜国庠、杨公骥、杨荫浏、董健等老一辈学者所接受。改革开放后,周柱铨、金钟、周来祥、李学勤等学者亦撰文支持此观点。周柱铨先生将《乐论》与《乐记》的重复部分作了比较分析,认为《乐记》成书于战国,早于荀子活动的年代,因而是《乐论》抄袭了《乐记》。[2] 金钟认为,公孙尼作《乐记》是难以否认的,而且比荀子《乐论》成书要早;《乐记》结构严谨,层层深入,是有内在逻辑的完整著作,而《乐论》在篇章句法上有脉络切断、上下抄袭的痕迹,《乐论》是抄袭了《乐记》用以反对墨子"非乐"的。[3] 周来祥先生根据《乐记》内容的历史特点,认为《乐记》的思想更接近孔子和春秋间的思想,是由孔子到荀子发展过程中产生的一种历史现象,因而成书年代定于春秋末、战国初是比较适当的;公孙尼子是孔子的弟子,其所作《乐记》,早于荀子的《乐论》。[4] 李学勤先生也根据沈约及张守节等人的观点认为《乐记》为孔门"七十子"中的公孙尼子的作品,荀子的《乐论》大量引用《乐记》。[5]

2.《乐论》与郭店竹简的文艺思想

自从20世纪90年代郭店楚墓竹简发现以后,学者们对其所体现的思想内容及学派归属问题曾产生过分歧。李泽厚等人认为,与其断定竹简属思孟学派,毋宁说其更接近《礼记》及荀子,其基本倾向似更接近荀而不近孟。[6] 国外学者Paul Rual Goldin也认为,竹简中的《成之闻之》《尊德义》《性自命出》《六德》《穷达以时》《唐虞之道》《忠信之道》《语丛》等篇更接近于《荀子》,而且两者均提到了"情"在音乐理论中的作用,就楚简论乐来说,荀子乐论中的主要内容在郭店楚简中似乎得到了印证。[7] 付晓青认为,楚简论乐为荀子的乐论思想提供了充分的思想来源,是从孔子到荀子之间儒家乐论美学思想的一个不可缺少的重要环节。[8]

---

① 郭沫若:《先秦学术述林·公孙尼子与其音乐理论》,东南出版社1945年版,第192—193页。

② 参见周柱铨:《〈乐记〉考辨》,人民音乐出版社编辑部编:《乐记论辩》,第112页。

③ 参见金钟:《关于公孙尼子的〈乐记〉的断代和评价问题——兼与〈乐记〉批注者商榷》,《人民音乐》1979年第7期。

④ 参见周来祥:《中国古典美学和古典文艺理论的奠基石——评公孙尼子的〈乐记〉》,人民音乐出版社编辑部编:《乐记论辩》,第190—194页。

⑤ 参见李学勤:《公孙尼子与〈易传〉的年代》,中华书局编辑部编:《文史》第35辑,中华书局1992年版,第219—225页。

⑥ 参见李泽厚:《初读郭店竹简印象纪要》,陈鼓应主编:《道家文化研究》第17辑,三联书店1999年版,第420—421页。

⑦ Paul Rual Goldin, Xunzi in the Light of Guodian Manuscripts, *Early China*, 2000, 25, pp. 113-146.

⑧ 参见付晓青:《荀子"乐论"美学思想研究》,山东大学博士学位论文,2008年。

(二)荀子文艺思想的义理研究

荀子文艺思想与创作实践的义理研究,主要可以分为以下几个方面:

1. 总体性研究

荀子文艺理论的总体性与概述性研究,主要包括荀子文艺思想的学派归属、理论基础及出发点、历史地位与影响等方面。

(1)荀子文艺思想的学派归属。荀子文艺思想的学派归属是与荀学的学派归属联系在一起的。最具代表性的一种观点认为,荀子的文艺思想虽然受到先秦法家、道家、墨家等思想的影响,但仍然是传统儒家文艺思想的一部分,是在继承和发展儒家文艺理论的基础上,对先秦诸家文艺理论的批判的吸收。吴毓清先生认为,荀子的文艺思想受儒、法的影响最深:"既有属儒学的部分(占主导地位的部分),也有属法学的部分。这样两个矛盾着的部分在荀子的思想中兼收并蓄,就使得整个荀子的音乐思想呈现出了一种斑驳陆离的现象",所以"在音乐美学思想的领域他同样是一位卓有成就的开拓者和综合者"。[①] 李泽厚先生认为,荀子是先秦儒家的最后一个代表,荀子的整个思想是企图对在他之前的各家思想来一个批判的总结和综合,他的美学在基本点上仍然同儒家美学相一致。[②] 蒋孔阳先生也认为,荀子的文艺思想受到法家和道家思想的影响,是在继承了孔丘的"礼乐"等儒家思想的基础上而又有了新的发挥。[③] 也有学者认为,荀子作为儒家的"异端",他的哲学与美学既不同于传统的儒家,也与道家、法家等存在很大的差异,是自成体系的"荀学"的一部分。郭志坤认为,荀子"学于儒家而背儒",他刺取诸说,综合百家,"喜异说","敢高论",提出了自成一家的学说,创立了有自己思想体系的学说——以"名实相符"为特点的荀学,荀子的学说是荀学的而不是传统的儒学的。[④] 另一种观点认为,荀学是黄老之学,荀子的音乐思想属于黄老之学。赵吉惠先生认为,荀学包含儒家思想,但又非醇儒;包含道法家思想,但又非法家,而是黄老之学,荀子是战国末期黄老之学的代表人物。[⑤] 当然,这种观点也受到许多质疑,张颂之、杨春梅等人就专门撰文对此进行了

① 吴毓清:《荀况与中国古代音乐美学思想——荀况音乐思想散论》,《广州音乐学院学报》1982 年第 3 期。

② 参见李泽厚、刘纲纪:《中国美学史》第 1 卷,中国社会科学出版社 1984 年版,第 317—323 页。

③ 参见蒋孔阳:《先秦音乐美学思想论稿·评荀况的〈乐论〉及其音乐美学思想》,人民文学出版社 1986 年版,第 160 页。

④ 参见郭志坤:《荀学论稿》,三联书店 1991 年版,第 16 页。

⑤ 参见赵吉惠:《荀况是战国末期黄老之学的代表》,《哲学研究》1993 年第 5 期。

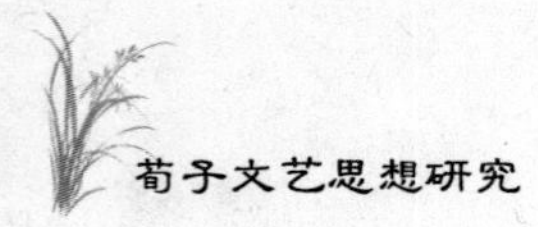

反驳。[①]

(2)荀子文艺思想的理论基础及出发点。一种观点认为,"性恶论"是荀子文艺思想乃至整个荀学的基础。李泽厚等人认为,"性恶论"是荀子思想的基石,也是其美学思想的基石;荀子把美的要求看作人性本有欲望的一个方面加以观察,这是他的全部美学的出发点。[②] 吴文璋将天人关系、性恶与化性起伪看作荀子"音乐哲学"的思想根据,认为荀子将"天人分途的形上论落实到人生界,而用'礼乐的道统'来建立人道的极致,这是他为何如此重视音乐哲学的根本原因"[③]。蔡仲德先生也认为,荀子文艺思想的基础是"性恶论",同时"乐(正乐)以道(通'导')乐(快乐)"是贯穿荀子文艺思想的一条红线。荀子的文艺理论是以乐(yuè)导乐(lè)。[④] 旷丽贞认为,荀子美学思想的核心内容是"化性起伪",他的"乐以道乐"的文艺理论,是其以"性恶论"为基础的整个"化性起伪"美学思想的一部分。[⑤] 郑炯坚也将"性恶论"看作荀子文学的哲学基础,认为荀子把诗、乐等文学等同于文化学术、儒学之礼义仁甚至"道",认为文学可以"琢磨"性恶,可以"化性起伪",由恶迁善,造就人为美,美化人生,使天下太平。[⑥] 袁世杰也认为,荀子的文艺和美学思想的性质是"性恶论"的,荀子提出的"性恶论",犹如一个深广的磁场,吸引其社会、政治、文艺等思想,使其环绕此一中心以展开其活动。[⑦] 王志成认为,荀子从人性恶的立论出发,以"物欲关系论"作为文艺理论的理论切入点,从而在文艺范畴内提出了一系列前无古人的光辉命题,并作出了深刻的独树一帜的诠释。[⑧] 另一种观点认为,荀子的礼学贯穿其学说的始终,是荀学的核心,荀子的文艺思想是围绕其礼学展开的,是礼学的延伸和补充。蒋孔阳先生认为,荀学的关键是"礼",我们谈荀况的文艺理论,也应当联系"礼"来进行探讨,荀况的"乐论"可说是他的"礼论"的补充。[⑨] 雷琼芳也认为,荀子在其礼学视野里提出了一系列的文艺美学思想,他关于美和审美的讨论是对其礼学的延伸。[⑩]

(3)荀子文艺思想的历史地位与影响问题。最具代表性的一种观点认为,荀

---

① 参见张颂之、杨春梅:《荀子是儒学还是黄老之学的代表?——兼与赵吉惠先生商榷》,《哲学研究》1994年第9期。

② 参见李泽厚、刘纲纪:《中国美学史》第1卷,第320页。

③ 参见吴文璋:《荀子的音乐哲学》,台北文津出版社1994年版,第59—78页。

④ 参见蔡仲德:《中国音乐美学史》,人民音乐出版社1995年版,第179—199页。

⑤ 参见旷丽贞:《化性起伪——荀子美学思想简论》,复旦大学硕士学位论文,1999年。

⑥ 参见郑炯坚:《荀子文学与美学》,香港科华图书出版公司2001年版,第280—281页。

⑦ 参见袁世杰:《礼学重构中的荀子性恶论文艺观》,苏州大学博士学位论文,2003年。

⑧ 参见王志成:《荀子音乐美学思想辨析》,《艺术百家》2004年第3期。

⑨ 参见蒋孔阳:《先秦音乐美学思想论稿·评荀况的〈乐论〉及其音乐美学思想》,第161页。

⑩ 参见雷琼芳:《论荀子礼学思想的美学诉求》,新疆大学硕士学位论文,2007年。

子的文艺思想虽然有一定的局限性，但它是对先秦文艺，特别是儒家文艺理论的进一步发展，在中国文艺史上具有重要的地位和作用。在当代的美学界与文艺理论界，这种看法已成为学者们的共识。郭绍虞、李泽厚、蒋孔阳、蔡仲德等人均持这种观点。郭绍虞先生认为，孔子之后，“孟荀”并称，但是从文学批评来讲，荀子要比孟子更为重要，因为荀子奠定了后世封建时代传统的文道合一的文学观。[①] 李泽厚先生认为，虽然荀子忽视了艺术的特征，对后世的艺术创作和欣赏影响都不显著，但是他主张的艺术是情感与理性的统一，艺术对社会具有感化教育作用，对后世却有深远的影响，《乐论》中所包含的思想促成了汉代“成人伦，助教化”的说法。[②] 蒋孔阳先生认为，在中国过去占统治地位的“礼乐”思想，最初是由荀况的《乐论》奠定了比较完备的理论基础，然后由《乐记》加以新的发展，集大成的。[③] 蔡仲德先生认为，荀子在音乐的特征、社会功能、审美准则等方面都能道前人所未道，在前人的基础上有所发展，其明确提出的“礼乐”“中和”这两个重要范畴，是儒家诗学成熟的突出标志，其思想对《乐记》、对以后两千多年的诗学均有深刻的影响。[④] 顾易生、蒋凡等人也说，荀子在先秦诗学发展中，是汉以后文学理论批评中宗经、征圣、明道等说的先声，正式揭橥“中和”之美的准则，并开启以后文学批评史上探讨“情”“文”关系的先河，《荀子·乐论》是儒家文艺思想的总结。[⑤] 与此相反的一种观点认为，由于《荀子·乐论》取自公孙尼子的《乐记》，因此在音乐理论上并没有什么突破。早在新中国成立之前，郭沫若就认为，荀子的《乐论》篇差不多整个是《公孙尼子》的翻版，因此并看不出有什么特创的见解。[⑥] 周来祥先生也说，“像荀子这样一位先秦哲学思想的集大成者，其《乐论》也基本上承袭了《乐记》的思想”[⑦]。这种论点的出现并不是偶然的，因为这些学者大都认为荀子的《乐论》是对《礼记·乐记》的抄袭，而后者显然要比前者更系统、更深刻。

2. 主题研究

荀子文艺思想的主题研究，大致可以分为荀子论文艺与情感的关系、文艺的特征、文艺的功用三个方面。

---

① 参见郭绍虞：《中国文学批评史》，第 18 页。

② 参见李泽厚、刘纲纪：《中国美学史》第 1 卷，第 339 页。

③ 参见蒋孔阳：《先秦音乐美学思想论稿·评荀况的〈乐论〉及其音乐美学思想》，第 160 页。

④ 参见蔡仲德：《中国音乐美学史》，第 199 页。

⑤ 参见王运熙、顾易生主编，顾易生、蒋凡著：《中国文学批评通史》（先秦两汉卷），上海古籍出版社 1996 年版，第 128—135 页。

⑥ 参见郭沫若：《先秦学术述林·公孙尼子与其音乐理论》，第 192 页。

⑦ 参见周来祥：《中国古典美学和古典文艺理论的奠基石——论公孙尼子的〈乐记〉》，人民音乐出版社编辑部编：《乐记论辩》，第 220 页。

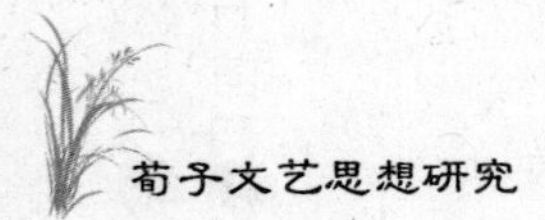

(1)关于文艺与情感的关系。学者们发现,荀子在论述文艺的发生时所提到的情感因素的观点在中国文艺史上具有重要的地位。吴毓清认为,在先秦诸子中,像荀子这样关注音乐情感因素的哲人,大概未必能找出第二个。除此之外,荀子还提出了音乐中情与理(道)的关系问题,亦即提出了一个"以理(道)制情"的新命题。[①] 蒋孔阳先生认为,荀况从自然的人性出发,谈到音乐的起源是人情的必然,是自然而又不可避免的。[②] 敏泽先生认为,在荀子看来,音乐的产生来自审美主体情感宣泄的需要,并且是表现人的内在思想感情的。其把情感在美的创造和鉴赏,以及音乐的功能发挥中的作用提得这样鲜明,并且讲得这样精辟,可以说是前无古人。[③] 卓支中在对荀子文艺美学思想进行研究的过程中发现,荀子颇为强调文艺的抒情性,明显地认识到文艺是以情感人的。可以说,战国后期的荀子已经把言志与抒情说结合了起来。[④] 张少康认为,荀子充分重视"言志"中的抒情因素,这是对春秋以来"言志"说的重大发展。荀子这种明道、言志、抒情结合的文学观既反映了文学与其他社会科学的共性,也反映了文学本身的特点,即其个性,毫无疑问是对儒家文学思想的重大发展。[⑤] John Knoblock认为,在荀子看来,礼影响人的外在举止,而音乐影响人的内在心理,所以音乐比礼的作用更深刻。[⑥] Paul R. Goldin 认为,荀子在论述"审美冲动"时,在继承与发展《左传》等典籍的基础上,第一次系统地阐释了"志""文""情"的协调作用,为以后的文本(如《诗大序》等)所接受。[⑦]

(2)关于文艺的特征。研究者发现,荀子对文艺的特征的论述,基本上是围绕着"和""中和"等范畴来阐述的,将"中和"之美看作文艺的最鲜明的特色。吴毓清认为,荀子对音乐的特征的论述是一种"和乐观"。荀子的"和乐观"大体认为:"和"是力量的一个源泉。音乐的特征是谐和,其作用是协调人与人之间的关系,增强人们之间的团结,所以音乐也是产生力量的一个精神源泉。[⑧] 郭志坤先生认为荀子在文艺批评上追求"内在美""中和美"的文艺批评观,"中和之美"是

---

① 参见吴毓清:《荀况与中国古代音乐美学思想——荀况音乐思想散论》,《星海音乐学院学报》1982年第3期。

② 参见蒋孔阳:《先秦音乐美学思想论稿·评荀况的〈乐论〉及其音乐美学思想》,第167页。

③ 参见敏泽:《中国美学思想史》第1卷,第186—187页。

④ 参见卓支中:《荀子文艺美学思想管窥》,《暨南学报》(哲学社会科学版)1990年第2期。

⑤ 参见张少康:《中国文学理论批评史教程》,北京大学出版社1994年版,第35页。

⑥ John Knoblock, *Xunzi: A Translation and Study of the Complete Works* Vol. I, Stanford: Stanford University Press, 1988, p. 79.

⑦ Paul R. Goldin, *The Philosophy of Xunzi*, Cambridge: Harvard University, 1996, p. 134.

⑧ 参见吴毓清:《荀况与中国古代音乐美学思想——荀况音乐思想散论》,《星海音乐学院学报》1982年第3期。

荀子文艺批评的标准。[①] 卓支中将荀子的文艺批评理论概括为明道、宗经、征圣的批评原则，“中和”的美学思想，文实结合的文质观三个方面。[②] 蔡仲德先生认为，荀子不仅从表现手段和表现对象两方面把对音乐特征的认识向前推进了一步，而且将二者结合起来，认为音乐既有物的属性——“审一定和”的“声音”之道（客观规律），又有人的属性——“穷本极变”的“人之道”（主体性），认为音乐的本质在于以“审一定和”的“声音”之道表现“性术之变”，表现“人之道”，这更是道前人之所未道，因而更值得重视。[③] 张巍认为，荀子是以中和之美作为文艺的最高准则，进而构筑起了既富儒家传统又颇具个体特色的理论体系的。同时，荀子所说的“中和”，是一种“明道”的而且与道为一的，他所强调的中和之美是明确为其政治目的服务的。[④]

(3)关于文艺的功用。李泽厚等人着重从艺术的社会功能方面阐述了荀子的诗学。他们认为，荀子对音乐等艺术的功能的看法的深刻之处，在于他强调指出艺术对于人们的情感欲望有一种规范引导的作用，能够使那些本来同人们的感官欲求相联系的自然性的欲望情感，成为符合社会伦理道德的，即合乎理性的一种情感。艺术的社会功能就在于使人的感性与理性相统一，消除两者的外在对立。[⑤] 蒋孔阳先生认为，先秦诸子诗学的一个共同特点是不离开政治来谈音乐。他认为荀况在这个问题上受到道、法两家的影响，他的“礼乐”思想不仅是“齐之以礼”的，而且是“齐之以刑”的。荀子同其他儒家一样，都一再强调音乐“和”的作用。荀子将音乐对个人以至国家的作用，都作了很好的描绘，而且他在我国的音乐美学思想史上第一次系统地论述了音乐、政治与生产三者之间的关系。[⑥] 郭志坤说，荀子强调文艺既具有教育功能，也有其娱乐功能，两者是相辅相成的，是“教娱统一”的文艺观。[⑦] 蔡仲德指出，荀子正是根据音乐“审一定和”“穷本极变”的特征全面论述音乐的功用的。音乐的功用可以归结为一个“和”字，就是使人血气和平，心志向善；使社会关系和睦，同心同德。[⑧] John Knoblock 研究发现，荀子认为音乐能够实现社会的最高程度的和谐，所以它是必不可少的；它是贯穿始终的主线，是一种引导的力量，使人们恪守中和之道并和谐

① 参见郭志坤：《荀子的文艺思想》，《湖南师大社会科学学报》1987 年第 3 期。

② 参见卓支中：《荀子文艺美学思想管窥》，《暨南学报》1990 年第 2 期。

③ 参见蔡仲德：《中国音乐美学史》，第 182 页。

④ 参见张巍：《论〈荀子·乐论〉中中和美的思想》，《甘肃高师学报》2001 年第 4 期。

⑤ 参见李泽厚、刘纲纪：《中国美学史》第 1 卷，第 326 页。

⑥ 参见蒋孔阳：《先秦音乐美学思想论稿·评荀况的〈乐论〉及其音乐美学思想》，第 168—174 页。

⑦ 参见郭志坤：《荀子的文艺思想》，《湖南师大社会科学学报》1987 年第 3 期。

⑧ 参见蔡仲德：《中国音乐美学史》，第 187 页。

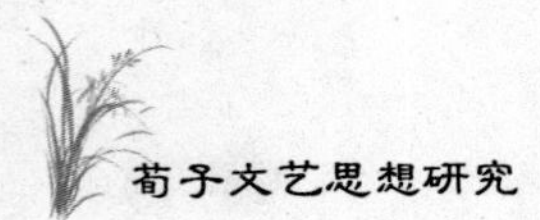

生活在一起,同时又满足了人的内在需求。[①] Scott Bradley Cook 认为,在荀子看来,与"礼"产生的尊卑有别的精神、对僭越的限制和礼让互助的一套消极规则(这是一种必要的强制性外部保障)不同,乐则是一套积极规则。在社会其他刚性规则过多限制的情况下,它以润物细无声的方式引领着人们去获得最大的幸福和内在充实,而其内核则主要在于积极实现社会和谐的目标。[②] 除此之外,有的学者将荀子论音乐对社会的作用的理论与国外的音乐社会学这一特殊学科联系起来进行研究。余兰森认为,荀子无意在《乐论》中探讨音乐的美学功用,而重在说明音乐能够治理社会,以及通过音乐与社会结合而成的礼乐思想来治世。音乐的美学问题不是荀子、墨子所争论的问题所在,他们争论的主要问题是音乐能不能成为统治工具,这是一个社会问题。此后,作者从荀子的礼乐思想、音乐对社会的影响、社会对音乐的影响三个方面论述了荀子的音乐社会学思想。[③]

3. 比较研究

(1)与传统儒家文艺思想的比较研究。荀子思想与传统儒家文艺思想的比较研究一直是学者们关注的重点。这种研究主要体现在荀子与"孔孟"、《礼记·乐记》、阮籍《乐论》等的比较上。

荀子与"孔孟"。李泽厚等人比较了荀子与"孔孟老庄"的美学思想,认为荀子美学思想忽视了美同个体人格的自由的关系,忽视了美的超功利性的特征,因此他对审美和艺术的特征的把握也比"孔孟老庄"要差一些,在艺术上十分强调严格的规矩法度,对艺术美的创造与欣赏经常是有害的。[④] 蔡仲德认为,儒家的音乐美学思想奠基于孔子,发展于孟子,成熟于荀子,三者虽然有所不同,但都可以一言以蔽之,曰:礼乐思想。孔、孟、荀都以"和"——"中和"为审美准则,既有合理因素又带有保守特性。三者都重功利、重善,强调社会功能和教化作用,轻视人的审美欲求,轻视音乐的艺术形式与娱乐作用。[⑤] 王齐洲比较了孟、荀两人的文学思想,认为孟子不单独谈论文学,只把文学作为反映人格的一面镜子,从而凸显了文学作为人的精神产品的属性。孟子文学思想的核心是"文学的人化"。荀子则把文学作为圣人创造的一种外在于人并符合人文理想的文化典籍和社会意识形态,从而使文学成了独立于人而存在的人文知识。他的文学思想

---

① John Knoblock, *Xunzi: A Translation and Study of the Complete Works* Vol. I, Stanford: Stanford University Press, 1988, p. 80.

② Scott B. Cook, Xunzi on Ritual and Music, *Monumenta Seria*, 1999, 45, pp. 1-38.

③ 参见余兰森:《荀子〈乐论〉与音乐社会学》,《黄钟》1993 年第 4 期。

④ 参见李泽厚、刘纲纪:《中国美学史》第 1 卷,第 334—339 页。

⑤ 参见蔡仲德:《论孟荀的礼乐思想》,《孔子研究》1988 年第 1 期。

的核心是“人的文学化”。[①] 周薇比较了荀子与孔子、《吕氏春秋》三家在音乐的缘起、本质、作用论述上的不同，认为三者的音乐思想是一个不断向音乐本身进发的、越来越怀有文艺精神的昂首阔步的过程。[②] 李春青先生比较了荀学与思孟学派的差异，认为：“如果说孔子的诗学观念开启了后世以诗歌作为陶冶个人情操的修身方式以及臣下对君主表达不满的形式之先河，孟子开启了一种诗学阐释学之先河，那么荀子则主要是在理论上突出了以诗歌作为社会政治教化之手段的功用。《毛诗序》中的诗歌功能论正是与荀子一脉相承的。”[③]

荀子与《乐记》。在《乐论》与《乐记》的关系上，大多数学者赞同《乐记》的文艺思想是对《乐论》的继承与发展的观点。蔡仲德先生认为，《乐记》全面继承了孔子的文艺思想和孟子的“性善论”与“仁政”的思想。它不仅从《荀子·乐论》中抄录了700余字，而且继承了后者关于音乐的特征、功用、审美等方面的思想，继承的重点则是礼乐配合治人治国的思想。此外，在继承的同时，它抛弃了荀子的“性恶论”和肯定战歌军乐，要求以音乐促进征诛的思想。[④] 张义宾认为，《乐记》中的人性论不是“性善论”；相反，其心物感应的音乐思想是以荀子的“性恶论”为前提的，其音乐的源泉、本质、功能等思想皆以“人性本恶”为立论基础。[⑤] 洪永稳认为，《乐记》是在荀子《乐论》的影响下产生的，它从“情感与艺术”的关系、“礼乐关系”及“中和之美”的审美理想三个方面继承和发展了荀子《乐论》的美学思想。[⑥] 付晓青认为，《乐记》将荀子《乐论》的思想全面深化，从而开辟了全新的艺术领域。他着重从《乐记》中的“乐之本在人心之感于物也”与追求“君子反情以和其志”两个方面论述了《乐论》对《乐记》文艺思想的影响。[⑦]

荀子与阮籍《乐论》。王采将两部《乐论》——荀子《乐论》与阮籍《乐论》相比较，分析了它们在立意、思想观点、音乐审美方面的异同，由此得出一个结论：阮籍《乐论》虽然体现出了不少道家思想的特点，但是其与荀子《乐论》有许多相通之处，思想倾向十分接近，两者都是儒家音乐思想的产物。[⑧]

(2)与道家文艺思想的比较研究。李泽厚等人认为，荀子美学那种浓厚的功

---

① 参见王齐洲：《文学的人化与人的文学化——孟子荀子文学思想之比较》，《湖北师范学院学报》2001年第1期。

② 参见周薇：《孔子、荀子和〈吕氏春秋〉的乐论比较》，《宁波大学学报》2003年第3期。

③ 李春青：《荀学与思孟学派的差异及荀子诗学的独特性》，《三峡大学学报》2004年第2期。

④ 参见蔡仲德：《中国音乐美学史》，第323－324页。

⑤ 参见张义宾：《〈乐记〉中的两种音乐美学观——〈易传〉和〈荀子〉对〈乐记〉音乐美学思想的影响》，《阴山学刊》2004年第1期。

⑥ 参见洪永稳：《论〈乐记〉对〈乐论〉的继承与发展》，《黄山学院学报》2007年第6期。

⑦ 参见付晓青：《荀子“乐论”美学思想研究》，山东大学博士学位论文，2008年。

⑧ 参见王采：《两部〈乐论〉之异同辨析》，《黄河之声》2007年第7期。

利论的色彩，是同道家美学格格不入的。荀子强调美同人为活动的关系，提出的“无伪则性不能自美”的观点同庄子“天地有大美而不言”的命题刚好形成鲜明的对比。荀子美学的这种功利特征使得荀子在艺术创作和鉴赏上强调人工、规矩，忽视了艺术的特征，在这方面没有提出什么特别引人注意的独特观点。① 毛殊凡从《乐论》所涉及的内容方面比较了荀子美学与老庄美学的异同，他的观点基本上与李泽厚等人的观点一致。他认为，荀子美学与老庄美学达到了相互对立的程度，荀子完全把美现实化、世俗化，使美同现实世界融为一体，过分强调人工修饰与有整套规矩法度的礼，忽视了艺术特征。②

(3)与墨家文艺思想的比较研究。荀子的《乐论》是针对墨子“非乐”思想而提出的，两者对待音乐的态度是截然相反的。因此，学者们在论述荀子的音乐思想的时候，不同程度地比较、论述了两者文艺思想的异同。徐霞在《墨子与荀子文艺观之比较》中认为，墨子坚持“非乐”的观点，宣扬文艺无用论，代表小生产者的利益；荀子坚持以乐辅礼、教化世人的“倡乐”观点，代表地主阶级的长远利益。后世儒家怨而不怒、温柔敦厚的诗教中就有荀子的影子。③ 刘博比较了荀子“乐论”与墨子的“非乐”观，认为儒、墨两家对于音乐的论述，目的都是站在各自的阶级立场上维护政治主张的贯彻执行，因此俱各有理，无所非之。④

(4)中西比较研究。荀子文艺思想的中西比较研究，主要集中在荀子《乐论》与亚里士多德《诗学》的比较上。张忻、杜学元比较了荀子与亚里士多德的音乐教育观。他们认为，主张音乐教育的中和之美，肯定音乐具有导引志向、陶冶情操的功用，是两者音乐教育观的相同之处。但是，由于中西方文化的差异，两者的音乐教育观又存在很大的差异：荀子将音乐看成是治理国家的重要方面，而亚里士多德则极力主张音乐教育只是一种供自由民消闲的方式。⑤ 李衍柱先生将《乐论》与《诗学》看成是“世界轴心时代的诗学双峰”，以《诗学》为参照系着重论述了荀子的音乐理论与诗学思想。他认为，与亚里士多德的基本观点不同，荀子正是从他的“性恶论”出发，提出和论说他的文艺发生论、文艺本体论、文艺创造论和文艺价值论的。体现荀子诗学思想的《乐论》，完全可以同亚里士多德的《诗

---

① 参见李泽厚、刘纲纪：《中国美学史》第1卷，第336—339页。

② 参见毛殊凡：《从〈乐论〉看荀子美学及其与老庄美学之比较》，《学术论坛》1989年第2期。

③ 徐霞：《墨子与荀子文艺观之比较》，《沙洋师范高等专科学校学报》2007年第6期。

④ 参见刘博：《乐之论——〈荀子·乐论〉与〈墨子·非乐〉的比较》，《鸡西大学学报》2008年第4期。

⑤ 参见张忻、杜学元：《荀子和亚里士多德音乐教育观之比较》，《乐山师范学院学报》2006年第3期。

学》并肩而立，同放光辉。[1] Aphrodite Alexandrakis 比较了荀子与柏拉图的音乐、舞蹈观，认为虽然两者都探讨过礼、乐对人的作用，但是他们在礼、乐的基本职能观上是不同的。在柏拉图看来，人类精神中的理性因素是礼、乐的基础，使礼、乐的外在形态至善至美。礼、乐的外形结构（如和谐、韵律和对称等形式因素）诉诸灵魂的理性部分之需。而在荀子看来，礼、乐的内容（讯息）受用于人，它能够影响、促进、提升人的情感。[2]

（三）荀子在其文艺思想指导下的文学实践活动研究简述

相对于荀子文艺思想文献研究与义理研究的繁荣，荀子在文艺思想理论指导下的实践活动的研究则相对沉寂。究其原因，一是荀子首先是一个思想家与理论家，然后才是一个文学家。荀子作为文学家的风采，往往为其思想家、理论家的名声所掩盖，故而与他的理论思想相比，他的文学创作等活动没有其理论思想那么突出，影响也不像其思想一样深远，因而学者们对荀子的文学创作活动往往不加重视，即使有所涉及，也往往一带而过、不作深究。二是中国的整个的荀学研究环境所致。一直以来，学者们在研究荀子思想时，往往把他的理论与实践区别开来对待，没有将其实践看成是荀学当中一个不可分割的系统来研究，在研究内容上也顾此而失彼，忽略对两者的内在联系的探讨。所以，三十年来对荀子文艺实践活动的研究隐而不显。当然，尽管学界对荀子文艺思想实践的研究相对低迷，还是出现了不少有价值的研究成果，取得了一定的成绩，理应引起我们足够的重视。

1. 文学创作

荀子的文学创作主要是他的《成相》及《赋》。

(1)关于《成相》。学者对荀子《成相》的研究，主要集中在以下几个方面：

《成相》的篇名及体制。早在改革开放以前，杜国庠先生就对荀子的《成相》作过系统的论述与研究。他的研究成果，主要体现在《读荀子的〈成相〉》及《从荀子的〈成相篇〉看他的法术思想》中。[3] 他首先对《成相》的命名作了考证，认为“相”是送杵的声音，后来发展成为一种歌讴；这类民歌发生很早，在荀子之前就已经出现；这种劳动歌通称为“成相”或“成相辞”，原先以杵声为节，后来成为徒歌。接着，他又考证了《成相》的章句及篇章，认为《成相》可分为三篇。最后，他

---

① 参见李衍柱：《世界轴心时代的诗学双峰——与亚里士多德〈诗学〉并峙的荀子〈乐论〉》，《山东师范大学学报》2006 年第 6 期。

② Aphrodite Alexandrakis, The Role of Music and Dance in Ancient Greek and Chinese Rituals: Form versus Content. *Journal of Chinese Philosophy*, 2006, 33(2), pp. 267-278.

③ 参见《杜国庠文集》，人民出版社 1962 年版，第 158—191 页。

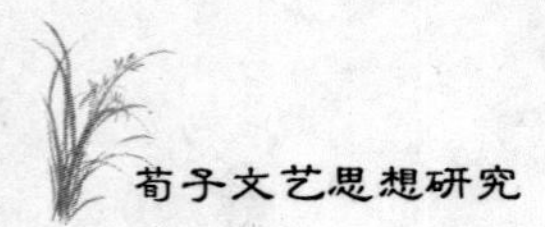

从学术方面对《成相》进行研究，认为它是一篇说理著作，可以说是“荀学的纲领”，体现了荀子的政治理论，也表现了荀子深刻的法术思想。朱师辙先生承接杜国庠先生的说法，认为《成相》确为中国鼓儿词之最古者。[①] 此后，学者对于《成相》的篇名及体制的研究基本上采用了杜国庠等人的观点。姜书阁先生在《先秦辞赋原论》中，也对《成相》的性质与意义、分篇与定格、渊源与影响等作了具体的考证分析。他认为，“成相”就是战国后期楚地一种民间歌谣俚曲的名称，到荀卿时为士大夫文人所采用而形成一种文体。《成相》每章五句，句为三、三、七、四、七言。[②] 李金锡先生的《荀学之纲，弹词之祖——读荀卿〈成相篇〉》(《鞍山师范学院学报》1981 年第 1 期)对《成相》的内容及形式作了分析，并将之与《离骚》进行了比较。支菊生的《荀子〈成相〉与诗歌的“三三七言”》(《河北大学学报》1983 年第 3 期)分析了《成相》的句式结构，认为《成相》中“三三七言”这一句式对后世诗歌影响深远。姚小鸥的《“成相”杂辞考》(《文艺研究》2000 年第 1 期)对“成相”进行了考证，认为成相杂词是一种肇始于西周宫廷，流行于秦汉时期的文学样式。他分析了“相”的各种形制与流变，指出其和后世各种文学样式的关系。陈颖聪的《荀子〈成相〉篇的体制及其地位》(《汕头大学学报》)2007 年第 2 期)及龙铁波的《〈成相〉篇名考》(《太原师范学院学报》2008 年第 2 期)也对《成相》的篇名及体制作了考证。

《成相》与瞽史文化的关系。《成相》与瞽史文化的关系最近成为学者们关注的热点之一。姚小鸥在《“成相”杂辞考》中认为“成相”为蒙瞽所演唱。黎国韬的《神瞽新说——兼论成相之起源》(《中山大学学报》2003 年第 5 期)则具体考证了“成相”与神瞽的关系。他以秦汉间的字书等材料作为新证据，进行探讨和分析，认为瞽人是《成相》之“始作俑者”。路怀国的《从瞽史文化看荀子〈成相篇〉——兼评〈成相篇〉为民歌体》(《宜宾学院学报》2007 年第 10 期)对此提出不同的看法。作者将“成相”放在瞽史文化语境中予以观照，对其内涵、体例缘起、性质及孤本独存的原因进行了探讨，通过对纸上和地下的材料进行分析比照，最后认为成相体是上古盲瞽乐师言说讽诵的体式，是贵族声教的话语方式，绝不是民间歌谣。

《成相》与睡虎地秦简《成相篇》的关系。随着睡虎地秦简的发现，学者们开始关注其与荀子《成相》篇的关系问题。姚小鸥的《〈睡虎地秦简成相篇〉研究》(《文学前沿》2000 年第 1 期)通过对两者的体例及形制、内容的研究，认为两者

---

① 参见朱师辙：《朱师辙(少滨)先生答著者论〈成相〉很像〈凤阳花鼓词〉书》，《杜国庠文集》，第 175—183 页。

② 参见姜书阁：《先秦辞赋原论》，齐鲁书社 1983 年版，第 164、173 页。

极为相似。陈良武的《出土文献与〈荀子·成相篇〉》(《长安大学学报》2008年第3期)也专门探讨了两者的关系,认为"成相辞"这种艺术形式并非荀子首创,而是之前就已经广泛流传,民间歌谣与瞽史说唱的相互作用与融合促进了"成相辞"的最终定型。

《成相》的内容。李泉、陈之品《读荀况的〈成相〉辞》(《河北师大》1975年第4期)分析了《成相篇》的具体内容,认为它是荀子用文艺的形式,以现实主义手法表述法家思想的一篇光辉杰作。张思齐先生的《从〈荀子·成相篇〉看质朴和俚俗诸审美范畴在中国诗学中的嬗变》(《中州学刊》1993年第5期)通过分析《成相》的内容及语言特色,认为我们在对待民间文学时应"质而不俚",取其精华,去其糟粕。南生杰的《论荀子〈成相篇〉的文学价值与抒情特色》(《汉中师范学院学报》1995年第2期)则具体论述了《成相》的文学价值与抒情特色。郑炯坚在《荀子文学与美学》(香港科华图书出版公司2001年版)一书中专门从《成相》的渊源、形式、内容、影响等方面对《成相》作了梳理。黎传绪的《托于歌谣以喻意 藉于传唱以教化:论说唱文学之祖——荀子〈成相篇〉》(《南昌高专学报》2003年第3期)及《中国说唱文学之祖新探——荀子〈成相篇〉在中国说唱文学史的价值和地位》(《江西社会科学》2004年第3期)也对《成相》的内容作了阐释。

(2)关于《赋》。

《赋》的真伪问题。张小平的《荀子〈赋篇〉的真伪问题及研究》(《江淮论坛》1996年第6期)一文,根据司马迁、刘向、班固、《赋》及荀子本人的论述,认为《赋》不是荀子的作品,荀子也不是"以赋名篇"的始祖。同时,《赋》也不是赋之正体,更不能把它当作赋源之正宗来对待。

《赋》的篇数。刘大杰认为,荀子的《赋》只有《礼》《智》《云》《蚕》《箴》五篇,《佹诗》不是赋。[①] 马世年也认为《赋》篇之"赋",所指应是其中的五首"隐"。[②] 陆侃如、冯沅君则认为除了上述五赋外,还包括《佹诗》及《小歌》,共为七篇。[③] 姜书阁先生则认为荀子的《赋》总共为六篇。《佹诗》与《小歌》应合为一篇。[④] 赵逵夫则认为荀子的《赋》系两篇合成,一篇为《谵》(包括《礼》《智》《云》《蚕》《箴》五赋),一篇为《赋》(包括《佹诗》《小歌》)。[⑤]

另外,还有许多文章都涉及荀子《赋》的内容、特色及影响研究。包遵信的《浅谈〈荀子·赋篇〉》(《文史哲》1978年第5期)认为除了《佹诗》,荀赋的其他作

① 参见刘大杰:《中国文学发展史》(上),上海古籍出版社1982年版,第88—89页。

② 参见马世年:《〈荀子·赋篇〉体制新探——兼及其赋学史意义》,《文学遗产》2009年第4期。

③ 参见陆侃如、冯沅君:《中国诗史》,百花文艺出版社1999年版,第128页。

④ 参见姜书阁:《先秦辞赋原论·〈荀子·赋篇〉平议》,第190页。

⑤ 参见赵逵夫:《〈荀子·赋篇〉包括荀卿不同时期两篇作品考》,《贵州社会科学》1988年第4期。

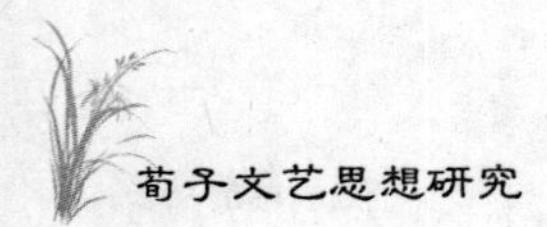

品远不如《楚辞》及宋玉的赋。荀赋虽然与“屈赋”“陆贾赋”鼎足而三，但是其“舍文从质”，专重于说理，感人不深。卢光霞的《论〈荀子·赋篇〉在赋史上的地位》(《承德师专学报》1986 年第 3 期)认为荀子是第一个以赋名篇的作家，但不是有意识写赋体文章的作家；作为文体“赋”的名称并不始于《荀子·赋篇》，《赋篇》的“赋”字与赋体的“赋”字不是一个概念。傅修延的《赋与中国叙事的演进》(《江西社会科学》2007 年第 9 期)通过分析荀子的《成相》与《赋》，认为在中国叙事传统生长发育的关键时期，赋体文学曾经发挥了比其他文体更为重要的作用。马世年的《〈荀子·赋篇〉体制新探——兼及其赋学史意义》(《文学遗产》2009 年第 4 期)则专门探讨了荀赋的体制及内容，认为荀赋“述主客以首引”“极声貌以穷文”的特点，以及《赋篇》劝谏的功用等对后世赋体影响深远。

2. 荀子引《诗》研究

荀子作为“孔孟”之后的儒家大师，既深谙于《诗》，同时又大量引《诗》，冠绝于先秦诸子。学者们对荀子引《诗》这一现象的研究，主要分为以下几个方面：

(1)引《诗》的次数。关于荀子引《诗》的确切次数，学界说法不一，主要有“81 处”“82 处”与“83 处”三种不同的说法。郭志坤在《荀学论稿》中认为：“现存的《荀子》一书 32 篇，其中论《诗》7 处，引征诗句 81 处。”①然而，在同书的 284 页又谓：“在《荀子》一书中有 66 处引用《诗经》。”两说不一，不知何故。杨太辛在《论荀子的学术批评》中说：“《荀子》全书引《诗》82 次，论《诗》11 次。……(据罗根泽统计)其中引《诗》次数为诸子和先秦典籍之冠。”②持同样观点的还有董治安、郑炯坚、洪湛侯等人。③ 赵伯雄在《〈荀子〉引〈诗〉考论》中认为：“《荀子》全书 32 篇，引《诗》83 处，分布在除《乐论》、《性恶》、《成相》、《赋》、《哀公》5 篇之外的 27

---

① 郭志坤：《荀学论稿》，第 63 页。

② 杨太辛：《论荀子的学术批评》，《哲学研究》1992 年第 10 期。

③ 董治安在《先秦文献与先秦文学》中说：“《荀子》引《诗》论学或政事计 82 条。”(齐鲁书社 1994 年版)同书第 56 页亦有此说。但其在附录中有“《荀子》论《诗》、引《诗》表”，在此表中列出《荀子》引《诗》达 96 次之多。此外，在第 13 页说：“《荀子》引诗 107 条。”在第 61 页说：“《荀子》全书引诗多达一百又七条。”在第 216 页说：“《荀子》引诗一百十六例。”各说不一，不知为何。郑炯坚在《荀子文学与美学》一书中说：“《荀子》三十二篇，论诗十四次，引诗经诗句八十二次(其中引逸诗六次)，全书涉及诗经共达九十六次，为诸子之冠，可见荀子虽云‘杀诗书’仍对诗经颇重视。”(第 178 页)洪湛侯在《诗经学史》(上)中说：“《荀子》中涉及《诗经》的记载共九十六则，其中论诗之文十四则，引诗八十二则，荀子本人所引则有七十六则之多。”(中华书局 2002 年版，第 95 页)

篇之中。”[①]赞同此说的还有郝明朝、王志弘、陈英立等人。[②]

(2)引《诗》的类型、方式与特点。张美煜的《〈荀子〉引用〈诗经〉的方式及涵义》(台湾师范《国文学报》1995年第24期)、袁长江的《荀子与〈诗〉》(《先秦两汉诗经研究论稿》,学苑出版社1999年版)、赵伯雄的《〈荀子〉引〈诗〉考论》(《南开学报》2000年第2期)、郝明朝的《〈荀子〉引〈诗〉说》(《聊城大学学报》2002年第4期)等对此都有论述。张美煜认为荀子引用《诗》的方式主要有四种:只引不议论、先引后议论、先议论后引、先进行议论再引《诗》论证或总结。袁长江则将荀子引《诗》的特点归结为借诗为喻,说明事理;仅借用《诗》中的某字;引用《诗》中的诗句,但取《诗》外之义或取反义;基本符合原诗义的引用;除了引《诗》证事外,有时也解说诗句五个方面。赵伯雄认为荀子引《诗》有五种主要类型:议论与《诗》本义完全合、议论与《诗》本义部分合、征引具指的诗句来说明普遍的道理、引《诗》用诗句的比喻义、引《诗》只是字面上与文意有联系。

(四)回顾与展望

荀子文艺思想研究的三十年,是成果丰硕、值得肯定的三十年。荀子文艺思想的丰富性与复杂性也是在研究的不断发展与完善的过程中呈现出来的。这一时期的研究,主要有以下特点:

在研究方式上,学者们的研究是与文艺这一学科的学科特色联系在一起的。也可以说,荀子文艺思想的内容与特色是以文艺这一学科的组织形式体现出来的:研究者不仅对荀子论文艺的起源、特征、功用等不同主题进行了卓有成效的探索,同时也做了较为详细的文字训诂与考证的工作,对荀子文艺思想中的核心概念、范畴、命题等内容作了美学史式的研究和探讨。不仅如此,学者们还将荀子的文艺思想与中国传统的儒、墨、道以及西方的亚里士多德等人的文艺思想作了比较研究,使得我们能够站在更高、更开阔的位置上对其有更为深入的了解。这种独特的研究方式不仅使我们对荀子的文艺思想有了一种系统的学科性的掌握,而且为以后的研究提供了一种重要的研究方法。

在研究内容的侧重点与理论深度上,这一时期的研究不仅将荀子文艺思想的核心概念、范畴与命题提了出来,而且作了较为详细的论述,这些都成为学者们此后研究的重点与着眼点,对荀子文艺体系的理论建设具有重要的指导意义

---

① 赵伯雄:《〈荀子〉引〈诗〉考论》,《南开学报》2000年第2期。

② 郝明朝《〈荀子〉引〈诗〉说》中有“《荀子》引诗情况一览表”,计《荀子》引《诗》83次。(参见《聊城大学学报(哲学社会科学版)》2002年第4期)台湾学者王志弘也持此观点:“《荀子》一书涉及诗经的段落共有九十七次,引诗论证的记载也多达八十三次。”(《孟荀引诗论证之比较研究》,台湾“国立”暨南国际大学中国语文学研究所硕博论文,2000年)陈英立认为,《荀子》引《诗》“共计八十三条,涉及《诗》作品五十三篇”(《〈荀子〉用〈诗〉考论》,黑龙江大学硕士学位论文,2008年)。

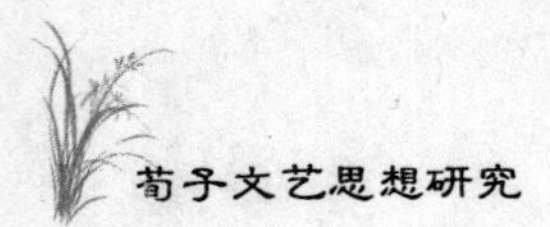

与借鉴价值。其中，研究者们所重点突出的诸如“化性起伪”“中和”“礼乐观”等范畴是研究荀子文艺思想首先要解决的问题，对这些问题的研究直接决定着对荀子文艺思想的本质及其特征的理解。

三十年来的荀子文艺思想研究，虽然取得了可喜的成绩，但是并非已臻于至善至美，其中仍有许多空白尚待填补，许多问题的研究也尚待深化和加强。

首先，对荀子文艺思想的研究大多集中于其理论本身的内部研究，文艺与其他学科之间的沟通与交流相对缺乏。如上所述，学者们的研究多以文艺这一学科的独特内容为研究重点，较少将荀子的哲学观（“天生人成”的基本原则）、逻辑观（“正名”的逻辑观、语言观）、伦理学（“美善相乐”的伦理观）、文学创作（《成相》《赋》等篇）等与之相联系。而这些内容恰恰与荀子文艺思想的产生和理论特色有着千丝万缕的关系，它们之间的关系非但不能回避，而且应进行重点研究。

其次，重复性研究过多，具有开拓性意义的论著相对匮乏；学者们在理论上继承多于突破，创新略显不足。当前学界主要的理论观点仍以前人的研究成果居多，在研究方法、理论深度与广度上鲜有突破。李泽厚、蒋孔阳、蔡仲德等人提出的荀子文艺思想的核心观点，一直是后来学者研究的中心和重点。

再次，研究视野多局限于民族化与本土化，缺乏全球化的研究视野。随着中国古代文化之世界影响力的不断加强，特别是在孔、孟、荀等儒家思想成为显学的大环境下，海外学者开始重视对荀学的研究。由于文化环境的不同，海外学者的研究成果为我们提供了新的研究方法与研究视角。我们应该充分重视与借鉴这些优秀的成果，加强中外学术沟通与互动，以一种全球化的视域对荀子文艺思想进行比较研究，而这正是当前学者们所欠缺的。

最后，随着文物考古工作的开展，郭店竹简、上海博物馆藏战国楚竹书等新的研究材料不断被发现。这些新的材料，“填补了儒家学史上的一段重大空白”①，“整个中国哲学史、中国学术史都需要重写”②。这些新的历史文献与荀子之间有着千丝万缕的联系，特别是竹简《性自命出》《性情论》等篇章有关诗学的记载，对荀子文艺思想有着重要影响。我们应该充分重视这些新材料，加强荀子文艺思想与郭店竹简等新材料间的比较研究，以更广阔的视野，重新认识与评价荀子的文艺思想在中国文艺史上的地位和作用。

---

① 庞朴：《古墓新知——漫读郭店楚简》，《郭店楚简研究》（《中国哲学》第20辑），辽宁教育出版社1999年版，第4页。

② 杜维明：《郭店楚简与先秦儒道思想的重新定位》，《郭店楚简研究》（《中国哲学》第20辑），第4页。

上 编

第一章 荀子与《荀子》

无论是哲学家、艺术家还是理论家，都无法超越其所处的时间与空间的限制。他们既无法超越自己的生存空间，也无法超越自己所生存的历史文化环境。钱穆先生曾指出："一民族文字文学之成绩，每与其民族之文化造诣，如影随形，不啻一体之两面。"[①]钱锺书先生也说："一个艺术家总在某些社会条件下创作，也总在某种文艺风气里创作。这个风气影响到他对题材、体裁、风格的去取，给予他以机会，同时也限制了他的范围。"[②]特定的历史环境造就了特定的文化语境。在受到时代、地域和民族限制的历史语境下，哲学家或理论家的思想都被深深地打上了时代的烙印。因而，我们研究任何一位思想家都不能绕过其时代背景而不谈。孟子所谓"颂其诗，读其书，不知其人，可乎"（《孟子·万章下》）[③]，就是要求我们一定要在谙熟其历史语境的条件下，去研究某一作家或作品。研究荀子，同样也不能离开其生平事迹以及其所处的时代与学术背景。

第一节 荀子生平事迹考辨

与孔子、孟子等人相比，荀子的生平事迹最难确考。史传中最早记载荀子生平的，当属司马迁的《史记·孟子荀卿列传》[④]：

> 荀卿，赵人。年五十始来游学于齐。驺衍之术迂大而闳辩；奭也文具难施；淳于髡久与处，时有得善言。故齐人颂曰："谈天衍，雕龙奭，炙毂过髡。"田骈之属皆已死。齐襄王时，而荀卿最为老师。齐尚修列大夫之缺，而荀卿

① 钱穆：《中国文学论丛》，三联书店 2002 年版，第 1 页。

② 钱锺书：《七缀集·中国诗与中国画》，三联书店 2002 年版，第 1 页。

③ 本书《孟子》引文均见杨伯峻译注：《孟子译注》，中华书局 1988 年版。

④ 本书《史记》引文均见司马迁：《史记》，中华书局 1999 年版。

> 三为祭酒焉。齐人或谗荀卿，荀卿乃适楚，而春申君以为兰陵令。春申君死而荀卿废，因家兰陵。李斯尝为弟子，已而相秦。荀卿嫉浊世之政，亡国乱君相属，不遂大道而营于巫祝，信禨祥，鄙儒小拘，如庄周等又猾稽乱俗，于是推儒、墨、道德之行事兴坏，序列著数万言而卒。因葬兰陵。

此后，刘向在《孙卿书录》中云：

> 孙卿，赵人，名况。方齐宣王威王之时，聚天下贤士于稷下，尊宠之。若邹衍、田骈、淳于髡之属甚众，号曰列大夫，皆世所称，咸作书刺世。是时孙卿有秀才，年五十始来游学。诸子之事，皆以为非先王之法也。孙卿善为《诗》、《礼》、《易》、《春秋》。至齐襄王时，孙卿最为老师。齐向修列大夫之缺，而孙卿三为祭酒焉。齐人或谗孙卿，乃适楚，楚相春申君以为兰陵令。人或谓春申君曰："汤以七十里，文王以百里，孙卿贤者也，今与之百里地，楚其危乎?"春申君谢之。孙卿去之赵，后客或谓春申君曰："伊尹去夏入殷，殷王而夏亡，管仲去鲁入齐，鲁弱而齐强。故贤者所在，君尊国安。今孙卿天下贤人，所去之国，其不安乎?"春申君使人聘孙卿。孙卿遗春申君书。刺楚国，因为歌赋以遗春申君，春申君恨，复固谢孙卿，孙卿乃行，复为兰陵令。春申君死而孙卿废，因家兰陵。李斯尝为弟子，已而相秦，及韩非号韩子，又浮丘伯，皆受业为名儒。孙卿之应聘于诸侯，见秦昭王，昭王方喜战伐，而孙卿以三王之法说之，及秦相应侯皆不能用也。至赵，与孙膑议兵赵孝成王前，孙膑为变诈之兵，孙卿以王兵能之，不能对也，卒不能用。孙卿道守礼义，行应绳墨，安贫贱。孟子者，亦大儒，以人之性善，孙卿后孟子百馀年，以为人性恶，故作《性恶》一篇以非《孟子》。苏秦、张仪以邪道说诸侯，以大贵显，孙卿退而笑之曰："夫不以其道进者，必不以其道亡。"至汉兴，江都相董仲舒亦大儒，作书美孙卿。孙卿卒不用于世，老于兰陵，疾浊世之政，亡国乱君相属，不遂大道，而营乎巫祝，信禨祥，鄙儒小拘如庄周等，又滑稽乱俗，于是推儒墨道德之行事兴坏，序列著数万言而卒，葬兰陵。……兰陵多善为学，盖以孙卿也。长老至今称之曰："兰陵人喜字为卿。"盖以法孙卿也。[①]

从司马迁及刘向的记述中，我们仅仅可以看出荀子是战国时期赵国人，他在50岁时曾到齐国游学，在齐襄王时被尊奉为老师，曾经三为祭酒；他先后游历过齐国、楚国等地，曾被春申君奉为兰陵令；春申君死后，荀子被废，客死兰陵，等等。遗憾的是，无论是司马迁还是刘向，他们对荀子的生卒年月等均未作详细的考证，以至于学界对于其姓氏及游学的时间都存在着较大的争议。"知人论世"，为

---

① 刘向：《孙卿书录》，严可均辑：《全上古三代秦汉三国六朝文·全汉文》卷三十七，中华书局1999年版，第332—333页。

了更好地对荀子的思想作深入的研究，确立其在中国思想史上的地位，我们有必要对荀子的生平事迹等诸多疑点作一客观的考证与梳理。

一、荀子的姓氏考辨

关于荀子（荀卿、荀况）的姓名，在古籍记载上有的称为“孙卿”或“孙况”。比如，在《荀子》一书中的《儒效》《议兵》《强国》《尧问》等篇，以及《战国策》《韩诗外传》《汉书·艺文志》《盐铁论》等书中均称“孙卿”。关于荀卿又被称为“孙卿”的原因，主要存在三种不同的观点：

（1）避讳改称说。唐司马贞认为“后谓之孙卿子者，避汉宣帝讳改也”[①]，唐颜师古也说荀子“本曰荀卿，避汉宣帝讳，故曰孙”[②]。他们认为，自汉宣帝后，汉人为了避宣帝刘询的“询”字，将荀卿之“荀”改为“孙”。

（2）音同语异说。对于司马贞等人的避讳改称说，清人谢墉作了反驳。他说：“汉不避嫌名，使人荀淑、荀爽俱用本字，《坐庄》荀息至荀瑶亦不改字，何独于荀卿反改之邪？盖荀、孙二字同音，语遂移易，如荆轲谓之荆卿，又谓之庆卿。”[③]顾炎武也说：“按汉人不避嫌名，荀之为‘孙’，如孟卯之为‘芒卯’，司徒之为‘申徒’，语音之转也。”[④]刘师培也说：“《史记》作荀，本书作孙，是犹处子亦作剧子，环渊亦作埍子，宓子之宓与伏同，筦子之筦与管同也。”[⑤]按照他们的说法，荀卿又称“孙卿”是因为“荀”与“孙”二字由于音近而互相移易。

（3）两姓并称说。林宝《元和姓纂》在解释“荀”姓时说：“周文王第十七子郇侯之后，以国为氏。后去邑为荀。晋有荀林父，生庚，裔孙况。”[⑥]胡元仪不赞成这种“后去邑为荀”的说法，他在《郇卿别传考异》中认为，“郇”“荀”乃“传写相承，久而不改”，因而“荀”亦作“郇”，“荀卿”亦作“郇卿”。他又说：“郇卿之为郇伯之后，以国为氏，无可疑矣。……又称孙者，盖郇伯，公孙之后，以孙为氏也。……由是言之，郇也、孙也，皆氏也。战国之末，宗法废绝，姓氏混一，故人有两姓并称者，实皆古之氏也。”[⑦]他认为荀卿乃郇伯之后，郇伯之姓是以国家的名称为姓氏而来的，后来由于战国时期姓氏混一，荀、孙就混为一谈了。

---

① 转引自司马迁撰，[日]龙川资言考证，[日]水泽利忠校补：《史记会注考证附校补》，上海古籍出版社1986年版，第1432页。

② 班固撰，颜师古注：《汉书·艺文志》，中华书局1999年版，第1367页。

③ 王先谦撰，沈啸寰、王星贤点校：《荀子集解·考证下》，中华书局1988年版，第41页。

④ 顾炎武著，黄汝成集释，秦克诚点校：《日知录集释》，岳麓书社1994年版，第961页。

⑤ 梁启雄：《荀子简释》，中华书局1983年版，第414页。

⑥ 林宝：《元和姓纂》卷三，嘉庆七年古歙洪氏刊，光绪六年金陵书局校刊本。

⑦ 王先谦撰，沈啸寰、王星贤点校：《荀子集解·考证下》，第41页。

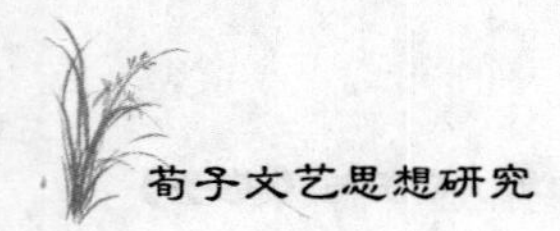

三者相较，笔者认为音同语异说是较符合实际的。谢墉的考证已经把避讳说否定了，至于两姓并称说，清代著名学者江瑔在《读子卮言》中作了反驳。他说："古者，姓之外有氏，氏所以别子孙所从出者，然未有一人同时而有二氏者。而载籍传述之不同，则于音近音转之字而移易。"[①]江瑔认为，古代从未有过一人同时有二氏的现象，"荀""孙"乃是由于音近而移易的。这和古代"田""陈"同音而称"陈文子"为"田文子"是一个道理。因而，荀子虽然为郇伯之后，但其又称为"孙卿"，并不是因为两姓并称。

二、游学及其他

（一）"年五十"与"年十五"游学考

关于荀子的生卒年，许多学者都曾经作过考证，但仍存在着较大的争议。争议之关键，在于荀子游学于齐的年龄问题。《史记·孟子荀卿列传》与刘向《孙卿新书·序录》中皆记载荀子"年五十"始来游学于齐，而东汉应劭《风俗通义·穷通》则说："是时（即齐威、宣之时——笔者注），孙卿有秀才，年十五，始来游学。"[②]根据"年五十"与"年十五"的不同，学者们对荀子的生卒年主要有以下两种不同的看法：(1)梁启超在《荀卿及〈荀子〉》一文中将荀子的生卒事迹作了一系列的"假定"：前 293 年（齐泯王三十一年），荀卿"年十五"游学于齐；前 213 年（秦始皇三十四年），李斯相秦，当时荀卿若尚在世，假定为 95 岁。[③] 这样，他将荀子的出生年假定为公元前 308 年，而将其卒年假定为公元前 213 年左右。(2)胡适在《中国哲学史大纲》中认为，荀子大约生于公元前 315～前 310 年，他在 50 岁时（约前 265～前 260 年）游学于齐，卒于公元前 230 年，活了 80 岁左右。[④] 为了澄清分歧，我们有必要对荀子的游历行年重新进行考辨与探究。

对于上面两种不同的观点，都曾有学者撰文支持。主张"年五十"游齐的学者有北齐文学家颜之推，清人汪中，今人胡适、罗根泽、蒋伯潜、梁涛、谢耀亭等[⑤]；主张"年十五"游齐的学者有东汉应劭，清人晁公武、纪昀、罗焌、胡元仪、梁

---

① 江瑔：《读子卮言》，（台北）泰顺书局 1971 年版，第 71 页。

② 应劭撰，王利器校注：《风俗通义校注》，中华书局 1981 年版，第 322 页。

③ 参见罗根泽编著：《古史辨》（四），上海古籍出版社 1982 年版，第 108—109 页。

④ 参见胡适：《中国哲学史大纲》，团结出版社 2006 年版，第 269 页。

⑤ 详见卜宪群编著：《中国传统文化读本：颜氏家训》，燕山出版社 1995 年版，第 87—88 页；汪中著，古直笺，王清信、叶纯芳点校：《汪中集·荀卿子通论》，（台北）"中央研究院"中国文哲研究所筹备处 2000 年版，第 133 页；胡适：《中国哲学史大纲》，第 269 页；罗根泽：《荀卿游历考》，罗根泽编著：《古史辨》（四），第 128 页；蒋伯潜：《诸子通考》，（新北）正中书局 1968 年版，第 154 页；梁涛：《荀况行年新考》，《陕西师范大学学报》2000 年第 4 期；谢耀亭：《荀子游齐考》，《运城学院学报》2007 年第 1 期。

启超、刘师培,今人钱穆、游国恩等①。

主张"年十五"游学于齐的学者的主要依据有:

(1) 关于"游学"的解释。"游学是特来从学于稷下诸先生而不名一师者",因而"非五十以后学成为师之事也"。② 钱穆认为,荀子既然游学就证明其并未学成,所以荀子游学的时间只能是15岁之年少时,而不可能是已经学有所成的"五十而知天命"的年龄。游国恩先生也认为"游学与游宦和游说不同;荀子游学于齐,与孟子游梁,墨子游楚,和苏秦游说六国不同。他来齐国游学,必在少年时代"③。

(2)关于"有秀才"的解释。刘向《孙卿新书·序录》记载荀子"有秀才,年五十,始来游学"。而"有秀才"乃"年少英俊之称,非五十以后学成为师之名也"④。

(3)关于"始来游学于齐"之"始"的解释。钱穆认为:"曰'始来游学',此对以后之最为老师而言,谓荀卿之始来尚年幼为从学,而其后最为老师也。且荀卿于湣王末年去齐,至襄王时复来,则始来者又对以后之一再重来而言也。"⑤他将"始"解释为"第一次"或"最初"。游国恩也持此种观点,他说:"'始'字本训为初,意思是说荀子十五岁的时候,初到齐国来读书。若在五十岁才来齐国读书,那么未免太迟了。"⑥

(4)关于年龄的质疑。有的学者根据刘向所说的"齐宣王、威王之时……是时孙卿有秀才,年五十,始来游学",认为齐宣王末年(前324年)距春申君死(前238年)近八十年,"若荀卿年五十始游齐,则春申君死之年卿年当一百三十七岁,于理不近"⑦。

笔者认为,荀子"年十五"说并不成立,理由如下:

(1)关于"游学"。"游学"一词,至少有两种意义:一为求学,二为游说布道并交流学术。《史记》中"游学"之意为后者的例子不胜枚举。如《秦始皇本纪》中

---

① 详见应劭撰,王利器校注:《风俗通义校注》,第322页;晁公武:《郡斋读书志》,王先谦撰,沈啸寰、王星贤点校:《荀子集解·考证上》,第7页;纪昀:《四库全书总目·子部·儒家类》,王先谦撰,沈啸寰、王星贤点校:《荀子集解·考证上》,第9页;罗焌:《诸子学述》,华东师范大学出版社2008年版,第183页;胡元仪:《荀卿别传》,王先谦撰,沈啸寰、王星贤点校:《荀子集解·考证下》,第33页;梁启超:《荀卿及〈荀子〉》,罗根泽编著:《古史辨》(四),第108—109页;梁启雄:《荀子简释》,第414页;钱穆:《荀卿考》,罗根泽编著:《古史辨》(四),第115—116页;游国恩:《荀卿考》,罗根泽编著:《古史辨》(四),第95页。

② 钱穆:《荀卿考》,罗根泽编著:《古史辨》(四),第115页。

③ 游国恩:《荀卿考》,罗根泽编著:《古史辨》(四),第95页。

④ 钱穆:《荀卿考》,罗根泽编著:《古史辨》(四),第115页。

⑤ 钱穆:《荀卿考》,罗根泽编著:《古史辨》(四),第115—116页。

⑥ 游国恩:《荀卿考》,罗根泽编著:《古史辨》(四),第95页。

⑦ 纪昀:《四库全书总目·子部·儒家类》,王先谦撰,沈啸寰、王星贤点校:《荀子集解·考证上》,第9页。

“诸侯并争，厚招游学”之“游学”，即为游说布道之意。再如，《史记·范雎蔡泽列传》记载：“蔡泽者，燕人也。游学干诸侯小大甚众，不遇。”从其“不遇”（不受重用）的情况看，这里的“游学”也应该翻译成游说布道。因而，有的学者说“古人所说的游学，意思往往类似今天所说的学术交流，而不仅仅是指求学”①。所以荀子“年五十始来游学于齐”的“游学”应该翻译成“学术交流”更为恰当。

(2)关于“有秀才”的解释。“秀才”二字，最早出于《管子·小匡》②，原意为“才能优秀”，至汉始为学士之科目③。因而，荀卿“有秀才”只能说是指其才能优秀，而不能说是“年少英俊之称”。

(3)关于“始”字。“始”的本义，既可如钱穆所说为“开端”“最初”的意思，也可为“方”“才”的意思。“年五十始来游学于齐”之“始”字，翻译成“方”“才”更为确切。因而，刘师培说：“若五十果作十五，则与‘始来游学’之义辞气弗符。”④胡适也说：“这个‘始’字，含有来迟了的意思。”⑤

(4)关于荀子的年龄。胡适认为，通过《史记·孟子荀卿列传》的记载认为荀子在齐宣王、齐威王时“年五十”游齐的说法是不对的。他说《史记》“荀卿‘来游学于齐’以下，忽然夹入驺衍、驺奭、淳于髡三个人的事实，以致刘向误会了，以为荀卿五十岁游齐，正在稷下诸先生正盛之时。不知这一段不相干的事实，乃是上文论‘齐有三驺子’一节的错简。”“年五十始来游学于齐，驺衍田骈之属皆已死。齐襄王时，而荀卿最为老师”之“齐襄王时”当连上文，读为：“驺衍、田骈之属皆已死齐襄王时，而荀卿最为老师。”⑥因而，这句话只能说明邹衍等人在齐襄王时去世，并不能说明荀子在齐襄王时“最为老师”，更不能说明齐宣王、齐威王时荀子已经50岁来游齐。

(5)罗根泽先生认为，“考古有两条信条：一，愈古的材料愈有价值。二，证据愈多愈可信任”⑦。司马迁及刘向离荀子的年代并不远，而且他们作为史学家，下笔审慎，据此可推断他们的记录是最可信的。反观《风俗通义》，它作于东汉末年，离荀子的年代较远，且是孤证。所谓“孤证不立”，应劭的说法显然证据不足。至于钱穆等人的观点，日本学者池田知久先生曾对其作了反驳。他说：

① 梁涛：《荀况行年新考》，《陕西师范大学学报》2000年第4期。

② 《管子·小匡》曰：“农之子常为农，朴野而不慝，其秀才之能为士者，则足赖也。”（本书《管子》引文均见黎翔凤撰，梁运华整理：《管子校注》，中华书局2004年版）

③ 参见《辞源》，商务印书馆1998年版，第2296页。

④ 梁启雄：《荀子简释·传征》，第414页。

⑤ 胡适：《中国哲学史大纲》，第268页。

⑥ 胡适：《中国哲学史大纲》，第268页。

⑦ 罗根泽：《荀卿游历考》，罗根泽编著：《古史辨》（四），第128页。

> 但钱穆以上的见解(指《荀卿年十五之齐考》),是在资料操作上,相当勉强的情况下获得的。他将能相当信赖的古资料和与之相较信赖性较低的后来的资料,同列地放在资料性的价值上,并且恣意地引用这些资料来描绘荀子的生涯和事迹……[①]

《史记》《汉书》都是古材料,《风俗通义》是信赖性较低的后来的资料,钱穆等把它们放在同等价值的地位上考虑显然是不恰当的。

(6)除了上述证据,梁涛先生还根据战国时期各国对钱币的称呼证明荀子"年五十"始来齐的观点。他认为:

> 战国晚期燕、赵地区是刀布并行流通的区域。……而齐国原来流通的是刀币,但齐襄王返都临淄后,受秦国的影响,又铸行圜钱,形成刀币和圜钱并行流通的制度。《荀子·荣辱》篇有"余刀布"之语,《富国》、《王霸》都有"刀布之敛"之称,称钱币是"刀布"并言,并没有其它的称呼。这说明荀子是在一个刀布并行流通的国家成长起来的,这个国家只可能是燕或赵,决不可能是齐或别的什么国家。如果荀子"年十五"就在齐国生活,那么,他是不会一而再、再而三地称"刀布",而应以齐国的习语来称呼。正因为他"年五十"以前是在燕、赵度过的,长期的生活习惯一经养成,就是到了异国他乡,也会情不自禁地流露出来。[②]

通过以上证据,我们可以得出这样一个结论:荀子"年五十"始来游学于齐的说法是较符合实际的。然而,正如梁启雄所说:

> 荀子去今二千有余年矣!现存周、汉古籍道及荀子事迹者,记载本甚简略,文字又多讹舛,即悉心钩稽,犹感难窥其概;益以片词孤证又彼此抵触矛盾,因此,难以考其实而指其真。近人擘考荀子年代行历者,间有奋其肊测以相驳辩,龂龂聚说无终已;引证虽博,文辞虽辩,然治丝益棼,无裨于学,反挂武断之讥,非实事求是者之严正态度也。[③]

荀子本人也曾说:

> 文久而灭,节族久而绝。(《荀子·非相》)[④]

因而,在现有资料基础上的考证也只能得出荀子生平事迹之大概,任何武断的结论都是不确切的。我们只有详列其条,将有关的史料作一科学而翔实的梳理与

---

① [日]池田知久:《郭店楚简〈穷达以时〉之研究》,吴锐等编:《古史考》,海南出版社2003年版,第524—525页。

② 梁涛:《荀况行年新考》,http://www.confucius2000.com/confucian/xkxnxk.htm。

③ 梁启雄:《荀子简释》,第411页。

④ 本书《荀子》引文均见王先谦撰,沈啸寰、王星贤点校:《荀子集解》,中华书局1981年版。以下同书引文仅注篇名。

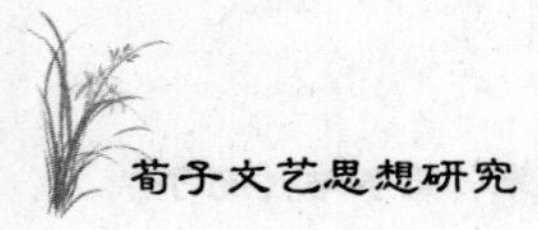

对比，才能尽可能地得出较为符合实际的结论。唯有如此，我们才有可能避免一叶障目、挂一漏万。

(二)荀子的主要事迹

1. 入秦

虽然《史记·孟子荀卿列传》中并没有记载荀子游秦的经历，然而荀子曾游秦却是一个事实。在《儒效》及《强国》篇中，就有荀子入秦的证据：

> 秦昭王问孙卿子曰："儒无益于人之国？"孙卿子曰：……(《儒效》)
>
> 应侯问孙卿子曰："入秦何见？"孙卿子曰：……(《强国》)

按照《史记·范雎蔡泽列传》记载，范雎拜为应侯是在秦昭王四十一年(前 266 年)，退位则是在秦昭王五十二年(前 255 年)，因而荀子与应侯的谈话应在前 266～前 255 年间。在《强国》中，荀子回答应侯所问"入秦何见"时说：

> (秦国)其固塞险，形埶便，山林川谷美，天材之利多，是形胜也。入境，观其风俗，其百姓朴，其声乐不流污，其服不挑，甚畏有司而顺，古之民也。及都邑官府，其百吏肃然莫不恭俭、敦敬、忠信而不楛，古之吏也。入其国，观其士大夫，出于其门，入于公门，出于公门，归于其家，无有私事也，不比周，不朋党，倜然莫不明通而公也，古之士大夫也。观其朝廷，其闲听决百事不留，恬然如无治者，古之朝也。

可见荀子入秦之时正当秦国最为昌盛之时，无论在民间还是在朝廷，无论在经济还是政治、军事上，秦国都是当时列国的典范。按照这种形势分析，荀子入秦应在秦昭王五十年(前 257 年)秦国兵败邯郸之前。又：根据考证，荀子入齐的时间当在齐王建初年(考证详见下文)。齐王建在前 264 年继位，因而荀子入秦的时间应该在应侯初为秦相的头几年，也就是前 266～前 264 年间。

2. 游学于齐

关于荀子游齐的时间，刘向、应劭等认为是在齐威王、齐宣王时；汪中、梁启超、游国恩、梁涛等人认为是在齐湣王末年[①]；宋人唐仲友、明人宋濂认为是在齐襄王时[②]；胡适、罗根泽、蒋伯潜等人认为是在齐王建初年。四说当中，当以胡适、罗根泽等人的说法较为合理。理由如下：

(1)按照愈古愈可信的原则，古籍中，当属《史记·春申君列传》中关于荀子

---

① 详见汪中著，古直笺，王清信、叶纯芳点校：《汪中集》，第 133 页；罗根泽编著：《古史辨》(四)，第 108 页；罗根泽编著：《古史辨》(四)，第 96 页；梁涛：《荀况行年新考》，《陕西师范大学学报》2000 年第 4 期。

② 唐仲友云："据迁传，参荀书，其大略可睹：卿名况，赵人，以齐襄王时游稷下。"(王先谦撰，沈啸寰、王星贤点校：《荀子集解》，第 6 页)宋濂《诸子辩》亦云："卿以齐襄王时游稷下，距孟子至齐五十年矣。于列大夫，三为祭酒。"(太平书局 1962 年版，第 31 页)

事迹的记载最为可信：

> 考烈王元年，以黄歇为相，封为春申君。……春申君相楚八年，为楚北伐灭鲁，以荀卿为兰陵令。……春申君相二十五年……考烈王卒，李园果先入，伏死士于棘门之内。春申君入棘门，园死士侠刺春申君，斩其头，投之棘门外。

在这个记载中，有两个事实是无可辩驳的：一是春申君在为楚相第八年的时候（即考烈王八年，前255年）以荀卿为兰陵令；二是考烈王卒年（前238年）春申君死而荀卿废。而按照刘向等人的说法，荀子最晚在齐宣王末年（前324年）游齐，且已经是50岁的年龄，那么到春申君死时，算起来荀子快有140岁了，“成了老怪物了”[①]，这一说法于理不合。

（2）汪中等人认为荀子在齐湣王末年游齐的说法，均以《盐铁论·论儒》中的说法为主，然而《盐铁论》“其书多是辩论之词，并非像史学著作一样经过详细的考证”[②]，因而亦不足信。蒋伯潜先生也曾反驳说：“荀子，赵人也，齐非其父母之邦。乃于齐方危乱之时，不远千里而来，岂人情哉？若谓早已至齐，柄迟未去，则又何所为乎？且田单佐襄王复齐时，未闻荀子建一议、画一策也。”[③]因而，荀子在此时游齐的说法是不可信的。

（3）根据胡适对“荀卿，赵人。年五十始来游学于齐。驺衍、田骈之属皆已死齐襄王时，而荀卿最为老师”的断句，“齐襄王时”是连接上文而来的，只能说明齐襄王时驺衍、田骈之属均已经去世，因而“荀卿最为老师”。所以，荀子极有可能是在齐襄王后、齐王建初年（齐王建元年为前264年）游齐的。

（4）有的学者根据《史记》及《孙卿书录》所记载的“三为祭酒”的说法，认为荀子曾不止一次去过齐国，甚至有人认为他曾三次到齐国，把“三为祭酒”之“三”看成是一种实指。[④] 关于这种说法，罗根泽先生认为是没有证据的。再者，古人所用“三”字，多为虚指。孔子在齐闻《韶》，“三月不知肉味”（《论语·述而》）[⑤]，并不是说夫子真的三月不食肉；《诗·魏风·硕鼠》中“硕鼠硕鼠，无食我黍。三岁贯女，莫我肯顾”[⑥]之“三岁”，也并不是真的指三年。因而，荀子“三为祭酒”的说法是指他在当时学术界地位之高，并不代表他曾经三次出任稷下学宫的领袖。

---

① 罗根泽：《荀卿游历考》，罗根泽编著：《古史辨》（四），第129页。

② 谢耀亭：《荀子游齐考》，《运城学院学报》2007年第1期。

③ 蒋伯潜：《诸子通考》，第158页。

④ 详见梁启超：《荀卿及〈荀子〉》，罗根泽编著：《古史辨》（四），第108—109页；游国恩：《荀卿考》，罗根泽编著：《古史辨》（四），第95—97页。

⑤ 本书《论语》引文均见杨伯峻译注：《论语译注》，中华书局2009年版。

⑥ 本书《诗经》引文均见周振甫译注：《诗经译注》，中华书局2002年版。

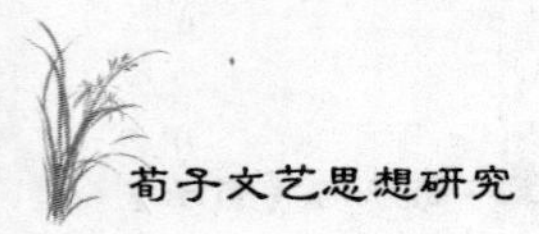

况且荀子即使真如他们所说曾三次为祭酒，也不代表荀子曾经多次游学于齐，因为荀子完全有可能在他唯一的一次游学过程中三为祭酒！

3. 初为兰陵令

荀子在齐国，虽然曾经贵为学宫领袖，但是在政治上却一直得不到重用，时常受到排挤，因此太史公及刘向皆说“齐人或谗荀卿，荀卿乃适楚”。荀子在齐国施行自己的主张无望，便来到了楚国。关于荀子此次来楚，史书上的记载非常详细。《史记·春申君列传》云：“春申君相楚八年，为楚北伐灭鲁，以荀卿为兰陵令。”按照这一记载，荀子入楚为兰陵令，当在春申君为相八年时，即楚考烈王八年（前 255 年）。

4. 议兵于赵孝成王前

荀子入楚为兰陵令后，并非一帆风顺。《战国策·楚策四》云：“客说春申君曰：‘汤以亳，武王以鄗，皆不过百里以有天下。今孙子，天下贤人也，君籍之以百里势，臣窃以为不便于君。何如？’春申君曰：‘善。’于是使人谢孙子。孙子去之赵，赵以为上卿。”[①]刘向《孙卿书录》云：“人或谓春申君曰：‘汤以七十里，文王以百里，孙卿贤者也，今与之百里地，楚其危乎？’春申君谢之。”春申君在战国“四君子”（另外三人为魏国的信陵君、齐国的孟尝君、赵国的平原君）当中，是最不能知人善任的。《史记·春申君列传》记载，他执意任用曾经败于秦军的临武君为将，以至于败归时考烈王归咎于他；他没听门人朱英的建议诛杀李园，最终被李园所害，全家被诛。在任用荀子为兰陵令后，春申君听信了他人的谗言，认为以荀子的才智，终有一天定会超越他，于己于国都可能是养虎为患，因而把荀子给辞却了。

荀子被春申君辞却后，便返回了故土赵国。刘向《孙卿书录》则言荀子“至赵，与孙膑议兵赵孝成王前。孙膑为变诈之兵，孙卿以王兵难之，不能对也，卒不能用”。按照刘向的说法，荀子曾与孙膑议兵，《荀子·议兵》中之“临武君”即为孙膑。然而，按照《史记·六国年表》的记载，在齐宣王二年（前 341 年）的时候，“败魏马陵。田忌、田婴、田盼为将，孙子为师”。此时距离赵孝成王元年（前 266 年）尚有七十多年，因此此临武君极有可能不是孙膑。不管此临武君是为何人，荀子与临武君议兵于赵孝成王前的事实应该是确切无疑的。荀子于楚考烈王八年（即赵孝成王十一年，前 255 年）入楚，因此与临武君议兵于赵孝成王前这一事迹，当是发生在赵孝成王十一年之后了。

5. 由赵返楚，客死兰陵

《史记·孟子荀卿列传》记载，“春申君死而荀卿废，因家兰陵”，并“因葬兰

---

① 本书《战国策》引文均见刘向集录：《战国策》，上海古籍出版社 1985 年版。

陵”,因而荀子在由楚去赵后,定是又由赵返楚。根据刘向《孙卿书录》的记载,荀子由于使用“王兵”而不能应对孙膑“变诈之兵”,故而未受到赵孝成王的重用。春申君接纳他人的建议,重以荀子为兰陵令:

> 孙卿去之赵,后客或谓春申君曰:“伊尹去夏入殷,殷王而夏亡,管仲去鲁入齐,鲁弱而齐强。故贤者所在,君尊国安。今孙卿天下贤人,所去之国,其不安乎?”春申君使人聘孙卿。孙卿遗春申君书。刺楚国,因为歌赋以遗春申君,春申君恨,复固谢孙卿,孙卿乃行,复为兰陵令。

由此可见,荀子极有可能曾两次被春申君任命为兰陵令。不过好景不长,“春申君死而荀卿废”,他的政治生涯在楚国结束。于是他“因家兰陵”,在兰陵定居并著书立说,“序列著数万言而卒”,并“因葬兰陵”。[①] 荀子不得志但却辉煌的一生由此终结。

综上所述,虽然有关荀子生平的记载不甚详细,许多典籍记载以及后人的考证均存在着抵牾之处。但总的看来,荀子曾周游列国,言说布道,推行主张。他希望将自己的政治、经济及社会文化理论在各国中实施、推行并传承下去。然而,事与愿违,荀子苦心经营的政治主张并没有得到各国君王的重视,甚至他也屡次被罢免。所幸的是,他的各种主张与学说都能通过他的洋洋万言之著——《荀子》一书而被后人窥知,这可以说既是荀卿之幸,更是吾辈之幸。

第二节 荀子的时代背景及其师承

一、时代背景

每种学说的产生都不是偶然的。章炳麟先生说过:“视天之郁苍苍,立学术者无所因。各因地齐、政俗、材性发舒,而名一家。”[②]学术思想要自成一家,首先要有能够产生此种学术的背景,包括地理环境、人文环境及个人的材性等等。特别是战国诸子之学,其产生更是时代的需要与必然。吕思勉先生说:“先秦诸子之学,非至晚周之世,乃突然兴起者也。其在前世,旁薄郁积,蓄之者既已久矣。

---

① 今山东省临沂市兰陵县兰陵镇仍存有荀子墓。此墓“文革”时遭破坏,1990 年苍山县(今兰陵县)政府筹资重修。墓前原有石碑两座,一为道光二十一年(1841 年)所立“补建荀子墓碑”,一为光绪三十年(1904 年)所立“楚兰陵令荀卿之墓”碑。前者碑文记载了荀子的生平事略及刻碑缘由,后者碑文记录了重修荀墓的原因。1977 年,荀子墓被公布为省级重点文物保护单位后,苍山县革命委员会另立“荀子墓”保护标志碑一座。

② 章炳麟:《訄书》,香港三联书店 1998 年版,第 136 页。

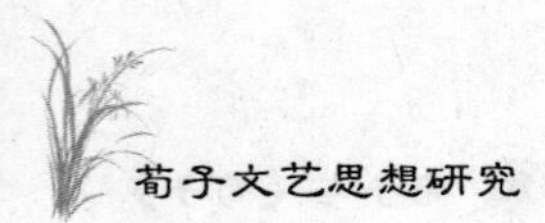

至此又遭时势，乃如水焉，众派争流；如卉焉，奇花怒放耳。”①荀子生当战国末期，处在旧秩序逐渐瓦解、新秩序尚未完全建立的时代。数百年来，礼崩乐坏，诸侯争霸，战火连年，政局诡谲，民不堪苦。诸侯列国在经济、政治、社会文化上都存在着许多亟待解决的弊病。同时，战国时代也是一个变革的时代，无论经济、政治还是社会文化都在急剧变动。《左传·昭公三十二年》记载：“社稷无常奉，君臣无常位，自古以然，故《诗》曰：‘高岸为谷，深谷为陵。’”②荀子正是在这种时代背景下提出并论述自己的观点的。

(一)经济上：战乱动荡，经济萧条

井田制度曾经是周朝昌盛的重要原因之一，然而，到了春秋战国时代，由于周室衰微，徭役横作，公田不治，周初的井田制度受到严重的破坏，土地逐渐由公有变为私有。但是，由于冶铁技术的进步，更为实用的铁器代替了旧的青铜器，牛等畜类被用来当作生产工具，战国时期在农业方面获得了长足的发展。《荀子·富国》中说：“今是土之生五谷也，人善治之则亩数盆，一岁而再获之。”在农业耕作上，人们每年可以获得两次收成。据《孟子·万章下》记载，“百亩之田”就可以养活 5～9 人：“耕者之所获，一夫百亩，百亩之粪，上农夫食九人，上次食八人，中食七人，中次食六人，下食五人，庶人在官者，其禄以是为差。”农业的发展促进了工商业的兴起，农业不再是唯一的谋生手段，各种商业贸易逐渐兴盛起来。《孟子·滕文公上》曰：“以粟易械器者，不为厉陶冶；陶冶亦以其械器易粟者，岂为厉农夫哉！”贸易的发展促进了各国经济、政治与文化的交流，同时也对城市的兴起和交通的发展产生了巨大的影响，人们的联系越来越紧密了。《战国策》中就记载了许多当时经济繁荣的景象：“人民之众，车马之多，日夜行不休，已无异于三军之众”(《魏策三》)；“栈道千里，通于蜀汉”(《秦策三》)；“千丈之城，万家之邑相望也”(《赵策三》)。然而，经济的繁荣只是暂时的和表面的。战国时期，诸侯彼此征战，志在兼并他国、一统天下，这就造成了民生凋敝、人民生活困苦的现象。荀子在《富国》篇说：“今之世而不然：厚刀布之敛，以夺之财；重田野之赋，以夺之食；苛关市之征，以难其事。”因而，虽然生产工具的进步使农业获得长足的发展，手工业、商业也随之兴起并繁荣，但是由于连年战争，农业荒废，苛政如虎，人民生活困苦，民不聊生。

(二)政治上：世局飘摇，战争频繁

战国时期是周代封建权威全面崩溃的时期。《墨子·节葬下》云：“是故昔者

---

① 吕思勉：《先秦学术概论》，世界书局 1933 年版，第 2 页。

② 本书《左传》引文均见杨伯峻编著：《春秋左传注》，中华书局 1981 年版。

圣王既没,天下失义,诸侯力征。南有楚越之王,而北有齐晋之君,此皆砥砺其卒伍,以攻伐并兼为政于天下。”[①]利益的冲突导致各国争战不断,相互兼并。刘向在《战国策·书录》中描述战国时的情形时也说:“万乘之国七,千乘之国五,敌侔争权,盖为战国。贪饕无耻,竞进无厌;国异政教,各自制断;上无天子,下无方伯;力攻争强,胜者为右;兵革不休,诈伪并起。”荀子所处的战国中晚期,兼并战争已经达到如火如荼的地步,战争的规模越来越大。各诸侯国为了满足自己的贪欲,纷纷僭越称王,企图以武力征服天下。因而,国与国之间争战不断、兼并杀戮的情况一再出现。

(三)学术上:价值迷失,诸子争鸣

面对诸国混战、国异政教的局面,诸子百家基于济世之需,各执一词,著书立说,客观上也符合了当时的政治需要,因而形成了“百家争鸣”的局面:

> 世变既亟,贤君良相,竞求才智以自辅;仁人君子,思行道术以救世;下焉者,亦思说人主,出其金玉锦绣,取卿相之尊。社会之组织既变,平民之能从事于学问者亦日多,而诸子百家,遂如云蒸霞蔚矣。[②]

所谓“争天下者必先争人”(《管子·霸言》),各国的贤臣良相为了能在兼并战争中获胜,纷纷招才纳士以辅佐国政,而仁人君子也积极投身于政治改革的大潮中去体现自己的价值。《史记·孟子荀卿列传》中对于当时的稷下学宫的学术盛况有以下的描述:

> 自邹衍与齐之稷下先生,如淳于髡、慎到、环渊、接子、田骈、驺奭之徒,各著书言治乱之事,以干世主,岂可胜道哉!……于是齐王佳之,自如淳于髡以下,皆命曰列大夫,为开第康庄之衢,高门大屋,尊宠之。览天下诸侯宾客,言齐能致天下贤士也。

徐干《中论·亡国》云:“昔齐宣王立稷下之官,和大夫之号,招致贤人而尊宠之,自孟轲之徒皆游于齐。”[③]稷下学宫是齐桓公田午时期创立的具有研究院、大学堂、政策咨询等多重性质的机构,前后历齐国六君。稷下学宫囊括了儒、墨、道、法、名、阴阳、纵横、黄老等主要学派,是战国时期的学术中心。正如郭沫若所说:“周、秦诸子的盛况是在这儿形成了一个最高峰的。”[④]在这样的学术环境中,各学派通过相互的辩说讨论,既促进了学术思想的交流,又有利于形成自己的风格及兼容并包、互相渗透的思想杂糅的特色。据《史记》记载,荀子曾在此学宫中

---

① 本书《墨子》引文均见孙诒让撰,孙启治点校:《墨子闲诂》,中华书局 2001 年版。

② 吕思勉:《先秦学术概论》,第 14—15 页。

③ 张涛、傅根清选译:《申鉴中论选译》,巴蜀书社 1991 年版,第 244 页。

④ 郭沫若:《十批判书·稷下黄老学派的批判》,第 157 页。

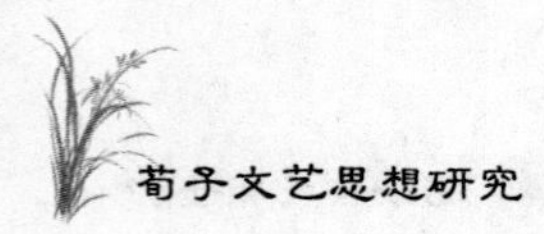

“三为祭酒”，而他的主要思想也是在此时形成并广为人知的。荀子充分了解并掌握了各家各派的学说，打破了旧时学术僵化封闭的现象，形成了崭新的学术风貌，这为他以后纵贯百家、集百家之大成的学说奠定了坚实的学术基础。

二、荀子的师承

王邦雄先生认为，一代哲人的哲学思想的形成离不开三方面的条件：一是时代背景，二是思想渊源，三是个人独创性的才慧。他说：

> 盖每一位哲人，都置身在特定的时空坐标之中，从横面而言，他的时代背景，对他形成一种趋迫力，固然会决定了他的哲学问题；从纵线而言，他的思想渊源，来自传统递衍，也会形成他的哲学特质。前者是时代的挑战，后者则是历史的传承；加上他个人独创性的才慧，三者的结合体，就构成了一代哲人的哲学思想。[①]

在这三方面的条件中，个人才慧因人而异，时代背景前面已经讲过，接下来我们看一下荀子的历史传承，即荀子的师承。

关于荀子的师承，史料中并没有明确的记载。司马迁在《史记·孟子荀卿列传》中说：“淳于髡久与处，时有得善言。”因此，有的学者十分肯定荀子与淳于髡的师承关系[②]。然而根据胡适的说法，此处乃是错简，所以并不存在所谓的师承。[③] 荀子本人对仲尼、子弓是非常推崇的，在《荀子》一书中我们时常可以看到荀子将仲尼和子弓并举：“圣人之不得埶者也，仲尼、子弓是也”（《非十二子》）；“上则法舜禹之制，下则法仲尼、子弓之义”（《非十二子》）；“非大儒莫之能立，仲尼、子弓是也”（《儒效》）。仲尼是儒家的至圣先师，荀子以之为师，自不待言；至于子弓，学者则多有争议。杨倞认为“子弓，盖仲弓也，言子者，著其为师也”[④]。汪中在《荀卿子通论》中说：

> 《史记》载孟子受业于子思之门人，于荀卿则未详焉。今考其书，始于《劝学》，终于《尧问》，篇次实仿《论语》。《六艺论》云：“《论语》，子夏、仲弓合撰。”《风俗通》云：“穀梁为子夏门人。”而《非相》、《非十二子》、《儒效》三篇每以仲尼、子弓并称。子弓之为仲弓，犹子路之为季路，知荀卿之学实出于子夏、仲弓也。[⑤]

---

① 王邦雄：《韩非子的哲学》，（台北）东大图书公司 1993 年版，第 25 页。

② 参见蔡德贵：《试论荀子和淳于髡的师承关系》，《齐鲁学刊》1985 年第 1 期。

③ 参见胡适：《中国哲学史大纲》，第 268 页。

④ 王先谦撰，沈啸寰、王星贤点校：《荀子集解》，第 73 页。

⑤ 汪中著，古直笺，王清信、叶纯芳点校：《汪中集》，第 119—120 页。

按照杨倞及汪中的观点，荀子数次谈到的子弓就是仲弓。根据《论语》及上博简[①]的记载，仲弓乃孔子的弟子，鲁国人，冉氏，名雍，生于公元前522年。因而从时间上看，荀子不可能师事仲弓，仲弓大约像孔子一样是荀子所心仪与恭维的圣人。至于子夏之说，汪中所言毫无根据，纯属臆造。

除此之外，荀子在书中曾数次提到过"子宋子"（即宋钘，与孟子同时），郭志坤等以此认为荀子也师事过宋子。[②] 然而荀子曾批评宋子"有见于少，无见于多"（《天论》），"蔽于欲而不知得"（《解蔽》），从他的语气来看，不像是直接师从宋钘。不过，荀子从宋钘等稷下学派人士那里吸取了许多有益的东西是不争的事实。

由此看来，我们虽然无从考究荀子的确切师承，但是他以仲尼、子弓为心仪的对象，在稷下学宫中吸取宋钘、淳于髡等人优秀的理论成果以为己用的事实是客观存在的。荀子也正是在这种开放的学术环境中形成了他"上承孔孟，下接易庸，旁收诸子，开启汉儒"[③]的集百家之大成的思想的。

第三节 《荀子》一书的有关考证

一、《荀子》的分篇与卷本[④]

关于《荀子》著述的记载，最早出现于《史记》中。《孟子荀卿列传》说荀子"序列著数万言"，但并未对荀子的文章进行统计与校订。从刘向开始，文史学家开始对荀子的作品进行归类汇总，有关荀子作品总数及《荀子》内容的记载不断出现。总的看来，主要有"三十二篇""十二卷""二十卷"三种说法：

(1)《孙卿书录》记载："……孙卿书凡三百二十篇，以相校，除重复二百九十篇，定著三十二篇。"刘向将当时所能见到的320篇作品做了校对，删除了其中重复的290篇，将荀子的作品定为32篇，名为《孙卿新书》。此后，班固在《汉书·艺文志》中说"《孙卿子》三十三篇"，又于赋家中载有"孙卿赋十篇"，可见当时《孙卿子》与荀子的赋是各自单行的。王应麟在《汉书艺文志考证》中认为班固所说的33篇"当云三十二篇"，可见33篇当是32篇之误。

---

① 《论语·先进》篇中记载有冉氏同宗三兄弟冉耕（伯牛）、冉雍（仲弓）、冉有（子有）："德行：颜渊，闵子骞，冉伯牛，仲弓。言语：宰我，子贡。政事：冉有，季路。文学：子游，子夏。"在上博简中有《仲弓》篇。［参见马承源主编：《上海博物馆藏战国楚竹书》（三），上海古籍出版社2003年版，第261—284页］

② 参见郭志坤：《荀学论稿》，第38—39页。

③ 李泽厚：《中国古代思想史论》，第207页。

④ 关于荀子卷本的详细研究，参见高正：《〈荀子〉版本源流考》，中国社会科学出版社1992年版。

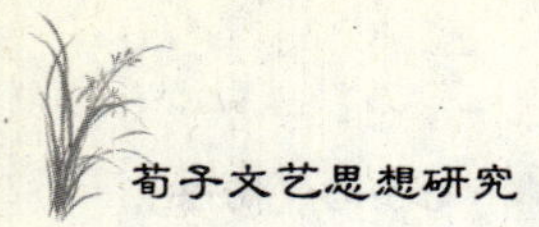

(2)《隋书·经籍志三》记载:"《孙卿子》十二卷。"《旧唐书·经籍志下》云:"《孙卿子》十二卷。"《唐书·艺文志》云:"《孙卿子》十二卷。"由此看来,在隋唐时有12卷本的《孙卿子》通行于世。

(3)唐时除了早已通行的十二卷本《孙卿子》外,杨倞"以文字繁多,故分旧十二卷三十二篇为二十卷,又改《孙卿新书》为《荀卿子》,其篇第亦颇有移易,使以类相从云"①。因而《唐书·艺文志》另有"杨倞注《荀子》二十卷"。杨倞不仅对荀子的32篇篇章重新做了分编,将隋时的12卷编为20卷,更是首次为之作注,于是此本成为通俗之定本,它是今本《荀子》的直接来源,也是历代校释荀书的最可靠的祖本。

二、《荀子》的真伪

受特定条件的限制,诸子之书除少数几种外,均存在着真伪的疑问。由于荀子是儒家的异出,唐以前从未有人对其书作过详细的考证,更未有人为其书作注。更兼《荀子》一书内容较为杂乱,与《礼记》及《韩诗外传》有许多相同的地方,因而其真伪问题尤为突出。自唐杨倞开始,就有许多人认为《荀子》一书并非完全是荀子本人所作。而是由后人杂纂而成,其中包括荀子的弟子。例如杨倞曾对部分篇章的作者归属问题作过论述,他认为自《大略》以下皆非荀子本人所作。在《大略》篇目下,杨倞注曰:"此篇盖弟子杂录荀卿之语,皆略举其要,不可以一事名篇,故总谓之《大略》也。"②在《宥坐》篇目下,杨倞注曰:"以下(包括《宥坐》、《子道》、《法行》、《哀公》、《尧问》等)皆荀卿子及弟子所引记传杂事,故总推之于末。"③

除了杨倞,今人也对《荀子》是否全为荀子所作提出过质疑。如梁启超在《荀卿及〈荀子〉》一文中说:

> 《宥坐》以下五篇,文义肤浅。《大略》篇虽间有精语,然皆片段。故此六篇宜认为汉儒所杂录,非《荀子》之旧。④

胡适在《中国哲学史大纲》中也说:

> 《汉书·艺文志》:《孙卿子》32篇,又有赋10篇。今本《荀子》32篇,连赋5篇、诗两篇在内。大概今本乃系后人杂凑成的。其中有许多篇,如《大略》、《宥坐》、《子道》、《法行》等全是东拉西扯拿来凑数的。还有许多篇的分

---

① 杨倞:《荀子序》,王先谦撰,沈啸寰、王星贤点校:《荀子集解》,第52页。

② 王先谦撰,沈啸寰、王星贤点校:《荀子集解》,第485页。

③ 王先谦撰,沈啸寰、王星贤点校:《荀子集解》,第520页。

④ 罗根泽编著:《古史辨》(四),第149－150页。

段全无道理：如《非相篇》的后两章，全与"非相"无干；又如《天论篇》的末段，也和《天论》无干。又有许多篇，如今都在大戴小戴的书中（如《礼论》、《乐论》、《劝学》诸篇），或在《韩诗外传》之中，究竟不知是谁抄谁。大概《天论》、《解蔽》、《正名》、《性恶》四篇全是荀卿的精华所在。其余的20余篇，即使真不是他的，也无关紧要了。[①]

按照杨倞、梁启超、胡适等人的看法，今本《荀子》是后人杂凑而成的，《大略》《宥坐》《子道》《法行》《哀公》《尧问》等篇最为明显。杨筠如的《荀子研究》，更是从"体裁的差异""思想的矛盾""篇章的杂乱""其他的旁证"四个方面对《荀子》一书作了考证，得出了如下结论：

……《荀子》书是混杂的东西，除了《成相》以下八篇，明知与《荀子》无关以外，其余各篇，都不免有鱼目混珠的出现。用一般的观察，大致以《正名》《解蔽》《富国》《天论》《性论》《正论》《礼论》（起首一段）几篇，真的成分较多。所以我主张：（一）与大小《戴记》《韩诗外传》相同的文字，暂时只得割爱。（二）与前面所举几篇中主要思想相矛盾的地方，也最好不采。（三）凡是称孙卿子的各条，为慎重起见，也最好不要用为荀子学说的资料。[②]

按照他的说法，真正属于荀子的作品就所剩无几了。张西堂在《〈荀子〉各篇真伪之假定》中将《荀子》一书分为六组：

第一组：《劝学》、《修身》、《不苟》、《非十二子》、《王制》、《富国》、《王霸》、《天论》、《正论》、《礼论》、《乐论》、《解蔽》、《正名》、《性恶》共十四篇。这十四篇都可信为真荀子文，不过有的间有一两段或属他篇错入。第二组：《荣辱》、《非相》、《君道》、《臣道》共四篇。这四篇中，每篇可有数段可信为真荀子之文，但又有几段很可疑为非荀子所作。《荣辱》、《非相》两篇，尤为显然。第三组：《仲尼》、《致士》、《君子》共三篇。这三篇恐非荀子文，其思想文字颇令人怀疑。第四组：《儒效》、《议兵》、《强国》共三篇。这三篇亦非荀子文，应是荀卿弟子所撰述者。第五组：《成相》、《赋》共两篇。这两篇本与儒家之孙卿子无关。第六组：《大略》以下六篇。这六篇宜认为汉儒所采录之词。[③]

张西堂将《劝学》等18篇看作真荀子文，而将《仲尼》《致士》《君子》《儒效》《议兵》《强国》《成相》《赋》《大略》《宥坐》《子道》《法行》《哀公》《尧问》14篇看作非荀子文。廖名春先生则将荀子的作品分为三类：

第一类是荀子亲手所著，它们是《劝学》、《修身》、《不苟》、《荣辱》、《非

① 胡适：《中国哲学史大纲》，第269页。

② 杨筠如：《荀子研究》，商务印书馆1933年版，第30—31页。

③ 罗根泽编著：《古史辨》（六），第149—150页。

> 相》、《非十二子》、《王制》、《富国》、《王霸》、《君道》、《臣道》、《致士》、《天论》、《正论》、《礼论》、《乐论》、《解蔽》、《正名》、《性恶》、《君子》、《成相》、《赋》22篇;第二类是荀子弟子所记述的荀子言行,它们是《儒效》、《议兵》、《强国》、《大略》、《仲尼》5篇;第三类是荀子所整理、纂集的资料,其间也插入了弟子之作,它们是《宥坐》、《子道》、《法行》、《哀公》、《尧问》5篇。[①]

他认为,“第一类和第二类27篇著作是研究荀子思想和学说的主要依据”[②]。

周炽成在《荀子韩非子的社会历史哲学》一书中认为,《性恶》篇的作者并非荀子。理由为:此篇与《荀子》的其他篇章存在严重的分歧;荀子的弟子如韩非子、李斯、浮邱伯、张苍、毛亨、陈嚣等人既不主张性恶,也未提到荀子言性恶;司马迁在《史记》中也未有提及荀子言性恶;出于荀学的西汉陆贾及最关注人性问题且贡献最大的董仲舒也未曾批评荀子的“性恶论”;荀子在《性恶》中未曾引用《诗经》。[③]

当然,也有学者认为《荀子》全书并无伪作的痕迹。龙宇纯先生就曾在《荀子真伪问题》一文中对张西堂等人的观点作了驳斥。他对《劝学》《修身》等篇中的错文及学者所着重怀疑的《仲尼》《致士》等篇做了勘对,认为“荀子一书,除修身篇‘天其不遂乎’一语可疑,而‘天’字可能为‘夫’字之误而外,其余学者所疑为伪作者,或则仅是章节的错乱问题,或则由于论者对于荀子一知半解,全书实并无伪作痕迹”[④]。

综上所述,《劝学》《修身》《不苟》《荣辱》《非相》《非十二子》《仲尼》《儒效》《王制》《富国》《王霸》《君道》《臣道》《致士》《议兵》《强国》《天论》《正论》《礼论》《乐论》《解蔽》《正名》《性恶》《君子》《成相》《赋》《大略》27篇基本上是属于荀子自作或荀子弟子记载荀子言行的作品,而《宥坐》《子道》《法行》《哀公》《尧问》5篇则属于荀子所整理、纂集的资料或其弟子之作,严格意义上并不属于荀子的作品。不过,由于后5篇在《荀子》全书中所占比重不大,且其理论内涵有限,因而它们并不能影响对整个《荀子》的理解。不仅如此,即便此5篇是荀子或其弟子所杂纂,也自有杂纂的道理——它们在大体上拥有一贯的思维方式,其内容在客观上是对荀子真作的一种补充与说明,它们的出现当是为了佐证荀子的观点。因而,即便我们把它们当成是荀子本人的作品,对研究荀子及荀学也不会产生太大的影响,这正如《论语》一书并非孔子自撰,但却无损于其为孔子学说一样。

---

① 廖名春:《中国学术史新证·〈荀子〉各篇写作年代考》,四川大学出版社2005年版,第535—536页。

② 廖名春:《中国学术史新证·〈荀子〉各篇写作年代考》,第536页。

③ 参见周炽成:《荀子韩非子的社会历史哲学》,中山大学出版社2002年版,第36—42页。

④ 龙宇纯:《荀子论集》,台湾学生书局1987年版,第53页。

三、《荀子》与《礼记》及《韩诗外传》的关系

前面我们已经说过,《荀子》与《礼记》及《韩诗外传》有许多相同的句子。关于《荀子》与《礼记》的关系,杨筠如先生曾做过一个详细的列表:

《荀子》与《礼记》的关系①

《荀子》	《礼记》
《荀子·礼论》	《小戴·三年间》 《大戴·礼三本》
《荀子·乐论》	《小戴·乐记》 《乡饮酒义》
《荀子·法行》	《小戴·聘义》
《荀子·哀公》	《大戴·哀公问五义》
《荀子·修身》	《大戴·曾子立事》 《大略》
《荀子·劝学》	《大戴·劝学》 《宥坐》

关于《荀子》与《韩诗外传》的相同之处,杨筠如也做一表:

《荀子》《韩诗外传》相同之处统计②

《荀子·不苟》…………《外传》一、二、三、四、六(共五次)
《修身》…………《外传》一、二、四、五(共四次)
《王制》…………《外传》三、三、三、五(共四次)
《君道》…………《外传》四、五、五、六(共四次)
《儒效》…………《外传》三、五、五、七(共四次)
《宥坐》…………《外传》三、三、八、十(共四次)
《尧问》…………《外传》三、六、七、七(共四次)
《臣道》…………《外传》四、五、六(共三次)
《天论》…………《外传》一、二、五(共三次)
《哀公》…………《外传》二、四、四(共三次)
《议兵》…………《外传》三、四(共两次)
《非相》…………《外传》三、五(共两次)
《子道》…………《外传》三、九(共两次)
《法行》…………《外传》二、四(共两次)
《非十二子》…………《外传》四、六(共两次)
《劝学》…………《外传》四、八(共两次)
《强国》…………《外传》六(共一次)
《富国》…………《外传》六(共一次)
《大略》…………《外传》四(共一次)

① 杨筠如:《荀子研究》,第21—22页。
② 杨筠如:《荀子研究》,第22—23页。

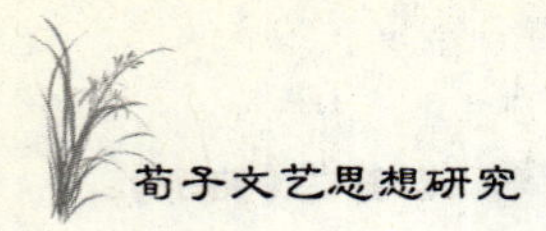

根据这两个表格，杨筠如认为《荀子》和《礼记》《韩诗外传》的关系非常密切。但由于他认为《荀子》是晚出的，他说："《荀子》同于《礼记》、《诗传》，大概是《礼记》、《诗传》混入《荀子》，因为《荀子》一书的篇次和内容都是由刘向一手整理的，其时已经在戴韩以后。"①当然，他的这种判断是值得商榷的。汪中先生就认为《礼记》《韩诗外传》皆出《荀子》②。谢墉认为"《小戴》所传《三年间》全出《礼论篇》，《乐记》、《乡饮酒义》所引俱出《乐论篇》，《聘义》子贡问贵玉贱珉亦与《法行篇》大同。《大戴》所传《礼三本篇》亦出《礼论篇》，《劝学篇》即《荀子》首篇，而以《宥坐篇》末见大水一则附之，《哀公问五义》出《哀公篇》之首"③。梁启超也认为"凡此书皆当认为《礼记》采《荀子》，不能谓《荀子》袭《礼记》。盖《礼记》本汉儒所裒集之丛编杂采诸各家著述耳"④。笔者认为，梁启超等人的观点是正确的。《荀子》一书中，绝大多数内容乃荀子自作或其弟子记载其言行事迹之作。《韩诗外传》乃汉时的作品，其与《荀子》相同的地方，绝不可能是后者混入前者，这是无疑的；至于《礼记》，由于它的内容多是由汉人杂纂而成的，因而我们只可以说《礼记》采《荀子》。

四、《荀子·乐论》与《礼记·乐记》

先秦时期是我国古代文学、艺术、哲学的初创期，对中国影响最深远的各种哲学思想、文学思想、文论思想都在这一时期萌芽、初创，许多核心观点也在这一时期形成。因此，一部作品出现的时间早晚直接决定了其在中国文学史、文论史上的地位与作用。就《乐论》与《乐记》来说，两者之间有七百多字的相同或相似之处，因而它们的成书年代及承袭情况直接影响到它们在我国文学史、美学史及艺术史上的地位。在中国学术史上，存在着两种截然不同的观点：

(1)改革开放前，以郭沫若为首的许多学者依据唐张守节在《史记正义》中的考证以及沈约、黄侃等人的观点，认为《乐记》取自战国时的《公孙尼子》。公孙尼子可能是孔子的直传弟子，早于荀子，因此荀子在乐理上很明显地受到公孙尼子的影响。所以他认为"与其谓《乐记》出于'剿袭'，毋宁认《乐论》、《吕览》、《易·系》诸书之出于剿袭之为宜"⑤。杜国庠、杨公骥、董健、周柱铨、金钟、周来祥、李

① 杨筠如：《荀子研究》，第23页。

② 详见汪中著，古直笺，王清信、叶纯芳点校：《汪中集·荀卿子通论》，第117－119页。

③ 谢墉：《荀子·序》，乾隆丙午校刊，嘉善谢氏藏本，北京直隶书局1923年影印。

④ 梁启超：《荀卿与〈荀子〉》，罗根泽编著：《古史辨》(四)，第115页。

⑤ 郭沫若：《青铜时代·公孙尼子与其音乐理论》，科学出版社1965年版，第201页。

学勤、吕骥等人亦撰文支持此观点。[①]

(2)以梁启超为代表的学者认为，凡是大小戴记与《荀子》相同的地方，“皆当认为《礼记》采《荀子》，不能谓《荀子》袭《礼记》”[②]。国内学者钱穆、徐复观、李泽厚、孙尧年、蔡仲德、吴毓清、敏泽、吴乃恭、张少康、蒲又俊，国外学者Homer H. Dubs(德效骞)、Scott Cook 等人亦持此种观点。[③]

两种观点相比较而言，笔者认为后者更为可信。理由如下：

第一，有关《乐记》作者的最早记载是《汉书》。在《汉书·艺文志》中有“《乐记》二十三篇。《王禹记》二十四篇”的记载。其后，班固在解释中说：“武帝时，河间献王好儒，与毛生等采《周官》及诸子言乐事者，以作《乐记》，献八佾之舞，与制氏不相远。其内史丞传之，以授常山王禹。禹，成帝时为谒者，数言其义，献二十四卷记。刘向校书，得《乐记》二十三篇，与禹不同，其道寖以益微。”根据班固的陈述，河间献王(刘德)与毛生等根据《周官》及诸子有关音乐的论述作《乐记》，此书后来授予王禹，即《王禹记》24 篇；后来，刘向校书得到《乐记》23 篇，此书与《王禹记》不同。从《汉书》中，我们可以看出刘德及刘向等人曾作《乐记》或校勘整理过《乐记》，里面没有关于公孙尼子作《乐记》的记述。况且如果《乐记》23 篇是公孙尼子所作，班固定会标示。

第二，《汉书·艺文志》中既著录《乐记》23 篇，又著录《公孙尼子》28 篇[④]，如果《乐记》真的取自《公孙尼子》，班固为何不在书中作出说明？况且依照《汉书·

---

① 详见《杜国庠文集》，第 514－515 页；杨公骥：《中国文学》第 1 分册，吉林人民出版社 1980 年版，第 276－282、283 页；董健：《〈乐记〉是我国最早的美学专著》，《南京大学学报》1977 年第 4 期；周柱铨：《〈乐记〉考辨》，《北方论丛》1979 年第 2 期；金钟：《关于公孙尼子的〈乐记〉的断代和评价问题——兼与〈乐记〉批注者商榷》，《人民音乐》1979 年第 7 期；周来祥：《中国古典美学和古典文艺理论的奠基石——论公孙尼子的〈乐记〉》，人民音乐出版社编辑部编：《乐记论辩》，第 190－221 页；李学勤：《失落的文明·〈乐记〉的作者》，上海文艺出版社 1997 年版，第 350－354 页；吕骥：《关于公孙尼子和〈乐记〉作者考》，《中国音乐学》1988 年第 3 期。

② 梁启超：《荀卿与〈荀子〉》，罗根泽主编：《古史辨》(四)，第 115 页。

③ 详见钱穆：《先秦诸子系年·诸子攟逸》，商务印书馆 2005 年版，第 573－574 页；徐复观：《中国艺术精神》，华东师范大学出版社 2001 年版，第 5－7 页；李泽厚、刘纲纪主编：《中国美学史》第 1 卷，第 340－346页；孙尧年《〈乐记〉作者问题考辨》，中华书局编辑部编：《文史》第 10 辑，第 175－190 页；蔡仲德：《〈乐记〉作者辨证》，《中央音乐学院学报》1980 年第 1 期；吴毓清：《〈乐记〉的成书年代及其作者》，《音乐学丛刊》第 1 辑，文化艺术出版社 1981 年版，第 63－77 页；敏泽：《中国美学思想史》第 1 卷，第 185－186 页；吴乃恭：《荀子〈乐论〉及其同〈乐记〉关系的探讨》，《社会科学战线》1987 年第 4 期；张少康、刘之富：《中国文学批评发展史》，北京大学出版社 1995 年版，第 117 页；浦友俊：《中国文学批评史论》(先秦－魏晋南北朝卷)，巴蜀书社 2001 年版，第 125 页；Homer H. Dubs, *Hsün tze. the Moulder of Ancient Confucianism*. London: Arthur Probsthain, 1927; Scott Cook, *Yue Ji*. Record of Music: Introduction, Translation, Notes, and Commentary. *Cornell*: *Asian Music*, 1995, 26(2).

④ 详见班固撰，颜师古注：《汉书》，第 1366 页。

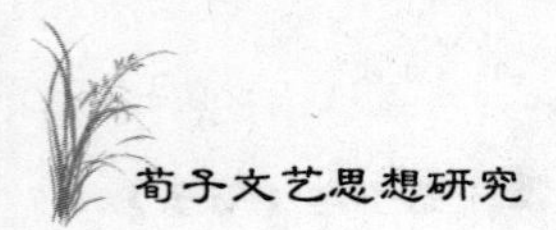

艺文志》的体例，如果《乐记》仅仅是《公孙尼子》的一部分，那么刘向、班固等人所作的校书就是严重的重复，而班固在各类之后列出的多少家、多少篇的意义就不大了。所以徐复观先生说：《公孙尼子》与《乐记》23 篇及《王禹记》24 篇“全无关涉，彰彰明甚”[①]。因而，《乐记》不可能完全取自《公孙尼子》；即使真的取自《公孙尼子》，也只能是取其很少的一部分而不会是多数或全部。据此而论，我们不能断定《乐记》是公孙尼子所作。

第三，认为《乐论》取自《乐记》的学者多依据唐张守节在《史记正义》中的考证以及沈约等人的观点，认为《乐记》取自战国时的《公孙尼子》，而公孙尼子是孔子的再传弟子，当在荀子之前。《隋书·音乐志》引沈约对梁武帝的《奏答》曰：“《乐记》取《公孙尼子》。”[②]张守节在《史记正义》中说：“其《乐记》者，公孙尼子次撰也。”[③]沈约“《乐记》取《公孙尼子》”的说法，不见于此前的文献。两人虽然都认为《乐记》是公孙尼子的作品，但均未提出任何史料证据，只是一种揣测。既然两人的说法是一种揣测，我们就不能将这种揣测作为一种既成的事实来证明自己的观点。

第四，今人有根据郭店楚墓竹简及上海博物馆藏战国楚竹书[④]的记载来说明沈约“《乐记》取《公孙尼子》”的说法的。[⑤] 他们根据郭店楚简中《缁衣》与现存的《礼记·缁衣》大体相同的现象，认为沈约所说的“《乐记》取《公孙尼子》”是紧跟在“《中庸》、《表记》、《坊记》、《缁衣》皆取《子思子》”之后的，因而断定“楚简《缁衣》也连带地证明了《公孙尼子》的存在，证明《乐记》为公孙尼子所作，至少也证明了《乐记》早于荀子《乐论》”[⑥]。此种“稍带”之说可谓毫无道理。比如某人在书中说了 A、B 两种观点，A 观点经证实是正确的，那么 B 观点就“被捎带”而一定正确吗？显然未必。

第五，按照郭沫若的说法，今本《乐记》11 篇里面有很多可疑的地方：

> 例如《乐论篇》言“礼乐之情同，故明王以相沿也”，而《乐礼篇》则言“五帝殊时不相沿乐，三王异地不相袭礼”；又如《乐论篇》言“乐至则无怨，礼至则不争”，《乐化篇》言“乐极和，礼极顺”，而《乐礼篇》则言“乐极则忧，礼极则偏”。这些显然不像是一个人的论调。《乐礼篇》很可疑，因为里面有一节，

---

① 徐复观：《中国艺术精神》，第 6 页。

② 魏徵等：《隋书·音乐志》，中华书局 1973 年版，第 288 页。

③ 司马迁：《史记·乐书》，中华书局 2005 年版，第 1078 页。

④ 关于郭店楚简及上博楚简的有关介绍，见本编第二章第三节的相关内容。

⑤ 参见邹华：《郭店楚简与〈乐记〉》，《西北师大学报》(社会科学版)2004 年第 6 期；孙德华：《论〈乐记〉及其与思孟学派的关系》，http://www.confucianism.org.my/international/index.php? option=com_content&task=view&id=189。

⑥ 邹华：《郭店楚简与〈乐记〉》，《西北师大学报》(社会科学版)2004 年第 6 期。

差不多和《易·系辞传》完全相同……因此关于《乐礼》的一节应该不是公孙尼子的东西,至少也应该怀疑。此外《乐言》、《乐情》、《乐化》、《乐象》,四篇都有与《荀子·乐论篇》同样的文句或章节。论时代荀子当后于公孙尼子,但荀子不至于整抄前人的文字以为已有。因此我认为今存《乐记》,也不一定全是公孙尼子的东西,由于汉儒的杂抄杂纂,已经把原文混乱了。但主要的文字仍来自《公孙尼子》,故沈约与黄侃云然耳。①

如此多的可疑之处,足以说明《乐记》完全是东拉西扯拼凑出来的东西。《乐记》中的许多篇章自相矛盾,因而其作者并非只有公孙尼子一人。而《乐论》从头到尾论点明确,论据充足,行文流畅,内容完全出自一家之说,绝不是简单拼凑出来的。

第六,若《乐记》真的是公孙尼子所作,那么在荀子以前的战国初期这部系统、完整的经典著作就已经出现,它定会在战国时期引起强烈的轰动与反响。然而,我们从先秦著作中看不到有关公孙尼子作《乐记》的记录,诸子之书中也从来没有人提及过《乐记》及公孙尼子作《乐记》。因此,《乐记》不可能是荀子之前的作品。况且,如果真是荀子抄袭《乐记》,那么《荀子》一书中至少可以看到有关公孙尼子的记载,但是除了在《强国》中荀子曾提到过"公孙子"一人外,未见关于公孙尼子或《乐记》的记载出现。虽然郭沫若认为这位"公孙子""大约就是这位公孙尼子吧"②,但这也只是一种猜测,且毫无根据。

第七,按照郭沫若的观点,公孙尼子是孔子的弟子或再传弟子,但是在春秋战国期间,"私门无著述",诸子多秉承"述而不作"的观点,没有自己的著述:"老聃、杨朱都没有著书,春秋时本来是还没有著书的风气的,就是孔丘、墨翟又何曾有自己著的书!"③既然连孔丘、墨翟都没有自己的书,为何汉以前没人提起的公孙尼子竟会有如此完整、系统的《乐记》出现?

第八,从《乐论》及《乐记》的创作特点及行文规律、体制风格上来看,《乐论》是整个荀学整体中不可或缺的一部分。④ 从整个的荀学体系来说,礼是荀子学说的核心内容之一,《荀子》32篇当中,除了明显不属于荀子自作的《仲尼》《宥坐》两篇外,篇篇都讲到礼。荀子也不止一次地说到礼与乐的配合,他早已经意识到乐在个人人格修养、社会、国家中的作用,因而在论述中常常将"礼乐"并用且提出了"礼乐之统"(《乐论》)的思想。由此可见,《乐论》的出现并不是偶然的,

---

① 郭沫若:《青铜时代·公孙尼子与其音乐理论》,第183—185页。

② 郭沫若:《青铜时代》,第187页。

③ 郭沫若:《十批判书·稷下黄老学派的批判》,第162页。

④ 关于这一论据,孙尧年、蔡仲德先生曾作过充分的论述,笔者不再赘述。(详见孙尧年:《〈乐记〉作者问题考辨》,中华书局编辑部编:《文史》第10辑,第175—190页;蔡仲德:《〈乐记〉作者辨证》,《中央音乐学院学报》1980年第1期)

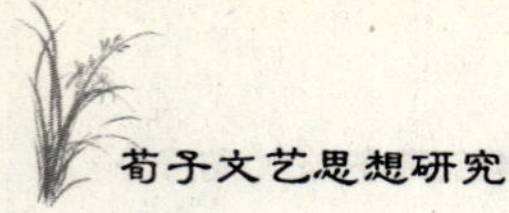

而是荀子为了建构其“天生人成”的思想及人文化成之道而特意提出的。而且，荀子《乐论》全篇论点鲜明，层层推进，首尾连贯，一气呵成，没有抄袭的痕迹存在；而反观《乐记》，正如郭沫若所说，《乐记》“内容有些疑问”，“显然不像是一个人的论调”。因而，如果说抄袭的话，《乐记》抄袭《乐论》的可能性更大一些。

综上所述，虽然古籍阙亡而不知，但据现有的材料来看，《乐记》的成书应在荀子之后。所以徐复观先生说：“其有与《乐论》相同的地方，盖因其出于同一传承。而从文字看，整理《乐记》之人，尚在荀子之后，所以其中吸收了《乐论》”；“今人‘公孙尼子与其音乐理论’的说法，全系粗率的臆说”。①

① 徐复观：《中国艺术精神》，第6—8页。

第二章 荀子文艺思想的理论渊源

荀子的思想继承了先秦诸子百家的理论学说，既有传统的儒家思想的成分，也有道家、墨家、法家等合理内核。整个荀学理论，包括性恶论、礼论、文艺思想等，都是荀子在吸收前人优秀研究成果的基础上提出并加以进一步论证的。特别是他的文艺思想，继承并发展了先秦典籍及诸子学说的合理内核，尤其是吸收了郭店楚简及上博竹简论文艺的主要内容，并加以综合、深化而集大成。

第一节 《尚书》等先秦典籍与荀子的文艺思想

从荀子的传经之功来看①，他极其尊重“六经”——《诗》《书》《礼》《乐》《易》《春秋》的地位，重视典籍在君子人格修养及社会教育中的作用。他充分吸收了典籍中的理论营养，广采往圣先贤的智慧，将其中的优秀成果加以继承并创新，提出了系统而完整的文艺思想，体现了一个集大成的思想家的特点。

一、《尚书》与荀子的文艺思想

《尚书》(又称《书经》)是“六经”之一，是我国现存最早的上古时期的史料总集，记载了从“尧舜禹”到“文武周公”等圣王贤相的经世治国之道及各种重要的历史事件。《尚书》中记载有大量的音乐史料，可以说《尚书》是我国音乐思想的宝库。书中的许多观点，对后世的音乐理论影响深远。《荀子》一书中引用《尚书》达 22 次，可见荀子对《尚书》非常熟悉与重视，他的文艺思想也明显地受到《尚书》的影响。

首先，对“诗言志”说的吸收。《尚书·尧典》中论述文艺的最著名的一段话莫过于舜命令夔“典乐”以教胄子的那段：

---

① 关于荀子在经学传授中的贡献，见本书下编第八章第一节的相关内容。

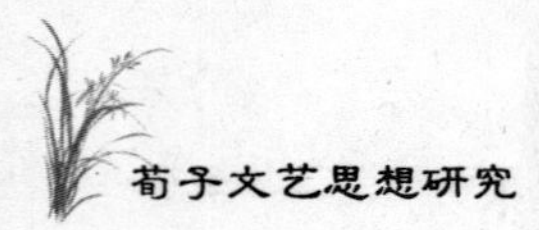

帝曰："夔，命女典乐，教胄子。直而温，宽而栗，刚而无虐，简而无傲，诗言志，歌永言，声依永，律和声，八音克谐，无相夺伦，神人以和。"夔曰："於！予击石拊石，百兽率舞。"①

在这段记载中，舜命令夔主掌音乐。他认为，诗是抒发志意的，歌则把这种语言加以拉长，用乐声来附和漫长的歌声，用律吕的标准来调和乐声。许慎说："诗，志也。"②由于先秦时期文、艺、舞是一体的艺术，因而"诗言志"就是说文艺起源于人心。由于心、性、情三者不可分割，因此"诗言志"包含着文艺来源于人的情感的萌芽。因而，《尚书》"诗言志"的学说对后世影响极大，朱自清认为它是中国历代诗论的"开山的纲领"③。荀子所说的"《诗》言是，其志也"（《儒效》）、"乐者，乐也，人情之所必不免也"（《乐论》）等以情论乐的观点，就是对《尚书》"诗言志"说的继承与发展。

其次，除了"诗言志"外，荀子还吸收了《尚书》中关于乐教的理论。上文提到的舜命令夔"典乐"以"教胄子"就是一种乐教。舜以文艺作为教化的工具，希望通过乐教涵养德性，达到"直而温，宽而栗，刚而无虐，简而无傲"的目标，即：使正直的人性格直率而温和，使宽大的人能够敬谨而不散漫，使刚强的人不至于苛刻，使简易的人能够遵守礼仪而不至于显得傲慢。不仅如此，《尚书》认为，通过文、艺、舞三位一体的乐教，还能达到"神人以和"的境界，实现人与他人、人与自然的"天人合一"的最高境界。《皋陶谟》中也记载：

夔曰："戛击鸣球，搏拊琴瑟以咏。祖考来格。虞宾在位，群臣德让。下管鼗鼓，合止柷敔，笙镛以间。鸟兽跄跄。《箫韶》九成，凤凰来仪。"夔曰："於！予击石拊石，百兽率舞，庶尹允谐。"

这段文字也说明了人与人、人与动物、人与自然之间，通过诗、乐、舞三位一体的艺术能够达到融洽和谐、天人合一的境界。荀子继承了《尚书》的这种观点，认为文艺不但取象于自然——"上取象于天，下取象于地，中取则于人"（《礼论》），而且"足以率一道，足以治万变"，是"天下之大齐也，中和之纪也"（《乐论》），对个人、国家、社会发挥着重要的作用。

二、《周礼》与荀子的文艺思想

传世的《周礼》全文约4.5万字，是研究我国古代礼乐制度的重要典籍。它主要记载了周代官职分配制度，从中我们可以大致看出周代的乐教情况。书中

① 本书《尚书》引文均见顾颉刚、刘起釪：《尚书校释译论》，中华书局2005年版。

② 桂馥：《说文解字义证》，齐鲁书社1987年版，第191页。

③ 朱自清：《诗言志辨·序》，开明书店1947年版，第4页。

《地官司徒》与《春官宗伯》的部分内容是记载“乐官”的资料，记载有从大司乐到舞师等22职乐官。《周礼》论乐的主要观点主要集中在这两篇中，内容涉及乐教及文艺功用等理论，特别是其中关于音乐“和”的审美特质的理论观点，对荀子“中和”之美的审美理想论的形成产生了重要影响。

《周礼》注意到音乐以“和”为主的特点，曾经数次提到音乐之“和”。《春官·小师》在说“小师”之职时说：“掌六乐声音之节与其和。”[①]认为小师能够分辨“六乐”[②]的节奏，根据“六乐”的不同特点使之相互协调、调和，和谐演奏一篇优美的华章。《春官·典同》在说“典同”之职时说：“典同掌六律、六同之和，以辨天地、四方、阴阳之声，以为乐器。”这里是说典同的职务是掌管“六律”“六同”[③]，由于它们分属阴、阳，只有使之相互调和、互为补充，才能使不同的乐器和谐演奏，才能辨认出天地、四方、阴阳的声音。典同之职就是调整各种乐器的声音，使演奏出来的音乐具有和谐的特质。

音乐具有和谐的特点，同时也发挥“和”的作用。《地官·大司徒》中记载：“以礼乐教和，则民不乖。”就是说用乐教使民和睦，人民就不会乖戾。可见音乐可以使民“和”。又说：“以五礼防万民之伪而教之中，以六乐防万民之情而教之和。”《周礼》充分看到了音乐在人类情感中的作用，提出要以“五礼”[④]防止万民的诈伪而使之中正，用“六乐”防止万民的情欲而教他们心地平和。

以乐教德是我国乐教理论的传统。相传《周礼》为周公所作，而周公最重乐教，因而《周礼》中有许多关于乐教的观点，比如以文艺“修养”品德及言说技巧等。《春官·大司乐》记载：

> 大司乐掌成均之法，以治建国之学政，而合国之子弟焉。凡有道者、有德者，使教焉，死则以为乐祖，祭于瞽宗。以乐德教国子中、和、祗、庸、孝、友，以乐语教国子兴、道、讽、诵、言、语，以乐舞教国子舞《云门》、《大卷》、《大咸》、《大韶》、《大夏》、《大濩》、《大武》。

按照《周礼》的记载，大司乐掌管周朝大学的教学法，建立并掌握国家的教育法令，让有德行的人到学校任教，用礼乐涵养所成之乐德教育国子，使之具备忠诚、刚柔得当、恭敬、有原则、孝顺父母、友爱兄弟的德行；用乐语教国子掌握比喻、称引古语、背诵诗文、吟诵诗文、提起话题、回答叙述的语言技巧；用乐舞教国子学

---

① 本书《周礼》引文均见杨天宇：《周礼译注》，上海古籍出版社2004年版。

② “六乐”为：一是《云门》，为黄帝之乐；二是《大威》，为尧乐；三是《大韶》，为舜乐；四是《大夏》，为禹乐；五是《大濩》，为汤乐；六是《大武》，为武王之乐。

③ “六律”指黄钟、太簇、姑洗、蕤宾、夷则、无射六阳律，“六同”指大吕、夹钟、仲吕、林钟、南吕、应钟六阴律。

④ “五礼”为：吉礼、凶礼、嘉礼、军礼、宾礼。

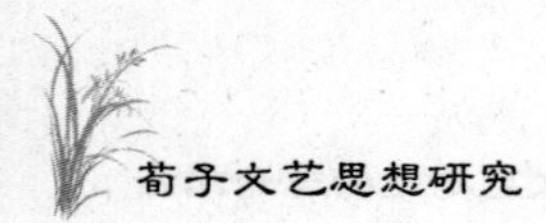

会《云门》等舞蹈。可见,《周礼》已经将音乐的教育作用扩展到包括说话技巧与品德修养在内的君子人格修养的各个方面,视乐教为成就完美人格的最主要途径。

此外,由于音乐具有“和”的根本特点,《周礼》认为乐教还应担负着建立完善的政治体制,使社会和谐、国家富强的责任。《春官·大司乐》说:“以六律、六同、五声、八音、六舞大合乐,以致鬼、神、示,以和邦国,以安宾客,以说远人,以作动物。”意思是,用六律、六同、五声[①]、八音[②]和六代的舞一起配合演奏,以招致人鬼、天神和地神而祭祀,使各国和睦,民众和谐,宾客安定,远人悦服,动物繁生。在这里,音乐上升到国家政治的高度,在整个国家及社会的稳定中发挥着巨大的作用。不仅如此,音乐还可以招募宾客、促进邦交,成为一种重要的外交手段。

荀子继承并发展了《周礼》的观点,也将“和”看作文艺的根本特点。他说:“《乐》之中和也”(《劝学》);“《乐》言是,其和也”(《儒效》);“乐者,审一以定和者也”(《乐论》);“乐也者,和之不可变者也”(《乐论》)。同时,他也以“和”论文艺的作用,提出“调和,乐也”(《臣道》)、“乐合同,礼别异”(《乐论》)的理论观点,将文艺的作用归结为一个“和”字,认为与礼的“别异”作用不同,文艺可以使君臣和敬、父子和亲、长少和顺,发挥“天下之大齐”(《乐论》)的和齐作用。

三、《左传》与荀子的文艺思想

孔子依据春秋时期鲁国的历史而编纂了史书《春秋》,此后他的学生为此书分别作《春秋左氏传》《春秋公羊传》《春秋穀梁传》。据《史记·十二诸侯年表》记载:“鲁君子左丘明惧弟子人人异端,各安其意,失其真,故因孔子史记具论其语,成左氏春秋。”《左传》乃是左丘明为了保持《春秋》的真实性而作的传。荀子说:“《春秋》言是,其微也。”意思是说,此书虽以史实记载为主,但内含微言大义。特别是书中的许多关于文艺的记载,是对先秦儒家特别是孔子的文艺思想的继承与发展,在儒家文艺论体系中占有重要的地位。荀子是《左传》的直接传授者,因此他对《左传》十分熟悉,对其文艺思想也多有借鉴与吸收。

首先,乐贵平和。《左传·昭公元年》中记载的医和用音乐比喻晋侯的病的一句话,明确阐述了音乐必须从内容到形式都平和、适度的观点:

> 先王之乐,所以节百事也,故有五节,迟速本末以相及。中声以降。五降之后,不容弹矣。于是有烦手淫声,慆堙心耳,乃忘平和,君子弗听也。物亦如之。至于烦,乃舍也已。君子之近琴瑟,以仪节也,非以慆心也。

---

① 即宫、商、角、徵、羽。

② 指金、石、土、革、丝、木、匏、竹八类乐器。

医和认为，先王之乐是用以调节各种事物的，因而有五音的节奏，使迟缓、快速、本根、末梢互相补充。从中声往下数，数到五次以后，就不能再弹了，否则会扰乱人的心意和听觉，使人忘记平和的本性。所以，五声要有节制，音乐更要适度、平和，如果失去平和，就会适得其反。《左传》在这里明确地提出了音乐要"平和"的观点。《左传·昭公二十年》中，晏婴在劝诫齐景公远离谗言时也提到了音乐要"平和"的这一观点。他说：

> 先王之济五味、和五声也，成其政也。声亦如味，一气，二体，三类，四物，五声，六律，七音，八风，九歌，以相成也；清浊、小大，短长、疾徐，哀乐、刚柔，迟速、高下，出入、周疏，以相济也。君子听之，以平其心。心平，德和。故《诗》曰："德音不瑕。"

晏婴认为音乐像滋味一样也需要调和，应该清浊、大小、短长、疾徐、哀乐、刚柔、迟速、高下、出入、周疏等"以相济"，通过这些相反相成的要素以"和五声"，只有这样的音乐才能平正人的心意、和谐人的德行。倘若音乐单一，是没有人愿意听的。《左传·昭公二十一年》中，泠州鸿也提出了音乐要平和、协调的观点。他说：

> 天子省风以作乐，器以钟之，舆以行之。小者不窕，大者不摦，则和于物。物和则嘉成。故和声入于耳而藏于心，心亿则乐。窕则不咸，摦则不容，心是以感，感实生疾。今钟摦矣，王心弗堪，其能久乎！

在泠州鸿看来，音乐需要协调和次序。声音太细，人心不能满足；声音太粗，人心就会承受不住。因而，乐贵平和，声音的大小要适中，只有平和的声音才能使人快乐。荀子显然受到了《左传》的影响，他主张文艺的审美理想是"中和"之美，将"和"看成是文艺的特质；认为"为其当之为贵"(《不苟》)，文艺要恰当合适，符合礼义的要求；同时，他又提出"审一以定和"(《乐论》)的观点，即审定一个中音作为基本的主音来确定乐调的和谐等。

其次，以善为美，重视音乐的实用价值。以善为美是先秦儒家美学思想的一个共同点。在《左传》中，也常常重视音乐的这种善，强调音乐在人格修养及社会、国家中的作用，以是否体现出了德性、是否有利于教化作为评价音乐的标准。《左传·襄公十一年》载："夫乐以安德，义以处之，礼以行之，信以守之，仁以厉之，而后可以殿邦国、同福禄、来远人，所谓乐也。"这段话是说：音乐是用来安定德性的，地位要以义而定，行动全是以礼定，要诚信守实，以仁来砥砺，这样才能够安邦定国，福禄同来，使远人信服，这就是所谓的音乐。也就是说，只有乐、义、礼、信、仁五种德性全部完备的时候，才能成就真正的音乐，发挥其功用。由此可见，《左传》主张充分利用音乐的作用，教民以德，节制万事。《左传·襄公二十七年》更是正式提出音乐"安民"的功用："乐以安民，不淫以使之。"《左传·昭公元

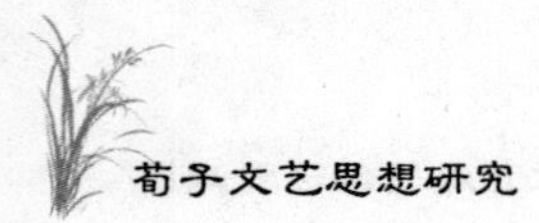

年》中医和以乐喻病，认为"先王之乐，所以节百事也"，直接阐明了音乐可以调节各种事物的功用价值。《左传·庄公二十七年》更是将音乐看作战争中所必不可少的重要因素："夫礼乐慈爱，战所畜也。夫民让事乐和，爱亲哀丧而后可用也。虢弗畜也，亟战将饥。"晋大夫士𫇭认为礼、乐、慈、爱四件事是战争的重要条件，人民能谦让有礼，安乐和谐，对亲属爱护，对丧事哀痛，然后才能用他们。此后，荀子在讲文艺对个人、国家、社会的作用时，也明显地借鉴了《左传》中以善为美的思想，重视文艺的实用价值。比如在美、善的关系上，他主张以善为美，提出"天下皆宁，美善相乐"(《乐记》)及"君子比德"(《法行》)的观点；在文艺的作用上，更加注重其实用价值，提出"先王道之以礼乐而民和睦"(《乐记》)、"乐者，出所以征诛也，入所以揖让也"(《乐记》)等观点。

再次，审乐知政。音乐能够表现社会、国家的世风人情。同时，通过观察一个国家的音乐，也可以看出一个国家的德治状况及治乱兴衰。《左传·襄公二十九年》中记载的吴公子季札观周乐的这一段，充分表现出音乐的这一特点。比如他在评价《周南》《召南》两种民歌时说："美哉！始基之矣，犹未也，然勤而不怨矣。"认为它们体现出了教化的基础，能够表现出勤劳而不怨恨的思想。对于《邶风》《鄘风》《卫风》，他感叹说："美哉渊乎！忧而不困者也。吾闻卫康叔、武公之德如是，是其《卫风》乎？"认为其中表现出忧思而不困顿的精神，体现了卫康叔、武公的德行。对于《豳风》，季札赞赏说："美哉，荡乎！乐而不淫，其周公之东乎！"认为其体现了周公东征时的意志。对于《陈风》，他说："国无主，其能久乎！"认为《陈风》反映出国家没有主心骨，不久就会灭亡的国情。对于《颂》，他更是大加赞扬："至矣哉！直而不倨，曲而不屈，迩而不逼，远而不携，迁而不淫，复而不厌，哀而不愁，乐而不荒，用而不匮，广而不宣，施而不费，取而不贪，处而不底，行而不流。五声和，八风平。节有度，守有序，盛德之所同也。"歌颂了周初帝王、宋襄公、嘻公等圣王的德行。诗、乐、舞是三位一体的。不只是音乐可以表现出一个国家的德行及治乱，乐舞也具有这一作用。季札在评价武王之乐《大武》这一乐舞时说："美哉，周之盛也，其若此乎？"认为《大武》表现了周朝的昌盛。在评价禹乐《大夏》时，他说："美哉！勤而不德。非禹，其谁能修之！"认为《大夏》表现了人民勤劳而又不以德行自居的优良品格。在评价舜乐《箫韶》时，他说："德至矣哉，大矣！如天之无不帱也，如地之无不载也。虽甚盛德，其蔑以加于此矣。"认为《箫韶》表现出德行的至高无上，它像天地一样无不覆盖、无不负载。荀子对《左传》的这种思想也有所继承，比如他曾说："百乐者，生于治国者也。"(《王霸》)又说："乱世之征：其服组，其容妇，其俗淫，其志利，其行杂，其声乐险，其文章匿而采，其养生无度，其送死瘠墨，贱礼义而贵勇力，贫则为盗，富则为贼。治世反是也。"(《乐论》)认为从一个国家的音乐中可以审知其政治与治乱兴衰。

四、《国语》与荀子的文艺思想

《国语》是中国最早的一部国别史著作，记录了周朝王室和鲁国、齐国、晋国、郑国、楚国、吴国、越国等诸侯国的历史。此外，其中记载有许多中国早期文艺思想，对荀子的文艺思想产生了重要影响。

首先，“乐从和，和从平”的“乐正”思想。《国语》在中国音乐美学史上最重要的一个观点莫过于它的“乐正”的思想。《周语下》记载，周景王要铸大钟，大臣州鸠极力反对，对其进行了苦口婆心的劝告。州鸠从音乐和政治的关系上阐明了自己的观点。他说：

> 夫政象乐，乐从和，和从平。声以和乐，律以平声。金、石以动之，丝、竹以行之，诗以道之，歌以咏之，匏以宣之，瓦以赞之，草木以节之。物得其常曰乐极，极之所集曰声，声应相保曰和，细大不逾曰平。如是而铸之金，磨之石，系之丝木，越之匏竹，节之鼓，而行之以遂八风。于是乎气无滞阴，亦无散阳。阴阳序次，风雨时至，嘉生繁祉，人民和利，物备而乐成，上下不罢，故曰乐正。今细过其主，妨于正；用物过度，妨于财；正害财匮，妨于乐。细抑大陵，不容于耳，非和也。听声越远，非平也。妨正匮财，声不和平，非宗官之所司也。夫有和平之声，则有蕃殖之财。于是乎道之以中德，咏之以中音，德音不愆，以合神人，神是以宁，民是以听。若夫匮财用，罢民力，以逞淫心，听之不和，比之不度，无益于教，而离民怒神，非臣之所闻也。[①]

州鸠认为，“和”“平”是音乐的主要特点，音乐只有“和”“平”才能够做到“乐正”。什么是“和”呢？州鸠认为，“物得其常曰乐极，极之所集曰声，声应相保曰和”，也就是说各种乐器配合得当，将这些各尽其能的声音汇聚在一起，使之能够五音协调互相配合，这就叫作“和”。那么，怎样才能够使之“和”呢？州鸠认为一定要“平”。“细大不逾曰平”，即乐器的细声、大声不互相干扰就是“平”。只有做到“和”“平”，各种乐器配合得当、声音大小适宜，才能够使阴气不凝滞，阳气不散乱，阴阳有次序，风雨按时降临，人民和平多福，音乐和美，上下逸乐，这就叫“乐正”。反之，如果五音不协调，细声被大声淹没，音乐不动听，就不是“和”；听起来细微而迂远，就不是“平”。

“和同之辨”也体现了音乐要“和”“平”的观点。《国语·郑语》中史伯说：

> 夫和实生物，同则不继。以他平他谓之和，故能丰长而物归之，若以同裨同，尽乃弃矣。故先王以土与金木水火杂，以成百物。是以和五味以调口，刚四支以卫体，和六律以聪耳……于是乎先王聘后于异姓……择臣取谏

① 本书《国语》引文均见徐元诰撰，王树民、沈长云点校：《国语集解》，中华书局2002年版。

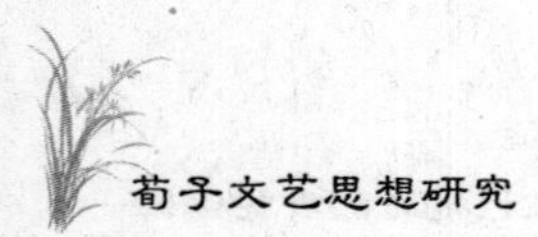

工,而讲以多物,务和同也。声一无听,物一无文,味一无果,物一不讲。史伯认为,和谐、融合才能产生、发展万物,同一事物是不能连续不断永远长有的。用一物均和另一物叫作“和”,只有“和”才能使万物发展,归于统一。音乐也是如此,一种声音不能悦耳,一种颜色没有文采,一种味道不能果腹,一种事物不能和谐,只有调和六律,使不同的乐器、声音相成相济、协调配合,才能创造出优美的音乐来。后来荀子所说的“审一以定和”的观点就是对这种理论的继承与发挥。

其次,“乐以风德”的乐教理论。《国语》注重平和之乐,因为“有和平之声,则有蕃殖之财”,音乐在国家、社会中具有重要的作用。《晋语八》中师旷论乐说:“夫乐以开山川之风也,以耀德于广远也。风德以广之,风山川以远之,风物以听之,修诗以咏之,修礼以节之。夫德广远而有时节,是以远服而迩不迁。”他认为,音乐可以开启一个时代的风尚,可以把德行光耀传播到遥远的地方。我们要通过音乐宣扬德政并将其推广到四方,教化全国使其传播更远。音乐能够化育万物,因而我们要作诗来吟诵它,制定礼义来节制它。只有这样,才能使远方的人来归附,近处的人不迁居。《周语下》说:“听和则聪,视正则明。聪则言听,明则德昭,听言昭德,则能思虑纯固。以言德于民,民歆而德之,则归心焉。上得民心,以殖义方,是以作无不济,求无不获,然则能乐。”意思也是说:听和谐的声音才能耳聪,看美好的事物才能目明。耳聪则言语动听,目明则德行光明;耳聪目明才能思虑纯正。以此对待人民,人民才能心悦诚服地归附。君王由此得到民心,则无往而不利。《楚语上》更是将这种乐教进一步细化,分别论述了《诗》《乐》《礼》的不同功用:“教之诗,而为之导广显德,以耀明其志;教之礼,使知上下之则;教之乐,以疏其秽而镇其浮。”楚大夫申叔时认为,教之以《诗》可以宣扬美德、开阔志向,教之以《礼》可以使人知道上下法度,教之以《乐》则可以洗涤头脑中的污秽,使人由轻浮变得稳重。换句话说,通过《诗》《乐》《礼》的教化可以陶冶人的性情,铸造完美的人格。这一观点,与孔子所说的“兴于《诗》,立于礼,成于乐”(《论语·泰伯》)的观点相似。荀子更是从文艺的情感特质方面论述了文艺在感化人性、导情合同方面的作用,提出“穷本极变,乐之情也”(《乐论》)的观点,认为“乐者,所以道乐也”(《乐论》),“乐行而志清”(《乐论》)。

第二节　孔孟儒家与荀子的文艺思想

荀子是先秦儒家的集大成者,他的文艺思想除了继承了《尚书》《周礼》《左传》《国语》等上古典籍零散的文艺观点外,还对儒家的两位先哲——孔子与孟子的文艺思想加以批判性的继承与发展。特别是他“上则法舜禹之制,下则法仲尼、子弓之义”（《非十二子》），以孔子为师，因而他的文艺思想与孔子的文艺思想有着很大的关系。同时，他又对孟子的许多观点提出了反驳，认为思孟学派“略法先王而不知其统，犹然而材剧志大，闻见杂博。案往旧造说，谓之五行，甚僻违而无类，幽隐而无说，闭约而无解。案饰其辞而祗敬之曰：此真先君子之言也。子思唱之，孟轲和之。世俗之沟犹瞀儒，嚾嚾然不知其所非也，遂受而传之，以为仲尼、子游为兹厚于后世，是则子思、孟轲之罪也”（《非十二子》）。这就导致他的文艺思想与孔子、孟子的文艺思想既有许多相似或相同之处，也存在着很大的差异。

一、荀子对孔子文艺思想的继承与发展

荀子之前，传统的文艺思想尚处在萌芽时期，圣哲先贤对于文艺的研究尚未形成系统的理论，都只是片段性的叙述。到了孔子时期，孔子才对其作了相对完整的概括与论述。孔子的这些理论，对荀子文艺思想的形成产生了重要影响。荀子主要对孔子以下几个方面的文艺思想作了继承与发展：

（一）礼、乐并重的思想

“每个理论都有其出现的世纪。”[①]孔子所处的时代，正是“礼崩乐坏”的时代。由于周天子已经失去对国家的统治，周代的文化制度在此时遭到了极大的破坏，诸侯常常做出许多越礼的事情来。《汉书·艺文志》云：“及周之衰，诸侯将踰法度，恶其害己，皆灭去其籍，自孔子时而不具。”孔子也说：“八佾舞于庭，是可忍也，孰不可忍也！”（《论语·八佾》）“天下有道，则礼乐征伐自天子出；天下无道，则礼乐征伐自诸侯出”（《论语·季氏》）。因而，孔子将毕生的精力投入“克己复礼”的斗争中，极力主张恢复周代的礼乐制度，希望将周公“制礼作乐”的思想加以系统化与理想化。他礼、乐并重，强调诗、礼、乐三者的完美统一。《论语》一书，曾经九次将礼、乐连用，其中孔子本人就曾说过八次（另外一次为子路）：

> 先进于礼乐，野人也；后进于礼乐，君子也。如用之，则吾从先进。（《论语·先进》）
>
> 名不正，则言不顺；言不顺，则事不成；事不成，则礼乐不兴；礼乐不兴，则刑罚不中；刑罚不中，则民无所措手足。（《论语·子路》）
>
> 文之以礼乐，亦可以为成人矣。（《论语·子路》）
>
> 天下有道，则礼乐征伐自天子出；天下无道，则礼乐征伐自诸侯出。（《论语·季氏》）[②]

---

① 《列宁全集》第2卷，人民出版社1984年版，第154页。

② 本书引文中着重号为引者加。

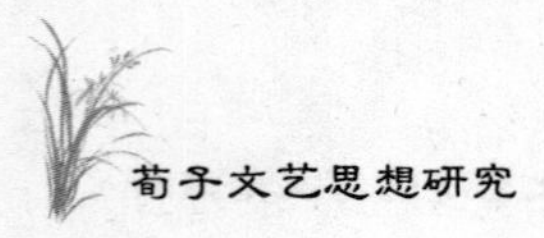

不仅如此，孔子还常常礼、乐对举，将礼、乐相比较而论述它们的关系：

子贡曰："贫而无谄，富而无骄，何如？"子曰："可也。未若贫而乐，富而好礼者也。"(《论语·学而》)

子曰："人而不仁，如礼何？人而不仁，如乐何？"(《论语·八佾》)

从上面的引文中可以看出，孔子礼、乐并重，谈礼即谈乐，谈乐即谈礼。孔子的这一思想，是对中国传统的礼乐文化的继承与发扬，对中国传统的礼乐文化的确立产生了重要影响。司马迁说："三百五篇孔子皆弦歌之，以求合《韶》《武》《雅》《颂》之音。礼乐自此可得而述，以备王道，成六艺。"(《史记·孔子世家》)孔子时期，以礼乐为主要内容的儒家文化基本上确立起来。值得注意的是，孔子虽然经常礼、乐对举，将两者相提并论，但对于两者的区别及特色却未作严格的区分。到了荀子，它们之间才有清晰的界定。荀子不仅明确地提出了"礼乐"的观点，而且还常常礼、乐对举，礼、乐并重，最为可贵的是，他将礼、乐的不同特点与作用作了明确的划分。

礼与乐在本质上是相通的。孔子的礼乐思想，都以仁为核心与旨归，仁是礼乐的本质与灵魂。孔子说："人而不仁，如礼何？人而不仁，如乐何？"(《论语·八佾》)孔子以仁释礼，以仁释乐。他认为，无论是礼还是乐都是仁的表现与外延，仁才是礼乐的本质内容。换言之，礼乐与仁之间是辩证统一的关系：仁是礼乐的"道"，礼乐则是仁的"器"；仁是礼乐的"体"，礼乐是仁的"用"。由此可见，孔子通过对礼乐价值的深入探究而发现了更深层次的仁，礼乐的价值也正是由于仁的发现而重新得以确立。孔子的这一思想，对中国文化传统的核心价值建构产生了重要影响。此后的许多学者，也多以仁的思想论礼乐(包括诗)。在此基础上，荀子对孔子的这一思想作了发挥，既讲仁，更讲礼，将礼看成是文艺的主要内容及文艺之道的标准。

(二)"兴于《诗》，立于礼，成于乐"的文艺功用观

孔子继承并延续了中国传统的乐教理论，他非常重视文艺在君子人格修养及社会、国家中的作用。孔子论文艺功用的章句非常多，而尤以《论语·阳货》中的一章最为详尽："子曰：'小子何莫学夫诗？诗，可以兴，可以观，可以群，可以怨。迩之事父，远之事君；多识于鸟兽草木之名。'"孔子虽然说的是诗，但是由于先秦文艺不分家，因而这也是对乐的作用的概括。孔子在这里将文艺的作用作了一个由深到浅、由主及次的排序。根据作用的不同，我们可以作以下划分：

(1)多识于鸟兽草木之名；

(2)迩之事父，远之事君；

(3)可以群，可以怨；

(4)可以观；

(5)可以兴。[①]

虽然这种划分是简略的、不严格的,但是我们可以从中看出孔子对文艺作用的认识:

文艺(特别是诗)可以“多识于鸟兽草木之名”。《尚书·尧典》说“诗言志”,“志”的基本意义便是记忆。[②] 由于诗中记载有大量的风土人情、国家兴亡的故事,因此学诗可以增长见识、博闻强识,使人在与他人的交流中不至于一无所知。特别是先秦时期“赋诗言志”[③]的风尚,更是要求人们发挥诗的这一作用。《论语·子路》中说:“子曰:‘诵《诗》三百,授之以政,不达;使于四方,不能专对;虽多,亦奚以为?’”在这里,诗除了能够发挥增长见识、博闻强识的作用外,在外交及与别人的沟通交流中也具有重要的作用。特别是在朝聘会盟中,诗可以作为一种外交辞令来促进沟通。如果掌握了大量的诗,在外交中就可以应对自如;反之,则会无以应对。《论语·季氏》云:“不学诗,无以言也。”“无以言”就是指无以言对。可见,诗作为语言艺术在社会活动中发挥“格物致知”之“格物”的重要作用。

文艺可以“迩之事父,远之事君”。孔子将文艺的意义从“多识于鸟兽草木之名”向人伦道德方面延伸,将文艺看成是规范人伦道德的途径。“迩之事父”是指家庭中的孝道;“远之事君”是指国家、社会中的臣道。关于诗的这种作用,朱熹在《四书章句集注》中注曰:“人伦之道,诗无不备,二者举重而言。”[④]指出文艺中含有三纲五常等所有人伦之道。《论语·阳货》中孔子告诫伯鱼说:“女为《周南》、《召南》矣乎?人而不为《周南》、《召南》,其犹正墙面而立也与?”《周南》是《关雎》至《麟之趾》11 篇的诗,《召南》是《鹊巢》至《驺虞》14 篇的诗。马融说:“《周南》、《召南》,《国风》之始,乐得淑女,以配君子,三纲之首,王教之端,故人而不为,如向墙而立。”刘宝楠也说:“二南,皆言夫妇之道,为王化之始。”[⑤]《周南》《召南》蕴含伦理纲常。孔子从人伦道德修养与人生理想的自我实现出发,认为“二南”乃修养的开始。故而《诗序》也说:“风之始也,所以风天下而正夫妇也,故用之乡人焉,用之邦国焉。”再如《论语·八佾》中孔子就以《诗·周颂·雍》中的

---

① 参见张亨:《思文之际论集——儒道思想的现代诠释·〈论语〉论诗》,新星出版社 2006 年版,第 51 页。

② 闻一多认为“志”有三个意义:“记忆”“记录”“怀抱”。这三个意义代表诗的发展途径上的三个主要阶段:在诗产生之初、文字产生之前,人类只能凭借记忆口耳相传,此为记忆的阶段;文字产生后,则用文字记载以取代记忆,此为记录阶段;随着社会的发展,散文应运而生,诗与史分途,诗歌合流,而有怀抱、抒情的含义。(参见闻一多:《神话与诗·歌与诗》,上海世纪出版集团 2006 年版,第 151—157 页)

③ 关于先秦“赋诗”及引诗,详见本书下编第八章。

④ 朱熹:《四书章句集注》,第 178 页。

⑤ 转引自刘宝楠:《论语正义》,中华书局 1990 年版,第 690 页。

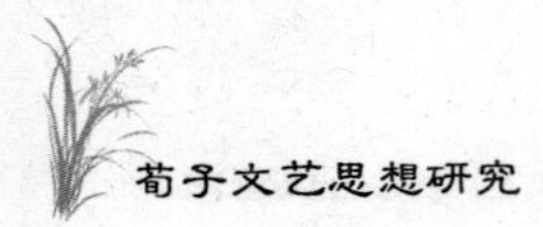

一句诗来说明了君臣纲常的不可僭越:“孔子谓季氏:‘八佾舞于庭,是可忍也,孰不可忍也?’三家者以雍彻。子曰:‘“相维辟公,天子穆穆”,奚取于三家之堂?’”周礼明确规定,古代祭祀的乐舞,天子八佾,诸侯六佾,卿大夫四佾,士二佾,每佾八人。八佾乃天子之舞,季氏乃鲁国大夫,最多只能用四佾,而他竟用八佾,实为僭礼,是绝对不能容忍的。再者,《雍》乃是天子在宗庙祭祀时用以撤除祭品的乐歌,而叔孙、季孙、孟孙却越礼用此。因而,孔子特别用《诗·周颂·雍》中描绘天子肃穆主祭、诸侯恭敬助祭的“相维辟公,天子穆穆”一句来加以说明,意在告诫人们不能超越伦理纲常。

文艺“可以群,可以怨”。相对于“迩之事父,远之事君”的伦理功能,文艺“可以群,可以怨”的作用更加宽泛。孔子将文艺的作用上升到整个群体、社会的高度,认为文艺可以促使群体和谐、发愤抒情。关于“群”,朱熹《四书章句集注》云:“和而不流。”即孔子所说的“君子和而不同,小人同而不和”的另一种说法。“群居之道虽止乎和,和而无节,以至于流,则又失矣。诗之言所发乎情性而温厚和平,然止乎礼义而未尝流失,故可以群。”[①]可见,“可以群”即可以使人“和而不流”“和而不同”,使诗人与读者、读者与读者之间产生情感共鸣,使人和谐相处。后来荀子在《乐论》中也说:“古乐在宗庙之中,君臣上下同听之,则莫不和敬;闺门之内,父子兄弟同听之,则莫不和亲;乡里族长同听之,则莫不和顺。”至于“可以怨”,则是从情感表述上来说文艺可以发愤抒情——作诗者通过文艺将自己的哀伤、怨叹之情表达、抒发出来,欣赏者也可以通过文艺在心灵上得到慰藉与满足。钟嵘在《诗品·序》中说:“嘉会寄诗以亲,离群托诗以怨。至于楚臣去境,汉妾辞宫……凡斯种种,非陈诗何以展其义?非长歌何以骋其情?”[②]荀子在《乐论》中说:“故齐衰之服,哭泣之声,使人之心悲;带甲婴胄,歌于行伍,使人之心伤;姚冶之容,郑、卫之音,使人之心淫;绅端章甫,舞《韶》歌《武》,使人之心庄。”讲的都是这个道理。

文艺“可以观”。关于“观”,朱熹解释说:“考见得失。”[③]辅广对这句话解释说:“诗所以行四方之风,言天下之事,有古今治乱之变,人情物理之微,故可以观。所谓考见得失者,合于理则为得,悖于理则为失也。”[④]根据辅广的解释,我们既可以通过《诗》观四方之风俗,看天下治乱兴衰之事,同时又能考见人情及事物之理。《诗》成了一部百科全书,它不仅反映了世间的万世万物,同时也反映并

---

① 辅广语。(转引自赵顺孙:《四书纂疏·论语纂疏》卷九,吉林出版集团有限责任公司2005年版)

② 本书《诗品》引文均见司空图著,郭绍虞集解:《诗品集解》,人民文学出版社1963年版。

③ 朱熹:《四书章句集注》,第178页。

④ 《论语纂疏》卷九引。(转引自张亨:《思文之际论集:儒道思想的现代诠释》,第61页)

阐释了人在自然界中的行为得失，人们从中可以领悟出其所蕴含的处世、治国之道。换言之，我们通过诗既可以观“事”，又可以观“理”。关于诗“可以观”的这种作用，荀子在《乐论》中也有论述：“乱世之征：其服组，其容妇。其俗淫，其志利，其行杂，其声乐险，其文章匿而采，其养生无度，其送死瘠墨，贱礼义而贵勇力，贫则为盗，富则为贼；治世反是也。”荀子论述了诗可以观“事”的一个方面，即我们可以从一个国家的文艺状况看出其治乱兴衰：乱世的象征之一便是音乐邪僻，文章内容邪恶而辞藻华丽（“其声乐险，其文章匿而采”），治世与此正好相反。至于诗可以观“理”，荀子在引诗的过程中以引诗证理为旨归，下文有专述，在此就不再赘述了。

文艺“可以兴”。关于“兴”，孔安国注曰：“兴，引譬连类。”①将“兴”看成是“赋比兴”之“兴”。朱熹则认为是“感发志意”②，同时他在注“兴于《诗》，立于礼，成于乐”之“兴于《诗》”时说：“兴，起也。《诗》本性情，有邪有正其为言既易知，而吟咏之间，抑扬反覆，其感人又易入。故学者之初，所以兴起其好善恶恶之心，而不能自已者，于此得之。”③可见，通过诗的教化与熏陶，我们可以不自觉地体认到人存在的价值与意义：“仁远乎哉？我欲仁斯仁至矣。”（《论语·述而》）通过诗，我们可以体认到作为人的本质的“仁”。关于诗的“兴”，张亨先生说：“……它不是就字句上分析或归纳的结果，而是一种直觉。‘观’也可能是直觉，但‘观’似乎存有目的性，以求于诗中有所发现，‘兴’便没有这种目的性，而纯任自然流出。”“这同时是道德活动，也是情感活动的。因为是道德活动，故情感是净化了的情感，不是直接诉诸感性的快感；因为是情感活动，故道德是具体实存的生命，不是抽象理智的法则。”就诗“兴”的作用而言，“诗已经超越了其实用或工具的意义，因为它已融入一个和谐的生命整体而成为其中的一部分”。④ 根据他的理解，通过“兴”，诗既可以兴起人的本真的性情，又可以感发好善恶恶的道德指向。同时，由于“兴”是一种生命本真的体认活动，因而它是非目的性的直觉。孔子曾言：“知之者不如好之者，好之者不如乐之者。”（《论语·雍也》）此一“乐”字体现出了“兴”的作用，即“兴”是美感经验与道德经验的结合，发挥着融审美与价值于一体的作用。

（三）美善统一的思想

《论语·八佾》中曰：“子谓《韶》：‘尽美矣，又尽善也。’谓《武》：‘尽美矣，未尽

---

① 何晏《论语集解》引孔安国语。（转引自程树德：《论语集释》，中华书局1990年版，第1212页）

② 朱熹：《四书章句集注》，第178页。

③ 朱熹：《四书章句集注》，第104—105页。

④ 张亨：《思文之际论集——儒道思想的现代诠释·〈论语〉论诗》，第68—69页。

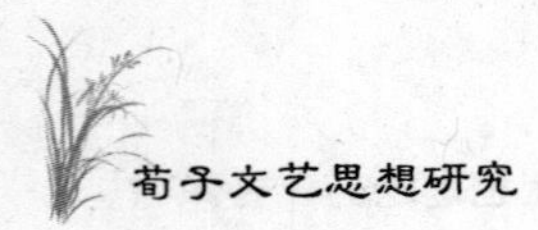

善也。'"关于这段话的理解,钱穆在《论语新解》中说:"古说:帝王治国功成,必作乐以歌舞当时之盛况。舜以文德受尧之禅,武王以兵刀革商之命。故孔子谓舜乐尽美又尽善。武乐虽尽美未尽善。盖以兵力得天下,终非理想之最善者。"①在孔子看来,《韶》《武》都具备了完美的形式。但是由于《武》乐是武王通过非人道的暴力手段取得天下后而作,因而孔子认为它只有外在形容之美,却没有儒家常说的善。从这段话中我们可以看出,孔子的"尽善尽美"论将"善""美"对举,既注重表现于外在的乐之声容,亦注重内在的乐之内容。他在强调艺术自身的形式特征的同时,注重艺术与伦理道德的传统关系。这如他在论述君子人格修养时所说的"质胜文则野,文胜质则史。文质彬彬,然后君子"(《论语·雍也》)一样,强调在艺术中既要注重本质,又要讲求形式,只有做到文质统一,才是最美的艺术。

在孔子美善关系思想中,一个非常明确而突出的特点就是重善轻美、以善为美。朱熹曰:"美者,声容之盛。善者,美之实也。"②他认为善是美的本质。孔子说:"诗三百,一言以蔽之,曰:思无邪。"(《论语·为政》)他以"无邪"概括《诗》,"思无邪"就是思想纯正。他又说:"人而不仁如礼何?人而不仁如乐何?"将礼、乐的本质内容看成是"仁"。此外,他还说"里仁为美",将美看成是仁。可见孔子是重善轻美、以善为美的。

(四)文质统一的文质观

文质观是中国古代文论中的核心范畴之一。早在春秋时期,孔子就在《论语·雍也》中提出了文与质的关系问题:"子曰:质胜文则野,文胜质则史。文质彬彬,然后君子。"孔子的意思是说,一个人质朴多于文采,就显得粗野;文采多于质朴,则流于虚饰。只有文采与质朴相互协调配合,才是君子。《论语·颜渊》中也说:"棘子成曰:'君子质而已矣,何以文为?'子贡曰:'惜乎,夫子之说君子也!驷不及舌。文犹质也,质犹文也。虎豹之鞟犹犬羊之鞟。'"卫大夫问子贡,君子只需朴素而已,为什么要文采呢?子贡回答说,君子要文质兼备,去了毛的虎豹之皮就如同去了毛的犬羊之皮一样。孔子虽然是从伦理学方面来论述文质观的,将"文质彬彬"看成君子人格的基本修养,但是他的这一思想蕴含着转化为文学理论的可能性,对后世的文质观特别是荀子的文质观、情文观产生了重要影响。

总而言之,孔子的文艺思想虽然是零散的、语录式的,但是孔子提出的许多观点却奠定了儒家传统的文艺观。荀子以孔子为师,他的文艺思想是对孔子理

---

① 钱穆:《论语新解》,巴蜀书社1985年版,第76页。

② 朱熹:《四书章句集注》,第68页。

论的继承与发展。比如，他继承了孔子的礼乐思想，同时又作了进一步的分辨与区分，提出了“乐合同，礼别异”的观点；吸收了孔子的文艺功能理论，明确提出了文艺要“言志”以“明道”，认为文艺为“中和之纪也，天下之大齐也”(《乐论》)，在个人、国家、社会中发挥着巨大的作用；继承了孔子“尽善尽美”的说法，进而提出了“美善相乐”“不全不粹之不足以为美”的真、善、美相统一的观点；接受了孔子文质统一的文质观，提出了“文而致实”“成文而类”的语言观及“情文俱尽”“称情而立文”的情文观。

二、孟子以“仁”“义”为核心的文艺思想与荀子的文艺思想

孟学的品格，以孔学为宗。《孟子·公孙丑上》说：“乃所愿，则学孔子也。”孟子在性善说的基础上，继承并发展了孔子“思无邪”“乐而不淫”的文艺思想，提出了以“仁”“义”为核心的独具特色的文艺观。荀子虽然指斥孟子之说“甚僻违而无类，幽隐而无说，闭约而无解”(《非十二子》)，对孟子的思想进行了严厉的批判，然而两者毕竟同属于儒家的阵营，他们的思想虽然切入点与着力处不同，但是殊途而同归，其根本目的是一致的，都是为了维护儒家的道统。所以，虽然荀子对孟子的思想多有批评，但是他的文艺思想还是对孟子的许多观点作了吸收与借鉴。

(一)“乐之实，乐斯(仁、义)二者”

孟子之学，以仁义自居：“仁，人之安宅也；义，人之正路也。”(《孟子·离娄上》)孟子认为，对于人来说，仁是极安全的住宅，义是极正大的道路。因而，为人之义，当以仁义为根本。孟子以仁义为根本，并将这种思想运用到诗学中，提出了要以仁义为内容的文艺观。《孟子·离娄上》云：

> 仁之实，事亲是也；义之实，从兄是也；智之实，知斯二者弗去是也；礼之实，节文斯二者是也；乐之实，乐斯二者，乐则生矣；生则恶可已也，恶可已，则不知足之蹈之手之舞之。

“实”即情实。孟子认为，侍奉父母为仁爱的情实，敬顺兄长为义理的情实，知道仁义为智慧的情实，节制与文饰仁义为礼法的情实，从仁义中得到了快乐则是音乐的情实。既然得到了快乐，而且这种快乐的发生是不可遏制的，就会不知不觉地和着节拍手舞足蹈起来。由此可见，孟子继承了先秦时期关于音乐发生的理论，进一步认为音乐产生于从仁义中所得到的快乐。换句话说，孟子已经开始认识到音乐是人的喜乐情感的表现，在他的思想中，已经出现音乐来源于人的情感思想的萌芽。孟子的“乐之实，乐斯(仁、义)二者”的观点，实际上将伦理道德与艺术的情感体验结合起来，认为艺术的实质是仁义等道德伦理通过人的快乐情感的表现(“足之蹈之手之舞之”)。后来荀子“乐者，乐也，人情之所必不免也”

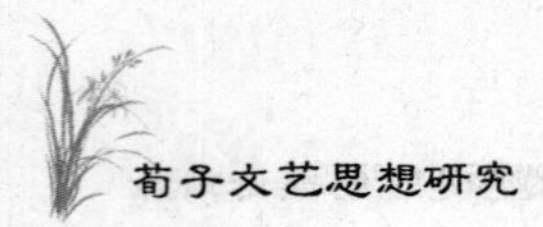

(《乐论》)及"故乐者,所以道乐也。金石丝竹,所以道德也"(《乐论》)的思想,显然受到了孟子这一思想的影响。

既然音乐的实质是仁义所引发的快乐之情,那么通过音乐一定能够获得情感上的完善,实现仁义的价值诉求。孟子认为仁、义、礼、智这四种道德观念的开端为人性中之固有,只要将这四种善端扩充开来便能够实现善,而具有仁义内容的"乐"就是实现这一理想的重要途径之一。因此,他将实现伦理道德的完善纳入乐教的内容之中。孟子的这一理论,是对孔子乐教理论的继承。他认识到音乐在人的情感上的作用,提出了"仁言之不如仁声之入人深也"(《孟子·尽心上》)的观点。赵岐注云:"仁言,政教法度之言也。……仁言之政虽明,不如雅颂感人心之深也。"①因为"仁声"是仁义等道德情感的真实表现,以真情感人,所以比"仁言"感人要深。荀子提出的"夫声乐之入人也深,其化人也速"(《乐论》)的观点,也明显地受到孟子思想的影响。

(二)"与民同乐"

孟子文艺思想的另一重要贡献便是提出了"与民同乐"的观点。《孟子·梁惠王下》中说:

> (孟子)见于王曰:"王尝语庄子以好乐,有诸?"王变乎色,曰:"寡人非能好先王之乐也,直好世俗之乐耳。"曰:"王之好乐甚,则齐其庶几乎!今之乐犹古之乐也。"曰:"可得闻与?"曰:"独乐乐,与人乐乐,孰乐?"曰:"不若与人。"曰:"与少乐乐,与众乐乐,孰乐?"曰:"不若与众。"

在这段对话中,孟子分析了"独乐乐"与"少乐乐""众乐乐"的不同,提出了君王应该"与民同乐"的观点。

第一,"与民同乐"体现了美感的共通性及审美活动的社会性特点。孟子从人的日常审美经验出发,认为人的美感具有共通性的特点。他说:"口之于味也,有同耆焉;耳之于声也,有同听焉;目之于色也,有同美焉。"(《孟子·告子上》)美感具有共通性,就如同口对于味有同样的嗜好、耳朵对于声音有同样的听觉、眼睛对于美色有同样的感觉一样。音乐的美也是如此。孟子认为"独乐乐"不若"人乐乐","人乐乐"不若"众乐乐",也就是说,对于音乐的审美活动具有共通性、社会性的特点,也说明通过音乐能够使人产生共鸣,实现情感交流。荀子受到孟子的影响,也说:"口好味而臭味莫美焉,耳好声而声乐莫大焉,目好色而文章致繁妇女莫众焉,形体好佚而安重闲静莫愉焉,心好利而谷禄莫厚焉"(《王霸》);"若夫目好色,耳好听,口好味,心好利,骨体肤理好愉佚,是皆生于人之情性者

① 焦循撰:《孟子正义》,中华书局1987年版,第897页。

也，感而自然，不待事而后生之者也”（《性恶》）。

第二，“与民同乐”体现了孟子重视音乐的社会功用的特点。孟子“与民同乐”的思想体现了审美活动的社会性，这也从另一个侧面说明了音乐可以促进不同的社会阶层、不同的人群之间实现和谐、融洽的人际关系，促进人民团结及社会和谐、国家稳定。所以孟子说：“今王与民同乐，则王矣”（《孟子·梁惠王下》）；“不得而非其上者，非也；为民上而不与民同乐者，亦非也。乐民之乐者，民亦乐其乐；忧民之忧者，民亦忧其忧。乐以天下，忧以天下，然而不王者，未之有也”（《孟子·梁惠王下》）。可见，他的文艺思想还是沿着孔子重视乐教与诗教的路子而来的，这一点是与荀子一致的地方。荀子也非常重视文艺的社会作用，认为文艺可以“善民心”“感人深”“移风易俗”（《乐论》），使人民和睦、社会和谐。

（三）“知人论世”与“以意逆志”

赵岐曰：“孟子通五经，尤长于《诗》、《书》。”[①]孟子的“说诗”理论是其“长于《诗》、《书》”的集中表现，特别是他的“知人论世”及“以意逆志”说对中国传统的经典诠释理论影响深远。

“知人论世。”《孟子·万章下》：

孟子谓万章曰：“一乡之善士，斯友一乡之善士；一国之善士，斯友一国之善士；天下之善士，斯友天下之善士。以友天下之善士为未足，又尚论古之人。颂其诗，读其书，不知其人，可乎？是以论其世也。是尚友也。”

这段文字与“尚友”（交友）有关。孟子认为，交友必须知其人，他将交友的范围从乡、国、天下扩大到古代，提出尚友于古人除了要“颂其诗，读其书”之外，还要“知其人”“论其世”。换句话说，我们只有“论其世”，才能很好地“知其人”“颂其诗”“读其书”。因而，“知人论世”成为说诗的前提条件，只有通过论古人之世才能掌握诗、书中所蕴含的时代精神及作者所要表达的哲理内涵。赵岐在对这一段话进行注解时说：“读其书者，犹恐未知古人高下，故论其世以别之也。”就是说我们必须从古人书籍之外另找出路，通过了解作诗者所处的时代背景等，实现古今对话，以辨别其高下，评论古人及古人之书。荀子继承了孟子“尚友”的观点，并将其运用到解经、释经的经典诠释实践中，提出了师法古人、与古人为友的“为其人以处之”的经典诠释观。

“以意逆志。”此语出自《孟子·万章上》：

咸丘蒙曰：“舜之不臣尧，则吾既得闻命矣。《诗》云：‘溥天之下，莫非王土；率土之滨，莫非王臣。’而舜既为天子矣，敢问瞽瞍之非臣，如何？”曰：

---

① 朱熹：《四书章句集注·孟子序说》，第197页。

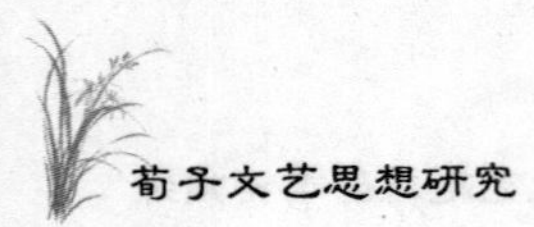

“是诗也，非是之谓也；劳于王事，而不得养父母也。曰：‘此莫非王事，我独贤劳也。’故说诗者，不以文害辞，不以辞害志。以意逆志，是为得之。如以辞而已矣，《云汉》之诗曰：‘周余黎民，靡有孑遗。’信斯言也，是周无遗民也。孝子之至，莫大乎尊亲；尊亲之至，莫大乎以天下养。为天子父，尊之至也；以天下养，养之至也。《诗》曰：‘永言孝思，孝思维则。’此之谓也。《书》曰：‘只载见瞽瞍，夔夔齐栗，瞽瞍亦允若。’是为父不得而子也。”

此段话的大意是：孟子认为咸丘蒙在理解“溥天之下，莫非王土；率土之滨，莫非王臣”一句上的根本错误在于断章取义，以至于无法掌握诗人作诗之旨意。孟子将诗分为“文”“辞”“志”三个层次，认为我们在说诗时应该“不以文害辞，不以辞害志”，而应该“以意逆志”，只有这样才能够“是为得之”，掌握诗人之“志”。关于“以意逆志”，一种解释为“以己之意逆诗人之志”。赵岐认为：“人情不远，以己之意逆诗人之志，是为得其实矣。”[①]朱熹认为：“孟子说‘以意逆志’者，以自家之意逆圣人之志。如人去路头迎接那人相似，或今日接着不定，明日接着不定，或那人来也不定，不来也不定，或更迟数日来也不定，如此方谓之‘以意逆志’。今人读书，却不去等候迎接那人，只认硬赶捉那人来，更不由他情愿，又教他莫要做声，待我与你说道理。”[②]第二种解释是吴淇所说的“以诗人之意逆测诗人之志”。他在《六朝选诗定论缘起》中认为“以意逆志”为“以古人之意求古人之志，乃就诗论诗”。[③] 根据上下文的关系，我们认为第一种说法是较符合孟子本意的。因为孟子说这段话是为了说明引诗者应该注意的事项，是针对说诗传统中“断章取义”的弊病而提出的革新主张；孟子将“以意逆志”局限于用诗的传统中，并不是将诗当作艺术品来看待。既然要以说诗者之意逆取诗人之志，“以意逆志”说不可避免地仍会陷入“断章取义”的弊端之中。郭绍虞先生说：“（以意逆志）全凭主观的体会终究不是客观研究的方法。所谓以意的意，本是漫无定准的，偶一不当，便不免穿凿附会，成为过分的深求。”[④]李泽厚等人也说：“孟子自己解诗都是为了用诗来证明他的某一观点，而且他的解法有许多是牵强附会、断章取义的。”[⑤]当然，“断章取义”的方法并非孟子一人之过，此乃儒家用诗的传统。即使是先秦时期引诗最多的荀子，也仍然沿袭了这一方法。他为了证明自己的某一观点，在用诗的时候也常常以己意逆取诗义，断章取义。[⑥]

① 赵岐注，孙爽疏：《孟子注疏》，《十三经注疏》本，中华书局1980年版，第2735页。
② 黎靖德编，王星贤点校：《朱子语类》，第3258页。
③ 转引自殷杰：《中国古代文学审美理论鉴识》，华中师范大学出版社1986年版，第37页。
④ 郭绍虞：《中国文学批评史》（上），百花文艺出版社1999年版，第24页。
⑤ 李泽厚、刘纲纪：《中国美学史》第1卷，第196页。
⑥ 详见本书下编第八章的内容。

第三节 郭店及上博楚简与荀子的文艺思想

作为出现在荀子之前的古代典籍，郭店及上博楚简中的内容对荀子的思想产生了重要的影响。这些竹简都是以楚国文字写成，而荀子曾为楚国兰陵令，他的《荀子》一书也是晚年在楚国写成，因而荀子吸收了楚简中的思想。关于这一点，我们可以从《荀子》一书中找到许多证据。今就楚简《穷达以时》(郭店简)、《性自命出》(郭店简。有的学者将其命名为《性》)、《性情论》(上博简)等儒家文献中的部分内容与《荀子》一书作一对比(见下表)，我们从中可以明显地看出荀子对楚简思想的继承与发展。

楚简《穷达以时》(郭店简)、《性自命出》(郭店简)、《性情论》(上博简)等与《荀子》一书的比较表

郭店楚简①	上博楚简②	《荀子》
有天有人，天人有分。察天人之分，而知所行矣。(《穷达以时》)	—	天行有常，不为尧存，不为桀亡。……故明于天人之分，则可谓至人矣。(《天论》)
遇不遇，天也。(《穷达以时》) 不期而可遇者，天也。(《忠信之道》) 有其人无其世，虽贤弗行矣。苟有其世，何难之有哉？……故君子敦于反己。(《穷达以时》)	—	遇不遇，时也。(《宥坐》) 今有其人不遇其时，虽贤，其能行乎？苟遇其时，何难之有？故君子博学、深谋、修身、端行以俟其时。(《宥坐》)
四海之内，其性一也，其用心各异，教使然也。(《性自命出》)	四海之内，其性一也，其用心各异，教使然也。(《性情论》)	材性知能，君子小人一也。(《荣辱》) 凡人之性者，尧、舜之与桀、跖，其性一也；君子之与小人，其性一也。(《性恶》) 干、越、夷、貉之子，生而同声，长而异俗，教使之然也。(《劝学》)

① 引文见李零：《郭店楚简校读记》，中国人民大学出版社 2007 年版。

② 引文见季旭昇主编，陈霖庆、郑玉姗、邹濬智合编：《〈上海博物馆藏战国楚竹书(一)〉读本》，北京大学出版社 2009 年版。带“□”的字为楚竹书原文所缺，是根据郭店楚简而补的内容。

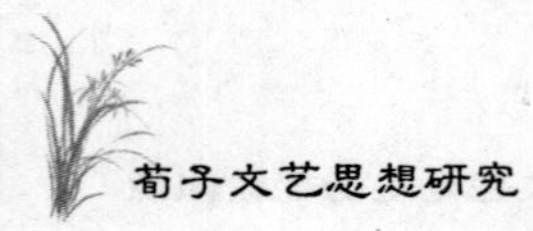

续表

郭店楚简	上博楚简	《荀子》
凡道,心术为主。道四术,唯人道为可道也。其三术者,道之而已。诗书礼乐,其始出皆生于人。诗,有为为之也。书,有为言之也。礼乐,有为举之也。(《性自命出》)	凡道,心术为主。道四术也,唯人道为可道也。其三术者,道之而已。诗书礼乐,其始出也,皆生于人。诗,有为为之也。书,有为言之也。礼乐,有为举之也。(《性情论》)	道者,非天之道,非地之道,人之所以道也,君子之所道也。……《诗》言是,其志也;《书》言是,其事也;《礼》言是,其行也;《乐》言是,其和也;《春秋》言是,其微也。(《儒效》)
凡声,其出于情也信,然后其入拨人之心也厚。(《性自命出》)	凡声,其出于情也信,然后其入拨人之心也厚。(《性情论》)	夫乐者,乐也,人情之所必不免也。……夫声乐之入人也深,其化人也速。(《乐论》)
凡物无不异也者,刚之树也,刚取之也;柔之约,柔取之也。(《性自命出》)	凡物无不异也者,刚之树也,刚取之也;柔之约,柔取之也。(《性情论》)	强自取柱,柔自取束。(《劝学》)
未言而信,有美情者也。(《性自命出》)	未言而信,有美情者也。(《性情论》)	故君子无爵而贵,无禄而富,不言而信,不怒而威。(《儒效》)
未刑而民畏,有心畏者也。贱而民贵之,有德者也。贫而民聚安(焉),有道者也。独居而乐,有内动者也。(《性自命出》)	未刑而民畏,有心畏者也。贱而民贵之,有德者也。贫而民聚安(焉),有道者也。独居而乐,有内动者也。(《性情论》)	故君子无爵而贵,无禄而富,不言而信,不怒而威,穷处而荣,独居而乐。(《儒效》)
君子执志必有夫广广之心,出言必有夫柬柬之信,宾客之礼必有齐齐之容,祭祀之礼必又有夫齐齐之敬,居丧必有夫恋恋之哀。(《性自命出》)	言欲直而勿流,居处欲逸而毋漫。君子执志必有夫重重之心,出言必有夫简简之信,宾客之礼必有齐齐之容。祭祀之礼必又有夫齐齐之敬,居丧必又有夫恋恋之哀。(《性情论》)	凡流言、流说、流事、流谋、流誉、流愬,不官而衡至者,君子慎之。(《致士》) 君子宽而不僈,廉而不刿,辩而不争,察而不激,直立而不胜,坚强而不暴,柔从而不流,恭敬谨慎而容。(《不苟》)

续表

郭店楚简	上博楚简	《荀子》
凡忧患之事欲任，乐事欲后。（《性自命出》）	凡忧患之事欲任，乐事欲后。（《性情论》）	劳苦之事则争先，饶乐之事则能让。（《修身》）
目之好色，耳之听声，鬱陶之气也，人不能为之死。（《性自命出》）	目之好色，耳之乐声，鬱陶之气也，人不难为之死。（《性情论》）	若夫目好色，耳好声，口好味，心好利，骨髓肤理好愉佚，是皆生于人之情性者也。（《性恶》）
情生于性。（《性自命出》） 欲生于性，虑生于欲。（《语丛二》） 恶出于性，怒出于恶。（《语丛二》）	情生于性。（《性情论》）	情者，性之质也；欲者，情之应也。（《正名》） 性之好、恶、喜、怒、哀、乐谓之情。情然而心为之择谓之虑。（《正名》）
夫天生百物，人为贵。（《语丛一》） 道四术，唯人道为可道也。其三术者，道之而已。（《性自命出》） 所为道者四，唯人道为可道也。（《性自命出》） 是以君子，人道之取先。（《尊德义》）	道四术也，唯人道为可道也。其三术者，道之而已。（《性情论》） 所为道者四，唯人道为可道也。（《性情论》）	道者，非天之道，非地之道，人之所以道也，君子之所道也。（《儒效》）

两相对比，笔者认为荀子对郭店及上博楚简继承的东西非常多。在某种程度上，可以说郭店及上博楚简给荀子的思想预设了理论发展的前提，指明了发展的道路与方向。荀子主要从以下几点对楚简的思想作了继承与发展：

天人观。首先，《穷达以时》曰："有天有人，天人有分。察天人之分，而知所行矣。"楚简认为天是"非人力所可测度、控制的神秘力量，却并无人格神的性格"①，与孔孟等所提倡的人格神的观点有所不同。在此基础上，楚简明确地提出了"天人有分"的观点，认为天与人是有区别的，考察天与人的不同就知道该如

① 李泽厚：《初读郭店楚简印象记》，《道家文化研究》第17辑，第413页。

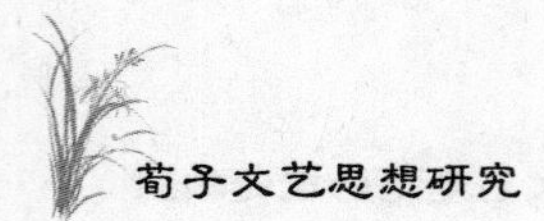

何行动了:“知天所为,知人所为,然后知道。”(《语丛一》)荀子依据这一思想,进而提出了“天行有常,不为尧存,不为桀亡”(《天论》)及“明于天人之分,则可谓至人矣”(《天论》)的唯物主义的天道观。其次,楚简认为“遇不遇,天也”(《穷达以时》),“不期而可遇者,天也”(《忠信之道》),将“命”看成是时遇,人之命不再取决于具有人格意义的天,而是由不可测度的“天”所左右。荀子说的“遇不遇,时也”(《宥坐》),“自知者不怨人,知命者不怨天,怨人者穷,怨天者无志”(《荣辱》),也将命看成是由时遇等偶然因素所决定的,强调不应怨天尤人。再次,楚简明确地提出了“人为贵”“人道为贵”的观点:“夫天生百物,人为贵”(《语丛一》);“道四术,唯人道为可道也,其三术者,道之而已”(《性自命出》《性情论》);“可为道者四,唯人道为可道也”(《性自命出》《性情论》);“是以君子,人道之取先”(《尊德义》)。可见,楚简非常重视儒家传统的人伦纲常的作用,认为人道应该以此为主。这一点与荀子所说的“道者,非天之道,非地之道,人之所以道也,君子之所道也”(《儒效》)的观点是一致的。

人性论。首先,楚简继承了中国古代“以生言性”的传统。楚简“凡人虽有性,心无定志”(《性自命出》《性情论》)中,“性”字原为“生”。“性”“生”混用说明了楚简取先秦诸子所认可的“生之谓性”(告子语。见《孟子·告子上》)的说法,以生言性。楚简又说,“有性有生”(《语丛三》),即以生言性。这一点与荀子“生之所以然者谓之性”(《正名》)的观点是一致的。其次,楚简中的人性论为自然人性论。楚简《性自命出》及《性情论》的作者给“性”下了两个定义:(1)“喜怒哀悲之气,性也”;(2)“好恶”。性为“喜怒哀悲之气”就是说性非喜怒哀悲,喜怒哀悲之“气”才是性。“好恶”,是说好恶之情来源于人性,是性的重要内容。不论是“喜怒哀悲之气”还是“好恶”都是指一种自然的人性,是一种气性论。这种气性,本身无所谓善恶,也没有善恶的规定性,而是自然之性。它只有在后天的影响与作用下才会产生善或恶的可能。故而楚简说:“善不善,性也,所善所不善,势也”;“出性者,势也”[①](《性自命出》《性情论》)。再者,楚简说,“性自命出,命自天降”(《性自命出》《性情论》)、“有天有命,有命有性,是谓生”“有性有生”(《语丛三》),将“性”与“命”明确地区分开来,“性”“命”不同于《中庸》“天命之谓性”[②]中将性命合一的性善论的观点。很显然,楚简的人性论为自然人性论,而不是性善论。荀子的人性论显然对此作了借鉴,他不仅以生论性,而且认为“性者,本始材

① 季旭昇认为此两处“势”字应为“艺”,为“树艺”之“艺”的本字,在楚简中或释为“艺”,指道艺、道术、才艺、艺能等。(参见季旭昇主编,陈霖庆、郑玉姗、邹濬智合编:《〈上海博物馆藏战国楚竹书(一)〉读本》,第166、172页)

② 本书《中庸》引文均见朱熹:《四书章句集注》,中华书局1983年版。

朴”(《礼论》),将性看成是自然人性,认为恶乃是一味地放纵人的欲望的结果。

文艺思想。荀子不仅吸取了楚简中的天人观、人性论等观点,而且也对楚简中的文艺思想作了吸收与借鉴。郭店楚简及上博楚简关于文艺的记载,主要集中在《性自命出》(郭店简)、《性情论》(上博简)及《孔子诗论》(上博简)中。其中,《孔子诗论》只见于上博楚简,是记载孔子论《诗》的文章;《性自命出》与《性情论》内容大致相同,但它们的章句结构不太一样,应该是对同一篇文章的不同的传抄。它们的简文语言凝练简要,意义深远,在先秦时期曾广泛流传。

《孔子诗论》是中国最早的诗学理论著作。关于《孔子诗论》的具体内容,原整理者马承源先生将其分为四大类:一是属于概论类的内容,二是论各篇诗的具体内容,三是单支简上篇名纯粹是《邦风》(即《国风》)的,四是单支简上属于《邦风》《大夏》(即《大雅》),《邦风》《少夏》(即《小雅》)等并存的。[①]《性自命出》及《性情论》是以“性”“心”等概念为核心,讨论两者与“道”“情”“义”“物”“艺”等关系的记载。由于内容大致相同,为了言说的方便,我们将其看成出自同一篇著作,简称为《性》。《性》可以分为上、下两篇。李学勤先生认为,“两者思想相关,可能共属一书,然而各为起讫,不是同一篇文字”[②];李零则认为简文的上下篇是属于同一篇的[③]。两人虽然对于《性》是否出自同一篇有分歧,但是对于其内容的观点是一致的,即有大量论文艺的内容。

一、《孔子诗论》与荀子的文艺思想

荀子身处楚地,其思想明显地受到楚地文化的影响。他吸取了楚简《孔子诗论》中论乐的观点,他的文艺思想是对《孔子诗论》中的文艺思想的继承与发展。这主要体现在以下几个方面:

(一)“诗无隐志,乐无隐情,文无隐意”——以情论文艺

楚简《孔子诗论》多次以情解诗。楚简的第一简总论《诗》《乐》时就说:“孔子曰:‘诗无隐志,乐无隐情,文无隐意。’”而《尚书·尧典》曰:“诗言志,歌永言,声依永,律和声。”从表面上看,这与《尧典》中的说法并无二致,但实际上,“诗无隐志”可以说是对“诗言志”说的进一步肯定。《孔子诗论》认为,《诗》与人的“志”是密切联系的,是表达人们的“志意”的作品;而“乐无隐情”则是在说原本一体的文艺,是人类情感的表达,是对诗歌中情感的正当性与合理性的肯定。由此可见,

---

① 参见马承源主编:《上海博物馆藏战国楚竹书》(一),第121—122页。

② 李学勤:《郭店简与〈乐记〉》,北京大学哲学系编:《中国哲学的诠释与发展:张岱年先生九十寿庆纪念论文集》,北京大学出版社1999年版,第23页。

③ 参见李零:《郭店楚简校读记》,第151页。

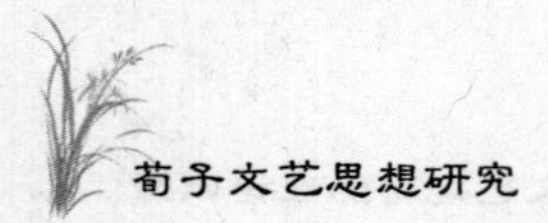

《孔子诗论》为传统的"诗言志"说注入新的理论内容,"志"的具体内容已经转移到《性情论》中所说的性情上来。比如第十简:"《燕燕》之情。"就是说《燕燕》的内容是用来表达人情的,表现了一种兄妹分别、依依不舍之情。第十九简:"溺志,既曰天也,犹有怨言。"就是说《柏舟》陷溺于人的情感之中,虽然喊天发泄,但还是有怨情。又如第十六简:"孔子曰:'吾以《葛覃》得祇初之诗,民性固然。见其美必欲反其本。'"《葛覃》敬重初始,是出自人的本始性情,认为见到美好的事物一定会想到反求本始。第十八简:"《杕杜》则情喜其至也。"《有杕之杜》篇说的是贤人来到时欢喜之至的心情。由此可见,《孔子诗论》在评诗时,也多以情论志,将《诗》特别是《国风》的内容看成是人的性情的表达。不仅是《国风》,《诗论》第三简也对《小雅》的感情倾向作了总结:"《小雅》也,多言难而怨怼也,衰哀少矣。"认为《小雅》的内容常常讲到艰难之事及怨愤之情。由此可见,《孔子诗论》已经开始意识到文艺的情感特质,认为文艺来源于人的情感。这对荀子以情论乐的文艺发生思想产生了重要影响。

(二)"《关雎》以色喻于礼"——以礼节情,情感适度

《孔子诗论》虽然以情说诗,强调诗歌的性情,但它同时又强调要以礼节情、情感适度。第十简说:"《关雎》以色喻于礼。"第十二简说:"反纳于礼。"第十四简又说:"以琴瑟之乐,㩀好色之愿;以钟鼓之乐……"《孔子诗论》认为《关雎》能够以对美色的喜好之情来说明对礼的重视,将其纳入礼的规范之中。可见,《孔子诗论》并没有一味地溺从人的情性,而是将其"反纳于礼"中,将人的情感控制在礼的范围之内,这是荀子以礼导情、以礼义为核心的"中和"之美思想的直接来源,也是后世《毛诗序》中所说的"发乎情,止乎礼义"的滥觞。

(三)重视德教

《孔子诗论》论诗的作用,从不离"德"。简二至三曰:"《颂》平德也。多言后。其乐安而迟,其歌绅而惕,其思深而远,至矣!《大雅》盛德也,多言□□□□□□□□□□□□□□□。《小雅》□□也。多言难而怨怼者也,衰矣少矣。《邦风》其纳物也溥,观人俗焉,大敛材焉。其言文,其声善。"《孔子诗论》的作者认为,《颂》《雅》《风》均体现了"德"的内容:《颂》属于"平德",是平正的德性;《大雅》是"盛德",是德性之大;《小雅》常常讲到艰难及怨愤,显示出在位者德性的衰败;《国风》"其声善",它的内容充满了美善,也体现出了"德"的内容。就具体的诗篇来说,他在讲《周颂·清庙》时多次说"秉文之德",就是说《清庙》能够秉承文王之德以教化万民;在讲《大雅·皇矣》时说"怀而明德",认为《皇矣》是说文王能够并称上帝光明之德;在讲《小雅·天保》时说"顺寡德故也",认为《天保》能够顺服君王之德;在讲《国风·葛覃》时说"后稷之见贵也,则以文武之德也",认为后稷之所

以受到人们的尊崇，是因为他的后嗣文王、武王能够继承他的德业并发扬光大。可见，《孔子诗论》继承了儒家传统的德教理论，主张以道德教化人性。这对荀子所说的“金石丝竹，所以道德”（《乐论》）的德教理论产生了影响。

二、《性自命出》与《性情论》中的文艺思想

楚简《性自命出》及《性情论》在内容上几乎相同，基本上可以看成是出自同一篇文章。学者倾向于将此文分为上、下两篇，上篇中心是论乐，下篇中心是论性情。此文对文艺的发生、特点及作用等都有精辟的论述，特别是其情本位的文艺发生论及功用论，对荀子的文艺思想产生了深远的影响。

（一）以“性”“情”为本位的文艺发生论

关于文艺的发生，楚简说：“喜怒哀悲之气，性也。及其见于外，则物取之也。性自命出，命自天降。”人性由“命”出，而“命”是由“天”降的。因而，“性”即“生之谓也”，是人的本性，是人的天生的本能与需求。“喜怒哀悲之气”为天生之“性”，“性”“待物而后作”，当其受到外物的触动时就会“见于外”，表现为喜怒哀悲之“情”，所以楚简说：“道始于情，情生于性。”“情”是人的情感，是“性”的流露与外部表现；“道”则产生于人情。因而作为“道”的内容之一，文艺等艺术也是人情的产物：

> 凡道，心术为主。道四术，唯人道为可道也。其三术者，道之而已。诗书礼乐，其始出皆生于人。诗，有为为之也。书，有为为之也。礼乐，有为为之也。圣人比其类而论会之，观其先后而逆顺之，体其礼义而节文之，理其情而出入之，然后以教。[①]

楚简的这段话，对荀子影响深远。荀子在《儒效》篇所说的“道者，非天之道，非地之道，人之所以道也，君子之所道也”“《诗》言是，其志也；《书》言是，其事也；《礼》言是，其行也；《乐》言是，其和也；《春秋》言是，其微也”与楚简的观点是一致的。“生于人”就是生于人之情。楚简认为，《诗》《书》《礼》《乐》都产生于人情的需要，是人类情感的产物。具体地说，《诗》是为了抒发人的情感而产生的，《书》是为了记载人类的历史经验而产生的，《礼》《乐》是为了节制人的行为、疏导人类的情感而产生的。圣人通过比类整理、观察人类历史经验而借鉴或遵从、观察人的礼仪

---

① 关于“道四术”的内容，学者多有争议，尚未有定论。李零认为“四术”是“心术”“诗”“书”“礼乐”；濮茅左先生认为是《诗》《书》《礼》《乐》四种经术；刘昕岚先生认为是指“治民之道”“行水治水之道”“御马之道”“艺地务农之道”；刘信芳先生认为《诗》《书》《礼》构成三术，《诗》《书》《礼》《乐》构成四术，四术合为人道，人道与天道入出于“心”谓“心术”，“心术”是道在心中的表述方式；陈霖庆则猜测说“四术”应包含“人道”、《诗》《书》《礼乐》。（详见季旭昇主编，陈霖庆、郑玉珊、邹濬智合撰：《〈上海博物馆藏战国楚竹书（一）〉读本》，第175—176页）

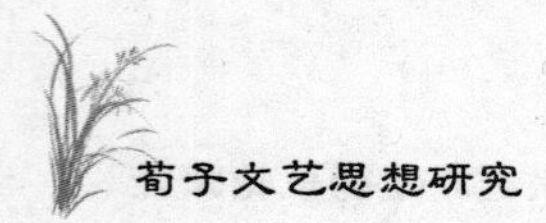

行为而加以节制文饰、调节自己的喜怒哀乐等情感并加以抒发节敛，分别制定了《诗》《书》《礼》《乐》，然后又将其应用到教育之中。由此可见，楚简已经注意到文艺等艺术与人类情感的关系，以情感为本位，认为文艺等艺术来源于人情，是人类情感的产物。圣人也正是为了抒发与调节人的情感而制作出了文艺。可以说，楚简从人情方面论述文艺发生的理路是荀子文艺思想的直接来源。到了荀子，他对楚简的这种观点作了深化，明确而又完整地提出了文艺产生于人情的理论。

（二）以"美情""生德"为目的的诗教理论

楚简认为，文艺来源于人的情感，同时人也有欣赏文学艺术的需求。楚简说："目之好色，耳之乐声，郁陶之气也，人不难为之死。"人的眼睛喜欢看好看的事物，耳朵喜欢听好听的声音，这是欲望在人心中郁积的心思，是人们极力渴求的。楚简的这一观点，与荀子所说的"若夫目之好色，耳好声，口好味，心好利，骨体肤理好愉佚，是皆生于人之情性者也，感而自然，不待事而后生之者也"（《性恶》）是完全一致的。在这种需要下，文艺作用于人的情感，对教化人性发挥着重要的作用："四海之内，其性一也。其用心各异，教使然也。"（《性自命出》）四海之人，他们的天性是一样的，但是后来用心有所差异，修养有所不同，全在于教化的作用。楚简《性自命出》说：

> 凡声，其出于情也信，然后其入拨人之心也厚。闻笑声，其鲜如也斯喜；闻歌谣，则慆如也斯奋；听琴瑟之声，则悸如也斯难；观《赉》、《武》，则齐如也斯作；观《韶》、《夏》，则勉如也斯俭。……凡古乐隆心，益乐隆旨，皆教其人者也。教所以生德于中也。①

楚简这段话中所说的"其入拨人之心也厚"与荀子《乐论》篇中"夫声乐之入人也深，其化人也速"一句极其相似。这段话是说，声音能够真正地出自人情，同时又能够深深地打动人心，拨动人的心弦。听到笑声，人的内心就会感到十分快乐与喜悦；听到歌谣，人的内心就会情感郁积而奋作；听到琴瑟之声，人的内心就会澎湃激荡而有所撼动；观看《赉》《武》乐舞，人的内心就会庄敬而振作；观看《韶》《夏》乐舞，人的内心就会产生谦卑之情而勉励自己精进修德。所以说古乐能够兴发人心，益乐能够兴发人的志向。楚简是说诗、乐、舞等可以教化人，目的是想通过教育，"生德于中"，让人们心中产生德行。可见，楚简的作者希望通过《诗》

---

① 廖名春等人认为"古乐"应是《韶》《夏》，因其为舜、禹所作；"益乐"应是《赉》《武》，因其为武王之乐，是后起、增益之乐。"隆"，陈霖庆认为应训作"萌"，有"萌起""兴发"义。"旨"，李志庆认为可通作"志"。（详见季旭昇主编，陈霖庆、郑玉珊、邹濬智合撰：《〈上海博物馆藏战国楚竹书（一）〉读本》，第191—192页）

《书》《礼》《乐》来教化人心，使人转变原来的心性。这种转变，是从“美其情”开始的：“君子美其情，贵其义，善其节，好其容，乐其道，悦其教，是以敬安。”（《性自命出》）君子修美人情，尊崇礼义，精熟礼节，修好仪容，乐于礼义之道，喜好教化，因而可以持敬。这一过程，从“美其情”开始，层层深入，步步推进，体现了文艺教化（尤其是礼乐教化）在修美人情中的重要作用。后来荀子在谈到文艺的作用时也从这一点入手，认为文艺通过“穷本极变”（《乐论》）、美化人情、“化性起伪”，发挥着“天下之大齐也，中和之纪也”（《乐论》）的社会作用。

总而言之，荀子继承和发展了楚简中的文艺思想，《孔子诗论》《性自命出》《性情论》中所提出的乐与情、乐与礼、乐与德的文艺发生论、审美理想论、文艺教化论等对荀子文艺思想影响深远，特别是楚简中所说的“诗无隐志，乐无隐情，文无隐意”“凡声，其出于情也信”的文艺发生思想，代表了当时的最高水平。荀子以情论乐的文艺发生理论，直接继承并发展了楚简中的思想。荀子诗学的主要内容在郭店楚简中几乎都得到了印证。可以说，楚简中的文艺思想是荀子文艺思想的直接来源。

第四节 先秦道家、墨家、法家与荀子的文艺思想

作为先秦各家思想的集大成者，荀子的文艺思想不仅继承并发展了儒家传统的文艺观，同时也对道家、墨家与法家的文艺思想作了批判的吸收。他的文艺思想，明显地受到道家、墨家、法家思想的影响。

一、道家的“自然之乐”思想与荀子的文艺思想

道家的文艺思想突出地表现在他们对先秦儒家的礼乐教化思想的批判上。老子说：“失道而后德，失德而后仁，失仁而后义，失义而后礼。”（《老子·第三十八章》）[①]道家提倡遵守自然无为之道，主张“行不言之教”，批判儒家所提倡的以仁义礼乐为核心的礼乐教化思想。然而，这并不代表道家不重视文艺，对中国传统的诗学没有贡献。正好相反，道家的许多观点，不仅为同时代的儒家学者（比如荀子）所接受与吸收，而且为后世的文人所继承与发展，其在中国礼乐文化与文学中具有重要的地位与作用。

（一）自然之乐——道家的音乐本体生成论

道家的文艺生成论是建立在以“道”为核心的思想基础之上的。道家认为，

① 本书《老子》引文均见陈鼓应：《老子注译及评介》，中华书局1984年版。

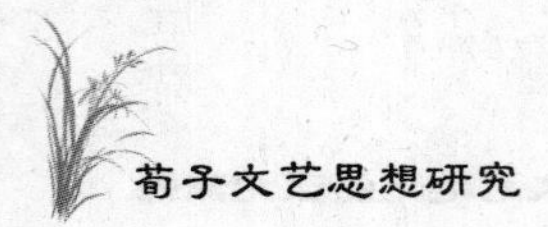

"道"是先天地而生的，是天地万物的根源，它不仅创生了天地万物，而且存在于天地万物之中，落实于实在的自然界中。形上的"道"有创生之能、造化之功。老子说：

"道"生一，一生二，二生三，三生万物。万物负阴而抱阳，冲气以为和。(《老子》第四十二章)

"道"生之，"德"畜之，物形之，势成之。是以万物莫不尊道而贵德。"道"之尊，"德"之贵，夫莫之命而常自然。(《老子》第五十一章)

"道"能生万物，而乐作为自然万物的一部分，也就自然为"道"所生。"道"是乐的最高本体，是形上的"道"派生了乐。

根据"道"的思想，道家认为只有遵从自然之道而生的音乐才是最好的音乐。老子从自然无为的思想出发，认为"大音希声，大象无形"，只有合乎"道"的音乐才是至大、至美的音乐。庄子将这种音乐称为"天籁"："子游曰：'地籁则众窍是已，人籁则比竹是已，敢问天籁？'子綦曰：'夫吹万不同，而使其自已也。咸其自取，怒者其谁邪？'"(《庄子·齐物论》)[①]"天"，方潜《南华经解》曰："天字，(《庄子·齐物论》)全篇主脑，所谓真也，所以明也，无耦也，无我也，物所以化也。"[②]"天籁"即"真籁"，它既不同于由众窍而生的"地籁"，更不同于人通过丝竹等乐器演奏出来的"人籁"，此乐产生于自然无为，产生于本体之"道"。道家对于这种音乐是极其推崇的，而对于产生于人为、逆反自然的"人籁"则持强烈的反对态度。他们以"天籁"为最美，认为"天地有大美而不言"，以是否合于"道"为美的标准，认为美通于"道"，通于"道"的乐才是最美的。因此，道家并非像某些学者所说的是反对、否定音乐的[③]，他们反对的只是儒家所讲的"人籁"，即反对以工具价值而存在的儒家乐教之"乐"，而赞成作为纯粹的艺术而存在的音乐。

虽然荀子吸收了道家自然天的观点，但是在艺术的本体生成论上他的观点却与道家的观点截然相反。他批评庄子说"蔽于天而不知人"(《解蔽》)，认为道

---

① 本书《庄子》引文均见陈鼓应：《庄子今注今译》，中华书局1983年版。

② 方潜：《南华经解》(艺文印书馆据清光绪二十二年刊本影印)，严灵峰编辑：《无求备斋庄子集成续编(36)》，艺文印书局1974年版，第21页。

③ 持此种观点的学者很多。杨荫浏说："……他(老子)对于音乐，和他对于所有其它的事物一样，一律采取着虚无主义的态度。"[《中国古代音乐史稿》(上)，人民音乐出版社1981年版，第95页]李纯一说："基于这种对社会政治的虚无主义态度，老庄学派自然要否定作为一种艺术或文明的'五音'。"(《先秦音乐史》，人民音乐出版社1994年版，第216页)杨华说："庄子比老子更消极，否定礼乐文化更彻底。"(《先秦礼乐文化》，湖北教育出版社1997年版，第271页)陈四海说："道家以老、庄为代表，否定音乐。"(《中国古代音乐史》，国际文化出版公司1998年版，第96页)刘道广说："老子和庄子是否定'音乐'，也否定'艺术'的，但是，他们在否定的论述中却'歪打正着'地触及到艺术的某些规律性问题。"(《中国古代艺术思想史》，上海人民出版社1998年版，第58页)

家屈从于自然而忽视人的能动作用，故而他不赞成道家自然之乐的观点。他虽然认为文艺“上取象于天，下取象于地”(《礼论》)，但他又说“中取则于人，人所以群居和一之理尽矣”，故而他主张“无伪则性不能自美”(《礼论》)，认为文艺是“化性起伪”的产物。文艺来源于人情，是圣人所创制的，因而最美的音乐一定要符合礼义之道的要求，符合“中和”之美的审美理想论。由此可见，与道家相反，荀子从本质上肯定人的价值，认为艺术之所以为美首先要体现出“人文化成”之礼义之道来。

(二)以“和”为中心的音乐功用说

道家反对儒家的礼乐思想，然而这并不是说道家不重视文艺的作用。恰恰相反，道家对文艺也是极其推崇的，他们非常重视音乐在人的修养中的作用，认为音乐可以通过“道和”发挥其功用。这一点与荀子的观点极其相似。《庄子·天地》说：“夫道，渊乎其居也，漻乎其清也。金石不得无以鸣。故金石有声，不考不鸣。……视乎冥冥，听乎无声。冥冥之中，独见晓焉；无声之中，独闻和焉。”《庄子》认为，“道”深邃幽隐、清澈而澄明。它视而深远，听而无声，但深远之中能见其象，无声之中但闻和音。但是唯有“道”才能实现音乐之和，钟磬如果不得“道”便不能鸣响。“无声之中，独闻和焉。”也就是说，“声”在音乐之中是次要的，它是音乐“和”的本质的体现，“和”是音乐之质，“声”是音乐之形。故而老子说，“大音希声，大象无形”，即最美之音不在“声”，而在“和”。音乐也正是通过“和”的特色而发挥其“道和”的作用的。《庄子·缮性》曰：

> 知与恬交相养，而和理出其性。夫德，和也；道，理也。德无不容，仁也；道无不理，义也；义明而物亲，忠也；中纯实而反乎情，乐也；信行容体而顺乎文，礼也。

音乐“中纯实而反乎情”，故而能够作用于人之情性。《庄子·天下》曰：

> 以仁为恩，以义为理，以礼为行，以乐为和，熏然慈仁，谓之君子。
>
> 《诗》以道志，《书》以道事，《礼》以道行，《乐》以道和，《易》以道阴阳，《春秋》以道名分。[①]

“以乐为和”即以音乐来调和性情。可见，乐可以发挥调和性情的作用。同时，“六经”各有其用，而《乐》的作用在于“道和”。“道”，导也。“《乐》以道和”就是说音乐可以引导人趋向于“和”。《天道》亦曰：

---

① 有学者认为，此六句为后人对上句“其在于《诗》、《书》、《礼》、《乐》者，邹鲁之士、缙绅先生多能明之”的注文，传写误为正文。(参见陈鼓应：《庄子今注今译》，第913页)但无论如何，后人的注文也可以从一个侧面表明庄子的思想中至少含有此类意义的萌芽，故而本书将其作为庄子的一种观点列出以备参考。

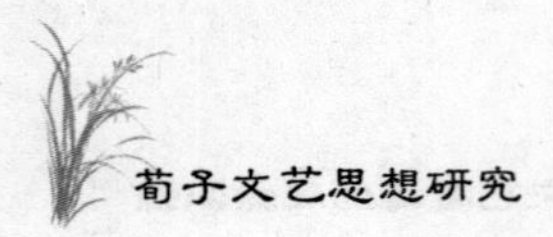

> 夫明白于天地之德者，此之谓大本大宗，与天和者也。所以均调天下，与人和者也。与人和者，谓之人乐；与天和者，谓之天乐。

“人乐”能够“与人和”，而“天乐”乃是“与天和”。“人乐”能够均调天下，“天乐”则能够明天地之道。故乐既可“外王”，又能“内圣”。《天运》又说：

> 夫至乐者，先应之以人事，顺之以天理，行之以五德，应之以自然，然后调理四时，太和万物。

由此可见，庄子对于乐的作用还是非常重视的。

受道家思想的影响，荀子也非常重视文艺的作用。他吸收了道家“乐以道和”“中纯实而反乎情”的观点，认为文艺是“中和之纪”(《乐论》)，能够“穷本极变”(《乐论》)，发挥“乐者，所以道乐也”(《乐论》)、“乐行而志清”(《乐论》)的作用。在此基础上，他进一步肯定了文艺的社会作用，认为“先王导之以礼乐，而民和睦”(《乐论》)，音乐可以发挥使社会和谐、国家稳定的作用。

二、墨子的“非乐”思想与荀子的文艺思想

在春秋战国时期，能够与儒家、道家鼎足而立的只有墨家。《孟子·滕文公下》说：“杨朱、墨翟之言盈天下，天下之言，不归杨则归墨。”《吕氏春秋·有度》也说：“孔墨两家，徒属弥众，弟子弥丰，充满天下。”可见在当时墨家是非常重要的学派，他们的思想也被广泛的传播，受时人所重。荀子作为先秦诸家思想的集大成者，对墨子思想也有所接触与吸收。在《非十二子》篇中，他就曾经对墨子的思想提出强烈的质疑与批评。他的《乐论》篇，更是针对墨子的“非乐”思想而写。

墨子所处的春秋战国时期，正是中国社会转型的大变革、大动荡时期。“饥者不得食，寒者不得衣，劳者不得息。三者，民之巨患也。”(《墨子·非乐》)底层民众生活困顿，而统治者却挥霍无度、骄奢淫逸，特别是在音乐活动中，更是奢靡成风：“昔者齐康公兴乐万，万人不可衣短褐，不可食糟糠，曰饮食不美，面目颜色不足视也；衣服不美，身体从容丑羸不足观也。是以食必粱肉，衣必文绣。”(《墨子·非乐》)针对这一现象，墨子从功利主义的观点提出了他的“非乐”思想。

墨子“非乐”，主要有两个原因。这两个原因，也是墨子的音乐观乃至整个墨学的基本原则。一是儒家之乐“下度之不中万民之利”(《墨子·非乐》)：“仁之事者，必务求兴天下之利，除天下之害……利人乎即为，不利人乎即止。”(《墨子·非乐》)墨子认为，仁者之事，当以有利于人民为准则，凡是利于人民的就去做，不利于人民的就不做。由于当时存在着“饥者不得食，寒者不得衣，劳者不得息”的三大忧患，而统治者却窃取人民之财来演奏音乐，在音乐活动中消耗着大量的财富，不以百姓的利益为重，因而墨子提出“非乐”的观点。二是“上考之不中圣王之事”(《墨子·非乐》)。墨子认为，做事应以古代圣王为典范，合乎圣王典范的

就提倡,不合乎的便不应提倡。墨子曾多次说“圣王不为乐”(《墨子·三辩》)、“圣王无乐”(《墨子·三辩》),而当时却“乐逾繁者,其治逾寡”(《墨子·三辩》),因而他提出“乐,非所以治天下也”,即音乐对治国平天下毫无用处的观点。由此可见,墨子提倡“兼相爱,交相利”(《墨子·兼爱》),以是否有利于人民为衡量是非的标准,他的“非攻”“非乐”“节用”“节葬”等观点都是从这一原则出发而提出的。由于音乐无补于“求兴天下之利,除天下之害”,故而他提出“非乐”的观点:“今天下士君子,请将欲求兴天下之利,除天下之害,当在乐之为物,将不可不禁而止也。”(《墨子·非乐》)

值得注意的是,墨子并非毫无原则地反对音乐;相反,他充分认识到了音乐对于人的作用,认为音乐不仅能够给人以快乐,而且还具有优美的艺术形式。《墨子·非乐》篇说:

> 是故子墨子之所以非乐者,非以大钟鸣鼓、琴瑟竽笙之声以为不乐也,非以刻镂华文章之色以为不美也,非以犓豢煎炙之味以为不甘也,非以高台厚榭邃野之居以为不安也。虽身知其安也,口知其甘也,目知其美也,耳知其乐也。

从这段话中可以看出,墨子也听到了钟、鼓、琴、瑟等乐器优美的声音,看到了刻镂、纹饰等美丽的造型,品尝到了“刍养煎炙”等牲畜的美味,体会到了高台、厚榭、邃野等带来的舒适。也就是说,墨子认识到音乐可以给人带来快感与美感,认识到了音乐的娱乐作用,他是承认音乐的审美愉悦功能的。然而,墨子并不从此入手而论乐,而是从音乐在社会中的负面作用入手而论乐,这是与儒家特别是与荀子论乐的根本不同之处。

墨子的文艺思想,还提到了文与质、美与善的关系问题。《说苑·反质》里记载了墨子的一段话:“食必常饱,然后求美,衣必常暖,然后求丽,居必常安,然后求乐。为可长,行可久,先质而后文,此圣人之务。”[①]墨子认为,人只有饱食、衣暖、居安后才能求美、求丽、求乐。换句话说,人都是先追求质实,满足了基本需求以后才会去进一步追求各种文饰。文艺等艺术作为“文”的一种,是人的更高的精神追求,当以物质追求的满足为前提。墨子在这里虽然以衣、食、住、行等人的基本要求为“质”,以文艺等艺术为“文”,未能明确提出艺术中的文质观,但我们从这一观点中仍能看出重内容而轻形式、重功利而轻娱乐的实用特点。所以荀子评价墨子说:“墨子蔽于用而不知文。”(《荀子·解蔽》)

墨子在《非儒》中说:“夫仁人事上竭忠,事亲得孝,务善则美,有过则谏,此为人臣之道也。”在他看来,仁人志士应该“务善则美”。“美”在这里虽然作“赞美”

---

① 卢元骏:《说苑今注今译》,台湾商务印书馆1979年版,第705页。

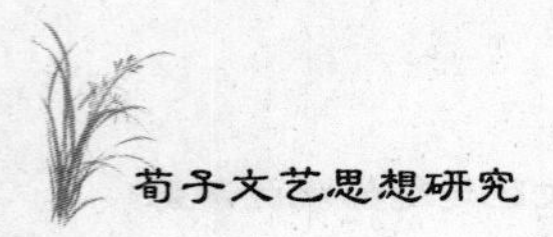

讲，但也触到了美与善的关系，即善是美的条件，有善才有美。这一点与他所说的“先质而后文”极其相似。

三、法家商鞅的“非乐”思想与荀子的文艺思想

作为法家代表人物的商鞅，其思想是战国这一特定历史条件下的产物。与主张“克己复礼”的孔孟等儒家相比，商鞅无疑是一个革新变法的强硬派。他驳斥儒家“法古无过，循礼无邪”的观点，针锋相对地提出了“不法古，不修今”的口号，主张应该“适于时”（《商君书·画策》）[①]、“恃其势”“恃其数”（《商君书·禁使》），根据时代的变化与形势的不同采取不同的办法。就是在这一原则的指导下，他提出了以法与农战为主要内容的变法路线，明确地反对儒家传统的礼乐思想。

商鞅反对儒家与儒术的思想是非常明显的。他从维护统治的功利主义出发，将儒家传统的《诗》《书》等典籍及礼乐文化看成是“六虱”，认为必须要加以去除。他说：

> 六虱：曰礼、乐；曰《诗》、《书》；曰修善、曰孝弟；曰诚信、曰贞廉；曰仁义；曰非兵、曰羞战。国有十二者，上无使农战，必贫至削。十二成群，此谓君之治不胜其臣，官之治不胜其民，此谓六虱胜其政也。十二者成朴，必削。是故兴国不用十二者，故其国多力，而天下莫能犯也。（《商君书·靳令》）

商鞅从农战的要求出发，认为国家如果有礼、乐、《诗》《书》等这12项的话必贫穷以至于削弱，强盛的国家是没有这12项的。《商君书·去强》中又说：“礼乐虱官生，必削”；“国无礼乐虱官，必强”；“国用《诗》、《书》、礼、乐、孝、弟、善、修治者，敌至必削国，不至必贫”。因此，商鞅认为要想使国家安定富强，必须去除作为儒家教育工具的礼、乐、《诗》《书》等。

商鞅之所以主张去除礼乐，是因为在他看来礼乐是“淫佚之征”。《商君书·说民》中说：“辩慧，乱之赞也；礼乐，淫佚之征也；慈仁，过之母也；任誉，奸之鼠也。”商鞅认为，如果臣民善辩说、多智慧，他们就会利用这些言谈、智慧做出违法乱纪的事情来；礼乐满足了享乐的欲望，因而它们容易招致淫乱放荡；如果过于慈爱、仁慈，法律就无法施行下去；侠义与赞誉若是为人所用，就会成为替人穿穴盗粮的鼠辈。由此可见，商鞅认识到了音乐能够带给人快乐，但他将音乐的这种娱乐功能看成是导致“淫佚”的罪魁祸首，未能看到文艺的正面作用。商鞅从维护阶级统治的目的出发，认为文艺等艺术对国家、社会有百害而无一利，故而提出要将其从“理想国”中剔除出去的观点。此后，法家的另一代表人物、荀子弟子

---

① 本书《商君书》引文均见高亨注译：《商君书注译》，中华书局1974年版。

韩非也继承了商鞅的这一观点，认为“明主之国，无书简之文，以法为教，无先王之语，以吏为师”(《韩非子·五蠹》)[①]。他的同门李斯更是将这一观点发挥至极致，将法家的思想推向了一个极端——焚书坑儒，造成了中国文化的一场大浩劫。

荀子既法先王，亦法后王；既重礼，亦重法。他的思想明显地受到法家的影响，吸收了法家合理的成分。但在文艺观上，荀子却摈弃了法家的“非乐”思想，提出了与商鞅等人截然相反的观点：商鞅否定了文艺的作用，荀子则肯定文艺在个人、社会、国家中的重要作用；商鞅从维护社会稳定的角度出发而非乐，荀子却从这一角度出发而肯定文艺。这是荀子之所以未陷入法家的泥沼而仍处于儒家阵营的重要原因。

总而言之，先秦时浩瀚的历史典籍为荀子文艺思想的产生提供了丰富的营养。可以说，没有这些理论做铺垫荀子的诗学就不可能产生，荀子正是在继承与吸收先秦优秀的文艺思想的基础上，取其精华、去其糟粕，提出并论述自己的文艺思想的。

① 本书《韩非子》引文均见王先慎撰，钟哲点校：《韩非子集成》，中华书局1998年版。

第三章 “天生人成”：荀子文艺思想的哲学基础

“天生人成”一词并非直接出自荀子之口，而是从他的文句中化约出来的。在《荀子》中出现过许多以“天生人成”为旨归的语句：

> 天地者，生之始也；礼义者，治之始也；君子者，礼义之始也。为之，贯之，积重之，致好之者，君子之始也。故天地生君子，君子理天地。(《王制》)
>
> 天地生之，圣人成之。(《富国》)
>
> 天地者，生之本也；先祖者，类之本也；君师者，治之本也。(《礼论》)
>
> 天地合而万物生，阴阳接而变化起，性伪合而天下治。天能生物，不能辨物也；地能载人，不能治人也；宇中万物、生人之属，待圣人然后分也。(《礼论》)

荀子之学不同于孔孟之学。孔孟讲“与天合德”，将天看成是一个形而上的存在，认为人世间之一切价值根源于天，仁、义、礼、智、信等价值皆是通过“天—命—性—道”的途径实现的，是由“天”中所分出的。荀子则不然。他认为天是自然的、唯物的，天虽然是“生之始”，但是它只能发挥生育万物的作用而没有任何的价值理性在里面。天是自然的，它不能决定人世间的治乱兴衰，也不能除祸降福；同时人也不能指望上天、屈从于天。天只赋予自然万物以基本的形体，却不能成就“治”，包括文艺在内的人类一切优秀的文化成果都是人为(即“伪”)的产物。人类价值的根源不在于“天”，而在于人。人能够通过自己的努力纠正譬如“性恶”等天生的质性，人之所以为人正是因为人能够以自己所创造的礼义之统而“化成天”“治正天”。荀子的这一思想就是“天生人成”。“天生人成”思想是荀子与荀学的基本原则①，也是荀子区别于孔子、孟子等传统儒家学者而被称为儒家“异端”的根本原因。荀子所有的理论主张——包括他的天论、“性恶论”及文艺思想等都是围绕着这一原则而生发出来的。

---

① 参见牟宗三：《名家与荀子》，台湾学生书局 1979 年版，第 213 页。

第一节 天论：“天地者，生之本也”——荀子唯物主义的天道观

在人类的文化传承中，哲学与宗教在一开始的时候往往是不可分割的。张岱年先生认为，“人生论是中国哲学之中心部分”，而“人生论之开端的问题，是天人关系的问题”。[①] 所以，“天”“命”等思想一直以来都是中国文化思想中的最基本的内核之一。古人围绕着“天”“命”等概念的本体、意志、作用乃至天人关系的探讨往往与图腾崇拜、祭祀等宗教立场发生关系。因此，研究先秦的天命思想必须在以宗教哲学为切入点的基础上进行。

孔子的天道观是直接继承夏、商、周三代之祭天、敬天、畏天的观点的，他心目中的“天”实为一种具有人格、意志，存在赏善罚恶的主宰天。[②] 他曾经提出“君子有三畏”，第一项就是“畏天命”(《论语·季氏》)。他对于高高在上的“上帝”一直有着战战兢兢而谨慎的态度，怀着敬畏之心而对上天不敢有所违背。他明确指出：“获罪于天，无所祷也。”(《论语·八佾》)孔子虽然敬畏天，但是在面对当时崇拜鬼神的社会现象时，他能够持中立态度，对鬼神之说存而不论，“不语怪力乱神”(《论语·述而》)。孔子说：“敬鬼神而远之。”(《论语·雍也》)他在回答季路问鬼神之事时说：“未能事人，焉能事鬼”；“未知生，焉知死？”(《论语·先进》)在回答樊迟问“知”的时候说：“务民之义，敬鬼神而远之，可谓知矣。”(《论语·雍也》)由此可见，孔子是以诚、敬、仁、爱等仁义道德观作为人们日常生活的最高准则的。他认为纯粹的祭天、畏天倒不如将天所赋予人的道德义命转化为指引人们求真向善、成就君子人格的践仁精神，人的内在的道德涵养的价值远远高于以敬肃的外在宗教形式来祭天的价值。这样，孔子将天道思想予以义理化，摆脱了三代以来的宿命观，主张用一种积极进取的态度来面对天，把关切的重点放在“人”上，强调不要盲目地遵从于天命而失去人的主观能动性。他说的“不怨天，不尤人，下学而上达，知我者其天乎”(《论语·宪问》)，意思就是要号召人们不要过多地盲从于天而忽略人事的努力。因此，可以说从孔子开始，人们逐渐地从天神崇拜中发现人的地位与作用，将人的主观能动性看成是天人关系中最核心、最关键的因素。所以，雅斯贝斯称孔子以后的诸子之学具有“超越的突破”的

① 张岱年：《中国哲学大纲》，中国社会科学出版社1994年版，第165、167页。

② 冯友兰先生认为：“孔子之所谓天，乃一有意志之上帝，乃一‘主宰之天’也。”[《中国哲学史》(上)，华东师范大学出版社2000年版，第51页]

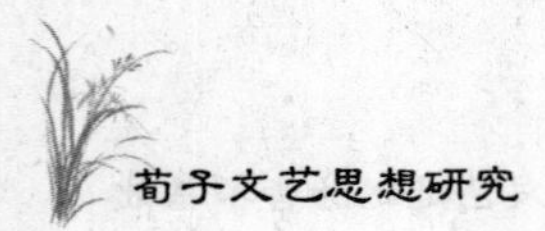

意义。[①] 孟子将孔子的主宰天的天命观念进一步转化为人们内在之德命，认为天赋予人德性的根源，人的善性品质来源于天。孟子并不否认外在的主宰天，他认为："天下有道，小德役大德，小贤役大贤；天下无道，小役大，弱役强。斯二者，天也。顺天者存，逆天者亡"（《孟子·离娄上》）；"吾之不遇鲁侯，天也。臧氏之子焉能使予不遇哉"（《孟子·梁惠王下》）。孟子虽然极言具有神明性格的主宰天，认为天是万物的创生者，是宇宙世界的本源，但是他发展了孔子重人的一面。他的主宰天的思想只是顺着传统而加以运用，将人力所不能控制的东西诉诸天意。孟子认为，人之善心均在上天所赋予之"一念"，这"一念"之天赋良知"苟得其养，无物不长，苟失其养，无物不消"（《孟子·告子上》）。如果没有存养、学习等人为的努力，人的天赋的德行与良知就不能得到扩充，也就无法实现道德的充实与完善。此扩充的功夫就是尽心的功夫，也就是尽性而知天的功夫。因而，孟子说："尽其心者，知其性也，知其性，则知天矣。"（《孟子·尽心上》）所以说，孟子的天道思想所着重的并不是有意志的主宰天，而是从个人内在心性来反省以修养自为。

道家从一开始便不接受儒家关于上天或上帝的观念，老子取消了殷周以来的人格神的至上之天的权威性，以一个超越了时空限制的、纯粹的形而上的范畴来代替，这就是"道"。《道德经》中说："有物混成，先天地生，寂兮寥兮，独立而不改，周行而不殆，可以为天下母。吾不知其名，故强之曰道，强为之名曰大。""道"先于天地而生，是创生万物的形上根源，是天下万物之母，因而人格神在它的面前也就失去了至上的地位。这种形上宇宙论的建构，超越了传统"天道"观念的宗教色彩与道德内涵。正如徐复观所言："老子思想最大贡献之一，在于对此自然性的天的生成、创造，提供了新的、有系统的解释。在这一解释之下，才把古代原始宗教的残渣，涤荡得一干二净；中国才出现了由合理思维所构成的形上学的宇宙论。"[②]

荀子的天人观既不同于孔孟等传统的儒家，也与道家等有严格的区别。孔孟将"天"看成是主宰的、运命的、义理的，荀子论"天"则纯以自然之天为旨归。在这一点上，他继承了老庄等道家天道观的思想，尤其是继承了老子所说的自然无为之自然天的观点，但克服了道家"蔽于天而不知人"的缺陷，将人的能动性从道家冥想自然、崇拜自然、自然无为的思想中解放出来。胡适说："荀子在儒家中最为特出，正因为他能用老子的一般人的'无意志的天'，来改正儒家、墨家的'赏

① 详见[德]亚斯贝斯著，魏楚雄、俞新天译：《历史的起源与目标》，华夏出版社 1989 年版，第 7—29 页。

② 徐复观：《中国人性论史·先秦篇》，三联书店 2001 年版，第 287 页。

善罚恶’有意志的天；同时却又能免去老子、庄子天道观念的安命守旧的恶果。”[①]在当时，荀子的这种天人观可以说是最先进、最科学的。

一、“天行有常”——荀子唯物主义的天道观

荀子所论之“天”，完全是物质意义、自然意义上的：

天行有常，不为尧存，不为桀亡。应之以治则吉，应之以乱则凶。(《天论》)

列星随旋，日月递照，四时代御，阴阳大化，风雨博施，万物各得其和以生，各得其养以成，不见其事而见其功，夫是之谓神。(《天论》)

治乱天邪？曰：日月、星辰、瑞历，是禹、桀之所同也，禹以治，桀以乱，治乱非天也。时邪？曰：繁启蕃长于春夏，畜积收臧于秋冬，是禹、桀之所同也，禹以治，桀以乱，治乱非时也。地邪？曰：得地则生，失地则死，是又禹、桀之所同也，禹以治，桀以乱，治乱非地也。(《天论》)

天不为人之恶寒也辍冬，地不为人之恶辽远也辍广，君子不为小人之匈匈也辍行。天有常道矣，地有常数矣，君子有常体矣。(《天论》)

星队、木鸣，国人皆恐。曰：是何也？曰：无何也！是天地之变，阴阳之化，物之罕至者也。(《天论》)

“天行有常”“天有常道”是荀子的基本观点。首先，荀子认为“天”是一种自然客观化的存在，他认为自然现象的运行都有其自身所遵循的规律与法则，星辰的运行、日月轮流光照、四时的更替、寒暑昼夜的变化、风雨广博施降等都是客观的“天道”，是自然界中的正常现象。这些自然现象的运行与人世间的治乱兴衰没有必然的关系，它们既不受所谓的神秘力量的支配，也不能因人类的主观愿望而发生改变，而是机械地、规律地运行着。一些罕见的自然现象，比如流星、日食、月食等都是个别现象，是“天地之变，阴阳之化，物之罕至者”，与人类社会的事务并不相干，因而“怪之，可也，而畏之，非也”。(《天论》)其次，荀子认为人世间的治乱兴衰、吉凶祸福也不受上天的主宰与支配，天不能主宰人世间的各种事务，天象与人事之间没有必然的联系。天是永恒如一的，它既不为圣王尧而存在，也不会因为独夫暴君桀的存在而消亡。既然天不能决定人事，也就不可能成为人所希冀与思慕的对象，所以荀子说：

自知者不怨人，知命者不怨天，怨人者穷，怨天者无志。(《荣辱》)

不可以怨天，其道然也。(《天论》)

意思就是天道有自身运行的规律，它只是自然如此，我们不应该将一些价值判断(例如吉、凶、祸、福、治、乱、兴、衰等)附加于天，天本身并没有任何颜色与价值的

---

① 胡适：《中国哲学史大纲》，第272—273页。

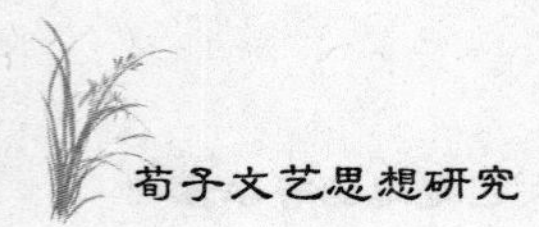

意味在里面。"怨天"的行为在荀子的眼中是一种自愚的行为,是不会得到上天额外的照顾与施舍的;相反,忽略了人为的努力而希冀于上天的施舍,只能事倍功半。

牟宗三先生对荀子论天道的观点总结说:"荀子之天是非宗教的、非形而上学的,亦非艺术的,乃自然的,亦即科学中是其所是之天也。"[①]荀子的这种自然天的观点与庄子所说的"天无私覆,地无私载,天地岂私贫我哉"的观点是一致的,他们都把"天"视为客观的自然现象,排除了"天"的人格神或某种特殊的主宰天存在的可能。徐复观先生认为:"周初所孕育的人文精神,到了荀子完全成熟。由周初所开始的从原始宗教中的解放,至此而彻底完成。"[②]

二、"明于天人之分"——天人合一的另一种可能

荀子将"天"看成是纯粹自然意义的,他把天人关系界定为独立的关系,主张"天人之分"。他说:

> 天行有常,不为尧存,不为桀亡。应之以治则吉,应之以乱则凶。强本而节用,则天不能贫;养备而动时,则天不能病;修道而不贰,则天不能祸。故水旱不能使之饥渴,寒暑不能使之疾,祆怪不能使之凶。本荒而用侈,则天不能使之富;养略而动罕,则天不能使之全;倍道而妄行,则天不能使之吉。故水旱未至而饥,寒暑未薄而疾,祆怪未至而凶。受时与治世同,而殃祸与治世异,不可以怨天,其道然也。故明于天人之分,则可谓至人矣。(《天论》)

荀子认为"天"对于任何人都是一样的,都具有同等的作用与影响。国家、社会的治乱兴衰都是由于人类的活动——"应"(承接)的不同而产生分别的。人若能够"强本而节用""养备而动时""修道而不贰",则天不能使人"贫""病""祸";反之,如果人"本荒而用侈""养略而动罕""倍道而妄行",则天不能"使之富""使之全""使之吉"。所以,荀子提出"明于天人之分"的观点,认为做到这一点就会成为"至人"。关于"至人",《庄子·天下》篇云:"不离于真,谓之至人。""至人"即真实的人,意即圣人。

"分"有两种意思:一为"分别",进而引申为"分离";一为"职分"。许慎《说文解字》中说:"分,别也。从'八'、'刀',刀以分别物也。"据此,有的学者认为荀子

① 牟宗三:《历史哲学》,台湾学生书局1988年版,第123页。

② 徐复观:《中国人性论史·先秦篇》,第201页。

“明于天人之分”的意思是说“天人相分”或“天人分离”[1]，进而认为荀子“天人之分”的思想排除了天人合一的观点，是培根的“戡天主义”(Conquest of Nature)。[2] 笔者认为，这些学者之所以得出这种错误的结论，完全是对荀子“天人之分”的“分”字理解有误所致。荀子“天人之分”的“分”字在这里应该理解为“职分”，而不是“分别”或“分离”。郑玄注《礼记·礼运》中“男有分”之“分”曰：“分，犹职也。”[3]在这里，“分”即“职分”“职能”。先秦典籍中有许多这样的用法：

名分已定，贪盗不取。(《商君书·定分》)

雉兔在野，众人逐之，分未定也。鸡豕满市，莫有志者，分定故也。(《尹文子·大道上》)

君子所性，虽大行不加焉，虽穷居不损焉，分定故也。(《孟子·尽心上》)

从上面的资料中我们可以看出，“分”可以用作“职分”，意思是“名分”或“职位”的不同。荀子《富国》篇中也说：

兼足天下之道在明分。掩地表亩，刺草殖谷，多粪肥田，是农夫众庶之事也。守时力民，进事长功，和齐百姓，使人不偷，是将率之事也。高者不旱，下者不水，寒暑和节而五谷以时孰，是天之事也。若夫兼而覆之，兼而爱之，兼而制之，岁虽凶败水旱，使百姓无冻馁之患，则是圣君贤相之事也。

荀子认为，使天下富足之道在于各人能够各守其“职分”：农夫之职是丈量土地，翻地耕种，“肥沃”良田；州长、党正之职是遵守农时，发动民力，和齐百姓，使人不偷懒；“天”的职分是高处不旱，低处不涝，寒暑适宜，使五谷丰登；圣君贤相的职分是保护与爱护百姓，管理百姓，使百姓无冻馁之患。

荀子“天人之分”的“分”字为“职分”的另一证据是，荀子在“故明于天人之分，则可谓至人矣”一文后紧接着说了何谓“天职”：“不为而成，不求而得，夫是之谓天职。如是者，虽深，其人不加虑焉；虽大，不加能焉；虽精，不加察焉：夫是之谓不与天争职。”(《天论》)“天职”即天的职分、职责。杨倞认为：“不为而成，不求而得，四时行焉，百物育焉，天之职任在此，岂爱憎于舜桀之间乎？”[4]因而，具体

---

① 冯友兰在《中国哲学史新编》(上)中说：“荀况把天人之分提到哲学的高度。他把‘天’和‘人’的界限严格地划分开来；这就把自然和社会、物质和精神、客观和主观的界限，严格地划分开来。这样划分的一个重要涵义，就是承认自然、物质世界是独立于人的主观意识而存在的，也就是说，自然、物质和客观世界是第一位的，社会、精神和主观世界是第二位的。”(人民出版社 1998 年版，第 689 页)

② 参见胡适：《中国哲学史大纲》，第 273 页。马积高也认为，荀子“用天人相分的观点排除天人合一的观点”(《荀学源流》，上海古籍出版社 2000 年版，第 38 页)。

③ 陈戍国校注：《礼记》，岳麓书社 2004 年版，第 155 页。

④ 王先谦撰，沈啸寰、王星贤点校：《荀子集解》，第 308 页。

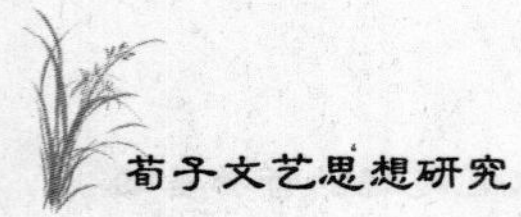

来说，“天职”就是天能够按照其自身的规律而四时代序、生育万物。荀子这段话的意思是说，“至人”的能力虽深、虽大，但不加毫末于天道，这就叫作“不与天争职”。

荀子“天人之分”的意思是说天的职能与人的职能各有分工、各有特色，人在实际行动中不要“与天争职”，而是要充分发挥人的主观能动性，做到“天”“地”“人”三者之间的和谐互动。用荀子的话说就是“参”：“天有其时，地有其财，人有其治，夫是之谓能参。舍其所以参而愿其所参，则惑矣。”（《天论》）“参”，三也。天、地、人能“参”就是天、地、人三者之间要形成相对独立而又交互为用的关系：天有四时寒暑，地有植被矿藏，人有善用天时地财的能力，明白了这个道理，人就能够专心致力于人道而不干预天、地自然的运行，这样人才能够与天、地为“参”（“三”）。如果舍弃了这种与天地为“参”（“三”）的能力（“人治”），而企慕于“所参”（即“天时”“地财”），则是最大的迷惑。因此，荀子提出“天人之分”并不是要把人同天决然地分开，而是认为天与人之间存在着相互作用、相互影响的关系。“顺其类者谓之福，逆其类者谓之祸，夫是之谓天政。”（《天论》）自然界的客观原则（“天政”）对人类社会的发展起着制约作用，人们遵循自然界的客观规律行事才不会违反“天政”。荀子在这里希望通过“人治”调和“天时”“地财”“人治”三者之间的关系，从而达到“天人合一”的境界。唐君毅先生就曾说：

> 荀子谓“天有其时，地有其财，人有其治，夫是之谓能参”。此要在言人事与天地之事相配，以成三。其言“天地生君子，君子理天地”，即言人与天地之关系，为一对等交互的，以其事互相回应之关系。此皆明不涵人之位在天地之上，控制万物、征服自然之思想，如近人之说也。……故荀子天论之旨，虽以天人分言，固亦不与其他儒道思想言天人之和者，必然相冲突者也。[①]

从唐先生的解释中我们可以看出，荀子“天人之分”与儒道所说的“天人合一”并无本质上的区别，其并不含有所谓的控制万物、征服自然的思想。荀子讲“天人之分”的最终目的是把人事与天地之事合而为三，通过人为的努力调节好天、地、人三者之间的关系。所以，荀子天人观的特质仍未偏离儒家传统的“天人合一”的观点，只是在实现这一目的时所采取的路径不同而已，即：一为顺着尽心、尽性、知天的道德天、义理天而发展，一为顺着自然主义的天命观而发展。荀子关于天人关系的这一思想，颇具当今流行的“生态美学”之意味。

---

① 唐君毅：《中国哲学原论·原道篇（一）》，台湾学生书局1978年版，第440页。

三、“天地者，生之始也”——天为“生之始”

天与人各有其职分，天并不能决定人世间的吉凶祸福，但这并不代表天与人之间没有任何的关系。相反，荀子认为人是天的产物、自然界的产物，正是天赋予了人躯壳以及产生精神的物质基础。

荀子认为，“天”具有“生”的能力与作用。他说：

> 天生蒸民。（《荣辱》）
>
> 天地者，生之始也。（《王制》）
>
> 天地生君子，君子理天地。（《王制》）
>
> 天地生之，圣人成之。（《富国》）
>
> 天地之生万物也。（《富国》）
>
> 天地者，生之本也。（《礼论》）

由上面的言辞我们可以看出荀子对“天”的另一层理解，即天是“生之始”。荀子认为，天地“生万物”，是生命的开始，是创生万物的根源。自然万物都是天地的产物，没有天地就没有宇宙间的万物。这些都是天的职能与功用：

> 不为而成，不求而得，夫是之谓天职。……列星随旋，日月递照，四时代御，阴阳大化，风雨博施，万物各得其和以生，各得其养以成，不见其事而见其功，夫是之谓神。皆知其所以成，莫知其无形，夫是之谓天功[①]。（《天论》）

“天职”就是“不为而成，不求而得”，即不用作为而成，不用求取而得；“天功”就是生成万物。这就是荀子在《礼论》中所说的“天地合而万物生，阴阳接而变化起”的意思。在荀子看来，天能够创生万物、养育万物，人是不能代替天来行使天的职责的。天之职责与天之功用，都是自然而然地遵循着大自然的运行规律而进行的，此“生”是“不见其事，而见其功”的自然之生，因而不含有上帝或神的意志（“夫是之谓神”之“神”当作“神奇”之意），绝不可将天理解为凌驾于宇宙万物之上的形而上的根源或主宰。

既然天地能生万物，那么人作为自然万物的一分子，自然也是由天地所生的。人的各种生理官能便是由天赋予的：

> 天职既立，天功既成，形具而神生，好恶、喜怒、哀乐臧焉，夫是之谓天情。耳目鼻口形能，各有接而不相能也，夫是之谓天官。心居中虚以治五官，夫是之谓天君。（《天论》）

---

① 原“天”字下本无“功”字，依杨倞说补。王念孙亦持此种观点。（参见王先谦撰，沈啸寰、王星贤点校：《荀子集解》，第309页）

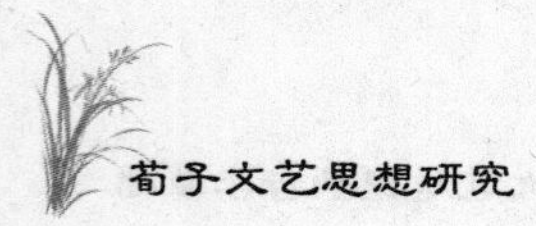

在这里,“天”的意思就是“天生的”“自然的”。在“天职”与“天功”的作用下,人“形具而神生”:好、恶、喜、怒、哀、乐是天生的情感,因而叫作“天情”(自然之情);耳辨色、鼻辨臭、口辨味、形辨寒热疾痒,它们之间各有其用而又不能互相代替,这就是“天官”(自然之官能);人之心居于中虚之地,以管制耳、目、鼻、口、形态五官,所以叫作“天君”(自然之君主)。无论是“天情”“天官”还是“天君”,都是人天生的、自然的官能。天赋予人形体、各种感官器官,人正是凭借着这些由天地所生之物才能够在自然界中生存并繁衍下去。因此,可以说没有天就没有人,就没有礼义之统等灿烂的文明。

第二节 人论:道者,人之道也——人道重于天道

天是“生之始”,但是对于人类社会来说光有“天生”是不够的,还必须要有“人成”——人为的努力:“天能生物,不能辨物也;地能载人,不能治人也;宇中万物、生人之属,待圣人然后分也。”(《礼论》)在人类社会系统中,“天生”与“人成”二者缺一不可。因而,荀子在讲“天道”时从不离“人道”,且认为后者要重于前者。

一、“不求知天”与“知天”

荀子在《天论》中提出了两个貌似矛盾的概念——“不求知天”与“知天”:

> 列星随旋,日月递照,四时代御,阴阳大化,风雨博施,万物各得其和以生,各得其养以成,不见其事而见其功,夫是之谓神。皆知其所以成,莫知其无形,夫是之谓天功。唯圣人为不求知天。(《天论》)
>
> 圣人清其天君,正其天官,备其天养,顺其天政,养其天情,以全其天功。如是,则知其所为,知其所不为矣,则天地官而万物役矣。其行曲治,其养曲适,其生不伤,夫是之谓知天。(《天论》)

“不求知天”与“知天”是否存在着不可调和的矛盾?若不矛盾,应如何解释呢?

荀子讲“天人之分”,意在告诫人们应该明白天人分职的事实,不要迷陷于天人之际,更不要盲目地崇拜天。他在讲到“天职”的时候说:

> 不为而成,不求而得,夫是之谓天职。如是者,虽深,其人不加虑焉;虽大,不加能焉;虽精,不加察焉:夫是之谓不与天争职。天有其时,地有其财,人有其治,夫是之谓能参。舍其所以参而愿其所参,则惑矣。(《天论》)

荀子认为对于各种“天职”,虽然它们十分深奥,高明的人不会进一步去思虑;虽然它们很广大,高明的人不会夸大它的作用;虽然它们十分精巧,高明的人不会

多加考察，这就是不去与天争职。天、地、人之间各有其职能，各有其作用，如果我们舍弃了自己的职分而羡慕天的恩赐，那就是糊涂。由此可见，在天、地、人三者中，荀子认为人应该认清自己的地位，正确地发挥自己应有的能动作用，将重点放在自身的努力上，而不是希冀上天的恩赐；在面对“列星随旋，日月递照，四时代御，阴阳大化，风雨博施”（《天论》）等各种自然现象时，既不能对天加以妄测，苛求自己去通晓其中的奥秘，也不能违背自然规律，与天相争、越职代天，更不能对天盲目崇拜，而忘记了自己的主观努力。正如夏甄陶先生所说：“他提出‘不求知天’，就是反对对自然界进行主观臆测，任意造说，把外来的、主观的成分附加给自然界，反对冥思苦索地去追求神秘主义的‘知天’。”①

既然荀子主张“不求知天”，那么“知天”又是什么意思呢？“知天”就是要正确地利用自然之天所给予人的“天君”“天官”等基本的形质与能力，然后恰当地利用“天养”，顺应自然规则（“天政”），修养自然性情（“天情”），成全自然的功效（“天职”）。这样，人就知道什么该做、什么不该做，天地自然万物也能够为人类各尽其职，供人类使用了。人的各项事务都处理得很好，身心修养各方面都很适宜，人的生命就不会受到损伤，这就叫作“知天”。由此可见，所谓“知天”就是人能够认识自然规律、掌握自然规律、利用自然规律，在此基础上充分发挥主观能动性，利用自然为人类创造最好的生存条件。天、地、人三者之间各尽其职、各展其能，人类能够在掌握天地自然的规律的基础上与天地合而为“三”，这才叫“知天”。

从对荀子“不求知天”与“知天”的意义探求上我们可以看出，荀子在面对天人关系时是以社会价值为本位来加以说明的。荀子讲“不求知天”，并不是像某些学者所说的“反对认识自然”，而是认为对天刻意的探求不但超出了“人职”的范围，而且也不利于将人类有限的精力集中在对人事的努力上，“不求知天”是为了有所取舍，“知其所为，知其所不为”。荀子说：

> 故大巧在所不为，大智在所不虑。所志于天者，已其见象之可以期者矣；所志于地者，已其见宜之可以息者矣；所志于四时者，已其见数之可以事者矣；所志于阴阳者，已其见和之可以治者矣。官人守天而自为守道也。（《天论》）

荀子认为，最能干的人，在于不做不能做且不应该做的事；最聪明的人，在于不考虑不能考虑且不应该考虑的事。对天、地、四时、阴阳加以认识的最终目的不是观察其“象”（现象）、“宜”（宜时、适时的条件）、“数”（春作、夏长、秋敛、冬藏等必然之规律）、“和”（和谐变化），而是在此基础上使人能够“期”（预测未来天象的变

① 夏甄陶：《论荀子的哲学思想》，上海人民出版社 1979 年版，第 55 页。

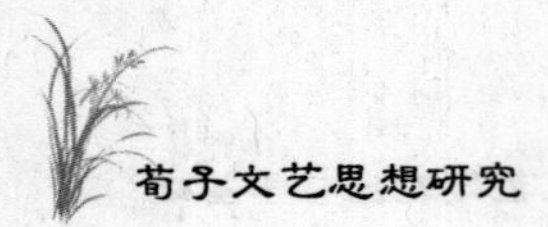

化)、“息”(生长,即因地制宜播种五谷)、“事”(从事劳动)、“治”(调理)。所以说官吏观察记录天象,而君主则能掌握天道以利用之。这种思想,就是荀子所说的“其于天地万物也,不务说其所以然而善用其材”(《君道》),即对于天地万物没必要专一穷究其形成的原因,只求尽可能好地使用其材质。荀子认识自然的这一视角,也可以从其对名辩理论的批评上看出端倪。他在《非十二子》中批评惠施、邓析等人的辩说时说:“辩而无用,多事而寡功,不可以为治纲纪。”意思是,善辩而无实用、事倍而功半,是不可以作为治国纲领的。荀子又言:“言无用而辩,辩不惠而察,治之大殃也。”(《非十二子》)意思是,言辩空洞无用而极力巧辩,辞辩不合需要却精析细理,这是最大的灾祸。“知天”就如同言辩一样,穷究天之“所以然”,既无益于我们利用自然为人类服务,又会浪费过多的时间,那么我们为什么还要做呢?可见荀子言“不求知天”与“知天”还是为了服务于人类、国家与社稷,其言“天道”亦是为“人道”服务的。

二、“制天命而用之”——天之负面义与人之能动义

在孔孟等人的眼中,天是主宰的或义理的,人的一切善行或善性都是上天所赋予的。孔子说:“天生德于予,桓魋其如予何!”(《论语·述而》)汉代包咸注曰:“天生德者,谓授我以圣性,德合天地,吉无不利,故曰其如予何?”[①]孟子秉承孔子学说,将主宰天的观点转化为人们内在之德命,提出“尽其心者,知其性也。知其性,则知天矣。存其心,养其性,所以事天也”(《孟子·尽心上》)的观点。在他们的思想中,“天”具有能动的形上性,是德化的天、义理的天,人类的一切价值根源都可以从“天”中找到归宿,因而在他们眼中“天”具有能使人性向善、社会和谐的正面因素,礼义法度等都可以从心、性中引出,从天中引出。因而,牟宗三认为“孔孟之天是正面的”[②]。荀子则不同。在他的天道观中,“天”为自然之天、物质之天,它并不能赐福或降祸于人类。从“天”中我们看不到道德礼义的影子。在面对“天”的时候,人类不应该盲目地敬颂或崇拜,更不应该畏惧各种自然天象,也不应该希冀通过宗教祭祀等活动直接获得上天的恩赐。不仅如此,荀子还提出了“制天命而用之”的观点,他主张人类应该掌握并利用自然界的规律和物质条件,为人类社会服务。他说:

> 大天而思之,孰与物畜而制之?从天而颂之,孰与制天命而用之?望时而待之,孰与应时而使之?因物而多之,孰与骋能而化之?思物而物之,孰与理物而勿失之也?愿于物之所以生,孰与有物之所以成?故错人而思天,

① 刘宝楠:《论语正义》,第273页。

② 牟宗三:《荀学大略》,台湾学生书局1979年版,第214页。

则失万物之情。(《天论》)

荀子认为，推崇天而思慕它，不如把它当作物来畜养而裁制它；顺从天而赞颂它，不如掌握它的规律而利用它；盼望天时而等待它的恩赐，不如顺应季节的变化而使之服务于人类；听任万物的自然增多，不如施展人的才能而对万物加以改造发展；想要万物为己所用，不如合理地利用万物而又不造成浪费；仰慕万物是怎样产生的，不如掌握万物何以生成之道理。天有生成万物的作用，动物只是利用这种生成来消极地适应自然、顺应自然，以维系其生存；人则能够在此基础上通过积极的作为促进自然万物的生长，使之更好地为人类服务。所以放弃人的努力而指望天的恩赐，就是失去了万物真实的性情。当然，这种“制天命而用之”的“制”是建立在掌握并顺应自然客观规律(“应时”)的基础之上的，并不是“人类中心主义”者所讲的对自然的无限的索取。

“天除这点自然之生的作用外，它对于人，只是消极地自然地存在，反要待人而理。”[①]荀子“制天命而用之”的思想，完全将天放在一个被治的、消极的地位，天除了能生万物之外，并没有其他诸如至善、能动的特性，因而可以说“荀子之天是负面的”[②]。荀子之所以将天看作负面的，是因为他致力于说明人的能动作用在整个人类社会中具有决定性的地位。庄子等“蔽于天而不知人”的行为，泯灭了人能“序四时，裁万物，兼利天下”的能力，忽略了“最为天下贵”(《王制》)的人之为人的特性。在整个自然界中，“人道”是重于“天道”的。

三、“道者，非天之道，非地之道，人之所以道也，君子之所道也”——“人道”重于“天道”

“道”是中国古代哲学中最重要的范畴之一。老庄将“道”看成是世间万物的本体、宇宙的本源，认为自然界中的一切都是“道”的衍生体，人的一切行为与活动都受到此形而上之道的影响，人道只能屈从于此大化流行之道。孔孟则以天命为形而上学依据，认为“道”源于天，是天命的体现与表征，因而天道与人道在本质上是统一的，所以孟子说“尽心知性知天”。荀子则不同。他讲“不求知天”，“旨在割断天与人之间的意志、情感、情绪等一切纽带联系，这样一面使天还其为自然，一面在说明人的命运，全要由人自身负责；人为善，天不能予之凶；人为恶，天不能使之吉”[③]。荀子以自然主义的天道观为基础，将天道与人道区分开来。他说：

① 徐复观：《中国人性论史·先秦篇》，第200页。

② 牟宗三：《荀学大略》，第214页。

③ 韦政通：《荀子与古代哲学》，台湾商务印书馆1992年版，第60页。

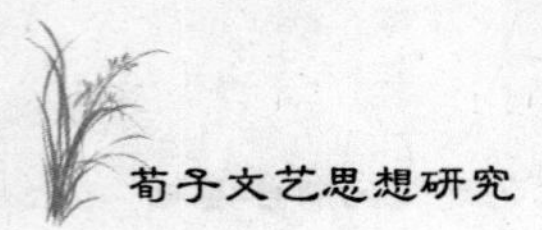

道者，非天之道，非地之道，人之所以道也，君子之所道也。（《效儒》）

道者，何也？曰：君之所道也。（《君道》）

在先秦儒家中，荀子是言“道”最多的。《荀子》一书中出现“道”的地方总共有383处[①]，其中有7次直接用“人道”一词，而表示天地变化规律的“天道”1次也没有，可见相比天道而言，荀子是极重人道的。从上述引文中可知，荀子心目中的“道”不是天道，不是地道，而是人道、君道、君子之道。荀子认为，人道是所有的人都应该遵守并时刻践履的，此人道也就是礼义之道。《王制》篇云：“水火有气而无生，草木有生而无知，禽兽有知而无义，人有气、有生、有知，亦且有义，故最为天下贵也。”孟子将人之所以为人的原因，归结为“恻隐之心”“羞恶之心”“恭敬之心”“是非之心”此人所固有并异于禽兽之四端，认为人之所以最为天下贵者，在于此主观心性[②]；荀子则将“义”看作人区别于自然万物的本质。荀子之“义”即礼义，也叫“礼义之道”（《性恶》）、“礼义之统”（《不苟》）。

荀子讲“自然之天”，又讲“人道”重于“天道”，这在其“天生人成”思想系统中是有其特殊意义的。牟宗三说：

有天道，有人道。荀子只言人道以治天，而天即无所谓道。即有道，亦只自然之道也。人以礼义法度而行其治，则能参。参者治己而遂以治天也。[③]

又说：

道“非天道，非地道，乃人之所以道，君子之所道”之治道。只此道为可贵，他道非所问。此道即礼义之统。一切天生者皆落于此统中而得其道。得其道即得其成全也。[④]

由于天是自然的，无所谓善恶治乱，也不能成就人世间礼仪道德等福祉及一切优秀文化成果，因而人类社会中的一切价值根源不在“天生”而在“人成”。“人成”是“天生人成”系统中最主要、最关键的因素，没有“人成”，“天生人成”这一系统便没有着落，亦没有归宿。

---

① 数据根据刘殿爵、陈方正主编：《荀子逐字索引》，香港商务印书馆1996年版，第783页。

② 孟子言：“人之所以异于禽兽者几希，庶民去之，君子存之。”（《孟子·离娄下》）又言：“恻隐之心，人皆有之；羞恶之心，人皆有之；恭敬之心，人皆有之；是非之心，人皆有之。恻隐之心，仁也；羞恶之心，义也；恭敬之心，礼也；是非之心，智也。仁义礼智，非由外铄我也，我固有之也，弗思耳矣。故曰：‘求则得之，舍则失之。’”（《孟子·告子上》）

③ 牟宗三：《荀学大略》，第214页。

④ 牟宗三：《荀学大略》，第219—220页。

第三节 性论："性者，本始材朴也"——性朴论

人性的善恶问题，在先秦时期就已经成为思想家们争论的焦点。冯友兰先生说："人性是善的，还是恶的——确切地说，就是，人性的本质是什么？——向来是中国哲学中争论最激烈的问题之一。"[①]《孟子·告子上》通过公都子的话，道出了当时的人性善恶论"四说"：

> 公都子曰："告子曰：'性无善无不善也。'或曰：'性可以为善，可以为不善；是故文武兴，则民好善；幽厉兴，则民好暴。'或曰：'有性善，有性不善；是故以尧为君而有象，以瞽瞍为父而有舜；以纣为兄之子，且以为君，而有微子启、王子比干。'今曰'性善'，然则彼皆非与？"

根据公都子的论述，当时关于人性的善恶问题主要有四种观点：(1)性无善无不善；(2)性可以为善，可以为不善；(3)有性善，有性不善；(4)性善。以上"四说"加上荀子的"性恶说"及王充在《论衡》中记载的周人世硕的"人性有善有恶"说[②]，共计有六说，可见先秦时期至少存在着六种不同的人性观，当时的人们对于人性观的争论是相当激烈的。

荀子的人性观，既不同于孔子，也不同于孟子。荀子并未顺着孟子"性善"的观点而发展，反而提出了"性恶"的主张。其中缘由，可以归结为其对天人观的看法以及时代环境的影响等方面。在天人观上，荀子将天看成是自然之天，认为天虽能生育万物但却没有任何善恶意识。如若人性是善的话，则此人性之善必然是由天而来，因而也就将天看成是有意志的人格天，这显然与荀子自然天的观点相抵触，所以荀子选择"以生言性"，认为人性是恶的。从时代环境的影响来说，杨倞认为"当战国时，竞为贪乱，不修仁义，而荀卿明于治道，知其可化，无势位以临之，故激愤而著此论"[③]。章太炎先生也说："荀子赵人，燕赵之俗，杯酒失意，白刃相仇，人习凶暴，所见无非恶人，故云'性恶'。"[④]王先谦也认为荀子"遭世大乱，民胥泯棼，感激而出此也"[⑤]。可以说荀子是受当时混乱无序的社会环境的影响，看惯了人世间的钩心斗角与纷争杀戮，不再相信孟子天赋之"性善"的言论

---

① 冯友兰著，涂又光译：《中国哲学简史》，北京大学出版社1985年版，第84页。

② 王充在《论衡·本性》云："周人世硕，以为人性有善有恶，举人之善性，养而致之则善长；性恶，养而致之则恶长。"（上海人民出版社1974年版，第43页）

③ 王先谦撰，沈啸寰、王星贤点校：《荀子集解》，第434页。

④ 章太炎：《国学略说》，上海文艺出版社2001年版，第150页。

⑤ 王先谦撰，沈啸寰、王星贤点校：《荀子集解·序》，第1页。

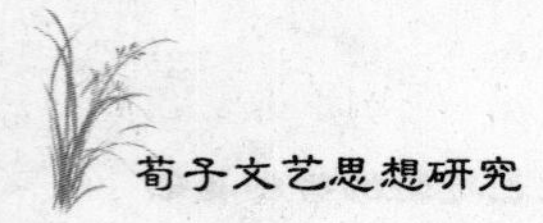

而发出“性恶论”的感慨的。

王先谦在《荀子集解·序》中说：“昔唐韩愈氏以《荀子书》为‘大醇小疵’，逮宋，攻者益众，推其由，以言性恶故。”[①]他认为荀子之所以在两千年来的孔孟道统中受到众儒的指责与忽略，很大原因就是荀子与孟子正相反，提倡“性恶说”。此说虽不能完全申明荀子地位低于孟子之原因，但却证明了荀子的“性恶说”在荀学体系中的重要地位及其对中国古代哲学的重要影响。

一、“性”的含义

《荀子》一书中关于“性”的界说主要体现在《性恶》《正名》等篇中，其大意是“以生为性”：

> 生之所以然者谓之性。性之和所生，精合感应，不事而自然谓之性。（《正名》）
>
> 性者，天之就也；情者，性之质也；欲者，情之应也。（《正名》）
>
> 凡性者，天之就也，不可学，不可事……不可学、不可事而在人者谓之性，可学而能、可事而成者之在人者谓之伪。（《性恶》）
>
> 性者，本始材朴也。（《礼论》）
>
> 今人之性，饥而欲饱，寒而欲暖，劳而欲休，此人之情性也。（《性恶》）
>
> 若夫目好色，耳好声，口好味，心好利，骨体肤理好愉佚，是皆生于人之情性者也，感而自然，不待事而后生之者也。（《性恶》）

牟宗三先生认为，中国哲学中言“性”有两种不同的路径与方法，一是“顺气言性”，一是“逆气言性”。“顺气而言，则性为材质之性，亦曰‘气性’（王充时有此词），或曰‘才性’，乃至‘质性’。”“逆气而言，则在于‘气’之上逆显一‘理’。此理与心合一，指点一心灵世界，而以心灵之理性代表之‘真实创造性’（Real Creativity）为‘性’。”按照他的看法，孔子之“仁”、孟子之“心性”都属于逆气言性，荀子则属于顺气言性。他认为，“气性”有三义：“自然义”（在实然领域内，不可学，不可事，自然而如此）、“质朴义”（质朴、材朴、资朴通用，总之曰“材质”）、“生就义”（自然生命凝结而成个体时所呈现之自然之质）。[②]牟宗三先生所言“气性”之三义，虽不是直接针对荀子所论之“性”而言的，但能很好地概括荀子言性的三种不同的含义：

性之自然义。荀子关于“性”的观点与其天道观有着直接的关系。天是孕育万物的自然，人作为万物的一员亦为天地所生，而“性”为人生而有之，因而也是

---

① 王先谦撰，沈啸寰、王星贤点校：《荀子集解·序》，第1页。

② 参见牟宗三：《才性与玄理》，广西师范大学出版社2006年版，第1—2页。

自然生成的。荀子认为，“性”是人的自然本能，是自然而然的。《正名》篇云：“生之所以然者谓之性。”“生之所以然”是说“人生下来就是这样的”，也就是说是自然而然的、未经过加工改造的。荀子说：“若夫目好色，耳好声，口好味，心好利，骨体肤理好愉佚，是皆生于人之情性者也，感而自然，不待事而后生之者也。”（《性恶》）“目好色”“耳好声”“口好味”“心好利”“骨体肤理好愉佚”等都是人一生下来就具有的本能，这就是性。荀子又说：“今人之性，饥而欲饱，寒而欲暖，劳而欲休，此人之情性也。”“饥而欲饱”“寒而欲暖”“劳而欲休”都是不学而能的，因而这就是人的情性。《荣辱》篇又云：

> 凡人有所一同：饥而欲食，寒而欲暖，劳而欲息，好利而恶害，是人之所生而有也，是无待而然者也，是禹桀之所同也。目辨白黑美恶，耳辨声音清浊，口辨酸咸甘苦，鼻辨芬芳腥臊，骨体肤理辨寒暑疾养，是又人之所常生而有也，是无待而然者也，是禹、桀之所同也。

荀子认为“性”就是“人有所一同”之“一同”，无论是“饥而欲饱”“寒而欲暖”“劳而欲息”“好利而恶害”，还是“目辨白黑美恶”“耳辨声音清浊”“口辨酸咸甘苦”“鼻辨芬芳腥臊”“骨体肤理辨寒暑疾养”，都是人天生所固有的，是不需要学习的。无论是好人还是坏人、贤君还是暴君，都具有此种不学而能的能力，这一不学而能的能力便是性。此为性之自然义。

性之生就义。性之此义实与性之自然义同根所生。荀子主张“天生人成”，认为世间万物包括人在内都是自然之天所生，因而人性之“自然”便是先天所生就、成就的，是“无待而自然”的，是“自然生命凝结而成个体时所呈现之自然之质”。[①] 所以荀子说：“凡性者，天之就也。”（《性恶》）

性之质朴义。荀子认为人性纯为质朴之自然之材质：“性者，本始材朴也。”（《礼论》）“本始材朴”就是说性为原本的、最初的素朴之质。董仲舒说：“性之名，非生与？如其生之自然之资，谓之性。性者，质也。”[②]又说：“性者，天质之朴也”[③]；“质朴之谓性”[④]。董氏论质朴之性的观点可以说是对荀子论性之质朴义最好的解释，即性为天生的素朴之质。

二、性的具体内容

关于荀子论性的内容，历来学者的观点歧异而纷杂。梁启雄以荀子所说的

---

① 牟宗三：《才性与玄理》，第 2 页。

② 赖炎元注译：《春秋繁露今注今译》，台湾商务印书馆 1984 年版，第 266 页。

③ 赖炎元注译：《春秋繁露今注今译》，第 275 页。

④ 班固撰，颜师古注：《汉书·董仲舒传》，第 1913 页。

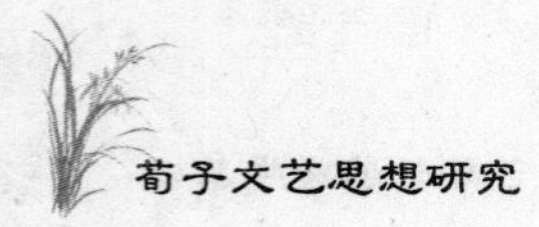

"生之所以然者谓之性。性之和所生，精合感应，不事而自然谓之性"为依据，认为"生之所以然者谓之性"是说"性"为天赋的本质，是生理学上的性；"性之和所生，精合感应，不事而自然谓之性"则是说"性"为天赋的本能，是心理学上的性。[①] 徐复观先生也认为荀子此处所说之性有两层意义：一为"求生的根据"，是从生理现象推进一层的说法；一为"先天的性"，是"在经验中可以直接把握到的性"。[②] 也有学者认为荀子此处所言之性实为同一含义。如王先谦说："'性之和所生'，当作'生之和所生'。此'生'字与上'生之'同，亦谓人生也。两谓之性，相俪。'生之所以然者谓之性'，'生之'、'不事而自然者谓之性'，文义甚明。若云性之事而自然者谓之性，则不词矣。"[③]牟宗三也认为"生之和"就是"生之所以然"，两"性"同为"以自然生命之自然征象"说"性"。[④] 除此之外，还有学者将荀子论性的内容分为三方面。如蔡仁厚先生认为，荀子言性的内容，不外三行："感官的本能——如耳目口鼻之辨声色臭味，骨体肤理之辨寒暑疾痒等等"；"生理的欲望——如饥欲食，寒欲暖，劳欲息，以及耳目之欲等等"；"心理的反应——好利而欲得，好利而恶害，以及疾恶（恨怒厌恶）之情等等"[⑤]。笔者认为，荀子论性实以"与生俱来"为核心，它的内容应有两层：一是人与生俱来的欲求，二是人与生俱来的各种能力。

（一）人与生俱来的欲求

荀子在《正名》篇中曾明确地把性、情、欲三者加以界定。他说：

> 生之所以然者谓之性。性之和所生，精合感应，不事而自然谓之性。性之好、恶、喜、怒、哀、乐谓之情。
>
> 性者，天之就也；情者，性之质也；欲者，情之应也。以所欲为可得而求之，情之所必不免也。

荀子认为，性是"生之所以然者"，是"天之就"，性的原初义为与生俱来的、天生的；人性当中之好、恶、喜、怒、哀、乐叫作"情"。关于情的起源，杨倞认为情是由性与物的交感产生的："人性感物之后，分为此六者，谓之情。"[⑥]所以说，从本质上看性与情是同一的。所以荀子也说，"情者，性之质也"，将情看成是性的本质；欲则是"情之应"。《淮南子·览冥训》"应而不藏"之"应"注曰："应犹随也。"[⑦]可

---

① 参见梁启雄：《荀子简释》，第 309—310 页。

② 徐复观：《中国人性论史·先秦篇》，第 203—204 页。

③ 王先谦撰，沈啸寰、王星贤点校：《荀子集解》，第 412 页。

④ 参见牟宗三：《心体与性体》，上海古籍出版社 1999 年版，第 76—77 页。

⑤ 蔡仁厚：《孔孟荀哲学》，台湾学生书局 1984 年版，第 389 页。

⑥ 王先谦撰，沈啸寰、王星贤点校：《荀子集解》，第 412 页。

⑦ 何宁撰：《淮南子集释》，中华书局 1998 年版，第 463 页。

见欲是紧随情而生的各种反应与感应，尤其表现为人的各种生理欲求与心理欲望，是人情所不可避免的。所以荀子说：“欲不待可得，所受乎天也”；“欲不可去，性之具也”(《正名》)。由此可见，性是与生俱来的，情是性的实质，欲则是紧随情而生的各种欲望。荀子虽然将性、情、欲三者分开来界定，但其实质内容却是无法截然划分开来的。徐复观说：“在先秦，情与性，是同质而常常可以互用的两个名词。在当时一般的说法，性与情，好像一株树生长的部位。根的地方是性，由根伸长上去的枝干是情；部位不同，而本质则一。所以先秦诸子谈到性与情时，都是同质的东西。”因而，“在事实上，性、情、欲，是一个东西的三个名称。而荀子性论的特色，正在于以欲为性”。①

荀子“以欲为性”的特色使得其在论述性时直接将人生而具有的各种欲求看作性：

> 今人之性，生而有好利焉……生而有疾恶焉……今人之性，饥而欲饱，寒而欲暖，劳而欲休，此人之情性也。……夫好利而欲得者，此人之情性也。(《性恶》)
>
> 好利而恶害是人之所生而有也，是无待而然者也。(《荣辱》)

就人的生理欲望来说，人在饥饿时有吃的欲望，在寒冷时有穿暖的欲望，在劳累时有休息的欲望，这些都是维系人类生存的基本的欲求，如果缺乏则个体的生命便得不到保障；就人的心理欲望来说，人生来就有趋利避害的欲望、嫉恨嫌恶的欲望，这些都是人性自然的反应。荀子又说：

> 人之情，食欲有刍豢，衣欲有文绣，行欲有车马，又欲夫余财蓄积之富也，然而穷年累世不知不足，是人之情也。(《荣辱》)
>
> 夫人之情，目欲綦色，耳欲綦声，口欲綦味，鼻欲綦臭，心欲綦佚；此五綦者，人情之所必不免也。(《王霸》)

与饥而欲饱、寒而欲暖相比，“食欲有刍豢，衣欲有文绣”更进一步，是在人的基本的生存需要的基础上对更好的生活条件的欲求；綦色、綦声、綦味、綦臭、綦佚(“綦”，极也)比单纯的色、声、味、臭、佚亦更进一步。荀子认为这些都是人情所不可避免的，将其看作“性”的内容之一。

(二)人与生俱来的各种能力

“生之所以然者谓之性。”荀子认为人性是与生俱来的、自然而然的。所以，但凡是与生俱来的、未经过加工修饰的属于人的特征的东西，都可以称为“人之性”。比如人的目、耳、口、鼻等“天官”所具有的各种感官能力：

① 徐复观：《中国人性论史·先秦篇》，第204、205页。

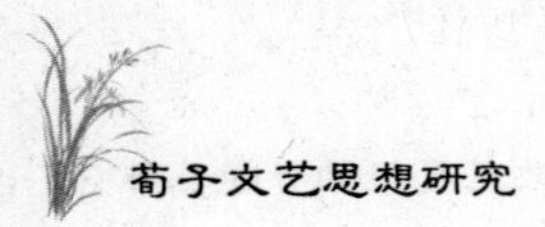

今人之性，目可以见，耳可以听。夫可以见之明不离目，可以听之聪不离耳，目明而耳聪，不可学明矣。(《性恶》)

目辨白黑美恶，耳辨声音清浊，口辨酸咸甘苦，鼻辨芬芳腥臊，骨体肤理辨寒暑疾养，是又人之所常生而有也，是无待而然者也，是禹、桀之所同也。(《荣辱》)

性是先天自然生成的，人的各种感官与外物交接时就会本能地产生自然的反应。人的眼睛能够辨别黑白美恶、耳朵可以辨别声音的清浊、舌头能够辨别酸甜苦辣、鼻子可以辨别芬芳腥臊、肢体可以辨别寒暑疾痒，这些是人生而具有的、不待而然的自然天性，所有这些都是人性的内容。

除了基本的感官能力外，还有一项重要的技能是人生而就有的。这种技能在荀子看来也是性的一种，它就是“知”：

人生而有知，知而有志。(《解蔽》)

凡以知，人之性也；可以知，物之理也。(《解蔽》)

人天生就具有认知的能力。荀子对人性之“知”的能力是非常推崇的：人类正是通过“知”的能力才能够“制天命而用之”，即通过改造自然环境使之为人所用，创造美好的生活；同时，正是因为有“知”，人类才能够通过学习礼义法度来矫正“性恶”，达到成贤、成圣的思慕历程。荀子在《赋》篇中曾专作《知》赋以赞颂“知”，将其看作“血气之精也，志意之荣也”，认为人类只有通过它才能“百姓待之而后宁也，天下待之而后平也”。

由此可见，与孟子从人与动物的差别上、人的道德属性上来规定性不同①，荀子从与生俱来的欲求及能力上规定性，从人与动物的普遍性上来规定性，将性看作人与动物等受之于天的自然之性。二者对于人性的界定是不同的。

三、“性朴论”及以社会秩序论性之善恶——荀子“性恶论”的实质

通过上面对性的定义及内容的辨析我们可以看出，荀子论性的时候是以自然之性为核心的。无论是从其自然义、生就义、质朴义来看，还是从其所包含的人与生俱来的自然欲求与各种能力来看，性就其本身而言是无所谓善恶的。人性只是与生俱来的素朴的天性，各种生理的欲望与感官的本能、情感的好利恶害都是人本能的反应与欲求，这种反应与欲求本身是无所谓善恶的。性不具备孟子所说的各种先验的价值标准，在本质上是不善不恶的。因而，荀子说：“性者，本始材朴也。”(《礼论》)所以，与其说荀子是“性恶论”者，倒不如说荀子是性朴论

① 孟子曰：“人之所以异于禽于兽者几希，庶民去之，君子存之。舜明于庶物，察于人伦，由仁义行，非行仁义也。”(《孟子·离娄下》)

者更为恰当。[①] 然而，荀子在《性恶》一文中先后16次说到“人之性恶”，那么“性恶”又应如何解释呢？荀子在《性恶》篇中说：

> 今人之性，生而有好利焉，顺是，故争夺生而辞让亡焉；生而有疾恶焉，顺是，故残贼生而忠信亡焉；生而有耳目之欲，有好声色焉，顺是，故淫乱生而礼义文理亡焉。然则从人之性，顺人之情，必出于争夺，合于犯分乱理而归于暴。故必将有师法之化，礼义之道，然后出于辞让，合于文理，而归于治。用此观之，人之性恶明矣，其善者伪也。

从上文中可以看出，人之性本身是中立的，人生而就有“好利”“疾恶”“好声色”的欲望与本能，如果我们不能对这些本能加以克制而一味地顺从其自然发展的话（“顺是”），就会产生“争夺生而辞让亡”“残贼生而忠信亡”“淫乱生而礼义文理亡”的不良后果。《礼论》篇就说：“人生而有欲，欲而不得，则不能无求；求而无度量分界，则不能不争；争则乱，乱则穷。”荀子由此而推出“人之性恶明矣”的观点。所以荀子所谓“性恶”当是以人之欲求无所节制而产生的结果而论断的。牟宗三先生说：“其论人性完全从自然之心理现象而言。……此动物性之自然生命，克就其本身之所是而言之，亦无所谓善恶，直自然而已矣。惟顺之而无节，则恶乱生焉。是即荀子之所谓性恶也。”[②]对于荀子的这种“顺是”而言性恶的观点，陈大齐认为是一种“人性向恶说”：

> 所谓性恶者，其真实意义，非谓情性这个心理成分本身是恶的，仅谓顺从情性所发生的行为，其结果所造成的事实是恶的，持结果所招致的偏险悖乱以衡量其所从出，遂谓性为恶。
>
> ……
>
> 荀子所说性恶，仅谓性之本然趋向于恶，未谓性亦固拒改趋于善。故荀子的性恶说，于此又可见其仅为人性向恶说而已。[③]

从“顺是”而言，只要顺从性的发展必然会造成恶的结果。根据这种结果，性之本然必然趋向于恶，其结果只能是恶，所以陈大齐认为荀子的“性恶说”实为“人性向恶”说。

由此可见，荀子人性论本身无所谓善恶，它既不是善，也不是恶。“恶”不是指人性本身，而是从结果上来说的。顺从人之性所出现的恶果，是纵情任性、追逐利益而出现的结果。欲望永难止息，顺性则乱。荀子说“人性本恶”，只是说

---

① 周炽成先生也持此观点，但他认为《性恶》篇并不是荀子本人的作品，且《性恶》篇与《礼论》篇中有许多矛盾之处。（参见《荀子：性朴论者，非性恶论者》，2007年3月20日《光明日报》）

② 牟宗三：《名家与荀子》，第223页。

③ 陈大齐：《荀子学说》，（台北）中国文化大学出版部1998年版，第58—69页。

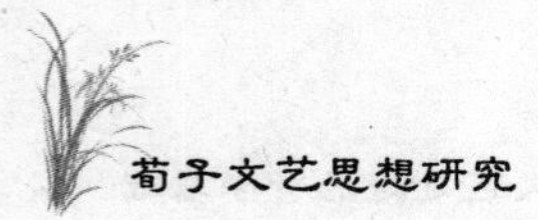

“好利”“疾恶”“好声色”等人的生理本能是产生争夺、残贼、淫乱的根源，由此他认为人的这些本能也是恶的而已。[①] 荀子提出的“人之性恶”的说法，只是其为了反对孟子的性善说而提出的托辞而已。

荀子“性恶说”之意，并不是以人的自然之性为恶，而是认为如果“顺是”——任由人的各种嗜欲自然发展而不加以任何防治或改变，会导致种种“恶”的表现，例如“争夺生而辞让亡”“残贼生而忠信亡”“淫乱生而礼义文理亡”等。而且，荀子思想中所谓的“善”与“恶”也并不等同于一般道德意义上的“善”与“恶”。荀子说：“凡古今天下之所谓善者，正理平治也；所谓恶者，偏险悖乱也。是善恶之分也已。”(《性恶》)“正”，中也。“理”，礼义法度是也[②]。“正理平治”即合于礼义法度、安定而有秩序，这就是所谓的“善”；“恶”则与之相反，是“偏险悖乱”，意即离经叛道、悖乱作恶。荀子又说：“礼义之谓治，非礼义之谓乱也。”(《不苟》)由此可见，荀子以“治”“乱”来诠释“善”“恶”，同时又以“礼义”与“非礼义”来解释“治”“乱”。因而，他对“善”“恶”的定义并不是从传统意义上的人之德性价值谈起，他从社会的角度，依据个人在社会中的价值与作用来理解“善”“恶”，使社会成为衡量“善”“恶”的价值标准。“善”“恶”既是对个体行为状态的判断，也是对社会秩序状态的判断，且以后者更为主要。在荀子看来，凡是有利于社会和谐稳定的，皆可归之为“善”；相反，则可归之为“恶”。因而，可以说荀子并不是从本质论的意义上来理解“性”，而是从社会现象上来理解。因为按照本质论的观点，性恶之人，其性永远是恶的，他不会变成一个好人。

荀子以社会观点来规定性之“善”“恶”的原则，显然与孟子有着极大的差别。荀子所谓“性善”之善，即人天生就有的“仁”“义”“礼”“智”这四个“善端”。此“善”，乃人内在的道德人格，是人本心的良知之善，与荀子以外在的礼义法度等规范来规定善的观点完全不同。同样，孟子所讲的“恶”也不同于荀子。《孟子·告子上》中曾有一“牛山之木”的故事：

> 孟子曰：“牛山之木尝美矣，以其郊于大国也，斧斤伐之，可以为美乎？是其日夜之所息，雨露之所润，非无萌蘖之生焉，牛羊又从而牧之，是以若彼濯濯也。人见其濯濯也，以为未尝有材焉，此岂山之性也哉？虽存乎人者，岂无仁义之心哉？其所以放其良心者，亦犹斧斤之于木也，旦旦而伐之，可以为美乎？……故苟得其养，无物不长；苟失其养，无物不消。孔子曰：‘操

---

① 但是荀子的“性恶说”不同于西方宗教中所说的人的本质为恶的“原罪(Original Sin)说”。参见 Maurizio Scarpari, The Debate on Human Nature in Early Confucian Literature. *Philosophy East and West*, 2003, 53(3), p. 311.

② 荀子说：“礼也者，理之不可易者也。”(《乐论》)

则存，舍则亡；出入无时，莫知其乡。'惟心之谓与？"

牛山上的树木本来是繁华茂盛的，然而人的砍伐与牛羊的放牧使得其变得光秃秃的。人性也是如此，如果我们"放其良心"（朱熹注曰："良心者，本然之善心，即所谓仁义之心也。"①），是不可以为美的。因而，孟子所谓的"恶"也就是"放其良心"，将内在的本然之善心放逸不收、暂时地搁置。所以他说："学问之道无他，求其放心而已矣。"（《孟子·告子上》）由此可见，孟子所言之"善恶"与荀子所言之"善恶"具有本质上的不同，孟子是从人的本体论的角度来论述人性的善恶的，它们是绝对的、价值的善恶；荀子则是从顺人自然之性而引发的社会危机上来规定善恶的，它们是相对的、经验的善恶。因而，我们也不能认为荀子"性恶论"与孟子性善说是"截然相反"的两种观点②，因为两人关于性的内容（前已有言）及善恶的定义是明显不同的。

荀子从社会影响方面来论述人性的善恶问题，说明他是着眼于现实的政治情况及社会环境来反省种种不良社会现象产生的原因及解决的办法的。这也反映出荀子理论的着力点，在于如何解决社会的偏险悖乱，以达到正理平治的目的，他所关怀的重点在于礼、义、师、法，强调通过运用人类历史积淀而形成的精神资源及不断的学习以"化性起伪"。

第四节 "化性起伪"与以心治性

孟子主张性善，他从形而上的天道观及普遍的人性论出发，认为凭借着人类的道德自觉能力和道德人格的自我修养，就可以将根植于心中之仁、义、礼、智"四端"扩充开来，就可以达到民心为善、天下归仁的目的。荀子则不同，他认为"人之性恶"，自然之天及人性皆是负面的、被治的，礼义法度等人世间的一切优秀文化成果，肯定不是直接从人性中得来。如果我们从人性中探求人类道德实践的起源，必然徒劳无功。因而，荀子学说的重点并不是其"性恶论"③，"谓荀子之思想中心在性恶，最为悖理"④。他的真正目的，是借自然之天及"人之性恶"

① 朱熹：《四书章句集注》，第331页。

② 例如冯友兰称："其（荀子——笔者注）言性亦与孟子正相反。"（《中国哲学史》，第357页）侯外庐也说："荀子的性恶论，是孟子性善说的反对命题。"（《中国思想通史》第1卷，人民出版社1957年版，第573页）

③ 劳思光先生说："性恶及师法之说，为荀子心性论之基本理论，论心与天则为荀子心性论寻求出路之回旋过程，论君与礼则为荀子心性论之归宿。"（《新编中国哲学史》第1卷，广西师范大学出版社2005年版，第251页）

④ 唐君毅：《中国哲学原论·导论篇》，中国社会科学出版社2005年版，第73页。

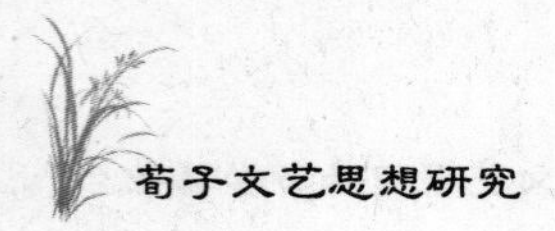

来突显治性之“心”在“化性起伪”中的作用。正如唐君毅先生所说:“荀子言性恶,似对孟子而发;然荀子中心之思想,则在言心而不在言性。”[①]

一、“性伪之分”

荀子在《性恶》篇的首句就说:“人之性恶,其善者伪也。”对此,杨倞注曰:“伪,为也,矫也,矫其本性也。凡非天性而人作为之者,皆谓之伪。故为字‘人’傍‘为’,亦会意字也。”郝懿行先生解释说:“性,自然也;伪,作为也。”[②]两人皆认为“伪”即指人之作为。荀子对此也曾作过详细的解释。《礼论》篇曰:

> 性者,本始才朴也;伪者,文理隆盛也。

《正名》篇曰:

> 生之所以然者谓之性。性之和所生,精合感应,不事而自然谓之性。性之好、恶、喜、怒、哀、乐谓之情。情然而心为之择谓之虑。心虑而能为之动谓之伪。虑积焉、能习焉而后成谓之伪。

《性恶》篇曰:

> 凡性者,天之就也,不可学,不可事;礼义者,圣人之所生也,人之所学而能,所事而成者也。不可学、不可事而在人者谓之性,可学而能、可事而成之在人者谓之伪。是性、伪之分也。
>
> 若夫目好色,耳好声,口好味,心好利,骨体肤理好愉佚,是皆生于人之情性者也,感而自然,不待事而后生之者也。夫感而不能然,必且待事而后然者,谓之生于伪。是性、伪之所生,其不同之征也。

“性”是人天生的本能,是不经由后天的学习与人为的作用,天生而自然具有的特性,就像目好色、耳好声、口好味、心好利、身体好安逸,是不需刻意学习或教导便会的,因而是先天的;而“伪”则是经过后天的学习,通过不断的人为作用才具有的表现,是“感而不能然,必且待事而后然”的,是后天的。换言之,人的本质是“伪”而不是“性”[③],“伪”是人的社会属性。可以说,只有经过“伪”的作用,人才能实现从“自然人”到“社会人”的转变。

关于“伪”的内容,荀子说:“心虑而能为之动谓之伪。”(《正名》)相对于人的喜、怒、哀、乐等直接的情绪反应(荀子称之为“情”,属于人之性的部分),“伪”是经由人心的选择与判断而产生的反应与行为。人心的这种行为,与不经过自身

---

① 唐君毅:《中国哲学原论·原性篇》,中国社会科学出版社 2005 年版,第 31 页。

② 王先谦撰,沈啸寰、王星贤点校:《荀子集解》,第 434 页。

③ 廖名春说:“所以,在荀子看来,作为人的本质的不是‘性’而是‘伪’。将荀子的所谓‘性’视为我们今天作为人的本质的人性的同义语,又反过来指责荀子‘不懂得人性就是人的社会属性’,正是顾名而失实,得椟而遗珠。”(《荀子新探》,文津出版社 1994 年版,第 133 页)

的思考与反省、直接由人之情性而产生的本能是不同的，它本身已经带有主观的价值取向与道德判断，并且在判断的前提下“为之动”，即为之行动与作为。梁启雄先生将此种“伪”称为“动作的伪”[①]，即只是一种能动的行为，至于正确与否则不能确定。因而，这种“伪”仍有不足之处，因为此种动作的正当性及合理性是不能获得保证的，其既有可能会产生“正理平治”的社会效果，也有可能导致“偏险悖乱”。所以此种“伪”必然会被更高级的“伪”所代替，由此荀子进一步解释“伪”说：“虑积焉、能习焉而后成谓之伪。”(《正名》)人心虽然能通过感知、想象、思维等心理活动，对外界的刺激做出合理的行为表现，然而这种行为并不能保证持久的状态与良好的效果，因而人必须经过深思熟虑，通过不断的学习与实践以增强判断能力和实践能力，这样才能行有所“成”。梁启雄先生称这种“伪”为“成功的伪”[②]。这种有所“成”之“伪”既是一种行为，也是这种行为所导致的一种结果。其行为是合于礼义规范的“伪”的行动，其结果则是通过圣人的努力而产生了“礼义”：“礼义者，圣人之所生也，人之所学而能，所事而成者也。”(《性恶》)礼义是“所学而能”“所事而成”的，只有符合礼义的“伪”才是“成功的伪”。因而荀子说：“伪者，文理隆盛也。”(《礼论》)

由此可见，荀子认为“性”是人天生的本能，是人的自然材质，不需要经由后天的学习与修饰而活动；“伪”则是经由人为才有的表现。就个人而言，“伪”是人通过“心”的作用而产生的思虑行为(“心虑而能为之动，谓之伪”)及经由思虑而产生的种种良善的德行(“虑积焉、能习焉而后成谓之伪”)；就群体而言，“伪”则包括礼义文理、文艺文化在内的所有的“人文化成”之结果，是人类创造出的一切事物，包括可以满足人的物质需要的物质产品及可以满足人的精神需要的精神产品等等。

二、“无伪则性不能自美”与“化性起伪”

按照孟子“尽心尽性而知天”的路子，人若性善，则只需将内在之性扩充开，便会获得最大的善。但是荀子却认为“人之性恶”，因此从先天的性中是无法获得善的，必须借由后天的认真努力——“伪”来兴起人为之善。《性恶》篇曰：

> 问者曰：“人之性恶，则礼义恶生？”应之曰：凡礼义者，是生于圣人之伪，非故生于人之性也。……圣人积思虑，习伪故，以生礼义而起法度，然则礼义法度者，是生于圣人之伪，非故生于人之性也。

荀子自己也意识到，将“性”定义为“恶”，则礼义等便不能从“性”中得出；“性”不

① 梁启雄：《荀子简释》，第310页。

② 梁启雄：《荀子简释》，第310页。

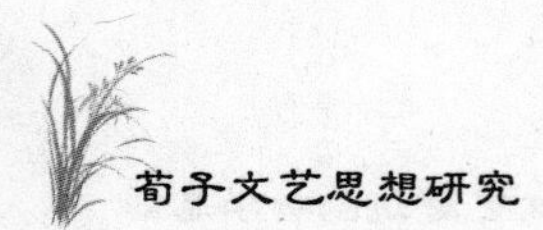

是创生礼义的价值根源，如果不找出其他的产生缘由，则礼义便无源而生。因此，荀子认为礼义不是产生于“性”而是产生于“伪”。圣人通过主观意识的不断反省（“积思虑”），效法学习古代圣人所制的既有的礼义法度（“习伪故”[①]），然后制定礼义、建立法制：“故圣人化性而起伪，伪起而生礼义，礼义生而制法度。然则礼义法度者，是圣人之所生也。故圣人之所以同于众，其不异于众者，性也；所以异而过众者，伪也。”（《性恶》）

关于“化性起伪”之“化”，荀子解释说：“状变而实无别而为异者，谓之化。有化而无别，谓之一实。”（《正名》）“化”即改变、转化，指的是改变事物的外在形貌，使之与改变前的事物形异而质实（“有化而无别”），也就是只改变其形态而实质却无差别。“起”即“兴起”“兴发”。《说文解字》：“起，能立也。”段玉裁注曰：“起，本发步之称，引申之训为‘立’，又引申为凡‘始事’，凡‘兴作’之称。”[②]他在解释“化，教行也”时说：“教形于上，则化成于下。”[③]由于人“性不知礼义”（《性恶》），因而必须“思虑而求之”（《性恶》）。“化性起伪”，杨倞注曰：“言圣人能教化本性而兴起矫伪也。”[④]即以人性为基础，通过后天的学习与教诲，使人从自然之性中兴起人为之善，进而创制礼义法度。此即荀子“化性起伪”。

（一）“性”之可“化”

前面我们已经说过，荀子“性恶论”的实质是一种“性朴论”，即：“性”是一种“本始材朴”的材质，既无所谓善，亦无所谓恶。只有这样，荀子的“化性起伪”理论才成为可能。如果如孟子所说人性是善的，顺着人性的发展就可以得到善，那么也就没有化性的必要；如果说人性本然是恶的，则人性必然朝着恶的方向发展且无法挽回，因而亦没有化性的必要，也没有化性的可能。所以，只有在人性是一种“本始材朴”，无所谓善恶的情况下，“化性起伪”才成为可能。因而，“化性起伪”的前提之一便是“性”是自然的，即“性”是可化的。荀子说：“性也者，吾所不能为也，然而可化也。”（《儒效》）杨倞注曰：“言天性非吾自能为也，必在化而为之也。”[⑤]虽然“人之性恶”，但是荀子并不否定人性有向善的可能性，他认为人性可以经由后天的努力与人为的作用而产生向善的能力。

值得注意的是，人性可化，但并不是教化或改变人的本能的欲望与需求（因为我们并不能改变性的本质：“状变而实无别而为异者谓之化”），而是用理智的

① 习，学习、承袭；故，旧有的、先前的。

② 段玉裁：《说文解字注》，上海古籍出版社1981年版，第65页。

③ 段玉裁：《说文解字注》，第384页。

④ 王先谦撰，沈啸寰、王星贤点校：《荀子集解》，第438页。

⑤ 王先谦撰，沈啸寰、王星贤点校：《荀子集解》，第144页。

力量将人性向恶的"顺是"倾向加以节制。所以荀子并不是寡欲或无欲主义者①。他说：

> 欲不待可得，所受乎天也……故虽为守门，欲不可去，性之具也。虽为天子，欲不可尽。欲虽不可尽，可以近尽也；欲虽不可去，求可节也。所欲虽不可尽，求者犹近尽；欲虽不可去，所求不得，虑者欲节求也。道者，进则近尽，退则节求，天下莫之若也。（《正名》）

荀子论性，性、情、欲三者合一。因而，有性就有欲，欲是"天之就"，是"不待可得"的。追求欲望是人的本能，所以从天子到庶人均不可去欲，但是我们可以对追求欲望的行为加以节制；欲望虽然无法得到满足，但是我们能够选择追求欲望的方法，使这种方法合于正道，尽量满足人的欲望。这种节欲的工具与方法便是圣人"化性起伪"的产物——礼义之道。同样，我们虽然不能改变人性，但是可以改变人的行为表现，使人不再屈服于人的欲望本能的驱使，因为人类具有化性而起伪的能力。

（二）人之可化性

荀子认为"人之性恶"，但同时又认为"途之人可以为禹"（《性恶》），也就是说"性恶"的人仍然可以成为像尧、舜一样的圣人。之所以这样说，是因为荀子觉得人具有"化性起伪"的各种条件与能力。荀子说：

> "涂之人可以为禹。"曷谓也？曰：凡禹之所以为禹者，以其为仁义法正也。然则仁义法正有可知可能之理。然而涂之人也，皆有可以知仁义法正之质，皆有可以能仁义法正之具，然则其可以为禹明矣。今以仁义法正为固无可知可能之理邪？然则唯禹不知仁义法正，不能仁义法正也。将使涂之人固无可以知仁义法正之质，而固无可以能仁义法正之具邪？然则涂之人也，且内不可以知父子之义，外不可以知君臣之正。不然。今涂之人者，皆内可以知父子之义，外可以知君臣之正，然则其可以知之质，可以能之具，其在涂之人明矣。今使涂之人者以其可以知之质，可以能之具，本夫仁义法正之可知可能之理，可能之具，然则其可以为禹明矣。今使涂之人伏术为学，专心一志，思索孰察，加日县久，积善而不息，则通于神明，参于天地矣。故

---

① 孟子是寡欲主义者，他说："养心莫善于寡欲。"孟子的这一理路发展到宋明理学，则成为无欲主义。周敦颐说："孟子曰：养心莫善于寡欲。……予谓，养心不至于寡欲而存耳，盖寡欲以至于无。无则诚立明通。诚立，贤也；明通，圣也。"（《周子全书·养心亭说》）朱熹说："学者须是革尽人欲，复尽天理，方始是学。"（《朱子语类》卷十三）荀子是反对这种寡欲或无欲主义的。他说："凡语治而待去欲者，无以道欲而困于有欲者也。凡语治而待寡欲者，无以节欲而困于多欲者也。"（《正名》）他认为，凡论治国之道，认为必须除去人们的欲望的，是无法正确引导欲望而被欲望所困惑；认为必须减少人们的欲望的，是无法节制欲望而被更多的欲望所困惑。

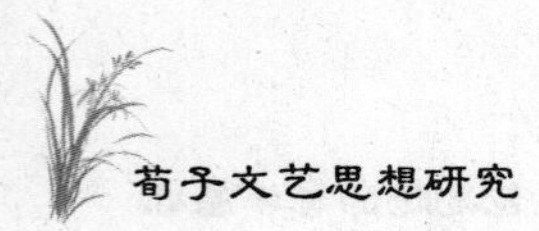

圣人者，人之所积而致矣。(《性恶》)

杨倞注："涂，道路也。旧有此语，今引以自难。言若性恶，何故途之人皆可以为禹也。"[①]"涂之人"，即普通的人。可见，荀子自己也意识到从"性恶"到"涂之人可以为禹"之转变的困难，因而他具体地阐述了这一转变如何成为可能：首先，仁义法正等本身就具有可以被知晓、能够被施行的道理("仁义法正有可知可能之理")；其次，普通人具有能够知晓仁义法正的材质，具有可以实行仁义法正的能力("皆有可以知仁义法正之质，皆有可以能仁义法正之具")。因而，既然仁义法正有"可知可能之理"，而普通人又具有洞知仁义法正之质、施行仁义法正之才，那么他们以这种能力求取"可知可能之理"，再加上"专心一志，思索孰察，加日县久，积善而不息"的积习的功夫，"涂之人可以为禹"的道理就非常明确了。

圣人是由积习而成的，然而人人皆能成为圣人吗？荀子接着说：

曰："圣可积而致，然而皆不可积，何也？"曰：可以而不可使也。故小人可以为君子而不肯为君子，君子可以为小人而不肯为小人。小人、君子者，未尝不可以相为也，然而不相为者，可以而不可使也。故涂之人可以为禹则然，涂之人能为禹，未必然也。虽不能为禹，无害可以为禹。足可以遍行天下，然而未尝有遍行天下者也。夫工匠、农、贾，未尝不可以相为事也，然而未尝能相为事也。用此观之，然则可以为，未必能也；虽不能，无害可以为。然则能不能之与可不可，其不同远矣，其不可以相为明矣。(《性恶》)

面对人人皆可以通过积习而成为圣人的理论及普通人不能皆成为圣人的现实问题，荀子是怎样自圆其说的呢？他认为这是"可以而不可使"造成的，是"能不能与可不可"的问题。

"可以而不可使"，杨倞注曰："可以为而不可使为，以其性恶。"[②]冢田虎更是详注曰："今言圣虽可积而致，然是可以为之而不可从他使之为也。"[③]从二人的注解中可以看出，荀子在这里是说一个人能否通过积习而成为圣人，关键在于其主体的能动性，即他是否愿意成为圣人，而不是被动地依靠外力的作用。荀子在后面所说的小人"不肯为君子"或君子"不肯为小人"即含有此种寓意。因而，在"可不可"的问题上，人人皆可以成为圣人；在"能不能"的问题上，并不是所有的人都能成为圣人[④]。正如"足"有遍行天下的潜能，却不能完全实现这一理想一样，人具有可以成为圣人的潜能，但是由于主观努力的不同，并不是所有的人都

① 王先谦撰，沈啸寰、王星贤点校：《荀子集解》，第442—443页。

② 王先谦撰，沈啸寰、王星贤点校：《荀子集解》，第443页。

③ 王天海：《荀子校释》，上海古籍出版社2005年版，第955页。

④ 荀子在这里将"能"看成是一种既成的事实，表示一种已经在实践或行动中得到实现或完成的结果，而不是我们现代汉语中所说的"能够"或"可不可以"。

能够成为圣人。然而，不能成为圣人却不能否定人可以成为圣人的可能性，因为人具有"化性起伪"的能力。

三、以心治性

在"化性起伪"的过程中，"心"扮演着重要的角色。荀子说："心虑而能为之动，谓之伪。"(《正名》)他认为，人心是人由性恶过渡到积习为善的关键：

心居中虚，以治五官，夫是之谓天君。(《天论》)

心者，形之君也，而神明之主也，出令而无所受令。自禁也，自使也，自夺也，自取也，自行也，自止也。(《解蔽》)

人何以知道？曰：心。(《解蔽》)

心也者，道之工宰也。(《正名》)

"心"居于中虚之位，统治着耳、目、鼻、口、形五官，故而荀子称之为"天君"。"天君"即自然感官之主宰，所以荀子又说"心"是"形之君""神明之主"，"出令而无所受令"，它"出令以使百体，不为百体所使也"[①]，既是形体感官的主宰，也是人的意识的主宰，因而具有"自由意志"[②]。同时，人之所以能够知"道"，也正是由于"心"的作用，因而"心"也是"道"的"工宰"。"工宰者，工，官也。官宰，犹言主宰。"[③]"心"是"道"的主宰，因而它也就是悟道、体道、行道的主宰与关键，是"化性起伪"的核心与关键。所以，"化性起伪"之所以能够实现，关键就在于"心"能够发挥主宰的作用。

《荀子》一书中关于"心"的称谓与内容的界定，颇有歧义，其所指亦有不同。

首先，心是性。荀子说：

故人之情，口好味而臭味莫美焉，耳好声而声乐莫大焉，目好色而文章致繁妇女莫众焉，形体好佚而安重闲静莫愉焉，心好利而谷禄莫厚焉。(《王霸》)

若夫目好色，耳好听，口好味，心好利，骨体肤理好愉佚，是皆生于人之情性者也，感而自然，不待事而后生之者也。(《性恶》)

与目好色、耳好听、口好味、形体好"愉佚"等人生理上的知觉与感觉一样。心也有好利的欲望。所有这些都"生于人之情性者也"，都是"感而自然，不待事而后生之者"。按照荀子以生为性的观点，很显然心与目、耳、口、鼻、形体一样属于天赋之"性"。因而，从"心好利"的自然情欲及"感而自然"的天生义上来说，心是性。

---

① 王先谦撰，沈啸寰、王星贤点校：《荀子集解》引杨倞注，第 397 页。

② 蔡仁厚：《孔孟荀哲学》，第 411 页。

③ 王先谦撰，沈啸寰、王星贤点校：《荀子集解》引陈奂语，第 423 页。

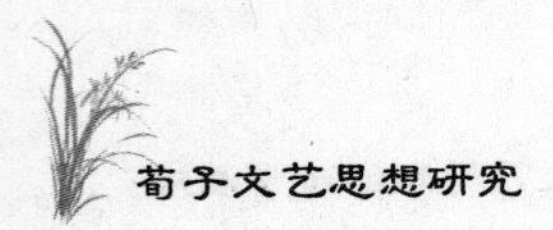

其次，心不是性。人之心虽然来源于天，但是作为“天君”的心，却不同于耳、目、口、鼻、形等天官，因为心可以治五官：“心居中虚，以治五官，夫是之谓天君。”同时，心也具有完全的自主能力：“自禁也，自使也，自夺也，自取也，自行也，自止也。”心可以治五官，而五官又属于人之性，因而心可以治人之性，所以说，心又不能完全等同于性。《正名》篇曰：“欲不待可得，而求者从所可。欲不待可得，所受乎天也；求者从所可，所受乎心也。所受乎天之一欲，制于所受乎心之多，固难类所受乎天也。”欲望是天生的，是不待而可得的；追求欲望的人顺从欲之可得，则是由于禀受于心。因而，人的自然欲求是受制于心的。“所受乎天”与“所受乎心”的对比说明“天”(可以理解为“性”)与“心”是相对的被治与治的关系(即荀子“天人之分”的天人观)，心扮演着节制性的角色，因而心不能等同于性。关于心的治性作用，荀子接着说：

> 故欲过之而动不及，心止之也。心之所可中理，则欲虽多，奚伤于治！欲不及而动过之，心使之也。心之所可失理，则欲虽寡，奚止于乱！故治乱在于心之所可，亡于情之所欲。(《正名》)

欲望多但行动跟不上，这是因为受到心的制约。因而，如果内心认为可以而且合理，即使欲望再多也没有什么损害；如果内心认为可以却不合理，即使欲望再少也会损害很大。所以说，关键在于内心的认可而不是情欲的多少。由此可见，荀子非常重视心之化性起伪的作用。在性与心的关系问题上，他认为可以“以心治性”。因而薛保纶先生说：“荀子的性中无心，心在性外。”①

可见，荀子并不在“人生而有”的层次上言心，而是转到人心能够治性的层次上而言。他虽然认为“心好利”是人性的一部分，但是他所关注的重点不在好利之欲望之心。“心在性外”，他关注的是能动的、可以治性之心。荀子能够从人的动物性的方面看出人心的能动作用，特别重视人心的能动性、以心制性，这就避免了其理论上的虚无主义，礼义文理等人文思想正是在人心的作用下得以产生。

第五节 “人文化成”——荀学之理论旨归

从荀子的“天论”“人性”“性恶论”等荀学的主要内容来看，整个荀学的理论框架，可以用下图来概括：

① 薛保纶：《荀子的心学》(上)，《哲学与文化》1978年第5卷第5期。

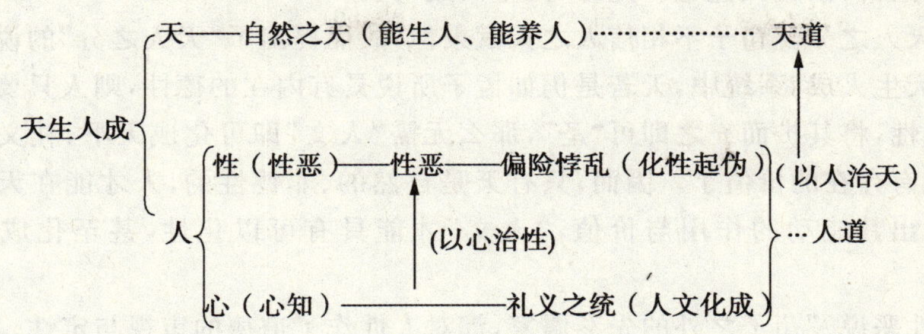

荀学理论框架图

在天与人的关系上，荀子主张“天人之分”，认为天既不是上帝天，也不是人格天，其纯为自然的天；由于人受命于天，因而人性纯为自然的“自然义”“质朴义”与“生就义”。若是顺着人性中“好利”“疾恶”“好声色”等先天所生就的自然的欲望与本能而不加以克制与约束，则只会产生“偏险悖乱”的不良后果，所以必须依靠具有认知作用的能动之心才能以心治性、化性起伪。同时，圣人能够“化性而起伪，伪起而生礼义”。礼义之统成为圣人以心治性及化性起伪的优秀成果，这一成果反过来又影响并转化着人性，在人类的自我修养及社会的治乱兴衰中起着决定性的作用。礼义之统就是人之道，在荀子的思想中，“道者，非天之道，非地之道，人之所以道也，君子之所道也”，人能够“制天命而用之”，以人道治天道。这就是荀子整个“天生人成”思想的总体架构。

“天生人成”是荀子的基本原则，可以说荀子思想中的所有理论都是围绕这一原则而产生的，然而荀学的目的是通过“礼义之统”等人文思想来“化成天下”，将“偏险悖乱”之“恶”转化为“正理平治”之善。这一思想即《易经》中《贲卦·彖传》所说的“观乎人文，以化成天下”的“人文化成”思想：“刚柔交错，天文也。文明以止，人文也。观乎天文，以察时变。观乎人文，以化成天下。”高亨先生认为：“人文指社会之制度文化教育等。……社会之制度文化教育皆在使人有所止。……治国者须观乎天文，以察时序之变化；观乎人文，以化成天下之人。”[①]“化成天下之人”，在荀子这里就是“化性起伪”，通过各种社会制度、文化教育以矫正人之向恶的性情。因而，荀学的最终目的也就是通过“观乎人文”的方法以化成天下。牟宗三先生说：“荀子之道即人之所以道，君子之所道。亦即君道。君道即能群之道，即治道。故此道即‘人文化成’之‘礼义之统’也。以此治人治性治天，

① 高亨：《周易大传今注》，齐鲁书社1979年版，第227页。

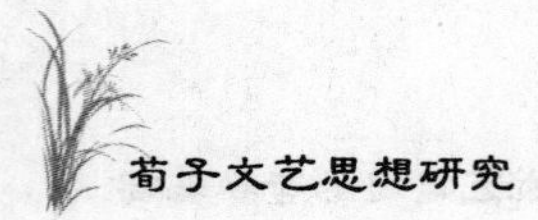

而广被人群，以成人能也。此即‘天生人成’义。”[1]

“天人之分。”荀子不相信人之天赋秉性，故而提出了“天人之分”的说法。在荀子“天生人成”系统中，天若是仍如孟子所说具有内在的德性，则人只要顺着天赋的德性，将其扩而充之即可“圣”，那么无需“人文”即可化成天下，礼义师法等也就没有存在的价值了。因而，只有天是自然的、非德性的，人才能在天地万物中显示出其能动的作用与价值，“人文”才能具有可以化性，甚至化成天下的意义。

“性恶说。”荀子之外的先秦儒家，都对人性作了道德的审视与定性。特别是孟子认为人性本善，“尽其心者，知其性也；知其性，则知天矣”（《孟子·尽心上》）。然而荀子言“天人之分”，认为人性只是自然的本性，如果顺着这种本性发展下去只会导致“偏险悖乱”的发生，所以他说“人之性恶，其善者伪也”（《性恶》）。因而，人性需要礼义法度的矫正，无礼义则不足以治人性之恶。所以，荀子“性恶说”的提出，可以说是为了说明礼义法度等“人文”在矫正人性中的作用，是为其“人文化成”思想所作的铺垫。荀子自己也说：“故性善则去圣王，息礼义矣；性恶则与圣王，贵礼义矣。故檃栝之生，为枸木也；绳墨之起，为不直也；立君上，明礼义，为性恶也。”（《性恶》）因而，我们决不能离开荀子在道德文化上的理想主义来理解荀子的“性恶论”。可以说，荀子的“性恶论”是其“人文化成”思想在人性论上的铺垫，他的人性论是为实现“人文化成”的旨归而服务的。

礼论及乐论。礼义之统或礼乐之统是化性起伪的工具，也是人文化成的工具。孔颖达在疏解“观乎人文，以化成天下”时云：“言圣人观察人文，则诗、书、礼、乐之谓，当法此教而化天下。”[2]意思是说，《诗》《书》《礼》《乐》等本身就是“人文化成”的文化活动，同时也是实现化成天下的工具。荀子言人性本恶，因而也就特别重视文艺的文学修养在改造人性中的作用。荀子说：

> 人之于文学也，犹玉之于琢磨也。《诗》曰：“如切如磋，如琢如磨。”谓学问也。和之璧，井里之厥也，玉人琢之，为天子宝。子赣、季路，故鄙人也，被文学，服礼义，为天下列士。（《大略》）

又说：

> 虽庶人之子孙也，积文学，正身行，能属礼义，则归之卿相士大夫。（《王制》）

又说：

> 枸木必将待檃栝、烝、矫然后直，钝金必将待砻、厉然后利。今人之性

① 牟宗三：《名家与荀子》，第 211 页。

② 王弼、韩康伯注，孔颖达等正义：《周易正义》，《十三经注疏》本，第 37 页。

恶，必将待师法然后正，得礼义然后治。（《性恶》）

荀子所谓的“文学”，是包括诗歌、音乐在内的一切文学艺术。荀子人文化成思想之所以能够实现，完全是依靠礼义、礼乐之统治人心的作用。荀子的礼义之统，基本内容之一便是礼论及乐论。荀子说：“礼乐之统，管乎人心矣。”（《乐论》）这种人文化成之礼乐制度，最终完成了荀子所说的“天生人成”之“人成”，促成了人文化成的实现。

中　编

第四章　荀子的文艺发生与创作论

文艺因何产生，如何被创作出来，一直是历代学者探讨的重点。《尚书·尧典》中有“诗言志，歌永言，声依永，律和声”的说法，认为诗歌艺术来源于人之“志”。此后，包括孔子等在内的儒者也都基本上继承了《尚书》中的这个观点。关于“诗言志”，闻一多先生认为：“志有三个意义：一、记忆，二、记录，三、怀抱。”[①]“志”的三个意义都不等同于人的情感，更多地是指人的志向与抱负。郭店楚简开始将文艺与情感的关系提了出来，然而其论述为片段式的，并没有形成系统。荀子在《乐论》篇中对文艺与情感的关系加以系统论述，对后世“诗缘情”的文艺发生论产生了重要影响。除此之外，荀子还开创了“明道”“宗经”“征圣”说的先声，奠定了儒家传统的文艺观。他提出的情、理（礼）结合的审美感知论以及“大清明”的审美心境论、“声乐之象”的审美意象论直接指涉到文艺创作的思维过程。他的“情文俱尽”“称情而立文”的情文观及“文而致实”“成文而类”的语言观，是当时对情文观和文质观最科学、最完善、最系统的论述。

第一节　“乐者，乐也，人情之所必不免也”——荀子情本位的文艺发生论

“情”字在文艺理论中的出现，是晚于“志”的。《论语》中“志”字出现了17次，而“情”字仅仅出现了2次，《孟子》全文也仅仅有5处“情”字。孔、孟论“情”，多将其看作“实情”“诚实”的意思。《论语·子路》中孔子说：“上好礼，则民莫敢不敬；上好义，则民莫敢不服；上好信，则民莫敢不用情。”朱熹注曰：“情，诚实也。敬服用情，盖各以其类而应也。”[②]“情”与“信”相对，“用情”也就是要情实、实在，

① 闻一多：《神话与诗》，第151页。

② 朱熹：《四书章句集注》，第142－143页。

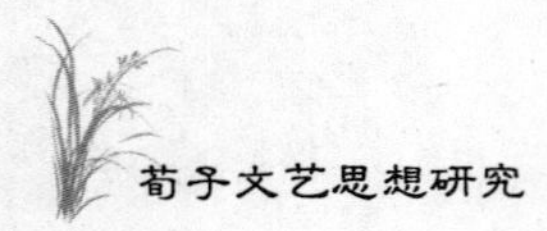

可见“情”即“诚实”“实然”之意，与现在我们所理解的作为“情感”“感情”的“情”不尽相同。不仅如此，孔孟等人对“情”的论述从未与诗歌等艺术创作联系起来，他们更多地将“情”（具有诚实、实然的性格）看成是君子人格修养中所必须具备的一种基本素质。郭店楚简《性自命出》及上博竹简《性情论》中，虽然将情感之“情”与音乐艺术联系起来，如在讲述“声”的出现时说，“凡声其出于情也信，然后其入拨人之心也厚”，但是与《荀子·乐论》相比，仅仅是只言片语，整体上并没有达到《乐论》的理论水平。荀子对先秦文艺最大的贡献并不是继承了“诗言志”传统，而是对这种传统加以整合创新，在“诗言志”的基础上加入了新的成分——“情”。《荀子》全文共有 117 处“情”字，远远高于《论语》与《孟子》，并且把“情”与文艺创作有机地联系起来。在《乐论》篇中，荀子第一次完整而系统地提出了文艺来源于人情的观点，他从人性、人情角度解释文艺的发生，认为文艺等艺术与人类的情感紧密关联，情感是文艺产生的根源。荀子的这一思想，实为后世“诗缘情”说的先声。

一、“目好色，耳好听……是皆生于人之情性者也”

荀子曾经多次指出，对色、声、味等感官刺激的追求，是人的感觉器官天然具有的能力：

> 若夫目好色，耳好听，口好味，心好利，骨体肤理好愉佚，是皆生于人之情性者也，感而自然，不待事而后生之者也。（《性恶》）
>
> 夫人之情，目欲綦色，耳欲綦声，口欲綦味，鼻欲綦臭，心欲綦佚。此五綦者，人情之所必不免也。（《王霸》）
>
> 凡人有所一同：饥而欲食，寒而欲暖，劳而欲息，好利而恶害，是人之所生而有也，是无待而然者也，是禹、桀之所同也。目辨白黑美恶，耳辨声音清浊，口辨酸咸甘苦，鼻辨芬芳腥臊，骨体肤理辨寒暑疾养，是又人之所常生而有也，是无待而然者也，是禹、桀之所同也。（《荣辱》）

就人天生而具有的性情而言，人都有喜欢看到美丽的颜色、感知和谐的韵律等自然的官能与欲求。人不但“好色”“好声”，更喜欢“綦色”“綦声”。杨倞注：“‘綦’，极也。”[①]“綦色”“綦声”也就是极悦目之色、极悦耳之声。人的这种欲望追求，是人类的共性，是“人之所生而有”的。因而，既然有这种欲望追求，就需要给予这种欲望追求一定的满足：

> 故人之情，口好味而臭味莫美焉，耳好声而声乐莫大焉，目好色而文章致繁妇女莫众焉；形体好佚而安重闲静莫愉焉；心好利而谷禄莫厚焉。（《王霸》）

① 王先谦撰，沈啸寰、王星贤点校：《荀子集解》，第 211 页。

这段文字是就天子所享受的生活而言的，然而对这些欲望的追求不仅仅是天子才有的，而"是君子小人之所同"(《荣辱》)的。《乐论》篇说："夫民有好恶之情而无喜怒之应则乱。"如果人民的这种喜好与厌恶的情感欲求得不到满足，没有表现这种情感的正确方式，就会产生混乱。于是，文艺也就随着人情的这种需要而产生了：

> 故必将撞大钟、击鸣鼓、吹笙竽、弹琴瑟以塞其耳，必将锢琢、刻镂、黼黻、文章以塞其目，必将刍豢稻粱、五味芬芳以塞其口。(《富国》)

杨倞注曰："塞，犹充也。"[①]"塞"是使之满足，"塞其耳"便是用诗歌、音乐来满足人们的听觉享受，"塞其目"便是用雕刻、纹饰及华美的文辞来满足人们的视觉享受。"歌谣、謷笑、哭泣、谛号，是吉凶忧愉之情发于声音者也。"(《礼论》)人内心的各种情感需求，需要通过诗歌、音乐、舞蹈等"声音""动静"表现出来，"声乐""文章"[②]也就自然而然地产生了。

荀子从人的自然本性的角度论文艺产生的观点，从根本上肯定了人对文艺之美的内在要求的合理性与普遍性。他认为艺术起源于人类本能的情感需要，是人的内在思想情感的外在表现形式，这一观点为艺术发生论找到了合理的依据。

二、"乐者，乐也，人情之所必不免也"

在《乐论》篇中，荀子明确地提出了文艺产生于人之情的理论：

> 夫乐者，乐也，人情之所必不免也，故人不能无乐。乐则必发于声音，形于动静，而人之道，声音、动静，性术之变尽是矣。故人不能不乐，乐则不能无形，形而不为道，则不能无乱。先王恶其乱也，故制《雅》、《颂》之声以道之，使其声足以乐而不流，使其文足以辨而不諰，使其曲直、繁省、廉肉、节奏足以感动人之善心，使夫邪污之气无由得接焉。

荀子在这里虽然专就音乐而论，但是"荀子所谓'乐'，是包含《诗》在内的，从《乐论》可以更充分看到荀子关于《诗》的见解"[③]。荀子认为，音乐就是快乐，是用来表达情感的，是人的情感需要不可或缺的，所以说人不能没有音乐。人的喜乐之情必然从声音中生发出来，通过一举一动表现出来。外在的声音动静，内在的情感变化，都能表现在音乐之中。所以说人不能没有欢愉之情，有欢愉之情就不能不表现出来，而这种表现如果得不到正确的引导，就会发生混乱。古代的圣王憎

---

① 王先谦撰，沈啸寰、王星贤点校：《荀子集解》，第186页。

② 此"文章"非现代意义上的"文学"之意，较之更广泛，指礼仪之纹饰、声色形貌而言。

③ 霍松林主编：《中国诗论史》(上)，黄山书社2007年版，第62页。

恶这种混乱，于是便制作出了《雅》《颂》等音乐加以引导，使其声音足以表达欢乐而不至于流逸、放荡；使其篇章足以耐人寻味而不至于邪僻；使其旋律或曲折或平直，或复杂或简单，或清纯或丰润，节奏完美而能感动人的善良之心；使那些邪污之气没有机会接触与污染人心。

在荀子看来，音乐的产生是由于人的内在的感情，是源于人的本性的自然抒发，是人心有所触动的自然而然的反应，是人的感情的自然流露；同时，音乐等艺术也是感动人心的根本原因。所以，先王通过音乐来表现人们的性情，以顺应人性、人情的需要："夫民有好恶之情而无喜怒之应则乱。先王恶其乱也，故修其行，正其乐，而天下顺焉。"(《乐论》)荀子从人的情感需要的角度来论述文艺的发生，将文艺看作表达人类情感的最好方式。他的这种以情论乐的思想吸收了郭店及上博楚简中以情论乐的观点，对后世的文论观影响深远。此后，汉人将荀子的这一思想作了进一步的发挥，《礼记·乐记》更是将其发展成"物感"说："凡音之起，由人心生也。人心之动，物使之然也。感于物而动，故形于声。声相应，故生变。变成方，谓之音。比音而乐之，及干戚羽旄，谓之乐。乐者，音之所由生也，其本在人心之感于物也。"《毛诗序》也说："情动于中而形于言，言之不足故嗟叹之，嗟叹之不足故咏歌之，咏歌之不足，不知手之舞之，足之蹈之也。"西晋陆机说："诗缘情而绮靡。"(《文赋》)刘勰在《文心雕龙·情采》中也说："诗人什篇，为情而造文。"可以说，虽然"诗言志"这一中国文论的"开山的纲领"定下了中国古代文论中重视抒情的基调，郭店及上博楚简中也提到了文艺的情感特质，但是第一次明确地提出艺术起源于情感并加以系统论述的人却是荀子。

第二节 "征圣""明道""宗经"
——荀子论文艺创作的基本原则

文艺是源于人情的，那么文艺的创制者究竟是谁？荀子认为是古代的"圣人"或"圣王"：

> 礼义者，圣人之所生也，人之所学而能，所事而成者也。(《性恶》)
>
> 故人不能不乐，乐则不能无形，形而不为道，则不能无乱。先王恶其乱也，故制雅、颂之声以道之。(《乐论》)
>
> ……是先王立乐之方也。(《乐论》)
>
> ……是先王立乐之术业。(《乐论》)
>
> 且乐者，先王之所以饰喜也。(《乐论》)

人的情感冲动必须通过一定的方式表现出来，而这种表现如果不加以节制就会产生混乱，先王正是为了避免这种混乱才制作出了《雅》《颂》之声。所以，在文艺的创作上，必须按照先王的要求，体现出先王的意志，这便是“征圣”；先王之道的主要内容是礼义之统，礼义之统便是“人之道”，因而文艺必须能够阐明礼义之道，这便是“明道”；《诗》《书》《礼》《乐》等经典是人类历史的普遍经验，这些经典的精神实质亦含有以先王与圣人为中心的礼义之统的观念，是先王、圣人的明道之言，因而文艺创作一定要以儒家经典作为标准，这便是“宗经”。荀子关于文艺创作的这一理论，可以说是中国古代文艺史上“宗经、征圣、明道说的先声”①。

一、“以圣王为师”——“征圣”

荀子在划分人格等第的时候，常常以圣人、君子、士三种不同的等级来加以区分。而他最为推崇的，当属“圣人”这一层次。他说：“上为圣人，下为士、君子，孰禁我哉？”（《儒效》）圣人乃为学之最高境界，是荀子人格等第中的极致。“修百王之法若辨白黑，应当时之变若数一二，行礼要节而安之若生四枝，要时立功之巧若诏四时，平正和民之善，亿万之众而博若一人，如是，则可谓圣人矣。”（《儒效》）修正百王之治法，如辨黑白一般清晰；顺应时变，如计数一、二般轻松；行为合乎礼节并形成习惯，如同运用四肢一般自如；抓住时机、应对时变如同了解四时那样明白；稳定时局、和谐万民，使亿万之众仿若一人，这就是圣人之功。在荀子眼中，圣人是可与天地并列的“人道之极”：“故天者，高之极也；地者，下之极也；无穷者，广之极也；圣人者，人道之极也。故学者固学为圣人也，非特学无方之民也。”（《礼论》）圣人是人道之极致，是人们学习的榜样与楷模。礼义之道及历代治理的经验方法，全部汇集统一于圣人。圣人是人道的枢纽与总领，因而《诗》《书》《礼》《乐》的要旨也就尽归之于圣人：“圣人也者，道之管也。天下之道管是矣，百王之道一是矣，故《诗》、《书》、《礼》、《乐》之归是矣。”（《儒效》）圣人是道的占有者，是最高体道者，因而荀子提倡要以圣王为师：“故凡言议期命，是非以圣王为师。”（《正论》）“期”，约期；“命”，名物。“言议期命”就是言论及命名。荀子认为，凡是立论或者确定事物的名称，莫不以圣王为师表。也就是说一切言论文辞及文章都要以圣王为标准，要体现出圣王之道，同时也要用圣王的观点去加以验证：

> 故学也者，固学止之也。恶乎止之？曰：止诸至足。曷谓至足？曰：圣也。圣也者，尽伦者也；王也者，尽制者也。两尽者，足以为天下极矣。故学者，以圣王为师，案以圣王之制为法，法其法，以求其统类，以务象效其人。（《解蔽》）

学者要以圣王为师，学至圣王便成了为学的最高境界。这就是荀子的“征圣”

① 王运熙、顾易生主编，顾易生、蒋凡著：《中国文学批评通史》（先秦两汉卷），第127页。

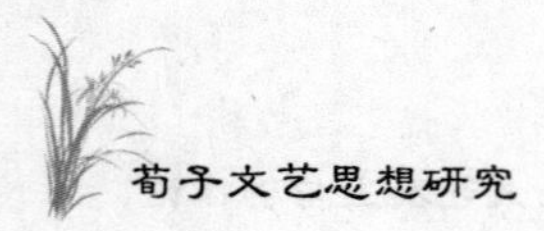

思想。

荀子主张以圣王或圣人为师，然此圣王或圣人是古之人还是今之人呢？这就牵扯到荀子是“法先王”还是“法后王”的问题。许多学者认为，荀子“法后王”是针对孟子“法先王”的思想而提出的，荀子是反对“法先王”的。[①] 笔者认为，这种观点是值得商榷的。荀子说：

> 不闻先王之遗言，不知学问之大也。（《劝学》）
>
> 凡言不合先王，不顺礼义，谓之奸言，虽辩，君子不听。（《非相》）
>
> 儒者法先王，隆礼义，谨乎臣子而致贵其上者也。（《儒效》）
>
> 法先王，统礼义，一制度……是大儒者也。（《儒效》）
>
> 先王之道，忠臣孝子之极也。（《礼论》）

很显然，荀子不但不反对先王，而且认为先王值得我们效法学习。不仅如此，先王之道更是“忠臣孝子之极”，可见先王在荀子思想中的地位是非常崇高的。然而荀子既言“法先王”，为何又主张“法后王”呢？荀子在《非相》篇说：

> 妄人者，门庭之间，犹可诬欺也，而况于千世之上乎！……五帝之外无传人，非无贤人也，久故也。五帝之中无传政，非无善政也，久故也。禹、汤有传政而不若周之察也，非无善政也，久故也。传者久则论略，近则论详，略则举大，详则举小。愚者闻其略而不知其详，闻其详而不知其大也，是以文久而灭，节族久而绝。

观点荒谬的人，对发生在眼前的事情尚且要歪曲欺诈，更何况是对千年之前的事情。所以说五帝以外，其人不传，并非是因为没有其他的贤人，而是因为距今太久；五帝以内，其政令不传，并非是因为没有好的政令，而是因为时间太久；关于禹、汤政绩的传说远没有周朝的名表详细，并非是因为两人没有好的政绩，而是因为时间太久。距今越久远的事情，记载就越简略；距今越接近的事情，讲述就越详尽。“文久而灭，节族久而绝”，礼法制度因时间太久而湮没，音乐节奏因时间太久而失传。所以荀子说：“道过三代谓之荡，法二后王谓之不雅。”（《儒效》）超过夏、商、周三代的治国之道就会渺茫难信，背离了后王的法度则事不素习。所以说，“禹汤有传政而不若周之察也”：

> 故曰：欲观千岁则数今日，欲知亿万则审一二，欲知上世则审周道，欲审周道则审其人所贵君子。故曰：以近知远，以一知万，以微知明，此之谓也。（《非相》）

---

① 梁启超在《诸子考释》中说：“孟子动言法‘先王’，荀子动言法‘后王’，盖荀子反对复古者也。”（台湾中华书局1976年版，第35页）胡适在《中国哲学史大纲》中也说：“荀子虽不认历史进化古今治乱异道之说，他却反对儒家‘法先王’之说。”（第275页）

由是可知,“法先王”与“法后王”在荀子思想中是可以兼容的,二者虽然在时序上有先后之别,但本质却是一贯相通的。《不苟》篇曰:

> 故千人万人之情,一人之情是也;天地始者,今日是也;百王之道,后王是也。君子审后王之道而论于百王之前,若端拜而议。推礼义之统,分是非之分,总天下之要,治海内之众,若使一人,故操弥约而事弥大。

由于人情事理各有其共通性,所谓“类不悖,虽久同理”,所以我们可以由近知远、由此及彼,通过一人之情而推断出众人之情。君子可以通过后王之道而推知先王之道,而此先王与后王相通之道,便是“礼义之统”。正因为此“礼义之统”是先王之道与后王之道共同的本质,所以《非相》篇说,“以道观尽,古今一也”;《天论》篇说,“百王之无变,足以为道贯”。这种方法也就是荀子所说的“以古持今,以一持万”(《儒效》)的推知理论。

由此可见,荀子既主张“法先王”,亦主张“法后王”,先王还是后王并不是荀子效法的重点所在。荀子说:“将原先王,本仁义,则礼正其经纬蹊径也。若挈裘领,诎五指而顿之,顺者不可胜数也。”(《劝学》)他所谓的“法先王”与“法后王”的根本目的是效法王者的礼义之道,是为了从先王或后王的言行事迹中,推知礼义之道在君子人格修养及社会中的作用。荀子主张文艺要“征圣”的观点,其目的还是“明道”。

二、“心之象道也”——“明道”

荀子哲学的核心是“天生人成”。荀子认为自然世界当为人文世界所主宰,主张以人治天、以心治性,即要建立人文世界以美化及利用自然世界与自然人性,所以荀子所说的“道”主要为人道,也就是礼义之统。荀子主张“征圣”,是因为圣人是这种礼义之统的创立者和最好的执行者,“征圣”的最终目的是“明道”:

> 圣人也者,道之管也。天下之道管是矣,百王之道一是矣,故《诗》、《书》、《礼》、《乐》之道归是矣。《诗》言是,其志也;《书》言是,其事也;《礼》言是,其行也;《乐》言是,其和也;《春秋》言是,其微也。故《风》之所以为不逐者,取是以节之也;《小雅》之所以为《小雅》者,取是而文之也;《大雅》之所以为《大雅》者,取是而光之也;《颂》之所以为至者,取是而通之也:天下之道毕是矣。乡是者臧,倍是者亡。乡是如不臧,倍是如不亡者,自古及今,未尝有也。(《儒效》)

圣人是道的枢要,天下之道的枢要在于此,历代圣王之道的枢要亦在于此。《诗》《书》《礼》《乐》是用来体现圣人之道的:《诗》之所言,圣人之志也;《书》之所言,圣人之事也;《礼》之所言,圣人之行也;《乐》之所言,圣人之和也;《春秋》所言,圣人之微言大义也。所以《国风》之所以不是放荡的诗篇,是因为其能够取圣人之道

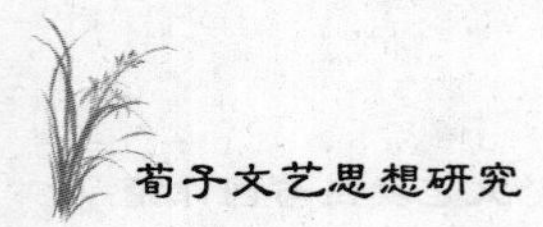

而节制之;《小雅》之所以成为《小雅》,是因为其能够取圣人之道以文饰之;《大雅》之所以成为《大雅》,是因为其能够取圣人之道以推广之;《颂》之所以能够成为极致者,是因为其能够取圣人之道而通之于神明也。所以说天下之道都汇集于此,按照此道而行则会发达昌盛;背离了此道而行却没有灭亡的,自古及今未尝有。

荀子认为,无论是自然界的客观规律,还是人类社会的治理之道,全部体现在圣人的言行中,全部集中在《诗》《书》《礼》《乐》《春秋》等经典典籍中。"五经"虽然各有其侧重点,但是其精神实质却是统一的:就其实质内涵来说,这就是儒家的礼义之道;就其所涵盖的范围来看,则是包容天地之间的"天下之道";就其历史渊源来看,它是体现源远流长的圣人之言行、"百王之道"的。因而,我们学习"五经",重在掌握其中所蕴含的礼义之道,而不仅仅是其外表:"不道礼宪,以《诗》、《书》为之,譬之犹以指测河也,以戈舂黍也,以锥餐壶也,不可以得之矣。"(《劝学》)所以这就要求文艺创作一定要符合"道",要将"文以明道"看作文艺创作的理论旨归。在荀子的辩说理论中,这种观点被发挥到了极致。荀子说:"辨说也者,心之象道也。心也者,道之工宰也。道也者,治之经理也。心合于道,说合于心,辞合于说,正名而期,质请而喻。"(《正名》)荀子认为,心是道的主宰,道是治国的常法,辩说则是心对道的认识的表达。辩说是为了表明"道",辩说只有合于"正道"才不是奸言邪说。又《乐论》篇云:"乐者,乐也。君子乐得其道,小人乐得其欲。以道制欲,则乐而不乱;以欲忘道,则惑而不乐。故乐者,所以道乐也,金石丝竹,所以道德也。"音乐就是喜乐情感的表现,不同的是君子善于从中得其道,小人乐于从中得其欲。以道抑制其欲,则心喜乐而不乱;满足私欲而忘其道,则志意混乱而得不到真正的快乐。所以说音乐是用来引导快乐的,金石丝竹之音是用来引导德行的。音乐重要的不是其外在的形式,而是其中所蕴含的能够引导人们趋于道德完备、人格完善的内在之"道"。音乐等艺术是用来"明道"的,在其创作中一定要"文道合一"。

三、"不闻先王之遗言,不知学问之大也"——"宗经"

《诗》《书》《礼》《易》《乐》《春秋》在战国中晚期以后被学者尊称为"六经"。许慎在《说文解字·系部》中说:"经,织也。从系,巠声。"清段玉裁注曰:"织之纵丝谓之经。必先有经,后有纬,是故三纲、五常、六艺谓之天地之常经。"[①]可见"经"字,最先用于与针织有关的领域,一开始作"经纬"或"经维"的意义,意在说明其在社会生活中具有纲领性的地位与作用。到战国时期,"经"字才开始被解释为

① 段玉裁:《说文解字注》,第 644 页。

"经典"。特别是荀子在《劝学》篇中说:"学恶乎始?恶乎终?曰:其数则始乎诵经,终乎读礼;其义则始乎为士,终乎为圣人。"他将《诗》《书》等看作流传下来的经典典籍,并且明确地将《诗》《书》《礼》《乐》《春秋》以"五经"并称,在经学史上具有开创性的意义与价值。

"五经"是人类历史的普遍经验。早在孔子以前,这些文献就已经普遍流行于世。在对这些文献进行整理与注解的过程中,人们开始认识到它们作为我国学术文化的主干,是人类社会及国家政治中必不可少的内容。《左传·僖公二十七年》中就说:"诗、书,义之府也;礼、乐,德之则也。"《文心雕龙·宗经》也说:"三极彝训,其书曰经。经也者,恒久之至道,不刊之鸿教也。故象天地,参物序,制人纪,洞性灵之奥区,极文章之骨髓者也。"可见,这些经典蕴含着丰富的含义,它们对整个人类社会及国家政治的典范意义不言而喻。所以自孔子以来,历代儒家无不以经为宗。《中庸》记载:"仲尼祖述尧舜,宪章文武。"可知孔子删《诗》《书》,订《礼》《乐》,制《春秋》,赞《周易》,熔铸"六经",阐扬微旨。孟子虽未称《诗》《书》为"经",但他却能"羽翼孔氏,七篇垂训,法严义精"①,东汉赵岐称他"通五经,尤长于《诗》、《书》"②,可见孟子也是非常重视经典的。逮及荀子,则更是以传经为功,汪中称其"出于孔氏,而犹功于诸经"③,可见荀子对于《诗》《书》等经典是极为推崇的。

荀子认为,天下的学问都包含在典籍当中,《诗》《书》《礼》《乐》《春秋》等经典几乎囊括了世间的一切,是我们学习的榜样。《劝学》篇云:"故《书》者,政事之纪也;《诗》者,中声之所止也;《礼》者,法之大分,类之纲纪也,故学至乎《礼》而止矣。夫是之谓道德之极。"《书》是记载政事的,《诗》是中和之声、和悦之音,《礼》是修己治人的最好的法则。三者小可以修身养性,中可以使兄弟和睦、邻里团结,大可以治国、平天下,所以荀子说学习之道以学经开其始:"学恶乎始?恶乎终?曰:其数则始乎诵经,终乎读礼;其义则始乎为士,终乎为圣人。"(《劝学》)学习之初,当以研读经典、诵读圣训为主,所谓"不闻先王之遗言,不知学问之大也"。经典就是"先王之遗言",故荀子主张初学者要精通经籍、文必宗经。荀子又说:"《礼》之敬文也,《乐》之中和也,《诗》、《书》之博也,《春秋》之微也,在天地之间者毕矣。"(《劝学》)《礼》有周旋揖让之敬、车服等级之文,它所体现的是敬重、节仪的等级原则;《乐》能使人得中和悦、通融群己,它所体现的是和谐的内容;《诗》能兴、观、群、怨,《书》则广记世风民情,它们体现的是博大的内容;《春

① 马宗霍:《中国经学史》引王应麟语,上海书店 1984 年版,第 23 页。

② 朱熹:《四书章句集注》,第 197 页。

③ 汪中著,古直笺,王清信、叶纯芳点校:《汪中集》,第 117 页。

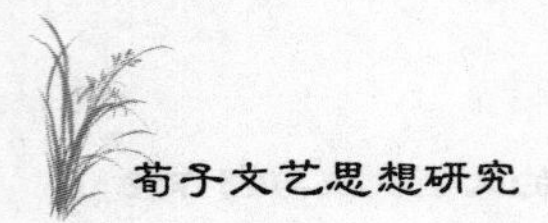

秋》精微而深妙，它所体现的是微言大义。因而，天地之事、风土之情均在经典中体现出来。"在天地之间者毕矣"，体现了荀子推崇"五经"之甚。

经典之所以为"宗"，根本原因是其中所蕴含的"道"，所体现的"先王之遗言"："圣人也者，道之管也。天下之道管是矣，百王之道一是矣，故《诗》、《书》、《礼》、《乐》之道归是矣。《诗》言是，其志也；《书》言是，其事也；《礼》言是，其行也；《乐》言是，其和也；《春秋》言是，其微也。"（《儒效》）荀子主张法先王，然"夏礼吾能言之，杞不足征也。殷礼吾能言之，宋不足征也。文献不足故也。足，则吾能征之矣"（《论语·八佾》）。先王之道远而不可追，或湮没而不闻，或已纷糅而杂乱，所以我们只能通过先王之遗言来学习其精神，而这种精神正体现在先王所遗留的文学典籍中。《诗》《书》《礼》《乐》《春秋》等经典，正是其遗言、遗道最好的载体。所以荀子说："不闻先王之遗言，不知学问之大也。"（《劝学》）刘勰在《文心雕龙·征圣》中更是将荀子这种借由宗经以征圣的思想加以发挥，他说："夫作者曰'圣'，述者曰'明'。陶铸性情，功在上哲。'夫子文章，可得而闻'；则圣人之情，见乎文辞矣。先王圣化，布在方册；夫子风采，溢于格言。""圣人之情"即"圣人之道"。刘勰认为，古代圣王的教训都体现在著作中，夫子的言行都充分表现在他教导人的言论中（即《论语》），所以他说："'经'也者，恒久之至道，不刊之鸿教也。"

值得注意的是，荀子所说的"宗经"并不是死读经籍，而是要真正掌握经籍中的精神实质——礼义之道，因而他主张"隆礼义而杀《诗》、《书》"（《儒效》）。由此可见，无论是"征圣""明道"还是"宗经"，虽然它们代表不同的内容，但是殊途同归，其目的都是一样的，即要以圣人所创制的礼义之道为标准，将礼义之道的精神内化于文艺中，使文艺体现出礼义之道的精神。荀子的这一思想是后世"文以载道"思想的萌芽，奠定了中国传统的文学观。

第三节　荀子论文艺创作的思维过程

关于文艺创作的思维过程，荀子未曾明确而系统地加以论述。然而，他在阐述其哲学思想、政治思想及文艺思想时，自觉或不自觉地涉及相关内容。他提出的诸如情、理（礼）相结合的认识论，"虚壹而静"的"大清明"的思想以及"声乐之象"的思想，直接指涉到这一特殊的思维过程。

一、"以道制欲"——情、理（礼）结合的审美感知论

荀子是先秦时期的集大成者。在唯物主义的认识论基础上，他以情、理（礼）思想为核心，针对人的认知问题，系统地提出了感性认识（感性之"知"）与理性认

识(理性之"知")的关系问题。在艺术创作的思维过程中,他提出了感性认识与理性认识、情与理(礼)相结合的观点,认为"情是理性化的情,理是情感化的理"[①],主张"以道制欲"、情与理(礼)相结合的审美感知理论。

荀子认为,人与其他动物一样,天生就具有"知"的能力。《王制》篇说:"水火有气而无生,草木有生而无知,禽兽有知而无义,人有气、有生、有知,亦且有义,故最为天下贵也。"人具有"气"(物质存在的基本要素)、"生"(生命存在的基本要素)、"知"(感性认知或知觉能力,是动物所特有的)、"义"(伦理道德,是人之所以为人的基本要素)等能力。这里的"知",即感性之知,是"生之所以然者"(《正名》)、"天之就也,不可学,不可事"(《性恶》),是自然人性的一种。因此,无论是禽兽还是人都具有这种能力。《礼论》篇曰:"凡生天地之间者,有血气之属必有知,有知之属莫不爱其类。……故有血气之属莫知于人,故人之于其亲也,至死无穷。"包括禽兽与人在内的动物都是"有血气之属",它们都有感性之"知"的能力。《解蔽》篇曰:"人生而有知";"凡以知,人之性也"。这种"知"便是指人的感性认知或知觉能力。这种感性之"知"的获得,是通过人的感知器官而实现的。《正名》篇曰:"形体、色、理以目异,声音清浊、调竽奇声以耳异,甘、苦、咸、淡、辛、酸、奇味以口异,香、臭、芬、郁、腥、臊、洒、酸、奇臭以鼻异,疾、养、沧、热、滑、铍、轻、重以形体异。"耳、目、口、鼻、形各司其能,通过这些"天官"(《天论》),人们可以感知外物,对事物的外形、声音、口味、气味及形体等有感性的了解与认识。

人体的感知器官具有感知外界事物的能力,然而这只是认识的开始。《正名》篇曰:"心有征知。征知则缘耳而知声可也,缘目而知形可也,然而征知必将待天官之当簿其类然后可也。五官簿之而不知,心征知而无说,则人莫不然谓之不知。"关于"征",杨倞注曰:"征,召也。言心能召万物而知之。"[②]钟泰驳之曰:"征,验也,不训召。谓耳目之所接,心得以考验而知其是非,辨其然否也。"[③]"征",即"证"。熊公哲先生曰:"征知,如闻钟声,而能证其为钟,见雪而能证其为雪。"[④]"征知"即人能将感官的感性认识上升为理性认识,考证事物的缘由与特质,论证其是非得失。《修身》篇曰:"是是非非谓之知,非是是非谓之愚。"此处之"知",既指智,亦指理性认识。由此可见,"天官"的感知作用并不是认识的终结,而仅仅是认识的开始。耳目等"天官"只是"征知"之"缘"("征知则缘耳而知声可也,缘目而知形可也。"),而作为"天君"的心则是"征知"的根本,是由感性认识上

① 李衍柱:《世界轴心时代的诗学双峰——与亚里士多德〈诗学〉并峙的荀子〈乐论〉》,《山东师范大学学报》2006年第6期。

② 王先谦撰,沈啸寰、王星贤点校:《荀子集解》,第417页。

③ 钟泰:《荀注订补》,商务印书馆1936年版,第150页。

④ 熊公哲:《荀子今注今译》,台湾商务印书馆1977年版,第453页。

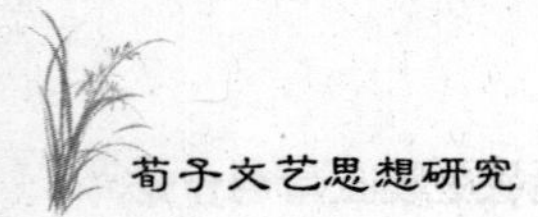

升到理性认识的关键。“征知必将待天官之当簿其类然后可也。”“簿”，刘师培曰：“疑‘当簿’之‘簿’亦与‘薄’同义，训为‘迫’。……言心非能直与物接也，必待身体与物相接，然后心有所知。当簿者，即以己身接物之义，犹言与物相值、与物相迫也。”[①]人心的“征知”作用的发挥必须依靠感官与外物的接触。然而“五官簿之而不知”，感官虽然能接触外界事物，却不能对之加以认识，必须依靠“心”来“征知”并加以说明。由此可见，荀子认为感性认识是理性认识的基础，理性认识必须依靠感性认识；同时，理性认识具有感性认识无可比拟的优越性，是对感性认识的发展与深化。《解蔽》篇曰：

> 凡观物有疑，中心不定，则外物不清，吾虑不清，则未可以定然否也。冥冥而行者，见寝石以为伏虎也，见植林以为后人也，冥冥蔽其明也。醉者越百步之沟，以为跬步之浍也，俯而出城门，以为小之闺也，酒乱其神也。厌目而视者，视一以为两；掩耳而听者，听漠漠而以为哅哅：执乱其官也。故从山上望牛者若羊，而求羊者不下牵也，远蔽其大也；从山下望木者，十仞之木若箸，而求箸者不上折也，高蔽其长也。水动而景摇，人不以定美恶，水执玄也。瞽者仰视而不见星，人不以定有无，用精惑也。有人焉，以此时定物，则世之愚者也。彼愚者之定物，以疑决疑，决必不当。夫苟不当，安能无过乎？

这一段话充分说明了感性认识的不确定性及理性认识的优越性。荀子认为，如果一个人中心不定、思虑不清，就会对外界事物认识不清，难以判定是非真伪。比如夜行者由于受黑暗的蒙蔽容易将横躺着的大石头当成是伏虎，将直立的树木当成是站立的人；醉酒的人由于酒乱了他的神智，容易将百步宽的大沟当成只有半步宽的小沟，容易在出城门时将城门当成是小小的门洞；由于外力影响人的感官，捂住眼睛的人容易将一个看成两个，捂住耳朵的人本来没听到什么却感到嗡嗡喧嚣，等等。理性认识则不然。从山上看山下的牛像羊一样大，但是求羊者不会下去牵它，这是因为“远蔽其大”；从山下看山上的树木就像筷子一样，但是求箸者不会去折取它，这是因为“高蔽其长”；人不能凭借水中的影子来判断人的美丑，这是由于水晃动而使人视觉淆乱；盲人抬头看不到星星，人不能由此判定天上是否有星星，这是因为盲人的眼睛看不到东西。所以人不能通过疑惑的感觉来判定事物，感性认识必须上升为理性认识。

荀子将这种认识论思想运用到其诗学当中，他不仅认为人的耳、目、口、鼻、形体等感官具有审美感知的能力，而且将其看作人的自然本性的需要、人情的需要，从而肯定了人对诗、乐等艺术要求的合理性。比如他说：“目辨白黑美恶，耳辨音声清浊”（《荣辱》）；“故必将撞大钟、击鸣鼓、吹笙竽、弹琴瑟以塞其耳，必将

① 王天海：《荀子校释》，第898页。

雕琢、刻镂、黼黻、文章以塞其目”(《富国》),等等。同时,他又认为人的审美活动不仅依赖于感官,更依赖于理性的参与。因此,人的感官欲求必须得到合理的克制与约束,只有符合“礼”的要求时才是合理的、无害的。因此,荀子说“礼者,养也”(《礼论》),提出了以礼养情、以礼节情的观点:

> 刍豢稻粱,五味调香,所以养口也;椒兰芬苾,所以养鼻也;雕琢、刻镂、黼黻、文章,所以养目也;钟鼓、管磬、琴瑟、竽笙,所以养耳也;疏房、檖貌、越席、床笫、几筵,所以养体也。故礼者,养也。(《礼论》)

《乐论》篇曰:“礼也者,理之不可易者也。”礼就是理,在情与理(礼)的关系中,荀子主张情、理统一,而且是情统一于理、以理节情。他将这一思想运用到其认知理论中,认为人在认识的过程中,必须要“兼陈万物而中县衡”:

> 故为蔽:欲为蔽,恶为蔽,始为蔽,终为蔽,远为蔽,近为蔽,博为蔽,浅为蔽,古为蔽,今为蔽。凡万物异则莫不相为蔽,此心术之公患也。……圣人知心术之患,见蔽塞之祸,故无欲无恶,无始无终,无近无远,无博无浅,无古无今,兼陈万物而中县衡焉。是故众异不得相蔽以乱其伦也。(《解蔽》)

“中”者,礼(理)也。“兼陈万物而中县衡”就是要以礼(理)为标准来认识事物、衡量事物,只有这样人心才能够不被蒙蔽,从而获得正确的认识。

以理(礼)节情、情理(礼)结合不仅是审美感知等认识的需要,而且是文艺创作的基本要求。在创作的过程中,荀子明确地提出了“以道制欲”的观点:“乐者,乐也。君子乐得其道,小人乐得其欲。以道制欲,则乐而不乱;以欲忘道,则惑而不乐。故乐者,所以道乐也。金石丝竹,所以道德也。”(《乐论》)“道”,礼义之道也,理也。“以道制欲”即“以礼(理)制欲”。音乐是人喜悦情感的表现,君子以音乐来体现“道”(礼、理),小人则乐于感官欲望的满足。只有以礼(理)来克制自己的情欲,才能够快乐而不迷惑;相反,则会迷惑而得不到快乐。因此,文艺等艺术必须符合礼(理)的要求,体现出礼义之道来。故而在情感的表达上,荀子主张“以道制欲”,将人的情感欲望导向礼(理)的要求,使情感成为一种合乎理性的情感。只有体现出情与理高度融合的艺术,才是符合先王之道的艺术,才是最高的艺术。

二、“大清明”的审美心境论

人心具有“征知”的作用。然而,在认识的过程中,人心也可能被蒙蔽,所以一定要保持思维的最佳状态。只有这样,人才能够“以心治性”,发挥其作用。对此,荀子提出了“虚”“壹”“静”的观点。他认为,只有达到“虚壹而静”的“大清明”状态,才能够保证思维的正确性与客观性。

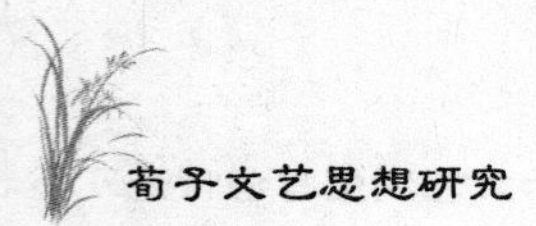

荀子"虚壹而静"的思想受《管子·内业》及《庄子·内篇》的影响较为深远①,但他站在儒者的立场上将自己的领悟与体会渗透其中,融会贯通,去伪存真,提出了独特而精辟的理论。

关于"虚",荀子说:"心未尝不臧也,然而有所谓虚……人生而有知,知而有志;志也者,臧也,然而有所谓虚,不以所已臧害所将受谓之虚。"(《解蔽》)杨倞注曰:"臧,读为藏,古字通。"②"志",就是记忆;"藏",就是把对事物的记忆储藏于心。荀子认为,人心能认识事物并留有记忆。"虚"是与"藏"相对而言的。荀子曰,"不以所已臧害所将受谓之虚";郝懿行曰,"将者,送也;受者,迎也。言不以己心有所藏而妨害于所将送、迎受者,则可谓中虚矣"③,就是指人心能克服成见,不因先入为主而阻止接受新的知识,这就是"虚"。《管子·心术上》曰:"虚者,无藏也……无藏则奚设矣。"管子以"无藏"来解释"虚",荀子则认为,只要不因为已有的知识影响接受新知识就是"虚",比《管子》的解释更进一步。同时,庄子有鉴于人心为知识所束缚而不能真正识道,主张"心斋""坐忘""唯道集虚",荀子吸收了庄子"虚"的观点,却扬弃了其"忘"的看法,所以他不排斥一般的知识,只是主张不要因为旧知识而影响新知识的摄入。

关于"壹",荀子将其与"两"相对而言:

> 心生而有知,知生而有异,异也者,同时兼知之。同时兼知之,两也,然而有所谓一,不以夫一害此一谓之壹。……故曰:心容其择也,无禁必自见,其物也杂博,其情之至也不贰。《诗》云:"采采卷耳,不盈顷筐,嗟我怀人,寘彼周行。"顷筐易满也,卷耳易得也,然而不可以贰周行,故曰:心枝则无知,倾则不精,贰则疑惑。以赞稽之,万物可兼知也。身尽其故则美,类不可两也,故知者择一而壹焉。(《解蔽》)

人心生而具有认识事物的能力,且能够兼知不同的事物。同时辨知不同的事物,这就叫作"两"。至于"壹",则含有两方面的含义,一为"兼知",一为"专一"。"兼知":人心"兼知"的功夫也就是荀子所说的"不以夫一害此一",翻译过来就是不因为已经认识彼一事物而妨害对此一事物的认识。心能够同时认知不同的事物

---

① Aaron Stalnaker 认为,荀子从三个方面对《管子·内业》及《庄子·内篇》进行了吸收改进:(1)荀子从《内业》中借用了许多心物(psycho-physical)理论术语,但是改变了其宇宙论基础与自我修养的理论;(2)荀子从《内业》与《内篇》中吸收了"神""神明"等术语,但却用它们来探讨儒道而不是难以理解的宇宙之道。(3)最重要的一点是他接受并转化了虚、壹、静的术语,并用他自己的儒学观点对其加以阐释,解决了他的许多哲学问题。[Aaron Stalnaker, Aspects of Xunzi's Engagement with Early Daoism, *Philosophy East and West*, 2003, 53(1), p.87]

② 王先谦撰,沈啸寰、王星贤点校:《荀子集解》,第395页。

③ 王先谦撰,沈啸寰、王星贤点校:《荀子集解》,第396页。

(“同时兼知之,两也”),同时既能将各自独立的、不同的事物加以分类整合,又能将同一事物所具有的不同的属性加以统一。比如,人心首先要从各种动物中分析出马与牛、羊的不同特征,知晓马同牛、羊的区别与联系,不会因牛、羊而不知马或因马而不知牛、羊,这种“兼知”的能力就叫作“壹”。例如对于“野马”这一概念,心能将“野”与“马”这两种不同的认知加以结合与统一,进一步构成对“野马”这一形象的整体认知,心的这种统摄的功能也是一种“兼知”,即“壹”的能力。“专一”:荀子非常重视人心专一的功夫。例如,著名的《劝学》篇中就说“无冥冥之志者,无昭昭之明;无惛惛之事者,无赫赫之功”,并举出驽马、螾、螣蛇等例子加以说明。在《解蔽》篇中,荀子举出“农精于田,而不可以为田师;贾精于市,而不可以为市师;工精于器,而不可以为器师”的例子来说明“君子壹于道而以赞稽物。壹于道则正,以赞稽物则察,以正志行察论,则万物官矣”。他认为人心只有专一才能“精于道”[①],“自古及今,未尝有两而能精者也”。

关于“静”,荀子说:“心未尝不动也,然而有所谓静。……心,卧则梦,偷则自行,使之则谋。故心未尝不动也,然而有所谓静,不以梦剧乱知谓之静。”(《解蔽》)“‘偷’,即《淮南·修务》‘偷慢懈惰’的‘偷’。偷,松弛也。”[②]荀子认为,心,睡觉时就会做梦,一有松弛就会放纵而胡思乱想(杨倞注曰:“自行,放纵也。”[③]),使用的时候就会思虑,因而人心是活动的。但是异常的人心之动常常会产生各种认知障碍,并带来种种弊端与恶果,不利于人们用心来知“道”。荀子说:“心忧恐则口衔刍豢而不知其味,耳听钟鼓而不知其声,目视黼黻而不知其状,轻暖平簟而体不知其安。”(《正名》)人若是内心恐惧、忧虑,则会食无味、听无声、目无视、睡无安,所以人心还需要“静”,不让各种梦与想象、杂念(杨倞注曰:“梦,想象也。剧,嚣烦也。”[④])来扰乱人的知觉与认识就叫作“静”。荀子的这种观点吸收了道家关于“静”的思想,然而他将其运用到“知道”的理论当中,道家则将其作为个人修养自为的功夫。

荀子认为,“虚”“壹”“静”三者并不是孤立的,人心若能同时发挥这三种功能,就能达到最完美的“大清明”的状态。荀子说:“未得道而求道者,谓之虚壹而静。作之,则将须道者之虚则人,将事道者之壹则尽,尽将思道者静则察。知道察,知道行,体道者也。虚壹而静,谓之大清明。”(《解蔽》)“虚壹而静”是未得道

---

① 荀子在这里区别了“精于物者”和“精于道者”,认为“精于物者以物物,精于道者兼物物”,即精于某一事物的人只能掌握该事物,而精于道的人则能够掌握一切事物。因而,君子一定要专一于“道”。(参见《荀子·解蔽》)

② 王先谦撰,沈啸寰、王星贤点校:《荀子集解》,第 295 页。

③ 王先谦撰,沈啸寰、王星贤点校:《荀子集解》,第 396 页。

④ 王先谦撰,沈啸寰、王星贤点校:《荀子集解》,第 396 页。

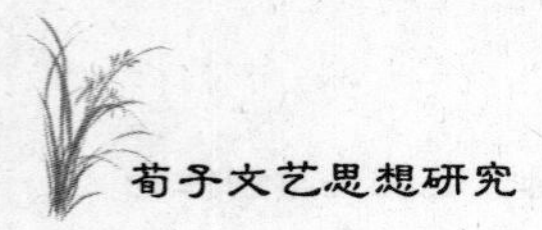

而求道者的准则,如果做到了这一点,以虚心求道,则能入于道;以兼知、专一之心学道,则能全之尽之;以静心思道,则能明察道之秋毫。能够认识并明察道,通晓道的真谛而能行于道,这就是真正能体会道的人。能够"虚壹而静"就叫作"大清明"。人心若能够达到这种状态,就能够无所遮蔽:

> 万物莫形而不见,莫见而不论,莫论而失位。坐于室而见四海,处于今而论久远,疏观万物而知其情,参稽治乱而通其度,经纬天地而材官万物,制割大理,而宇宙里矣。恢恢广广,孰知其极!睪睪广广,孰知其德!涫涫纷纷,孰知其形!明参日月,大满八极,夫是之谓大人。夫恶有蔽矣哉!(《解蔽》)

无所遮蔽则心的作用得到发挥,人才能够通晓万物,坐在室内而能纵观四海,处于现代而能论说远古,考验社会治乱兴衰而能通晓法度,治理天地万物而能把握宇宙万理。

在艺术的创作及欣赏过程中,同样也要具有"大清明"的心境。心境的不同,直接影响到人对事物的感知,产生审美的差异:

> 心不使焉,则白黑在前而目不见,雷鼓在侧而耳不闻,况于使者乎?(《解蔽》)
>
> 心忧恐,则口衔刍豢而不知其味,耳听钟鼓而不知其声,目视黼黻而不知其状,轻暖平簟而体不知其安。(《正名》)
>
> 心平愉,则色不及佣而可以养目,声不及佣而可以养耳,蔬食菜羹而可以养口,麤布之衣、麤紃之履而可以养体。屋室、庐庾、葭稿蓐、尚机筵而可以养形。故虽无万物之美而可以养乐,无势列之位而可以养名。(《正名》)

"心不使焉""心忧恐""心平愉"指的是不同的心境。在观察事物时,如果不用心思考,心不在焉,则黑白在前而目不能辨,雷鼓在侧而耳不能闻;如果内心忧虑、恐惧,则口含肉食而不知其味,耳闻钟鼓之乐而不知其声,目视华彩而不知其状,身着衾被、睡竹席而不知其安。与此相反,如果心境平静而愉快,则所见平庸之色亦能养目,所听平庸之声亦能养耳,所食蔬食菜羹亦能养口,粗布衣帽、粗编草鞋亦能养体。所以人要"清其天君,正其天官"(《天论》),使人心达到"虚壹而静"的"大清明"的境界。只有这样,才能静观万物,思如泉涌。

荀子的这一思想,颇类于孔子所说的"美恶皆在其心"(《礼记·礼运》),即审美心境在审美过程中具有重要的作用。马克思也说:"忧心忡忡的穷人甚至对最美丽的景色都没有什么感觉。"[①]荀子从唯物主义的认识论出发,认为只有"虚壹而静"才能使主体精神达到"大清明"的境界,才能集中情思、静观万物。他的这

① 《马克思恩格斯全集》第42卷,人民出版社1980年版,第127页。

一思想，对后世的文学构思论产生了重要影响。王元化先生认为刘勰在《文心雕龙·神思》中所阐述的文学创作构思的“虚静”说与老庄无干，极有可能渊源于荀子[1]，这种观点是不无道理的。

三、“声乐之象”的审美意象论

文艺来自于人类的情感，然而，这种情感并不是原始的、未经过加工改造的情感，而是经过高度抽象化、艺术化的情感。在这种情感的驱使下，创作者在内心中形成意象，然后再通过“物化”的形式表现出来，于是产生了文艺。因此，意象的获得在文艺创作中具有核心的地位。严羽在《沧浪诗话》中说：“诗者，吟咏情性也。盛唐诗人惟在兴趣，羚羊挂角羚，无迹可求，故其妙处莹彻玲珑，不可凑泊，如空中之音，相中之色，水中之月，镜中之象，言有尽而义无穷。”[2]司空图也在《诗品·缜密》中说：“意象欲出，造化已奇。”可见，审美意象的建构及表达在文艺创作中具有核心地位与价值。荀子充分认识到意象在文艺创作中的作用，在中国音乐史上第一次提出了较为完整的“乐象”理论。

（一）“上取象于天，下取象于地，中取则于人”

荀子曾多次提到“取象”一词。《仲尼》篇中说“取象于是”，《礼论》篇在论述“三年之丧”的由来时说：“上取象于天，下取象于地，中取则于人，人所以群居和一之理尽矣。”荀子认为，天、地、人是礼所取法的对象。礼上取象于天，下取象于地，中取法于人，是圣王按照天地运行的规律和人的情感要求而制定的，所以它体现了事物产生、发展的规律及人能够和谐群居的道理。天、地、人是礼取法的对象，故而荀子将其看成是礼的“三本”。《礼论》篇曰：

> 礼有三本：天地者，生之本也；先祖者，类之本也；君师者，治之本也。无天地恶生？无先祖恶出？无君师恶治？三者偏亡焉，无安人。故礼上事天，下事地，尊先祖而隆君师，是礼之三本也。

“天地”“先祖”“君师”是礼的依据。天地为万物生养之本源，它们虽无价值根源，但是人类对其仰慕之、敬畏之、效法之。“天有常道矣，地有常数矣，君子有常体矣”（《天论》），人取象天地之道，掌握其运行的规律并效法之，将其转化进而创制出为人道之礼。因此，礼是自然之道的体现，圣人象天而制礼：“天地则已易矣，四时则已遍矣，其在宇中者莫不更始矣，故先王案以此象之也。”（《礼论》）“礼”实际上就是人类仿效天地秩序而形成的摹本。同理，先祖为人的族类之本，是人的血缘生命存在的基础，故而礼要体现出族类的特征；君师是人的社会生命存在的

---

① 参见王元化：《〈神思〉虚惊说柬释》，《中华文史论丛》1963年第3期。

② 严羽著，郭绍虞校释：《沧浪诗话校释》，人民文学出版社1961年版。

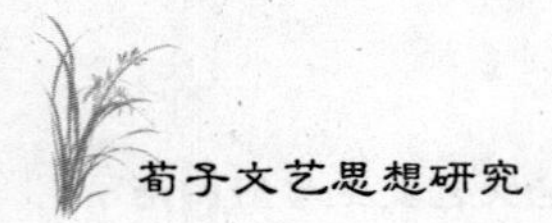

基础，是社会有序与安定的根本，故而礼要以君师为本。总而言之，天地、先祖、君师是圣人创制礼所效法的对象，礼义之所以无所不备、涵盖至广，就在于其取象于天、地、人三才之道。礼之“事”“尊”“隆”，皆显示出不忘本的精神意义。

不仅礼取象于自然万物，荀子认为文艺等艺术也取法于自然。《乐论》篇曰：

> 声乐之象：鼓大丽，钟统实，磬廉制，竽笙箫和，筦籥发猛，埙篪翁博，瑟易良，琴妇好，歌清尽，舞意天道兼。鼓，其乐之君邪！故鼓似天，钟似地，磬似水，竽笙、箫和、筦籥似星辰日月，鞉、柷、拊、鞷、椌、楬似万物。

荀子认为，所有的乐声都取象于自然万物，从自然事物中均可以找到其效法的对象：鼓声宏大而幽远，故其像天一样高朗；钟声博大而厚实，故其像地一样宽广；磬声清明而有节奏，故其像水一样清纯；竽笙之声严肃而和谐，筦籥之音振奋激昂，埙篪之声深沉宽广，瑟声平和，琴声柔婉，歌声清朗婉转，舞蹈的意象更是与天道相契合，所以它们如日月星辰一样婉转有序；鞉、柷、拊、鞷、椌、楬之声像万物一样多姿多彩。不仅是器乐之声，诗、乐、舞三位一体的“乐”更是如此：“君子以钟鼓道志，以琴瑟乐心；动以干戚，饰以羽旄，从以磬管。故其清明象天，其广大象地，其俯仰周旋有似于四时。”（《乐论》）在大乐中，其歌声清朗如同高天，其乐音宽广如同大地，其舞姿俯仰周旋如春夏秋冬四时运行一样有规律。从歌声到乐音、乐舞，无不体现出“上取象于天，下取象于地，中取则于人”的特点。

（二）“顺气成象”与“逆气成象”——乐象中情与理（礼）的关系

音乐是一种成象的艺术，然而，并非所有的外物都可以成为审美意象；同样，并非所有的声音都可以成为“乐”。荀子认为，创作者在观物取象的时候不但要有“虚壹而静”的创作心境，也要设定恰当的标准，有所取舍。《乐论》篇说：“凡奸声感人而逆气应之，逆气成象而乱生焉；正声感人而顺气应之，顺气成象而治生焉。唱和有应，善恶相象，故君子慎其所去就也。”“成象”即“发于声音，形于动静”（《乐论》）。奸声虽然可以感动人，但是它从根本上违背了文艺“中和”的特质[①]，因此会产生逆反之邪气（“逆气”），这种逆反之邪气用“乐”表现出来，则导向一种人的纯粹的感官欲望的满足，因而是一种“淫乐”[②]，淫乐会导致混乱；正声则正好相反，它符合文艺“中和”之美的特质，产生和顺之气（“顺气”），和顺之气直接导向人的情感的和谐，故而能够导向和谐。因而，文艺的创造一定要有一定的标准，即符合儒家传统的乐教理论的需要，使乐象成为儒家道德伦理思想的外显。所以，荀子的乐象论仍然未能摆脱其情、理（礼）结合的认识论特色，他将

① 关于文艺的“中和”之美，在本书中编第五章有专门论述。

② 《礼记·乐记》曰：“凡奸声感人，而逆气应之；逆气成象，而淫乐兴焉。正气感人，而顺气应之；顺气成象，而和乐兴焉。”

乐象与乐教密切结合起来，从音乐的社会功用上来理解音乐的特质，同时也将这种特色运用到文艺创作的思维中去，既注重意象的情感性，又注重体现其实用性。此后的儒家，特别是汉代的儒家也正是从乐象的社会功能上来建构其乐象论的。《礼记·乐记》中“乐者，通伦理者也。是故知声而不知音者，禽兽是也；知音而不知乐者，众庶是也。唯君子为能知乐”的观点，则直接赋予“乐象”以明显的社会价值论色彩。

总的来说，荀子通过音乐的象征性特点，意在说明文艺要与自然万物相合。他主张艺术要模仿自然、效法自然、反映现实，认为文艺的创造要从自然界中找到其原型。同时，他也主张情与理相结合，创造出符合礼义之道的审美意象，实现乐与礼、情感与理性的统一。

第四节 “称情而立文”与“成文而类”——荀子的情文观与语言观

艺术中的“情”与“文”的关系、内容与形式的关系、名与言的关系等是历代学者所关注的重点。荀子继承了先秦艺术思想中的情文观及语言观，明确地提出并论述了“情文俱尽”“称情而立文”的情文观及“文而致实”“成文而类”的语言观，在中国诗学史及艺术史上具有开拓性的意义与价值，对后世的情文观及语言观影响深远。

一、“情文俱尽”与“称情而立文”

在儒家的思想中，礼与乐是人文建制中不可分割的重要部分。朱光潜先生认为：“《乐记》的作者特别强调礼与乐相反相成，不可分割的关系，不但把乐看作艺术，实际上也把礼看作艺术。是王道必备的秩序与和谐两个方面。”[①]《乐记》如此，作为其来源的荀子的《乐论》更是如此。荀子在论述文艺时，同样也将礼看成是一种艺术，有的时候甚至礼乐不分、相互为用。荀子所讲到的礼文之美既包括礼，又包括乐。对于荀子关于礼的理论，我们也可以将其看作荀子文艺思想的一部分。特别是他在《礼论》中讲到的礼之“情”与礼之“文”的关系，在中国文艺思想史上意义重大。

（一）“情文俱尽”

荀子在论述礼文之美的时候说：“礼者断长续短，损有余，益不足，达爱敬之

① 朱光潜：《中国古代美学简介》，蒋孔阳主编：《中国古代美学艺术论文集》，上海古籍出版社1981年版，第4页。

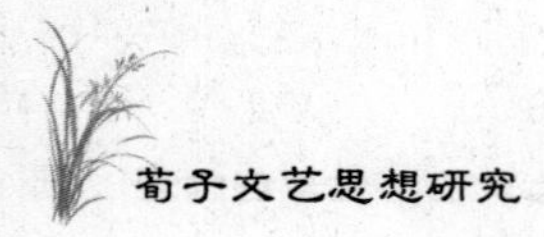

文,而滋成行义之美者也。"(《礼论》)荀子认为礼文之美在于去长补短,减有余而补不足,既表现出爱慕恭敬之礼仪文饰,又能培养出行义之美善。换句话说,礼既要表现出恭敬爱慕之"文"——礼仪,又要体现出"行义之美者"——礼情。因而,最完备的礼在于"文"与"情"各尽其极:

凡礼,始乎棁,成乎文,终乎悦校。故至备,情文俱尽;其次,情文代胜;其下,复情以归大一也。(《礼论》)

礼者,以财物为用,以贵贱为文,以多少为异,以隆杀为要。文理繁,情用省,是礼之隆也;文理省,情用繁,是礼之杀也;文理、情用相为内外表里,并行而杂,是礼之中流也。(《礼论》)

荀子认为,礼始于疏略(《史记》"棁"作"脱"[①]),成于文饰,终于满意。最完备的礼是"情文俱尽"。杨倞说:"情文俱尽,乃为礼之至备。情,谓礼意,丧主哀,祭主敬之类。文,谓礼物、威仪也。"[②]"情"是人内心的情感,荀子有的时候也称之为"情用";"文"是外在的文饰、仪式,比如礼物、威仪等等,荀子也称之为"文理"。在荀子看来,礼有三种不同的级别:第一种是"情文俱尽",即礼情与礼文兼备,"文理情用相为内外表里",荀子又称之为"礼之中流"。第二种是"情文代胜",或礼情胜于礼文("文理省,情用繁,是礼之杀也"),或礼文胜于礼情("文理繁,情用省,是礼之隆也")。这种礼都只注重一方而忽略了另一方,因而较之"情文俱尽"尚有差距。第三种是"复情以归大一",即"虽无文饰,但复情以归质素"[③]。

在上面三种不同的礼中,荀子最注重"情文俱尽"之"礼之中流"。荀子说:

故文饰、声乐、恬愉,所以持平奉吉也;粗衰、哭泣、忧戚,所以持险奉凶也。故其立文饰也,不至于窕冶[④];其立粗衰也,不至于瘠弃;其立声乐恬愉也,不至于流淫惰慢;其立哭泣哀戚也,不至于隘慑伤生:是礼之中流也。故情貌之变足以别吉凶,明贵贱亲疏之节,期止矣。外是,奸也,虽难,君子贱之。(《礼论》)

"文饰"与"粗衰"、"声乐"与"哭泣"、"恬愉"与"忧戚"是相反相对的。荀子认为,礼文隆重但不至于流于妖艳,礼文简略但不至于毁伤身体,音乐恬静愉快但不至于放荡怠惰,哭泣悲恸但不至于伤害身体,只要礼情与礼文("情"与"貌")完美结合,足以区分吉凶,表明贵贱、亲疏的差别就可以了。这就是"礼之中流"。所以荀子在谈到祭礼的时候说:"忠信爱敬之至矣,礼节文貌之盛矣。"(《礼论》)他将

① 王先谦撰,沈啸寰、王星贤点校:《荀子集解》,第355页。

② 王先谦撰,沈啸寰、王星贤点校:《荀子集解》,第355页。

③ 王先谦撰,沈啸寰、王星贤点校:《荀子集解》,第355页。

④ 此句在《荀子集解》中作"故其立文饰也至于窕冶"(第363页)。然考之以《荀子》的其他版本,均不见此说,应是印刷错误。

忠信、爱敬之礼意与礼节、文貌之礼文结合在一起，认为“苟非圣人，莫之能知也”(《礼论》)。

荀子的这一思想虽是就礼而言的，但是同样也适用于文艺：“所谓礼义之文中，原就包括了诗歌音乐等文艺作品。《劝学》揭示的《诗》之‘中声’，《乐》之‘中和’，与《礼论》提倡的‘礼之中流’，旨趣是一致的。”[①]因而，“情文俱尽”的观点符合荀子所说的“中和之美”的审美理想，是“中和之美”在礼乐上的体现。《礼记·乐记》中所说的“情深而文明”[②]，就是在继承这一思想的基础上产生的。

(二)“称情而立文”

荀子认为礼乐艺术应该“情文俱尽”、情文合一，而在“情”“文”的先后及从属关系上，他主张“称情而立文”：

> 三年之丧，何也？曰：称情而立文，因以饰群别、亲疏、贵贱之节而不可益损也，故曰无适不易之术也。创巨者其日久，痛甚者其愈迟，三年之丧，称情而立文，所以为至痛极也；齐衰、苴杖、居庐、食粥、席薪、枕块，所以为至痛饰也。(《礼论》)

儒家特重孝道，关于“三年之丧”，《仪礼》中就有这种说法，孔子也经常提到。荀子认为：“三年之丧，人道之至文者也。夫是之谓至隆，是百王之所同，古今之所一也。”(《礼论》)三年之丧，最能体现人道的内涵与价值。同时，它也是符合人的普遍情性的，更与自然万物之情有着必然的联系：

> 凡生天地之间者，有血气之属必有知，有知之属莫不爱其类。今夫大鸟兽则失亡其群匹，越月踰时则必反铅过故乡，则必徘徊焉，鸣号焉，踯躅焉，踟蹰焉，然后能去之也。小者是燕爵，犹有啁噍之顷焉，然后能去之。故有血气之属莫知于人，故人之于其亲也，至死无穷。将由夫愚陋淫邪之人与？则彼朝死而夕忘之，然而纵之，则是曾鸟兽之不若也，彼安能相与群居而无乱乎？(《礼论》)

凡生长于天地间，有血气、有知觉的生物，没有不爱其同类的。鸟兽尚且如此，更何况人呢？所以，“三年之丧”是根据“称情而立文”的标准制定的，穿丧服，执孝杖，守丧时住小屋、吃稀粥、睡柴草、枕土地等礼文，全部是为了表达极度哀痛之

---

① 王运熙、顾易生主编，顾易生、蒋凡著：《中国文学批评通史》(先秦两汉卷)，第135页。

② 《礼记·乐记》曰：“诗，言其志也；歌，咏其声也；舞，动其容也。三者本于心，然后乐器从之。是故情深而文明，气盛而化神，和顺积中而英华发外，唯乐不可以为伪。”王夫之在《礼记章句》中说：“‘情’，谓悦乐之发也，根极于德行，故‘深’。‘文’，谓诗、歌、舞也。宣其情之深者，出之有本而昭见不昧，故‘明’。诗、歌、舞之出于口体者，气为之也。气生于情之深者，故‘盛’。‘化’谓变动金石丝竹之质以成乐也。盛气洋溢而用物以宣著之，则八音从气，协一以合而化神矣。由中发外，次第相生而有本，非实有其德者，其可以伪为乎！”(王夫之：《船山全书》第4卷，岳麓书社1991年版，第928页)

情的（“所以为至痛饰也”），是“凶吉忧愉之情发于居处者也”（《礼论》）。因而，在礼的制定上，“情”是基础，“文”是用以表现“情”的。要以“情”为根本，根据“情”的内容及程度的不同确定“文”的形制与隆杀。这就是制礼的准则。

荀子“称情而立文”的制礼准则，同样也适用于文艺的制定。荀子认为诗、乐、舞为“文”的表现之一，它们产生于人的情感，是“人情所必不免”的。所以文艺的制定也需要“称情而立文”：

> 乐也者，情之不可变者也。（《乐论》）
>
> 且乐也者，先王之所以饰喜也（《乐论》）
>
> 故钟鼓、管磬、琴瑟、笙竽，《韶》、《夏》、《护》、《武》、《汋》、《桓》、《箾》、《简》、《象》，是君子之所以为悼诡其所喜乐之文也。（《礼论》）

乐本于人之情，其根源为人类之普遍的生命情感。文艺是先王用来表现人的这种情感的，钟、鼓、管、磬、琴、瑟、竽、笙等乐器以及《韶》《夏》《护》《武》《汋》《桓》《箾》《简》《象》等乐曲是君子用来表达自己情感变化和喜乐之情的礼仪形式。因此，人类的普遍情感是音乐等符号形式的根源，文艺等都是在“称情而立文”的原则下制定出来的。

值得注意的是，荀子虽然认为“情”是基础、“文”是表现，但他重“情”亦重“文”。荀子认为，礼有四事，即事生、送死、祭祀、师旅。《礼论》篇云：

> 凡礼：事生，饰欢也；送死，饰哀也；祭祀，饰敬也；师旅，饰威也：是百王之所同，古今之所一也，未有知其所由来者也。

又云：

> 故事生不忠厚，不敬文，谓之野；送死不忠厚，不敬文，谓之瘠。

礼之为用，主要有四种。这四种礼，皆需要以文饰来表达心中之情感：事生之礼，用于文饰欢乐；送死之礼，用以文饰心中哀痛；祭祀之礼，用以文饰心中之敬意；师旅之礼，用以文饰军容之威严。所以说侍奉生者如果不忠厚，不注重礼节文饰，这叫作“粗野”；送别死者如果不忠厚，不注重礼节文饰，这叫作“轻薄”。因此，所有的礼不仅要体现“情”，也要用适当的“文”表现出来。冯友兰先生说：

> 礼之用除定分以节人之欲外，又为文以饰人之情；此方面荀子言之甚精。荀子亦重功利，与墨子有相同处。但荀子对于情感之态度，与墨子大不相同。墨子以其极端的功利主义之观点，以人之许多情感为无用无意义而压抑之，其结果为荀子所谓“蔽于用而不知文”。荀子虽亦主功利，然不如墨子之极端，故亦重视情感，重用亦重文；此可于荀子论丧祭礼中见之。①

《墨子·兼爱》篇曰：“焉有善而不可用者。”墨子尚功用，其论善恶专以有用无用

① 冯友兰：《中国哲学史》，上海书店出版社 1990 年版，第 368 页。

为标准。对于礼乐，墨子以其饥不可食、寒不可衣而非之。儒者则不同，儒者既重视礼乐之用，也重视礼乐之文。故孔子曰："文之以礼乐。"(《论语·宪问》)荀子更是如此，他认为礼乐应该"情文俱尽""称情而立文"。荀子的这一思想，"正是文学批评史上探讨'情'、'文'关系的先驱"[①]，在中国美学史中具有重要的地位。此后，中国美学史中关于情文之美的论述，基本上都是沿着这一方向而发展的。

二、"名闻而实喻"与"成文而类"——荀子的语言观

在先秦时期，除了名家与墨家外，对名辩思想研究最为深入与系统的当属荀子。在《正名》篇中，荀子扬各家之所长，避各家之所短，融会贯通，初步形成了自己的名学观及语言理论。王力先生说："从语文学上说，先秦的语言研究没有什么突出的成就；从语言理论上说，像荀子《正名篇》这样卓越的见解却放出很大的光辉。"[②]张亨先生也说："荀子的《正名篇》可以说是中国古代惟一对语言的本质有精密的认识，并且成系统的论述。"[③]

荀子的名辩思想包括两个部分：辩说理论与正名思想。在荀子的思想中，辩说与正名往往不可分割，因为两者都含有共同的因素——言或辞。因此，荀子辩说理论中往往含有其正名思想的内容，正名思想中往往也含有辩说理论的观点。

(一)荀子的辩说

在先秦时期，特别是"百家争鸣"时期，诸子百家为了推行自己的理论学说，纷纷著书立说，立言垂世。荀子力图对诸子进行总结性的批判，将自己的思想推行于世，故而他公开打出"君子必辩"的旗号。荀子自己也说："今圣王没，天下乱，奸言起，君子无执以临之，无刑以禁之，故辨说也。"(《正名》)荀子的辩说理论，既不同于先秦名家、墨家、道家的理论，也与同为儒家的孟子的理论有很大的差异，具有自己的特色。

首先，荀子主张"君子必辩"。在儒家道统中，孔子说，"君子欲讷于言，而敏于行"(《论语·里仁》)；又说，"辞达而已矣"(《论语·卫灵公》)，即主张言行一致，重行而不重言。孟子承袭孔子道统，但好辩。在《孟子·万章》中，孟子一一为尧、舜、禹、武王、伊尹、周公、孔子等人而辩，故素有"好辩"之名。荀子为了立言于世，更是提出"君子必辩"的口号。他说：

> 法先王，顺礼义，党学者，然而不好言，不乐言，则必非诚士也。故君子

① 王运熙、顾易生主编，顾易生、蒋凡著：《中国文学批评通史》(先秦两汉卷)，第135页。

② 王力：《中国语言学史》，山西人民出版社1981年版，第7页。

③ 张亨：《思文之际论集儒道思想的现代诠释·先秦思想中两种对语言的省察》，第12页。

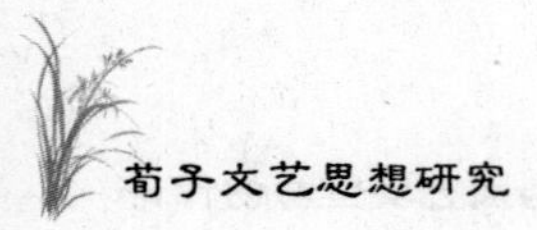

之于言也，志好之，行安之，乐言之。故君子必辩。凡人莫不好言其所善，而君子为甚。故赠人以言，重于金石珠玉；观人以言，美于黼黻、文章；听人以言，乐于钟鼓琴瑟。故君子之于言无厌。鄙夫反是，好其实不恤其文，是以终身不免埤污佣俗。故《易》曰："括囊无咎无誉。"腐儒之谓也。(《非相》)

荀子认为，"言"对于人来说具有重要的作用。能够效法先王，遵循礼义，亲附有学之士，但却不喜欢谈论的人，必定不是笃诚之士。君子对于符合礼义之道的理论，一定心中喜欢，付诸行动，乐意谈论，所以说君子必然善于辩说。君子喜好礼义之道，他希望通过辩说让大家知道。因而，以好言赠人，贵重于金石珠玉；劝勉别人之言，美于五彩斑斓的景象；人闻嘉言，乐于钟鼓琴瑟。所以君子其实是喜好言谈辩说的。浅陋的人则正好相反，他们只知道实质而不好文采，更不善于用优美的语言表达出来，因而一辈子难免浅陋鄙俗。就像《易经》中所说的那样："将美好的事物藏于口袋之中，扎上口袋而不展现出来，既无过错，亦无荣誉。"这叫"迂腐的儒生"。

从"君子必辩"中我们可以看出，荀子是十分重视语言的作用的。通过言谈辩说，人们可以表达自己的观点，将自己的所感、所思、所想表达出来，还可以以之看出一个人的品性修养。同时，言辞也具有很高的审美价值。孔子说："志有之，言以足志，文以足言。不言谁知其志？言而无文，行而不远。"(《左传・襄公二十年》)只有"实"与"文"结合起来，"言以足志，文以足言"，才能将君子人格完美地表现出来，做一个文质彬彬的君子。

其次，荀子提出"言而仁之中"的辩说标准。荀子认为"君子必辩"，但他并不认为所有的辩说都是正确的，言谈辩说是有标准与依据的，这便是"仁"。他说：

凡言不合先王，不顺礼义，谓之奸言，虽辩，君子不听。(《非相》)

又说：

凡人莫不好言其所善，而君子为甚焉。是以小人辩言险而君子辩言仁也。言而非仁之中也，则其言不若其默也，其辩不若其呐也；言而仁之中也，则好言者上矣，不好言者下也。故仁言大矣。起于上所以道于下，政令是也；起于下所以忠于上，谋救是也。故君子之行仁也无厌。志好之，行安之，乐言之，故言君子必辩。(《非相》)

荀子极为重视历史意识，故他认为辩说必须符合先王的原则，遵循古代圣王创制的礼义之道，否则就叫作"奸言"。所以他说，"小人辩言险而君子辩言仁"，即辩说要符合"仁之中"。什么是"仁之中"？荀子认为是礼义："先王之道，仁之隆也，比中而行之，曷谓中？礼义是也。"(《儒效》)所以，无论是辩说的内容还是语言，一定要符合礼义。如果辩说不符合礼义之道，不是仁道之中，则辩说不如默而不言；如果辩说符合礼义之道，则喜欢辩说就是高尚的，不喜欢辩说就是卑下的。

可以看出，荀子论辩说还是建立在他的礼义之统的基础上，他希望通过辩说以“明道”，是为了成就“治道”，实现“化性起伪”的目的。

再次，荀子认为要重视“谈说之术”。荀子不仅注重辩说的目的及标准，同时也非常重视辩说中的语言艺术，注重辩说的方法与技巧。他曾专门谈到“谈说之术”：

> 谈说之术：矜庄以莅之，端诚以处之，坚强以持之，分别以喻之，譬称以明之，欣驩芬芗以送之，宝之珍之，贵之神之，如是则说常无不受。虽不说人，人莫不贵，夫是之谓为能贵其所贵。传曰：“唯君子为能贵其所贵。”此之谓也。(《非相》)

谈说之道，要临之以矜重庄敬，处之以端正诚恳，持之以坚定，巧妙地运用比喻以说明事理，条分缕析，分辨同异是非；同时，要赋予谈话以艺术气息，以欢欣和气的态度，使聆听者珍惜、珍爱、重视、崇信你的话，这样才能使你的话语有巨大的说服力，才能使人心悦诚服，对你的话奉如神明。这就叫作“能使自己重视的东西被别人所重视”。换句话说，谈说之术的最高境界便是使听众感同身受，将自己投入话语情境中去，既被谈说的形式所感染，又被谈说的内容所感动。荀子在论述圣人之辩时说：“不先虑，不早谋，发之而当，成文而类，居错迁徙，应变不穷，是圣人之辩者也。”(《非相》)就是说，圣人之辩已经与身体合而为一，成为一种自觉，不用考虑与谋划，自然而然地就说出来，语词凝练而优美，内容条理而得当，因势而变，运用自如。

最后，荀子认为辩说最重要的原则是“辨合符验”。荀子之学，最重经验事实与客观实践。他在论述辩说时认为，为辩之要，贵在符合实际，可以验证。他在《性恶》篇中以孟子的性善说为例说明了“辨合符验”在辩说中的作用：

> 故善言古者必有节于今，善言天者必有征于人。凡论者，贵其有辨合，有符验，故坐而言之，起而可设，张而可施行。今孟子曰“人之性善”，无辨合符验，坐而言之，起而不可设，张而不可施行，岂不过甚矣哉！故性善则去圣王，息礼义矣；性恶则与圣王，贵礼义矣。故檃栝之生，为枸木也；绳墨之起，为不直也；立君上，明礼义，为性恶也。用此观之，然则人之性恶明矣，其善者伪也。(《性恶》)

荀子认为，善于谈论古代事情的人，一定要有今天的事实作验证；善于谈论天道的人，必须有人道作验证。因而，凡是谈论事情，贵在符合实际，可以验证；坐下来谈的事情，站起来就可以安排布置，推广开来就可以施行。拿孟子的“人之性善”来说，它既无证明，又无依据；既无法安排，亦无法施行。正如弯曲的树木需

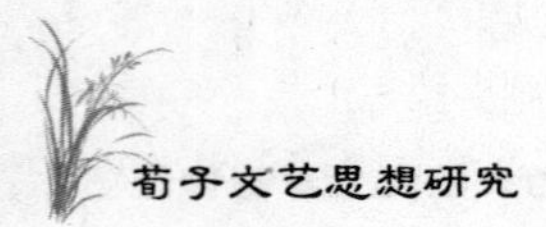

要檃栝[①]来矫正，不直之物需要绳墨来修正。性善之说无证明、无依据，故而是不能验证与施行的。

(二)荀子的"正名"思想

自孔子提出"正名"的主张后，先秦诸家似乎都受到其影响，儒、墨、道、法、杂等诸家都非常关注这一问题，纷纷著书立说阐明自己的"正名"观。荀子《正名》一文，从制名的原因、制名的原则及注意事项三个方面对先秦的名学观作了系统的阐释与总结，提出了自己的理论主张。

首先，"所为有名"——关于制名的原因。荀子生活的时代正当战国乱世。经济上，虽然生产力得到长足的发展，但是落后的生产关系对其产生了严重的制约；政治上，战国七雄争霸不休，连年征战。经济、政治上的矛盾反映在文化上则是礼崩乐坏，异端邪说纷纷出现。荀子说："今圣王没，名守慢，奇辞起，名实乱，是非之形不明，则虽守法之吏，诵数之儒，亦皆乱也。"(《正名》)针对"世衰道微，邪说暴行有作，臣弑其君者有之，子弑其父者有之"(《孟子·滕文公下》)的现象，孔子就曾感叹说："必也正名乎！"(《论语·子路》)他认为："名不正，则言不顺；言不顺，则事不成；事不成，则礼乐不兴；礼乐不兴，则刑罚不中；刑罚不中，则民无所措手足。故君子名之必可言也，言之必可行也。君子于其言，无所苟而已矣。"(《论语·子路》)孔子由此提出了"正名"的理论主张。荀子的"正名"思想是承袭孔子而来的。他与孔子一样，也身处乱世：社会名实混乱、界限不清，奇谈怪论蜂拥而起，甚至那些守法的官吏及学习典章的儒生都被搞乱了。这种名实不符造成了极为恶劣的后果，人们的认识开始受到蒙蔽，社会也由此混乱不堪。正是在这种背景下，荀子提出了"正名"的观点：

> 异形离心交喻，异物名实玄纽，贵贱不明，同异不别，如是则志必有不喻之患，而事必有困废之祸。故知者为之分别，制名以指实，上以明贵贱，下以辨同异。贵贱明，同异别，如是则志无不喻之患，事无困废之祸，此所为有名也。(《正名》)

荀子认为，事物有不同的形状，但人心可以交相晓谕；不同的事物若无名加以分别，则必定会导致贵贱不分、同异无别。这样的话，人的思想必然会产生互不了解的弊病，事情也必然会有行不通的灾祸。因而明智的人为了祛除此等祸患，制定各种名称来加以分别，这样上可以明贵贱之分，下可以辨同异之别。如是，则人的思想就不会有不相通晓之患，事情也就没有困废不行之祸了。这就是"所为有名"，即制名的原因。

---

① 矫正竹木弯曲或使成形的器具。

从荀子“正名”的原因上可以看出，荀子“正名”是为了正确地表达其价值观念——礼义之统。荀子说：

彼正其名，当其辞，以务白其志义者也。彼名辞也者，志义之使也，足以相通则舍之矣；苟之，奸也。故名足以指实，辞足以见极，则舍之矣。外是者谓之讱，是君子之所弃，而愚者拾以为己宝。(《正名》)

“正名”是为了“白其志义”，是为了表达其思想与观念，“名辞”成为表达思想与观念的工具。所以，名称足以代表事物的实际，言辞能够完全表达自己的思想就可以了。因而，我们不要咬住“名”不放，就“名”而论“名”的话，就会像惠施、邓析等人一样“好治怪说，玩琦辞”(《非十二子》)，陷入名辩的误区而不能自拔。荀子引用古书上的话说：“传曰：‘析辞而为察，言物而为辨，君子贱之；博闻强志，不合王制，君子贱之。’”(《解蔽》)君子最看不起那种玩弄词句而自以为明察秋毫、空谈名物而自以为善辩的人，因为他们只是空谈，其理论的实用性很差。这些人的观点只停留在博闻强志的层次上，其理论既没有根据，也没有实用性；既不符合实际，也不能应用到现实的政治当中去，这就叫作“甚察而不惠，辩而无用，多事而寡功，不可以为治纲纪”(《非十二子》)。由此可见，荀子的“正名”思想，是为了安定社会、辅助政治，达到平治的目的，是以实用为主的。

其次，“所缘而以同异”——制名的生理与心理基础。荀子认为，名的基本作用是“贵贱明，同异别”。然而，区别异同的根据是什么？荀子认为是“天官”，即人的感官：

然则何缘而以同异？曰：缘天官。凡同类、同情者，其天官之意物也同，故比方之疑似而通，是所以共其约名以相期也。形体、色、理以目异，声音清浊、调竽奇声以耳异，甘、苦、咸、淡、辛、酸、奇味以口异，香、臭、芬、郁、腥、臊、洒、酸、奇臭以鼻异，疾、养、沧、热、滑、铍、轻、重以形体异，说、故、喜、怒、哀、乐、爱、恶、欲以心异。心有征知。征知则缘耳而知声可也，缘目而知形可也，然而征知必将待天官之当簿其类然后可也。五官簿之而不知，心征知而无说，则人莫不然谓之不知，此所缘而以同异也。(《正名》)

荀子说：“耳目鼻口形能，各有接而不相能也，夫是之谓天官。”(《天论》)“天官”就是耳、目、鼻、口、身体等，它们各有其职能，不能互相代替。我们正是依靠“天官”来区别事物的同异的。凡是同类、同情者，“天官”对它们的感触也是大抵相同的。万物的形体、颜色、纹理用眼睛来区别；声音的清与浊、和谐与杂乱用耳朵来区别；甘、苦、咸、淡、辛、酸、奇味用口舌来区别；香、臭、芬芳、腐臭、腥、臊、马膻气、牛膻气及其他怪味用鼻子来区别；疾病、痒、寒、热、滑、涩、轻、重用体感来区别；愉悦、烦闷、喜、怒、哀、乐、爱、恶、欲望用心来区别。人心有“征知”的作用，因而可以通过耳朵来知声，凭借眼睛来知形。但是心的这种感知作用必须通过感

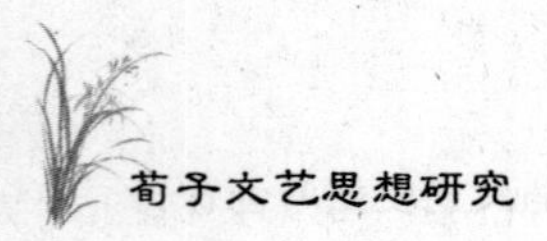

官接触事物才能得以发挥。如果五官接触事物却不能加以认识，人心感知事物却不能作出分析、解释，这就是“不知”。

由此可见，荀子认为语言制定的基础是人类的感官经验。他认为，在区别事物名称的同异时，人的五官是基本的感官，人通过五官来感知事物，最后再通过心的“征知”作用来用不同的名称加以区别。在这个过程中，五官与作为“天君”的心缺一不可。用现代哲学术语来说，五官的感知是感性认识，心的“征知”则把这种感性认识上升到理性认识，将不同的事物用不同的名称加以区别。

再次，“制名之枢要”——制名的大纲。前面说了制名的原因、制名的生理与心理基础，接着，荀子又对“制名之枢要”作了说明。他说：

> 然后随而命之：同则同之，异则异之。……名无固宜，约之以命。约定俗成谓之宜，异于约则谓之不宜。名无固实，约之以命实，约定俗成谓之实名。名有固善，径易而不拂，谓之善名。物有同状而异所者，有异状而同所者，可别也。状同而为异所者，虽可合，谓之二实。状变而实无别而为异者，谓之化。有化而无别，谓之一实。此事之所以稽实定数也，此制名之枢要也。（《正名》）

在这段话中，荀子主要讲述了两条制名的主要原则：

一是约定俗成的原则。荀子认为“名无固宜”，即事物的名称与它的实际并没有必然的联系，人们给事物命名一开始并不是固定的，而是“约之以命”，即由人们按照一定的社会文化传统、生活习惯、经验习俗共同约定。约定了，习惯了，就认为这个名称是合适的。名称中有本来就很好的，平直易懂而不违背人意，这就叫“好的名称”。可见，荀子从人们的社会生活习惯出发，提出了约定俗成的制名原则，希望建立一套有效的理想语言。

二是“稽实定数”的原则。“稽”者，稽考。杨倞认为，“稽实定数”就是说要“稽考其实而定一二之数也”[①]。荀子认为，事物中有形状相同而实质并不同的（“有同状而异所”），也有形状不同而实质相同的（“异状而同所”），这些都是可以辨别的。形状相同而实质不同的，虽然可以合用一个名称，但是确实是两种不同的东西（“二实”）。那些形状变化而实质并没有改变的，就叫作“变化”；有变化但实质并未改变的，仍然是一个实物（“一实”）。在制名的时候，我们应该按照实质的不同来确定事物的名称，这就叫作“稽实定数”——根据其实质确定其是“一实”还是“二实”。换句话说，在给事物命名的时候，一定要根据事物的实质确定其名称，做到名实相符、名副其实。只有这样，才能够避免“用名以乱名”“用实以乱名”“用名以乱实”（《正名》）的“三惑”。

---

① 王先谦撰，沈啸寰、王星贤点校：《荀子集解》，第420页。

从上面的制名原则中可以看出，荀子已经意识到语言是社会的产物，是人们“约定俗成”的，因而语言本身与事物的本质并没有必然的关系，两者并不是同一的，语言只是传达意义的工具而已。

(三)“名闻而实喻”与“成文而类”——荀子名辩思想及语言观的核心

荀子既言“正名”，又主张言辞辩说，那么名与辩之间的关系是怎样的呢？荀子在《正名》篇中说：

> 实不喻然后命，命不喻然后期，期不喻然后说，说不喻然后辨。故期、命、辨、说也者，用之大文也，而王业之始也。
>
> 名也者，所以期累实也。辞也者，兼异实之名以论一意也。辨说也者，不异实名以喻动静之道也。期命也者，辨说之用也。辨说也者，心之象道也。心也者，道之工宰也。道也者，治之经理也。心合于道，说合于心，辞合于说，正名而期，质请而喻。

“辨”同“辩”，荀子每每借“辨”为“辩”。以“实”为开端，荀子分辨了“命”“期”“说”“辨”的关系。“命”即命名，是在实物不明的情况下开始的。“期”，杨倞注曰：“期，会也。言物之稍难名，命之不喻者，则以形状大小会之，使人易晓也。谓若白马，但言马则未喻，故更以白会之。”[①]在命名还不能明晓事物的情况下，可以约同其他事物的名称以参照比附。“说”即解说，在期会仍不能表明事物的情况下可以解释、说明。“辨”，解说了还不能明白，就通过反复的辩论来论证它。所以，“命”“期”“说”“辨”是一个环环相扣、逐层深入的过程。命名是认识事物最基本的层次，辩说是最高的层次，而它们的最终目的则同是使“实”明了地呈现出来，做到“名闻而实喻”：“名闻而实喻，名之用也。累而成文，名之丽也。用丽俱得，谓之知名。”(《正名》)“名闻而实喻”，就是说听到名称就明白了它的实际内容，通晓了它的意义。这样才能“名定而实辨”(《正名》)。这就是“名”的作用，即通过名称而了解实物，“制名以指实”(《正名》)。

荀子认为，在“名”的基础上的“辞”“辨说”也具有与“名”同样的功用：“名也者，所以期累实也。辞也者，兼异实之名以论一意也。辨说也者，不异实名以喻动静之道也。”(《正名》)“名”是人们约定用以表达各种事物的，“辞”是人们连缀不同的“名”以表达某种意义的，辩说则是用名称及言辞表达一个完整的道理，明辨是非的。所以说，无论是言辞还是辩说，它们都是以“名”为基础，组合不同的名称与词句，使名、实相符的。荀子认为，这种名、实相符的辩说艺术在语言表达上的最高境界是“成文而类”，即内容与形式的完美统一：“不先虑，不早谋，发之

---

① 王先谦撰，沈啸寰、王星贤点校：《荀子集解》，第 422 页。

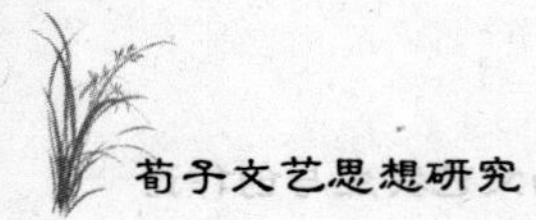

而当，成文而类，居错迁徙，应变不穷，是圣人之辩者也。先虑之，早谋之，斯须之言而足听，文而致实，博而党正，是士君子之辩者也。”(《非相》)关于“文”，李泽厚先生说：“‘象形’作为‘文’的本意，是汉字的始源。后世‘文’的概念便扩而充之相当于‘美’。”①这里的“文”相当于文章采饰，以辩说、言辞作为艺术表现形式。荀子曾不止一次地提到辩说之“文”：“多言则文而类”(《性恶》)；“期命辩说，用之大文也……累而成文，名之丽也”(《正名》)；“其言有文焉”(《大略》)。“类”则是指“统类”，即辩说要合乎礼法。《性恶》篇曰：“多言则文而类，终日议其所以，言之千举万变，其统类一也。”辩说只有以礼义为本，既能表现出所要表达的内容，又能在语言运用上恰当而有文采，做到“名闻而实喻”“成文而类”的文质统一，才是君子之辩，才是最完美的名辩艺术。

由此可见，荀子继承了孔子“文质彬彬，然后君子”(《论语·雍也》)的文质观及“辞达而已矣”(《论语·卫灵公》)的语言观，并加以发挥，明确地提出了“名闻而实喻”“成文而类”的文质统一的思想。同时，他将这种思想成功地运用到辩说及正名的实践活动中，既注重语言所要表达的内容，又注重语言的形式，主张文与质、内容与形式的完美统一。

---

① 李泽厚：《美的历程》，广西师范大学出版社 2000 年版，第 52 页。

第五章　荀子的文艺审美理想论

审美理想问题是美学的核心问题之一。虽然这个概念来源于西方美学，中国古代传统的美学家从未就这一问题作过系统而严密的论述，但是他们所提出的诸如"中和""尽善尽美"等范畴都直接指涉到这个问题的核心。作为先秦各家思想的集大成者，荀子对这些范畴进行了重新定义和阐释，他提出的"中和之美"和"全粹之美"的观点都非常接近审美理想的合理内核，是对儒家传统的审美理想论的进一步发展。

第一节　"中和"之美

"中和"是中国古代哲学史、思想史、文化史、美学史上的一个极其重要的范畴，研究者往往将其作为中国文化的基本特色而加以论述。在此范畴下衍生的"中和之美"理论，在中国美学史中同样具有重要的地位。有的学者称其为中国古代美学的最高原则，认为其是中国古代艺术追求的最高境界。荀子作为先秦各家思想的集大成者，综合了孔子、孟子、《左传》等关于"中""和"的理论并加以发挥。可以说，在中国的音乐及诗歌批评理论发展史中，到了荀子，"中和之美"才真正成熟并确立起来。

一、"审一以定和"——荀子论"中和"

荀子关于"中和"的理论，吸取了先秦诸子关于"中""和"的学说并加以发挥，对"中和"这一范畴作了新的阐释。

(一)中——"曷谓中？曰：礼义是也。"

"中"的概念出现得很早，在金文中就可以看到"中"的影子。尚"中"的思想，是中国古代哲学思想中的一个根本特点。《尚书·盘庚》里，盘庚在迁都前教导万民要"各设中于乃心"。孔子"祖述尧舜，宪章文武"，他在《论语·尧曰》中借用尧的话说“允执其中”，又在《子路》篇提出用中、执中的“中行”观：“不得中行而与之，必也狂狷乎！狂者进取，狷者有所不为也。”不仅如此，他还提出了一个影响了中国人两千年的思想原则——中庸。《论语·雍也》中说，“中庸之为德也，其至矣乎！民鲜久矣”，将“中庸”看作最高的、至善至美的道德准则。孟子力倡中道的思想，丰富发展了孔子的中庸及“中行”观，提出了“时中”的观点。孟子说：“孔子，圣之时者也。”(《孟子·万章下》)又说：“彼一时，此一时也。”(《孟子·公孙丑下》)意即告诫人们要依据特定的时空条件顺时应变、随机应变，不应拘泥于一时一事。此外，孟子吸收了孔子“可以立，未可以权”的观点，提出了“执中用权”的权变观：“子莫执中。执中为近之。执中无权，犹执一也。所恶执一者，为其贼道也，举一而废百也。”(《孟子·尽心上》)意思是说，君子不应该墨守成规，如果“执中”而不放，缺乏变通(“执中无权”)，就如同固执一样，必然危害到真正的“执中”之道，所以必须要活学活用，要懂得变通与权衡。

荀子继承了前人的理论成果并加以发挥，他在使用“中”时，除了读作四声的“中”(作“射中”“符合”等义讲)外[①]，“中”的第一种意义是中间、当中，如“蓬生麻中”(《劝学》)、“沟中之瘠”(《正论》)等，意指空间或时间上的某一点、某一刻，进而引申为中央、中心。比如(《大略》)篇曰：“欲近四旁，莫如中央，故王者必居天下之中，礼也。”荀子认为，欲与四方相接近，没有好于中央的，所以王者的都邑必在天下的中心，这是礼的规定。在论述心的特点与作用时，荀子说：“心居中虚，以治五官，夫是之谓天君。”(《天论》)意思是，心居于胸腔之中心，居中虚之地以支配五官，所以叫作“天君”。

“中”在时间或空间上可以理解为中央或中心，这些都是与道德伦理无关的；当按照一定的价值要求解释“中”时，它的另一意义为“中正”，即中正之道。《劝学》篇说：“蓬生麻中，不扶而直。兰槐之根是为芷。其渐之滫，君子不近，庶人不服，其质非不美也，所渐者然也。故君子居必择乡，游必就士，所以防邪辟而近中正也。”荀子以蓬草、芷为例，说明了社会环境对修养人性的作用，认为君子一定要“慎其所去就也”(《乐论》)，以防止因邪僻之道的浸染而影响接近中正之道。中正之道既是为人处世的准则，也是言谈辩说的标准。荀子说：

> 凡事行，有益于理者立之，无益于理者废之，夫是之谓中事。凡知说，有益于理者为之，无益于理者舍之，夫是之谓中说。事行失中谓之奸事，知说失中谓之奸道。奸事奸道，治世之所弃，而乱世之所从服也。(《儒效》)

“中”者，正也。荀子认为，凡事有益于理的就做，无益于理的就不做，这就叫作

① 《儒效》：“弓调矢直矣，而不能射远中微，则非羿也。”《王霸》：“故人主欲得善射，射远中微则莫若羿、蜂门矣；欲得善驭，及速致远，则莫若王良、造父矣。”《议兵》：“弓矢不调，则羿不能以中微。”

“中正之事”;凡知识学说,有益于理的就实行,无益于理的就不实行,这就叫作“中正之说”。事情行为违背中正之道(“失中”),谓之奸邪之事;知识学说违背中正之道,谓之奸邪之道。奸邪之事和奸邪之道“失中”,所以为治世所鄙弃而乱世所从服。因而,得“中”是人世间一切行为活动的准则,是判断行为正确与否的标准,是恰当的行为所必须遵守的。

那么,到底何谓“中”?“中”的具体标准是什么呢?荀子认为“中”就是礼义:“先王之道,仁之隆也,比中而行之。曷谓中?曰:礼义是也。”(《儒效》)王念孙曰:“比,顺也,从也。”[①]在这里,荀子已经不再局限于孔子的“执其两端,用其中于民”的折中、调和的方法,而是将“中”用实际的内容加以规定:他在礼义之统思想的指导下,认为先王之道是仁德之极致;之所以如此,是因为其能够“比中而行之”——遵循中正之道而行之。礼义便是“中”,礼义之道便是中正之道。所以说先王之道之所以是仁德的极致,完全是因为其是按照礼义之道的标准去行动的。可见,荀子将礼义看作“中”的内容。他将“中”看成是礼义的观点,是对孔子的“礼所以制中”思想的继承与发展,是对礼义在人格修养及社会和谐中的作用的肯定与深化。《天论》篇曰:

> 故道之所善,中则可从,畸则不可为,匿则大惑。水行者表深,表不明则陷;治民者表道,表不明则乱。礼者,表也。非礼,昏世也。昏世,大乱也。故道无不明,外内异表,隐显有常,民陷乃去。

恰当地运用“道”的人,符合“中”的就遵从,反之则不可行,否则就会造成极大的混乱。人事行为如同涉水过河一样,必须标明水的深浅,标识不明就会使人陷入深水丧生。治理国家也是如此,必须要标明所行之“道”,标识不明则有混乱之忧。礼之为物,就是行为的标识。内外各有其标识,显隐各有其常法,人民便不至于误入陷溺了。所以说礼义是行为的准则,人人依礼义而行就是依“中”而行,依“中”而行则会不偏不倚,既无过之,又无不及,这就是“唯其当之为贵”。《不苟》篇篇首曰:

> 君子行不贵苟难,说不贵苟察,名不贵苟传,唯其当之为贵。故怀负石而投河,是行之难为者也,而申徒狄能之;然而君子不贵者,非礼义之中也。山渊平,天地比,齐、秦袭,入乎耳,出乎口,钩有须,卵有毛,是说之难持者也,而惠施、邓析能之;然而君子不贵者,非礼义之中也。盗跖吟口,名声若日月,与舜、禹俱传而不息;然而君子不贵者,非礼义之中也。故曰:君子行不贵苟难,说不贵苟察,名不贵苟传,唯其当之为贵。《诗》曰:“物其有矣,唯其时矣。”此之谓也。(《不苟》)

① 王先谦撰,沈啸寰、王星贤点校:《荀子集解》,第122页。

《匡谬正俗》曰："苟者，偷合之称。"[1]《仪礼》注："苟，假也。"[2]"不苟"即不苟且。荀子认为，君子行己不贵苟且之难，辩说不贵苟且之察，名声不贵苟且之传，而唯以恰当（"当"）为贵。何谓恰当？荀子认为唯以合于"礼义之中"为贵。"中"，《淮南子·原道》注："中，适也。"《汉书·刑法志》注："中，当也。"[3]"礼义之中"也就是恰当的礼义，在行动中就是要以符合礼义为贵。比如申徒狄抱石投河而死，这是人所难以做到的，但是君子并不以此为贵，这是因为它"非礼义之中"；像"山渊平""天地比""齐、秦袭""入乎耳，出乎口""钩有须""卵有毛"等说法是辩说中最难做到的，虽然惠施、邓析等人做到了，但君子并不以之为贵，因为它"非礼义之中"；盗跖凶暴若虎狼，声名四溢，无人不知，但君子并不以此名声为贵，因为它"非礼义之中"。所以说"唯其当之为贵"。《诗·小雅·鱼丽》说："虽有物产丰美，唯得其时才可为贵。"就是这个意思。荀子从辩说方面说明了"礼义之中"的重要性。

荀子尚"中"思想吸收了孔孟"执中""用中"的思想，既体现了"唯其当之为贵"的"时中"、权变的精神特质，又赋予"中和"之"中"以特殊的内容——"礼义"，"中和"思想的第一要义便是以符合礼义为准则。这既体现了荀子对孔子"克己复礼"思想的继承，也体现了礼义在"天生人成"思想中"人文化成"的重要作用。

（二）和——"以分定和"

"和"是中国哲学史与美学史上的重要理论范畴。荀子之前关于"和"的理论，在哲学上已经开始出现多统于一、寓多于一的辩证观点，意在说明事物内部诸要素及不同事物间的对立统一；而在文艺上，则被普遍理解成"协和""调和"的意思。《国语·郑语》中对"和"作了精彩的论述，提出了"和实生物""以他平他谓之和"的说法。《周语》中则明确地提出了"乐从和，和从平"的"乐正"思想。孔子提出"礼之用，和为贵"（《论语·学而》）及"君子和而不同，小人同而不和"（《论语·子路》）的观点。荀子继承了前人的思想，同时又对"和"作了进一步的解释与界定。

《说文解字》："和，相应也。从口禾声。"和，就是"相应和"。荀子在用"和"字时常以"附和""符合""调和""谐和"为其义，比如《非十二子》中"子思唱之，孟子和之"之"和"即为"附和"；《富国》篇中"寒暑和节"之"和"为"符合"；《天论》篇中"万物各得其和以生，各得其养以成"之"和"为"调和""谐和"，等等。然而荀子在言"和"时也有特殊之处，特别是常常以"分"与"和"对举。《王制》篇曰：

---

① 转引自梁启雄：《荀子简释》，第 24 页。

② 转引自梁启雄：《荀子简释》，第 24 页。

③ 转引自梁启雄：《荀子简释》，第 1 页。

人何以能群？曰：分。分何以能行？曰：义。故义以分则和，和则一，一则多力，多力则强，强则胜物，故宫室可得而居也。故序四时，裁万物，兼利天下，无它故焉，得之分义也。

在论述社会中群体的关系时，荀子认为有“分”才有“和”，因为“分均则不偏，势齐则不一，众齐则不使”(《王制》)。偏，遍也。如果人与人之间分配平均、贵贱相等，则供求未能周遍；如若势位齐等，则不能上下相制衡。因而，必须“制礼义以分之”(《王制》)，依靠礼义为之分别，使之各得其所，这样才能够使之和谐；和谐后则能使之化而为一、和合为一；和合为一则能力量强大，制胜于物。所以，人能够顺四时之序，裁制万物，使天下之人均得到利益，是因为能够“制礼义以分之”。可见，在荀子的社会理论中，“和”并不是绝对的、无条件的，而必须以“分”为条件。“分”是实现“和”的前提与保障，有“分”才有“和”。

荀子关于“分”与“和”的这一理论，同样体现在其天人关系中。他在论述天人分途时，认为天道与人道各司其职，各有其特色，有着不同的职分与特点，人道与天道绝不能混为一谈，所以他说：“明于天人之分，则可谓至人矣。”(《天论》)在“明于天人之分”的基础上，他又提出了天、地、人相配以成三(即“参”)的观点，认为“天有其时，地有其财，人有其治，夫是之谓能参”(《天论》)。天、地、人之间有不同的职分，绝不能混淆，否则就容易“蔽于天而不知人”，放弃人为努力而完全屈从于天；同时，在处理好三者之间的“分”的关系的前提下，也可以实现“和”——天、地、人三者的和谐互动，即在天人之分的前提下实现天人合一的目标。

由此可见，荀子在论述“和”时从来离不开“分”的观点。“分”是实现“和”的路径与保障，没有“分”也就没有“和”，必须通过“分”的手段与方法来实现“和”的目标，发挥“和”的作用。荀子“以分定和”的这一理论，充分体现了其朴素的辩证法思想，是对先秦儒家“和”的思想的继承与创新。

(三)“中和”——“审一以定和”

在荀子看来，“中”是中正，具体说来就是要以礼义之道作为衡量的标准；“和”则是和谐、调和，它的前提是“分”，要“以分定和”，实现“分”与“和”的辩证统一。然而，“中”与“和”毕竟各有其内容与特色，两者又是如何结合起来，统一为一个整体而被称为“中和”的呢？关于两者的结合，我们可以借用荀子解释音乐的一句话来说明。《乐论》篇曰：“乐者，审一以定和者也，比物以饰节者也，合奏以成文者也。”关于此处的“一”，孙希旦曰：“一者，谓中声之所止也。……故审中

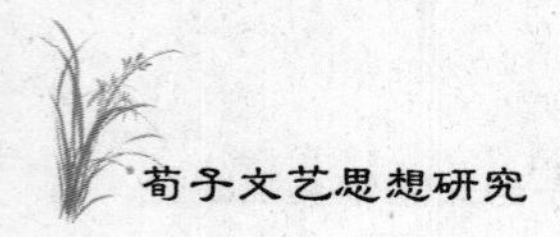

声者所以定其和也。”①“审一以定和”也就是审定“中声”以和谐诸声，以“中声”作为标准调和各种不同的声音。即音乐要审定一个中音作为基本的主音来确定乐调的和谐，然后再配上其他的音调以调节节奏，合奏成一支和谐的乐曲，体现出旋律的曲直（曲折或平直）、繁省（简单或复杂）、廉肉（清楚或丰润）、节奏等变化。所以，“审一以定和”即“审中以定和”。也就是说，在“中”与“和”的关系上，必须确立一个“中”的标准，以“中”为准绳以使其他的要素与之相协调，与之相适应；“和”的产生并不是无条件的，而必须以“中”为参照，在“中”的领导下使诸要素协调统一、和谐一致，实现杂多与对立事物的有机统一。

总而言之，荀子的中和理论以儒家传统的中和思想为基础，同时又加以丰富和深化。他将“中”“和”的种种理论内涵与特质作了区别与全面的综合，使之成为一个完整的、内涵丰富的理论整体，主张以“中”为标准以确定“和”。荀子的这一理论，对后世影响深远。

二、“乐之中和也”——荀子论文艺“中和”之美

虽然先秦儒家关于“中”“和”的理论在荀子之前就已经萌芽，但“中”“和”二字到荀子时才开始正式连用，并且其理论内容到荀子时才基本发展成熟。② 荀子在其“中和”思想基础上形成的艺术的“中和之美”的观点，已成为其文艺审美标准观的核心观点之一。

《荀子》一书中，曾多次提到文艺“中和之美”的观点：

《诗》者，中声之所止也。（《劝学》）

《礼》之敬文也，《乐》之中和也，《诗》、《书》之博也，《春秋》之微也，在天地之间者毕矣。（《劝学》）

《诗》言是，其志也；《书》言是，其事也；《礼》言是，其行也；《乐》言是，其和也；《春秋》言是，其微也。（《儒效》）

恭敬，礼也；调和，乐也。（《臣道》）

乐者，审一以定和者也，比物以饰节者也，合奏以成文者也。（《乐论》）

---

① 梁启雄：《荀子简释》，第 278 页。

② 《中庸》的首章虽然有“致中和，天地位焉，万物育焉”的说法，但其论述比荀子的论述简略，尚未形成成熟的、完整的体系，而且关于《中庸》的作者问题，尚存在很大的争议。朱熹及以前的学者认为《中庸》为子思子所作，但自宋以后，陆续有许多学者，如欧阳修、王安石、冯友兰、钱穆等人提出质疑，认为其作者不是子思子而较之晚出。笔者比较赞同杨泽波先生的说法，那就是前 19 章在时间上较早些，可能是《礼记·中庸》的原文，为子思子所作；首章和后 13 章，在时间上晚些，可能是《汉书·艺文志》中所列的《中庸说》，为秦汉人士所作。（参见杨泽波：《孟子评传》，南京大学出版社 1998 年版，第 30－32 页）所以笔者在此仍认为“中”“和”连用从荀子开始。（张国庆先生认为“中和”概念迟至荀子才正式提出。参见《中和之美——普遍艺术和谐观与特定艺术风格论》，巴蜀书社 1995 年版，第 38 页）

且乐也者，和之不可变者也；礼也者，理之不可易者也。乐合同，礼别异，礼乐之统，管乎人心矣。（《乐论》）

故乐者，天下之大齐也，中和之纪，人情之所必不免也。（《乐论》）

乐中平则民和而不流。（《乐论》）

《乐论》通篇以“中和之美”为主要论旨，将“中和”看成是一种文艺风格、审美情趣及文艺批评观的标准。在荀子看来，“中和”是文艺的最主要的特征，是文艺区别于“礼”的最显著的特点。中国古代文艺思想中的“中和之美”的观点，在荀子时正式提出。

荀子关于文艺“中和之美”的观点，主要体现在以下几方面：

（一）对“中”的强烈追求——以礼义为根本

荀子的“中和之美”思想中，“中”是核心的范畴与命题：“故道之所善，中则可从，畸则不可为，匿则大惑。”（《天论》）只有符合“中”的原则的道理才是正确的道理，才能够施行下去。而“中”的具体规定便是“礼”：“先王之道，仁之隆也，比中而行之。曷谓中？曰：礼义是也。”礼义是“中”的具体规定，是“中”的法则，所以“审一以定和”也就是“审礼以定和”。在文艺的创作及取舍上，要以是否符合礼义为标准，凡是符合礼义的都要保留，反之则是“奸”“邪”，理应被剔除：

夫声乐之入人也深，其化人也速，故先王谨为之文。乐中平则民和而不流，乐肃庄则民齐而不乱。……乐姚冶以险，则民流僈鄙贱矣。流僈则乱，鄙贱则争。乱争则兵弱城犯，敌国危之。……故先王贵礼乐而贱邪音。其在序官也，曰：“修宪命，审诛赏（即诗商——笔者注），禁淫声，以时顺修，使夷俗邪音不敢乱雅，太师之事也。”（《乐论》）

文艺对人的影响极其深远，因此先王非常谨慎地制定乐章，只选取那种中平、肃庄的音乐，因为这些音乐都是符合“中”的原则的“礼乐”；而对那些“姚冶以险”的“邪音”，则予以坚决禁止，使之不能流行于天下。先王专门设立掌管音乐的“太师”职位，让他来修订法令文告，审查诗章，禁止邪淫之音，顺应时势变化以随时修订诗篇乐章：

先王恶其乱也，故制《雅》、《颂》之声以道之，使其声足以乐而不流，使其文足以辨而不諰，使其曲直、繁省、廉肉、节奏足以感动人之善心，使夫邪污之气无由得接焉。（《乐论》）

荀子之所以强烈追求文艺符合礼义之道的“中”的原则，与文艺本身的特点是分不开的。在文艺的发生上，荀子认为其产生于人之情，而“人情甚不美”（《性恶》），“乐则不能无形，形而不为道，则不能无乱”（《乐论》）。如果顺着人的性情而无限制地发展，则只会导致偏险悖乱。所以，人的快乐不能无限制地表达出来，必须加以合理的引导，而礼义之“中”正是先王为了引导其合理的表达而创制

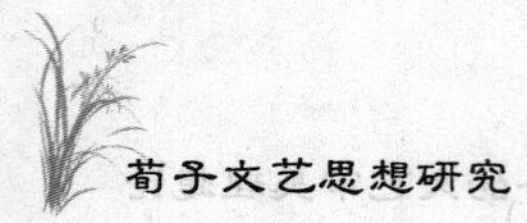

的。文艺离不开礼义之“中”的引导与规范，离开了这种引导与规范，就会产生混乱。所以荀子说：“以道制欲，则乐而不乱；以欲忘道，则惑而不乐。故乐者，所以道乐也。金石丝竹，所以道德也。”(《乐论》)“道”，即礼义之道，也就是荀子所说的“中”。以道抑制其欲望，则中心诚悦而不至于混乱；沉溺于欲望而忘其道，则志意混乱而不快乐。所以说音乐之道在于引导人的情感表现走向正道，金石丝竹之音用以引导人的道德。可见，荀子论中和之美，带有强烈的目的指向，“中”最终导向于音乐对主体的种种价值——包括愉悦性情在内的审美价值及符合礼义之中的社会价值等等。可以说，荀子以礼义为中和之“中”的理论，对后世温柔敦厚及“发乎情，止乎礼义”的诗教传统影响深远。

(二)以“和”论文艺的特征及作用

荀子以礼义之“中”为根本，将中和之美上升为一种价值判断，“中”具有强烈的价值论的目的指向；然而，只有“中”而没有“和”不能算作中和，荀子在论述中和之美时的另一特点便是对于“和”的大量论述。他不仅将“和”看成是“中和之美”的组织与协调的手段及方法，看成是文艺的特质，更将文艺的作用归结为一个“和”字。

荀子认为，世间的一切事物都产生于一个生生不息、和谐运作的体系中，宇宙中的一切都是“和”的产物：“列星随旋，日月递照，四时代御，阴阳大化，风雨博施，万物各得其和以生，各得其养以成，不见其事，而见其功，夫是之谓神。”(《天论》)音乐等艺术也在“和”的条件下产生，是“目好之五色，耳好之五声，口好之五味”(《劝学》)之“五色”“五声”“五味”调和的产物。比如荀子在论述文艺的特征时说：

> 故乐者，审一以定和者也，比物以饰节者也，合奏以成文者也，足以率一道，足以治万变。(《乐论》)

孙希旦曰：

> 一者，为中声之所止也。《左传》：“先王之乐，所以节百事也，故有五节迟速本末以相及，中声以降，五降之后，不容弹矣。于是又烦手淫声，慆堙心耳，乃忘平和。”盖五声下不踰宫，高不过羽，若下逾于宫，高过于羽，皆非所谓和也。故审中声以定和者，亦审乎宫声而已。此所以谓之一也。比，合也。审一以定和，而以之上下相生以为五声，而又比合于乐器以饰其节奏也。①

“审一以定和”是说文艺是五音调和、互相协调的产物。也就是说在乐的创作中，

① 梁启雄：《荀子简释》，第278页。

乐追求的是整体结构的和谐，宫、商、角、徵、羽五音之间要相互配合、协调一致，然后再配上不同的乐器伴奏，合奏成一支和谐的乐曲。所以说，一支完美的乐曲，不仅仅是五音之间和谐，也是各种乐器之间和谐的产物。金、石、丝、竹等乐器要相互配合，根据整体和谐的原则，调整其演奏的次序、声音的高低、时间的长短等等。

“和”的文艺创作原则，不仅仅体现在文艺本身的创作及演奏中，更体现在乐及礼的实践中。荀子在介绍“乡饮酒”之礼时，对文艺与饮酒礼仪的协调配合介绍得极为详致：“工入，升歌三终，主人献之；笙入三终，主人献之；闲歌三终，合乐三终，工告乐备，遂出。”（《乐论》）在乡饮酒仪式上，奏乐的章法及饮酒的次数都是有严格限制的。上段引文是说：在敬酒时，乐工进来以后，要先演唱诗歌三篇[①]，然后主人敬酒；然后吹笙的人再进来，演奏歌曲三首[②]，主人再敬酒；最后，乐工和吹笙的轮流演奏歌唱三遍，又合奏三遍[③]，乐工报告乐曲已经完备，就退出去了。由此可见，祝酒的文艺与饮酒的礼仪一定要搭配得协调一致、进退得中，在不同的时段要演奏不同的音乐、吟诵不同的诗句，同时也要配合以不同的敬酒仪式与之相“和”。所有这些无不体现出“和”的原则。

荀子除了将“和”看作文艺及乐礼的特质与创作原则外，还将文艺对个人、社会、国家发生的作用归结为一个“和”字，认为文艺能够发挥“和”的作用，使人“合同”。他说：

> 恭敬，礼也；调和，乐也。（《臣道》）
>
> 且乐也者，和之不可变者也；礼也者，理之不可易者也。乐合同，礼别异，礼乐之统，管乎人心矣。（《乐论》）

礼“以财物为用，以贵贱为文，以多少为异，以隆杀为要”（《礼论》），它所体现的是等级原则，故而它的本质是“分”“别”，使人恭敬；乐则不同，它来源于人情，且乐必合奏，故而它的基本精神是“和”，使人合同。因而，乐正好弥补了礼所缺失的，能够发挥“调和”“合同”的作用，使礼的强制性与等级性（“别异”功能）不至于无限地发展下去，造成不可调和的矛盾。乐正好通过“和”的特质来发挥它的作用，

① 古代的乐章，皆三篇为一。根据《仪礼·乡饮酒礼》的记载，此三篇为升堂歌《鹿鸣》《四牡》《皇皇者华》，皆为《小雅》中的诗句。

② 据《仪礼·乡饮酒礼》记载，此三篇为《南陔》《白华》《华黍》。

③ 此“闲歌三终，合乐三终”为堂上先歌《鱼丽》，堂下笙吹《由庚》；堂上歌《南有嘉鱼》，堂下笙吹《崇丘》；堂上歌《南山有台》，堂下笙吹《由仪》。（参见《仪礼·乡饮酒礼》）

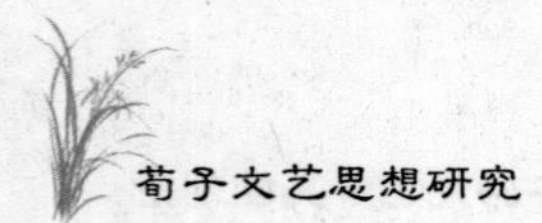

它能够使君臣和敬、父子和亲、长少和顺[①]，发挥使天下人和齐（“天下之大齐”）的作用，使人的性情符合礼义之道的纲要（“中和之纪”）。[②] 所以说，文艺的作用可以归结为“中和”之“和”字。

总而言之，“中和之美”是荀子在其美学及文艺思想中反复强调的一个概念。他的这一思想，既吸收了先秦各家尤其是先秦儒家关于“中”“和”的思想，同时又作了发挥。他赋予“中”以特定的内容——礼义之道，同时又将“和”看作文艺的特质，认为其发挥着与礼义之别异功能不同的“合同”的作用。郑炯坚先生说：

> 荀子即采“一元”为主导，以“多元”作辅补、互动及辩证统一，形成一个不断通权达变、因时制宜之“时中”调节机制，兼具动态与静态之中正、和平、平衡（无过无不及）、协调与和谐之价值观。其理想效果是能使高低不同的价值，有一合理的安排，各得其所，并可相应、相生、相济地配合变化发展而迈向恰到好处“乐得其道、以道治欲”，美善合一，甚至尽善尽美。[③]

荀子“中和之美”的审美理想论，对汉以后“温柔敦厚”及“发乎情，止乎礼义”的诗教传统产生了重要影响。

第二节 “不全不粹之不足以为美”——荀子论真、善、美的关系

真、善、美是美学的核心范畴，也是艺术的核心范畴之一，世界上所有的艺术形式都离不开真、善、美。可以说，追求真、善、美的统一是人类审美理想的终极目标。关于艺术中真、善、美的问题，在中西艺术的各个时期都有精彩的论述。在西方，早在古希腊时期，柏拉图、亚里士多德等人就已经作过论述。柏拉图就曾说：“把真善美的东西写到读者心灵里去，只有这类文章才可以达到清晰完美，也才值得写值得读。”[④]在中国，孔子就曾在评价《韶乐》时明确地说：“尽美矣，又尽善矣。”（《论语·八佾》）荀子继承了孔子这一思想，将文艺的真、善、美阐述得更为详尽与完整，提出了“不全不粹之不足以为美”（《劝学》）的真、善、美统一的观点。

---

① 《乐论》：“故乐在宗庙之中，君臣上下同听之，则莫不和敬；闺门之内，父子兄弟同听之，则莫不和亲；乡里族长之中，长少同听之，则莫不和顺。故乐者审一以定和者也，比物以饰节者也，合奏以成文者也；足以率一道，足以治万变。”

② 关于礼、乐的关系及乐“合同”的作用，将在下一章中详细论述。

③ 郑炯坚：《荀子文学与美学》，第 317 页。

④ 朱光潜译：《柏拉图文艺对话集》，人民文学出版社 1997 年版，第 174 页。

一、真——“诚”也

在先秦哲学中，讲“真”最多的不是儒家，而是道家。《论语》及《孟子》中无一“真”字，而《道德经》中“真”字出现3次，《庄子》一书中“真”字更是出现66次。可见相对于儒家，道家是最重“真”的。老子的哲学可以用四个字来概括——返璞归真。庄子也说要“法天贵真，不拘于俗”（《庄子·渔夫》）。在道家看来，“真”就是最高的“道”，也就是自然而然的本然状态。《庄子·秋水》篇云：“牛马四足，是谓天；落马首，穿牛鼻，是谓人。故曰：无以人灭天，无以故灭命，无以得殉名，谨守而勿失，是谓反其真。”“反其真”就是返回到自然而然的本真状态。所以要达到“真”，就必须“不失其性命之情”（《庄子·在宥》），即不能失去性命之情实。故而庄子说：“真者，精诚之至也。不精不诚，不能动人。”（《庄子·渔夫》）“真”是精诚的极致，不精不诚，不能感动人。所以，在道家看来，无为而治、自然而然之所以可以称为“真”，是因为它们都是顺着事物的性情的，是最真诚、最真实的，是精诚之致。所以说“真”与“诚”密切相关，“真”就是精诚的极致。

先秦儒家虽然很少讲“真”字，但是对“诚”字的运用却相当娴熟。《易·文言》中说：“忠信所以进德也；修辞立其诚，所以居业也。”在这里，“诚”为安身立命的根据。《论语》中论“诚”2次，其义皆以“诚实”“真实”为主。例如，孔子说：“善人为邦百年，亦可以胜残去杀矣。诚哉是言也！”（《论语·子路》）此“诚”字即为“真实”义。孟子用“诚”也以“诚实”“真实”义为主，他认为：“故诚者，天之道也；思诚者，人之道也。”（《孟子·离娄上》）又说：“万物皆备于我矣。反身而诚，乐莫大焉。强恕而行，求仁莫近焉。”（《孟子·尽心上》）孟子认为只要掌握了“诚”，就可以使一切人伦事物之理皆具备在自己的身上。他认为“诚”为人之本性及掌握人伦与物理的根本，这一观点与《中庸》的观点基本一致。《中庸》中关于“诚”的论述，可以说是儒家论“诚”最核心、最经典的解释：“诚者，天之道也。诚之者，人之道也。”《中庸》将“诚”上升为“天之道”。“诚”被规定为绝对的、先验的存在，是一种本体的存在，乃至于世间一切事物都由“诚”而产生：“诚者，物之终始。不诚无物。”“至诚无息”，只有这样才能够“成物”。“诚”比任何其他的范畴都更根本，万事万物的始终本末都离不开它。“诚者，非自诚己而已也，所以成物也。”没有“诚”，也就没有万事万物了。因而，“唯天下至诚，为能尽其性。能尽其性，则能尽人之性。能尽人之性，则能尽物之性。能尽物之性，则可以赞天地之化育。可以赞天地之化育，则可以与天地参矣”。“诚”内化为“性”的本质，成为实现事物的本性的过程，进而成为人与天地万物“天人合一”思想的根本纽带。

从以上道家及儒家论“真”及“诚”的观点来看，无论是道家还是儒家，他们都认为“真”与“诚”是分不开的。庄子认为：“真者，精诚之至也。”将“真”看成是

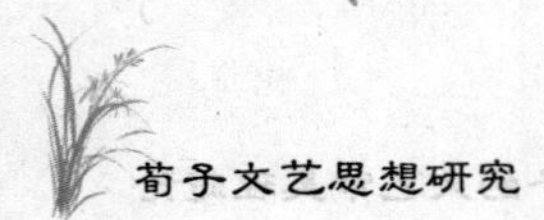

“诚”的极致。《中庸》则认为:“唯天下至诚,为能尽其性。”“尽其性”也就是极尽本真之性,唯有至诚才能尽其本真之性。所以,有的译者在翻译“诚”的时候将其译为“真(true)”[①]。张岱年先生更是在其《中国古典哲学概念范畴要论》中把“诚”与“真”放在一组概念里来讨论,他说:“道家所谓真,儒家谓之曰诚。”[②]李晨阳先生也说:“从‘真’与‘诚’的紧密联系来看,可以说‘真’的本意是‘诚’。”[③]

冯友兰先生说:“荀子的‘诚’有真实之义。”[④]荀子论“真”与“诚”,基本上吸取了儒家的观点。《劝学》篇曰:“真积力久则入。”杨倞注曰:“真,诚也。力,力行也。诚积力久则能入于学业。”[⑤]意思是说,为学的功夫全在真诚积久而不懈努力。所以说荀子认为“真”可作“诚”解。同样,“诚”也有“真”的意义。《不苟》篇曰:

> 君子养心莫善于诚,致诚则无它事矣,惟仁之为守,惟义之为行。诚心守仁则形,形则神,神则能化矣;诚心行义则理,理则明,明则能变矣。变化代兴,谓之天德。天不言而人推其高焉,地不言而人推其厚焉,四时不言而百姓期焉。夫此有常,以至其诚者也。君子至德,嘿然而喻,未施而亲,不怒而威。夫此顺命,以慎其独者也。善之为道者,不诚则不独,不独则不形,不形则虽作于心,见于色,出于言,民犹若未从也,虽从必疑。天地为大矣,不诚则不能化万物;圣人为知矣,不诚则不能化万民;父子为亲矣,不诚则疏;君上为尊矣,不诚则卑。夫诚者,君子之所守也,而政事之本也。唯所居以其类至,操之则得之,舍之则失之。操而得之则轻,轻则独行,独行而不舍则济矣。济而材尽,长迁而不反其初则化矣。

荀子认为,“诚”是修身养性的基础,做到“至诚”,就不用采取其他的办法了。诚心守仁则人称之如神而化育天下,诚心行义则人服其光明而变易旧习,这样就可以称为“天德”。天之所以为其高,地之所以为其厚,四时之所以为其期,全都是由于它们能够“至其诚”;君子品德至高,不言而使人明,未施恩惠而使人亲,不怒而威,全都是因为能够顺应天地四时之命(“顺命”)。所以说,“不诚则不能化万物”,“不诚则不能化万民”,“不诚则疏”,“不诚则卑”。“诚”是君子必需的操守,天地诚则能化万物,圣人诚则能化万民,父子诚则亲,君上诚则尊。只有这样,才能中道不废,不至于返回人类邪恶的本性之中去。

---

① D. C. Lau, *Mencius*, Trans. Middlesex, England: Penguin Books, 1976, p. 123.

② 张岱年:《中国古典哲学概念范畴要论》,中国社会科学出版社 1989 年版,第 230 页。

③ 李晨阳:《道与西方的相遇:中西比较哲学重要问题研究》,中国人民大学出版社 2005 年版,第 43 页。

④ 冯友兰:《中国哲学史》,中华书局 1947 年版,第 364 页。

⑤ 王先谦撰,沈啸寰、王星贤点校:《荀子集解》,第 11 页。

由此看来，荀子以道德仁义为人之“第二天性”[1]，认为道德仁义非人性中所本有，而是通过“诚”获得，并经由“诚”而保持的。因为“诈伪生塞，诚信生神”（《不苟》），所以，为了能够拥有外在的道德仁义以化性起伪，必须以诚心守仁、行义，只有这样才不至于“反其初”。因而，如果说孔、孟论“诚”（“真”）是从人之内在本性而言的话，荀子则着重从外在的规范而言，这也反映了荀子哲学中“天生人成”的基本原则，即重礼义文理的外在规范性。但将“诚”（“真”）看作化生万物的根本，视“诚”（“真”）为本然、绝对的观点，是儒者所共有的。

荀子不仅将“诚”（“真”）视作万物的根本，也将其视作言谈、辩说及文艺的根本。荀子在提到“谈说之术”时说：“谈说之术：矜庄以莅之，端诚以处之，坚强以持之，分别以喻之，譬称以明之，欣驩芬芗以送之，宝之珍之，贵之神之，如是则说常无不受。”（《非相》）荀子认为，谈说之术无外乎“真”“诚”二字：要以严肃庄重的态度来对待别人，以端正真诚的态度来与别人谈话。总而言之，要通过自己诚恳的态度与强有力的真凭实据使别人信服。所谓“公生明，偏生闇，端悫生通，诈伪生塞，诚信生神，夸诞生惑”（《不苟》），只有真诚信实才能使人信服，虚妄荒诞只能使人产生疑惑。所以说，只有建立在真诚的志意上的语言才有说服力：“仲尼无置锥之地，诚义乎志意，加义乎身行，箸之言语，济之日，不隐乎天下，名垂乎后世。”（《王霸》）孔子没有立锥之地时，他真诚地用礼义来端正自己的志意、约束自己的行为，并通过言语集中地将这种真切的情感表现出来，等到他成功的时候，天下莫不敬重，名垂后世。也就是说，语言必须以真诚的志意为前提，只有充满真情实感的语言才能感动人。《不苟》篇曰：“善之为道者，不诚则不独，不独则不形，不形则虽作于心，见于色，出于言，民犹若未从也，虽从必疑。”意思就是说，不诚之人虽然心里想着仁义，脸上显着仁义，口中讲着仁义，人民仍然不会顺从他。所以说，“诚”（“真”）乃语言的根本，所谓“无情者不得尽其辞”（《大学》）是也。

言语因“诚”（“真”）而感人，诗、乐亦因“诚”（“真”）而感动人之志意，发挥其作用。《大略》篇曰：“《国风》之好色也，传曰：‘盈其欲而不愆其止。其诚可比于金石，其声可内于宗庙。’”意思是：《国风》多歌咏男女相爱之篇章，好色而不淫。古书上说：“它既满足了人的欲望但又不逾礼。其以礼自防之诚心可比于金石，其乐章雅正而可演奏于宗庙之中。”荀子在这里是说，《国风》之所以能够感动人之善心，全在于它来源于人之情实而又能以礼义节之，它歌颂爱情的真诚可以与坚固的金石相比。因此，内容之“诚”“真”是《诗》感动人心的基础。

总而言之，荀子以“诚”为“真”，认为无论是言谈辩说还是文艺，都应以“诚”

---

① 冯友兰：《中国哲学史》，中华书局1947年版，第364页。

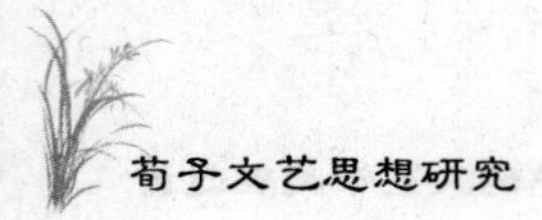

为基础与根本，用真挚的情感去创作，用真切的语言去感人。只有这样，辩说与艺术才能“其入人也深，其化人也速”(《乐论》)，感动人之善心，化性而起伪。

二、善——“正理平治”

“善”是人类精神的永恒主题，也是中国哲学与伦理学的主要范畴之一。李祥林先生认为：“(善)本属于伦理学的范畴，是一种肯定性的道德评价，与‘恶’相对。”[①]善是一个价值范畴。马克思、恩格斯认为：价值这个普遍的概念是从人们对待满足他们需要的外界物的关系中产生的。[②] 因而善常常与人的需要相关联。在儒家看来，善的品质是儒家君子人格理论中的最基本的内容，是人格修养的目标。孔子面对礼崩乐坏的乱世，认为应该“择其善者而从之，其不善者而改之”(《论语·述而》)，鼓励人们努力行善避恶。同时，他特别提出“仁”的概念以统摄善，“仁”是孔子心目中的理想境界。他说：“巧言令色，鲜矣仁”(《论语·学而》)；“人而不仁，如礼何？人而不仁，如乐何？”(《论语·八佾》)孟子师法孔子，明确地提出了性善说。他常常以“孝悌忠信”“仁义忠信”“仁义礼智”等词语来形容人的善心与善行，在“仁”的前提下将善的内容进一步扩大。最著名的当属他的“四端”说：“恻隐之心，仁也；羞恶之心，义也；恭敬之心，礼也；是非之心，智也。仁义礼智，非由外铄我也，我固有之也，弗思耳矣。故曰：‘求则得之，舍则失之。’”(《孟子·公孙丑上》)孟子认为“可欲之谓善”，仁、义、礼、智是“我固有”的，是“可欲”的内容，肯定了它们是性善的具体内容。

孔孟论善，除了将善看成是君子人格的内容外，主要用以描述外在的行为表现。例如，孔子说，“举善而教不能”(《论语·为政》)，“见善如不及，见不善如探汤”(《论语·季氏》)，“如其善而莫之违也”(《论语·子路》)；孟子说，“苟为善，后世子孙必有王者矣”(《孟子·梁惠王下》)，“君子莫大乎与人为善”(《孟子·公孙丑上》)，“鸡鸣而起，孳孳为善者，舜之徒也”(《孟子·尽心上》)，等等。作为儒家的异出，荀子继承了孔孟以仁、义、礼、智等内容为善的理论，同时赋予善以特殊的内容，特别强调要从社会影响方面来论述善恶的问题。荀子说：“凡古今天下之所谓善者，正理平治也；所谓恶者，偏险悖乱也。是善恶之分也矣。”(《性恶》)荀子认为，善就是“正理平治”。正，中正；理，礼。善就是合于礼、合乎道，安定而有秩序。与善相反，恶就是“偏险悖乱”，即离经叛道、悖乱作恶。因而，善不仅指人格的修养及人的外在行为，对社会的影响成为区分善恶的标准。根据这一原则，荀子将礼义之道看作文艺之善的标准，特别重视文艺等艺术是否符合礼义之

---

① 成复旺主编：《中国美学范畴辞典》，中国人民大学出版社1995年版，第191页。

② 参见《马克思恩格斯全集》第19卷，第406页。

道。荀子所言“先王贵礼乐而贱邪音”(《乐论》),此“礼乐”即合于礼义之乐;“以道制欲,则乐而不乱”(《乐论》),此“道”便是礼义之道。在这里,文艺之“善”与荀子所说的“中和”之美联系了起来,符合“善”的文艺便是“中和”之乐。正如徐复观先生所说:“在中与和后面,便蕴有善的意味,便是‘足以感动人之善心’(荀子《乐论》)。”[①]荀子也说:“凡奸声感人而逆气应之,逆气成象而乱生焉;正声感人而顺气应之,顺气成象而治生焉。唱和有应,善恶相象,故君子慎其所去就也。”(《乐论》)“奸声”就是邪音、恶的音乐,“正声”就是“礼乐”、善的音乐。奸声诱惑人心而使人产生逆反之气,表现在文艺上便是“乱”,也就是荀子所说的“恶”(“偏险悖乱”);正声感人而产生和顺的正气,表现在文艺上便是“治”,也就是“善”(“正理平治”)。所以说,“善倡则善和,恶倡则恶和,是倡和有应,善恶相象也”[②]。君子应该审慎地对待不同的文艺,去恶而就善。

由此可见,荀子认为文艺应当合“善”,符合礼义之道。“善”就是“正理平治”,它既是文艺的内容与标准(“礼乐”),也是文艺的作用(“乐者……可以善民心,其感人深,其移风易俗”),还是文艺的目的(实现“正理平治”)。

三、美——“美善相乐”

“美”最早出现在甲骨文中。最初所谓的“美”,是专指味、声、色而言的。随着人们审美意识的发展,人们对于美的认识逐渐深化。李泽厚等人说:“随着社会历史的向前发展,这种感官的享乐必然会同社会的伦理道德要求发生矛盾,也就必然要在理论上提出美与善的关系问题。”[③]于是美开始与伦理上的善结合起来。所以许慎说:“美与善同义。”[④]孔子以其“仁学”为基础,认为美与伦理道德相关,但又不等同于善,第一次明确地将美感与善区分开来。孔子在评价《韶》乐与《武》乐时说:“子谓《韶》:‘尽美矣,又尽善也。’谓《武》:‘尽美矣,未尽善也。’”(《论语·八佾》)朱熹注曰:“美者,声容之盛。善者,美之实也。”[⑤]孔子看到了美与善的区别,认为文艺之美主要是在声容、文貌等感性形式上的完美,以及在此基础上获得的感性的精神愉悦;善则是文艺的内容符合“仁”的要求,符合社会伦理道德的规范。他认为“美同善相比,善是更根本的东西”[⑥],将善看作美的前提。他说:“人而不仁,如乐何?”(《论语·八佾》)他将“仁”作为文艺之美的根本,

① 徐复观:《中国艺术精神》,第13页。
② 梁启雄:《荀子简释》引王懋竑语,第281页。
③ 李泽厚、刘纲纪:《中国美学史》第1卷,第101页。
④ 许慎撰,段玉裁注:《说文解字注》,第146页。
⑤ 朱熹:《四书章句集注》,第68页。
⑥ 李泽厚、刘纲纪:《中国美学史》第1卷,第139页。

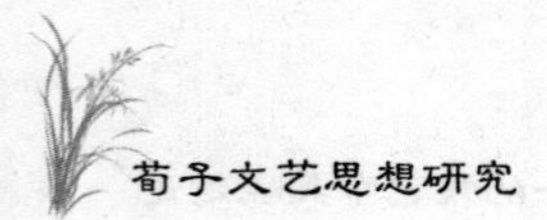

所以在艺术上主张尽善而又尽美。孟子论美，基本上是对孔子的继承。孟子着重从个体人格方面来谈美，他既看到了感官形式的美，认为“目之于色也，有同美焉”(《孟子·告子上》)，也肯定了艺术形式美的能动作用，说“仁言不如仁声之入人深也”(《孟子·尽心上》)，又像孔子一样将善看作美的前提。他说：“可欲之谓善，有诸己之谓信。充实之谓美，充实而有光辉之谓大，大而化之之谓圣，圣而不可知之之谓神。”(《孟子·尽心下》)“充实之谓美”中的“充实”是指伦理道德的，即善的充实。朱熹说：“力行其善，至于充满而积实，则美在其中而无待于外矣。”[①]可见，孟子论美仍然以善为前提。

荀子关于美的观点，继承了先秦儒家的主要观点并作了进一步的发挥。首先，他认为美可以是感官快适的美。他说：

> 故人之情，口好味而臭味莫美焉，耳好声而声乐莫大焉，目好色而文章致繁妇女莫众焉，形体好佚而安重闲静莫愉焉，心好利而谷禄莫厚焉，合天下之所同愿兼而有之，睪牢天下而制之若制子孙，人苟不狂惑戆陋者，其谁能睹是而不乐也哉！(《王霸》)

荀子继承了先秦时期以快适为美的特点。他认为对美的追求是人的一种本性，肯定了人对于美的要求的合理性：“重色而衣之，重味而食之，重财物而制之，合天下而君之，饮食甚厚，声乐甚大，台谢甚高，园囿甚广，臣使诸侯，一天下，是又人情之所同欲也。”(《王霸》)“味”“声”“色”来源于人的情感欲望，因而也是“人情所必不免”(《乐论》)的。它们能够使人在感官上或心灵上产生喜悦的感受，因而是美的。

其次，在肯定了美是感官快适的基础上，荀子进一步肯定了自然美及形式美，肯定了形式美的相对独立性。比如，荀子在回答应侯“入秦何见”的问题时提到的“山林川谷之美”(《强国》)是说自然事物之美，“刑范正，金锡美”(《强国》)是说器物之美；《正名》篇所言“言语之美，穆穆皇皇；朝廷之美，济济铃铃”是说艺术的语言形式之美，等等。

更重要的是，荀子虽然强调“味”“色”“声”及形式美的客观独立性，但是他仍然强调美与善的统一。他论美的观点，仍然以善为前提。荀子说：“诚美其德也，故为之雕琢、刻镂、黼黻、文章以藩饰之，以养其德也。”(《富国》)在这里，荀子认为器物、服饰及艺术美都依附于“德”，都以伦理道德之善为前提。《王制》篇曰：“故天之所覆，地之所载，莫不尽其美，致其用，上以饰贤良，下以养百姓而安乐之。”事物之所以美是因为它们能够“致其用”，能够满足人的需要。荀子在论述文艺之美的时候说：“耳目聪明，血气和平，移风易俗，天下皆宁，美善相乐。”(《乐

① 朱熹：《四书章句集注》，第370页。

论》)荀子将美、善并举,认为文艺可以达到“美善相乐”的道德理想境界。

荀子以善言美,因而他常常以自然事物之美的某些属性比拟人的各种美德,提出了著名的“比德”说。在《宥坐》篇中,荀子借孔子之口将“东流之水”比附于人的道德品质:

> 孔子观于东流之水,子贡问于孔子曰:“君子之所以见大水必观焉者是何?”孔子曰:“夫水,遍与诸生而无为也,似德。其流也埤下,裾拘必循其理,似义。其洸洸乎不淈尽,似道。若有决行之,其应佚若声响,其赴百仞之谷不惧,似勇。主量必平,似法。盈不求概,似正。淖约微达,似察。以出以入,以就鲜絜,似善化。其万折也必东,似志。是故见大水必观焉。”

孔子认为,君子看到大水一定要观看的原因在于:水像人的高尚的道德一样哺育万物而不自以为有功;像义一样循规遵理、曲折迂回而有规律;像道一样应变无穷、绵绵不绝;像勇敢的品格一样声势浩大,奔赴深渊而不畏惧;像法律一样不偏不倚、客观公正;像人的正直品行一样,不待而自平;像人能明察一样,其质柔弱而无所不照;像教化一样,使污浊之物新鲜清洁;像人的坚强意志一样不可屈服。在这里,因为水拥有像人一样的优秀的道德品质,能依附于人的道德,所以君子“见大水必观”。在《法行》篇中,荀子则明确地提出了“君子比德”的观点:

> 夫玉者,君子比德焉。温润而泽,仁也;栗而理,知也;坚刚而不屈,义也;廉而不刿,行也;折而不挠,勇也;瑕适并见,情也;扣之,其声清扬而远闻,其止辍然,辞也。故虽有珉之雕雕,不若玉之章章。《诗》曰:“言念君子,温其如玉。”此之谓也。

在这里,荀子明确地提出以玉的各种特质来比喻人的道德品行,如温润而有光泽,似仁;坚实而有纹理,似智;坚固而不弯曲,似义;棱角分明而不伤物,似君子之行;宁折而不弯,似勇;瑕不掩瑜,似君子之情;声音清脆而悠远,似君子之言,等等。由“比德”说我们可以看出,荀子认为自然事物之所以美是由于它们体现了某种善的属性;他对于美的理解就是要以善为根据。这种善,荀子认为就是“道”,也就是“礼”,善是基于“礼”的价值判断:“得道以持之,则大安也,大荣也,积美之源也。”(《王霸》)得礼义之道以持养之,就会大安、大荣,这就是产生美的源泉。故而荀子说:“圣人备道全美者也。”(《正论》)体现在艺术中,这也正是荀子认为要以乐道乐的原因。

四、“不全不粹之不足以为美”——荀子论真、善、美的关系

汤一介先生在《再论中国传统哲学的真善美问题》一文中,认为中国哲学在真、善、美问题上,大体可以分为孔子、老子和庄子三大系统,并列出了如下的不同:

孔子：善←美←真

老子：真←善←美

庄子：美←真←善[①]

汤先生认为，孔子的人生境界是由“知真”“得美”而进于“安而行之，不勉而中”的圆满“至善”的境界，即白真而美而善；老子的善和美都是由真（道）派生的，都是道的特性的表现，因而是由美而善而真；庄子在真、善、美的价值论上不同于老子，他以“大美”为最高，是由善而真而美。[②]

汤先生虽然列出了孔子、老子、庄子哲学中所追求的三种不同的价值取向，并且认为任何有价值的哲学体系总是在追求着真、善、美的统一，但是他也认为“如何统一以及如何达到统一的过程并不相同”，而且“从人类文化的发展来看，我们也不必求其相同”。[③] 荀子在追求真、善、美统一的过程中吸取了百家之所长，既不同于孔子等儒家，也不同于老子、庄子等道家，而是在儒家传统思想的基础上加以变通，提出了自己的理论主张，即“不全不粹之不足以为美”的观点，其路径是：真→善→美。

前面已经说过，荀子以“诚”为真，他认为“诚”是化生万物的基础，“不诚则不能化万物”，“不诚则不能化万民”，“不诚则疏”，“不诚则卑”。（《不苟》）在“诚”的基础上，他认为道德仁义等“善”的具体内容为人之“第二天性”[④]，非人性中所本有，而是通过“诚”获得的，也是经由“诚”而保持的。所以在荀子的价值体系中，“诚”（真）是最基础的，有“诚”（真）才有善，有“诚”（真）才有美。

在美与善的关系问题上，荀子与传统的儒家观点相同，认为善是美的条件，常常美善并用、以善言美；同时，在美与善作为精神境界的层次上，荀子也认为善是道德的起点，美比善更高尚，更深刻而完善。对此，他提出了“不全不粹之不足以为美”的观点。《劝学》篇曰：

> 百发失一，不足谓善射；千里跬步不至，不足谓善御；伦类不通，仁义不一，不足谓善学。学也者，固学一之也。一出焉，一入焉，涂巷之人也。其善者少，不善者多，桀、纣、盗跖也。全之尽之，然后学者也。君子知夫不全不粹之不足以为美也，故诵数以贯之，思索以通之，为其人以处之，除其害者以持养之，使目非是无欲见也，使耳非是无欲闻也，使口非是无欲言也，使心非是无欲虑也。及至其致好之也，目好之五色，耳好之五声，口好之五味，心利

---

① 汤一介：《儒道释与内在超越问题·再论中国传统哲学的真善美问题》，江西人民出版社 1991 年版，第 80 页。

② 参见汤一介：《儒道释与内在超越问题·再论中国传统哲学的真善美问题》，第 81—94 页。

③ 汤一介：《儒道释与内在超越问题·再论中国传统哲学的真善美问题》，第 96 页。

④ 冯友兰：《中国哲学史》，中华书局 1947 年版，第 364 页。

> 之有天下。是故权利不能倾也，群众不能移也，天下不能荡也。生乎由是，死乎由是，夫是之谓德操。德操然后能定，能定然后能应，能定能应，夫是之谓成人。天见其明，地见其光，君子贵其全也。

荀子以为学为例，说明了在君子人格修养中要达到全、粹的最高境界，只有全之、粹之才能称之为美，不全之、不粹之是不足以为美的。而全、粹的基本要求便是以礼义之道（“善”）为标准，凡是不符合善的标准的就不要去听，不要去说，不要去考虑。当君子修养达到这种境界以后，就会意志坚定地去履行礼义之道，如同眼睛喜欢看五色、耳朵喜欢听五音、嘴巴喜欢尝五味一样自然而然。换句话说，一个人只有把外在的、带有强制性的善转化为内在的、自然而然的需求时，他才能被称为“成人”或“全美”之人。由此可见，荀子在论述真、善、美的关系时，认为美以真（“诚”）为基础、以善为基本内容，真正的美是包含真、善在内的全粹之美。

第六章　荀子的文艺功用说

中国素有“礼乐之邦”的美称。“礼乐”是中国文化的代表，也是中国文化的主要特色。自《史记》开始，几乎所有朝代的历史记载中都有“礼乐志”。朱光潜先生认为，礼、乐“包含宇宙间万事万物、集一切学与术之大成”[①]。对于儒学来说，它根源于中国的礼乐文化。“从本质上说，所谓儒学，不过是中国礼文化的价值体现者，它在整体上，是从属于中国礼文化模式的。”[②]中国历代儒学家都是以礼乐文化为宗，希冀通过建构其合理的礼乐制度来践行其政治思想的。

荀子是中国历史上第一位系统地论述礼、乐问题的哲学家，是中国传统文化中礼乐理论的奠基人。中国传统的礼乐思想，是由荀子总结并集大成的。他不仅著有《礼论》《乐论》两篇专题论文，而且整个《荀子》也是围绕着礼、乐的问题而论述的。荀子关于文艺功能的观点，是在礼与乐的比较问题上展开的。这不仅是荀子文艺思想的特色，也是中国传统的礼乐文化思想及文艺观的基本特点。

第一节　礼乐之治
——荀子永远的“乡愁”

从文献记载来看，礼、乐并称由来已久。马端临《文献通考·经籍考》中说：“乐者，国家之大典，古人以与礼并称。”[③]《左传》中已有不少礼、乐连用的例子，如在《襄公十一年》中记载：“夫乐以安德，义以处之，礼以行之，信以守之，仁以厉之，而后可以殿邦国，同福禄，来远人，所谓乐也。”《僖公二十三年》中赵衰说：“说

---

① 朱光潜：《中国古代美学艺术论·中国古代美学简介》，(台北)木铎出版社1985年版，第3页，

② 邹昌林：《中国礼文化》，社会科学文献出版社2000年版，第19页。

③ 马端临著，华东师大古籍研究所标校：《文献通考·经籍考》，华东师范大学出版社1985年版，第321页。

礼、乐而敦《诗》、《书》。《诗》、《书》，义之府也；礼、乐，德之则也；德、义，利之本也。”在《论语》中，礼、乐连用也经常出现。《季氏》篇载：“天下有道，则礼乐征伐自天子出；天下无道，则礼乐征伐自诸侯出。”《先进》篇载：“先进于礼乐者，野人也；后进于礼乐者，君子也。”《宪问》篇载：“文之以礼乐，亦可以为成人矣。”孔子以后，礼、乐并称的现象更为普遍，不仅仅是儒家，道家、墨家、法家等都将礼、乐连用。《庄子·马蹄》中说：“道德不废，安取仁义！性情不离，安用礼乐！”可见礼、乐并称在当时已成为学者们的共识。

诸子将礼、乐并称，重视礼乐。尤其是儒家，更是将其看作“在政治上永恒的乡愁”[①]。孔子说：“兴于《诗》，立于礼，成于乐”(《论语·泰伯》)；“不学诗无以言，不学礼无以立”(《论语·季氏》)。孔子认为，个人的修养是以学《诗》起步、以礼来立身、以乐来完善的，不学《诗》便无法言说，不学礼便不能立身，不学乐则无法完成，所以他说“文之以礼乐，亦可以为成人矣”(《论语·宪问》)。可见礼乐对于个人的重要性。同时，他也对当时礼崩乐坏的现象极为不满，认为“天下无道，则礼乐征伐自诸侯出”，所以他主张“正礼乐”“克己复礼”“为国以礼”(《论语·先进》)，使礼乐之道各得其所，以复兴西周时期的礼乐之治为自己的神圣使命。荀子以师法孔子为己任，更是将礼、乐看成修身、齐家、治国、平天下的天下之公器，他对礼与乐的产生及其特点与作用等作了重构与阐释，从礼、乐的对立与互补中阐释了两者之间的关系。他希望通过礼、乐以实现“正理平治”的思想成为其“在政治上永恒的乡愁”。

一、荀子论礼的产生

许多学者认为，礼起源于原始的宗教祭祀活动。《礼记·礼运》篇说：

> 夫礼之初，始诸饮食，其燔黍捭豚，污尊而抔饮，蒉桴而土鼓，犹若可以致其敬于鬼神。及其死也，升屋而号，告曰：“皋某复！”然后饭腥而苴孰。故天望而地藏也，体魄则降，知气在上。故死者北首，生者南乡，皆从其初。

事死如事生是古人在丧葬及祭祀仪式中的基本观点。礼由祭祀开始。许慎在《说文解字》示部云：“礼，履也，所以事神致福也。从示从豊。”[②]豊部云：“豊，行礼之器也。从豆，象形。”[③]可见礼产生于古代的祭祀活动。

随着历史的发展，“先君周公制周礼”(《左传·文公十八年》)。西周初年，周公为了巩固周王朝的统治，在政治上、文化上制定了一系列的典章制度，这就是

① 徐复观：《中国艺术精神》，春风文艺出版社1987年版，第21页。

② 桂馥：《说文解字义证》，第6页。

③ 桂馥：《说文解字义证》，第411页。

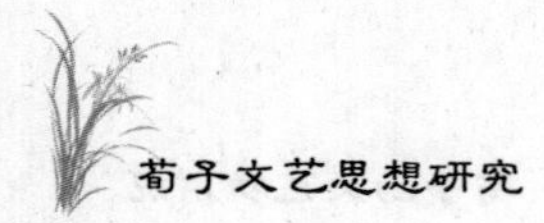

“制礼作乐”。于是，“礼”逐渐从宗教性内涵向政治性、人文性内涵转变，礼的宗教义开始被其人文义所取代，学者们开始推崇礼的社会功能意义。特别是到了战国时期，孔子“兴于《诗》，立于礼，成于乐”“为国以礼”的主张被荀子所接受，凸显为礼具有治国安邦的特殊意义。荀子特别重视礼的社会性与功能性，这可以从他关于礼的起源的论述中看出端倪。

荀子从礼的社会功能出发来探讨礼的起源，认为礼是圣人为了矫治人之性情而创制的。他在《性恶》篇说：

> 古者圣王以人性恶，以为偏险而不正，悖乱而不治，是以为之起礼义，制法度，以矫饰人之情性而正之，以扰化人之情性而导之也。始皆出于治，合于道者也。
>
> 故圣人化性而起伪，伪起而生礼义，礼义生而制法度；然则礼义法度者，是圣人之所生也。

圣人因为人之性恶，便制定礼义法度，希望以此来矫正人之性情，使人们的行为都能符合礼法的要求。礼义产生于改造人性的需要，是在个人修养及社会安定、和谐的要求下产生的，其目的也是矫正人性、稳定社会。荀子说：

> 礼起于何也？曰：人生而有欲，欲而不得，则不能无求；求而无度量分界，则不能不争；争则乱，乱则穷。先王恶其乱也，故制礼义以分之，以养人之欲，给人之求。使欲必不穷乎物，物必不屈于欲，两者相持而长，是礼之所起也。（《礼论》）

荀子直言人天生就有各种各样的欲望，对欲望的追求是人的本性，因而当“求而无度量分界”，即欲望没有一定的限度的时候，便会产生争夺，所以必须依靠一种外在的规范来约束人们的欲求及行为，于是先王通过制定礼义加以疏导。所以礼的起源其实就是为了“养人之欲，给人之求”，使人不沉湎于无限制的欲求之中，能够敬让而消弭纷争；使客观的“物”与人之“欲”达到一个合理的平衡，如此才能使天下归于治。由此可见，荀子关于礼的起源的观点与其性恶论紧密相连。李贤哲先生认为：“荀子乃是本诸人性之观点，征诸人性之需要，须加以节制并满足之，始能达致社会秩序之维系而立论者也。”[①]礼正是为了矫正人的性情、维护社会秩序而产生的。

从产生于原始的宗教活动到为了维护社会秩序，荀子对于礼的起源的观点反映出其所处的礼崩乐坏、王道衰微的社会背景。荀子完全摆脱了宗教的色彩，强调礼的产生是因为人情及社会的需求，体现了其“天人之分”的自然主义的天道观，也体现了其注重人道与人为的人本主义的观点。陈来先生指出：

---

① 李哲贤：《荀子礼论之特质研究》，《哲学与文化》1994 年第 21 卷第 12 期。

中国文化的理想化过程,它的价值理性的建立过程,是与对天神信仰的逐渐淡化和对人间性的文化和价值的关注增长联系在一起的。……儒家注重文化教养,以求在道德上超越野蛮状态,强调控制情感、保持仪节风度、注重举止合宜,而排斥巫术,这样一种理想化的思想体系是中国文化史的漫长演进的结果。①

荀子关于"礼"的观点,褪去了原始巫觋及宗教色彩,重新建构出新的人文方式。因此,可以说荀子是先秦最重视"礼"的人文价值与意义的儒者,先秦时期的人文思想到荀子时达到了高峰。

二、荀子论礼的作用

圣人为了矫正人之性情而制订了礼义,礼义可以制止因为人的欲望纷争而产生的社会混乱现象,能够实现国家的"正理平治"。因而,礼对于个人、社会、国家都具有举足轻重的地位与作用。

(一)"礼者,养也"——礼之于个人

礼起源于"养人之欲,给人之求",因而它可以调养人的欲望,满足人的合理欲求。荀子说:

故礼者,养也。刍豢稻粱,五味调香,所以养口也;椒兰芬苾,所以养鼻也;雕琢、刻镂、黼黻、文章,所以养目也;钟鼓、管磬、琴瑟、竽笙,所以养耳也;疏房、檖貌、越席、床笫、几筵,所以养体也。故礼者,养也。(《礼论》)

礼就是供养、调养,它就像各种肉食细粮、铜器玉器及乐器等一样满足人们的需要,供养人们的需求。荀子所言"礼义文理之所以养情也"(《礼论》),就是这个意思。

礼除了能够满足个人的生存需要外,对于个人的第二个作用就是能够使人修身自省。《修身》篇曰:

礼者,所以正身也;师者,所以正礼也。无礼何以正身?无师,吾安知礼之为是也?礼然而然,则是情安礼也;师云而云,则是知若师也。情安礼,知若师,则是圣人也。故非礼,是无法也;非师,是无师也。不是师法而好自用,譬之是犹以盲辨色,以聋辨声也,舍乱妄无为也。故学也者,礼法也。(《修身》)

荀子认为,礼可以"正身"——端正人的行为,这里指的是内在的道德反省。在礼的外在规范下,人可以通过道德反省的方法来端正自己的行为:"见善,修然必以

---

① 陈来:《古代宗教与伦理:儒家思想的根源》,三联书店1996年版,第10页。

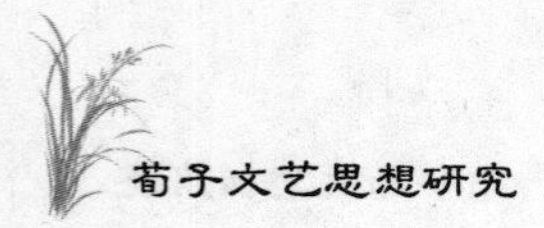

自存也；见不善，愀然必以自省也。”（《修身》）礼是修身最好的路径：“凡治气养心之术，莫径由礼，莫要得师，莫神一好。”（《修身》）因而，礼是人的一切活动的准则与规范：

扁善之度，以治气养生则后彭祖，以修身自名则配尧、禹。宜于时通，利以处穷，礼信是也。凡用血气、志意、知虑，由礼则治通，不由礼则勃乱提僈；食饮、衣服、居处、动静，由礼则和节，不由礼则触陷生疾；容貌、态度、进退、趋行，由礼则雅，不由礼则夷固僻违，庸众而野。故人无礼则不生，事无礼则不成，国家无礼则不宁。《诗》曰：“礼仪卒度，笑语卒获。”此之谓也。（《修身》）

关于“扁善之度”之“扁”，王念孙曰：“扁，读为徧。《韩诗外传》作‘辩’，亦古‘徧’字也。徧善者，无所往而不善也。君子依于礼泽无往而不善，古语‘徧善之度’。”[①]“扁善之度”也就是无往而不善之道。荀子认为，礼是无往而不善、尽善尽美的法则：凡是运用血气、志意、思虑与智慧时，遵循礼则畅达顺遂，反之则悖乱怠慢；凡是饮食、衣着、居住、行为，遵循礼则和谐有节，反之则会出问题；凡是容貌、态度、进退、行走，遵循礼则温文尔雅，反之则孤傲粗俗。所以说人不遵循礼则无法生存，行事不遵循礼则不能成功，国家无礼则不会安宁。所以荀子说：“故人一之于礼义，则两得之矣；一之于情形，则两丧之矣。”（《礼论》）由此可见，礼使人从“野”走向“雅”、从不完美走向完美、从野蛮走向文明，使人从自然界中的状态提升到人文的状态，有礼才能真正使人为人。

（二）“分莫大于礼”——礼之于国家、社会

郭沫若先生说：“在先秦诸子中，能够明显地抱有社会观念的，要数荀子，这也是他学说中的一个特色。”[②]荀子是首先提出人群、社会的名词与界说的人，因而鲍国顺先生认为荀子是“中国第一位社会学者”[③]。在《王制》篇中，荀子提出人之所以最为天下贵，是因为人有“能群”的能力：

水火有气而无生，草木有生而无知，禽兽有知而无义，人有气、有生、有知，亦且有义，故最为天下贵也。力不若牛，走不若马，而牛马为用，何也？曰：人能群，彼不能群也。

荀子认为能群是人类维系自己的生存的特殊本领，是人区别于水、火、草、木、禽、兽等自然事物的根本特点。“能群”即能够组成有组织、有纪律的群体形式，这种群体形式的最终结果便是社会与国家。“群”是社会组织的根本，而人的这种“能

---

① 王先谦撰，沈啸寰、王星贤点校：《荀子集解》，第 22 页。

② 郭沫若：《十批判书·荀子的批判》，第 231 页。

③ 鲍国顺：《荀子学说析论》，（台北）华正书局 1987 年版，第 73 页。

群"的能力的实现是依靠"分"来进行的：

> 人何以能群？曰：分。分何以能行？曰：义。故义以分则和，和则一，一则多力，多力则强，强则胜物；故宫室可得而居也。故序四时，裁万物，兼利天下，无它故焉，得之分义也。(《王制》)

"分"即"位分"，是亲疏上下之等、尊卑贵贱之辨。"分"是人类社会组织中的基本范畴，是社会组织的基础。合理的社会等级与分配上的差别能够使群体趋于和谐，而"分"之所以能够实行是经由"义"来实现的。荀子说："义，理也，故行。"(《大略》)"义"的本质就是"理"，而"礼也者，理之不可易者也"(《乐论》)，礼的本质也是"理"，因而荀子常常礼、义相互通用。荀子也曾说："辨莫大于分，分莫大于礼。"(《非相》)所以"义"以定"分"也就是"礼"以定"分"，荀子所说的人之能"群"是由于礼的作用。因而礼在荀子的社会学思想中具有头等的作用，它不仅能够满足人们的合理欲求、修身养性，也是国家稳定、社会和谐的重要保证。礼在国家、社会中的作用不亚于其对人的影响。荀子说：

> 国家无礼则不宁。(《修身》)
>
> 国无礼则不正，礼之所以正国也。(《王霸》)
>
> 上不隆礼则兵弱。(《富国》)
>
> 礼者，治辨之极也，强固之本也，威行之道也，功名之总也。王公由之，所以得天下也；不由，所以陨社稷也。(《议兵》)
>
> 人君者，隆礼尊贤而王，重法爱民而霸，好利多诈而危，权谋倾覆幽险而亡。(《强国》)
>
> 礼者，政之挽也，为政不以礼，政不行矣。(《大略》)
>
> 礼之于正国家也，如权衡之于轻重也，如绳墨之于曲直也。(《大略》)

国家无礼则不宁、不正，礼是国家安定的保障，"隆礼贵义者其国治，简礼贱义者其国乱"(《议兵》)。一个国家若是崇尚礼义，则会国富民强；相反，则会产生"偏险悖乱"等现象。礼是"治辨之极"，是治国的最高准则；礼是"政之挽"，是处理政事的导引，是制定国家大计的根本。礼对于国家就像权衡对于区别物体的轻重、绳墨对于衡量木材的曲直一样重要，所以说"人无礼则不生，事无礼则不成，国家无礼则不宁"。

由此可见，荀子相当重视礼的作用。他所说的礼范围非常大。上自治国、平天下之道，下至个人立身处世、修身、齐家之道，乃至于饮食起居的细节，都被礼所涵盖。礼不但是人的行为准则与处世规范，也是思想言论方面的准绳。荀子所说的礼，可以说是一切规范的总称。所以荀子说无论是个人，还是国家、社会，"不可少顷舍礼义"(《王制》)。

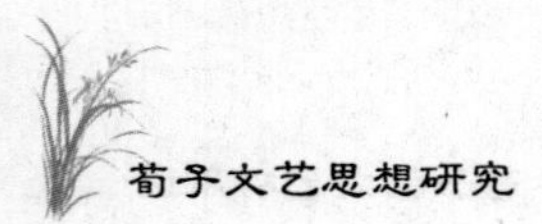

三、"乐合同，礼别异"——荀子论礼、乐的关系及其内在张力

中国的音乐理论与实践，一直与礼分不开。古代先贤圣人一致认为，礼、乐都可以教化万民。荀子继承了这一思想，同时对礼、乐之间的关系及区别作了更进一步的探讨，他的"乐合同，礼别异"的理论被后世学者广泛效仿，成为论述礼、乐关系的经典文本。

荀子认为，"能群"是人区别于禽兽的本质特点，"分"则是维系群体稳定的重要因子，而"分"又是礼的理论支柱与基本功能，因而礼义就成为人类立身行事之分际。《富国》篇曰："人之生不能无群，群而无分别则争，争则乱，乱则穷矣，故无分者，人之大害也；有分者，天下之本利也。而人君者，所以管分之枢要也。"礼的功用就是以"分""别"来定分际。荀子说："故先王案为之制礼义以分之，使有贵贱之等、长幼之差、知愚能不能之分，皆使人载其事，而各得其宜。然后使谷禄多少厚薄之称，是夫群居和一之道也"(《荣辱》)；"曷谓别？曰：贵贱有等，长幼有差，贫富轻重皆有称者也"(《礼论》)。"分""别"的目的是使贵贱有等、长幼有差、知愚有分，使贵贱、长幼、知愚各得其宜。《富国》篇曰："礼者，贵贱有等，长幼有差，贫富轻重皆有称者也。"礼是作为分别、差等的原则而立的，所以礼表现出来的是一种外在的、强制性的道德准则与社会规范，它对每个人都具有强制性，是不能随意违反的。孔子对季氏"八佾舞于庭"的越礼行为怒不可遏，认为"是可忍，孰不可忍"。荀子也认为礼仪之别是绝对不容蔑视与践踏的。比如，在丧葬的形制及仪式上，天子、诸侯、大夫、士等都有严格的规定：

> 故天子棺椁十重，诸侯五重，大夫三重，士再重。然后皆有衣衾多少厚薄之数，皆有翣菨文章之等以敬饰之，使生死终始若一，一足以为人愿，是先王之道，忠臣孝子之极也。天子之丧动四海，属诸侯；诸侯之丧动通国，属大夫；大夫之丧动一国，属修士；修士之丧动一乡，属朋友；庶人之丧合族党，动州里。刑余罪人之丧不得合族党，独属妻子，棺椁三寸，衣衾三领，不得饰棺，不得昼行，以昏殣，凡缘而往埋之，反无哭泣之节，无衰麻之服，无亲疏月数之等，各反其平，各复其始，已葬埋，若无丧者而止，夫是之谓至辱。(《礼论》)

不同地位的人死后，根据等级的不同，在棺椁的使用上，天子十重、诸侯五重、大夫三重、士两重；对衣服的多少厚薄也有严格的规定。此外，在奔丧的人数及等级上也有要求：天子的丧事惊动四海，诸侯都来奔丧；诸侯的丧事惊动友国，大夫来奔丧；大夫的丧事惊动同朝官吏，朋友皆来奔丧；百姓的丧事惊动同族、乡邻来奔丧；而犯法受到制裁的人死了，连聚合同族的权利都没有，只有妻子儿女参与丧事，且棺椁只有三寸厚，入殓的衣被只有三套，既不能装饰棺椁，也不能在白昼埋葬，只能在黄昏下葬，死者亲属不能哭泣、不能披麻戴孝，埋葬以后又恢复平时的样子，就像没有死人一样。礼在荀子的思想中由一种仪节转化为一种绝对的规范，既是个人行为之规范，又是人伦关系之规范，更是国家政治法规之规范，无往而不适，无往而不行。

从荀子所言的礼的特质来看，礼虽然具有“养人之欲，给人之求”的功用，但其作为外在的规范体现的是一种强制性的原则。礼从伦理道德及外在行为方面对人的行为进行约束和规范，因而更多地体现出对人的本性的压抑与限制，是对人的基本人性的扭曲。如果人一直处在这种僵硬的等级关系之中，则既不符合荀子所说的以欲求为基本内容的人性，也不利于社会等级的和谐。因而，这种从外在规范上制约人的行为的礼需要一种能够与之相对应的、可以缓解这种强制力的事物加以调和。这一事物，便是乐。荀子说：“且乐也者，和之不可变者也；礼也者，理之不可易者也。乐合同，礼别异，礼乐之统，管乎人心矣。穷本极变，乐之情也；著诚去伪，礼之经也。”(《乐论》)

“乐合同，礼别异。”礼的产生是为了克制人类的欲望，因而其基本精神是“别异”，即通过等级划分的方式来区别等级及分配财物；乐生于人之情，是人的本性的自然流露，它的基本精神是“合同”。乐能够弥补礼对基本人性的扭曲，舒缓甚至化解因礼的等级性而导致的僵硬的社会关系，达到等级和谐的政治目的。所以礼与乐的作用是相互补充、相互依存的，只有礼没有乐会因过分“别异”而引起人们的抵触与反抗；只有乐没有礼则会导致等级的无序与混乱。所以荀子说：“礼乐之统，管乎人心。”他每每礼、乐相对举，有礼就有乐，有乐就有礼[①]，将两者的不同特点与作用阐释得相当明了：

> 《礼》之敬文也，《乐》之中和也。(《劝学》)
>
> 礼言是其行也，乐言是其和也。(《儒效》)
>
> 恭敬，礼也；调和，乐也。(《臣道》)
>
> 乐行而志清，礼修而行成。(《乐论》)

礼主外，乐主内。礼有周旋揖让之敬、车服等级之文，乐则能使人得中和悦；礼体现的是人的举止行为，乐体现的是人的和谐精神；礼能使人揖让、恭敬，乐能使人和谐、礼貌；礼能使人德行完备，乐能让人情志纯洁。礼、乐互补，缺一不可。只有礼、乐相互配合，才能充分发挥两者的社会功能。郭沫若先生在《公孙尼子与其音乐理论》中指出：“乐须得礼以为节制，礼也须得乐以为调和。礼是秩序，乐是和谐。礼是差别，乐是平等。礼是阿波罗(Apollo，太阳神)精神，乐是狄奥尼

---

① 《荀子》一书中有《礼论》，则有《乐论》；讲到礼，则必提及乐。全书中礼、乐连用有18次之多，其中还不包括以礼代替礼与乐的现象。

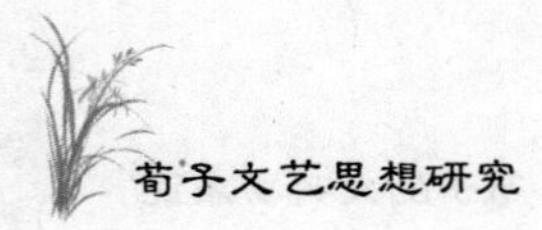

索司(Dionysos,酒神)精神。两者看起来是相反的东西,但两相调剂则可恰到好处。"[①]他的这一段话可以说是对荀子所说的"乐合同,礼别异"的最好阐释。

荀子虽然不是中国思想史上第一个将礼、乐对举而论的儒者[②],但他是第一个将礼、乐的特点与区别分析得如此透彻的儒者。蒋孔阳先生认为荀子"第一个比较系统地谈到了礼与乐的关系,谈到了'礼乐'的起源、性质和作用,从而奠定了我国'礼乐'思想理论基础"[③]。此后《礼记·乐记》对荀子的这一思想作了进一步的发挥。其一:

> 乐也者,情之不可变者也。礼也者,理之不可易者也。乐统同,礼辨异,礼乐之说,管乎人情矣。穷本知变,乐之情也;著诚去伪,礼之经也。

其二:

> 乐者为同,礼者为异。同则相亲,异则相敬。乐胜则流,礼胜则离。合情饰貌者礼乐之事也。礼义立,则贵贱等矣;乐文同,则上下和矣。

可见,荀子所说的"乐合同,礼别异"的观点完全被《乐记》所接受。蒋孔阳先生说:"在中国过去占统治地位的'礼乐'思想,最初是由荀况的《乐论》奠定比较完备的理论基础,然后又由《乐记》加以新的发展,集其大成的。"[④]而班固在《汉书·艺文志》中关于礼、乐互补的观点,则几乎是荀子观点的翻版:"乐以治内而为同,礼以修外而为异;同则和亲,异则畏敬;和亲则无怨,畏敬则不争。揖让而天下治者,礼、乐之谓也。二者并行,合为一体。"

礼、乐如此紧密结合的现象在先秦时期极其普遍,它们之间的关系就如同阴阳、天地的关系一样不可分割。同样,我们也不能说两者在个人及社会中的作用孰重孰轻。正如江文也先生所说:"直至今日,一般人还认为'乐'只是辅佐'礼'的一种手段罢了,然而事实绝非如此!如就数学而言,我们或许可以说:它们本来是'二',后来才变而为一。事实不然!我们毋宁认为:它们原原本本就是一物,只是在外观上,用'二'的形式显现出来罢了。"[⑤]礼、乐的产生本是为了个人修养及治国、平天下,其目的殊途而同归。礼乐制度是中国古代政教的核心观念,礼与乐协调作用,共同构筑起了儒学思想家理想的社会形态,成为荀子等儒者在政治上永远的"乡愁"。

---

① 郭沫若:《先秦学说述林》,东南出版社1945年版,第189页。

② 《论语·八佾》:"人而不仁,如礼何?人而不仁,如乐何?"《礼记·仲尼燕居》:"达于礼而不达于乐,谓之素;达于乐而不达于礼,谓之偏。"

③ 蒋孔阳:《先秦音乐美学思想论稿》,第176—177页。

④ 蒋孔阳:《先秦音乐美学思想论稿》,第160页。

⑤ 江文也著,杨儒宾译:《孔子的乐论》,华东师范大学出版社2008年版,第4页。

第二节 “故乐者……足以率一道，足以治万变”——荀子的文艺功能论

“先秦诸子音乐美学思想的一个共同特点，都是不离开政治来谈音乐。”①孔子论《诗》，言其“可以兴，可以观，可以群，可以怨。迩之事父，远之事君；多识鸟兽草木之名”（《论语·阳货》），认为其可以兴发人的情感，观政事之得失，沟通交流情感，讽谏国君，也可以侍奉国君，侍奉父母，认识事物，增长知识。《礼记·经解》云：

> 孔子曰：“入其国，其教可知也。其为人也温柔敦厚，《诗》教也；疏通知远，《书》教也；广博易良，《乐》教也；絜静精微，《易》教也；恭俭庄敬，《礼》教也；属辞比事，《春秋》教也。……”

孔子认为，到了一个国家，可以看出那里教化施行的情况。以《诗》《书》《乐》《易》《礼》《春秋》等不同的原典教导人民会使他们体现出不同的性格特点，所引《诗》《书》等典籍对一个人的人格修养具有重要的作用。荀子继承了孔子诗教的观点，他说：“故乐也者，治人之盛者也。”（《乐论》）他认为文艺是治人的最有力的工具与途径，具有从个人修养到维系社会稳定的巨大作用。他对孔子的文艺功能理论作了进一步的发挥与阐释，基本上确立了儒家传统的诗教理论。

一、“穷本极变”——感化人性，导情合同

荀子制礼作乐的思想是顺着“性恶”的观点而产生的，他的文艺教育理论也是以其“性恶”观点而立论的。“夫乐者，乐也，人情之所必不免也。……人之道，声音、动静、性术之变尽是矣。”（《乐论》）“乐”是“性术之变”，产生于最根本的人之情，是人类情感的表达与宣泄。因而，与“礼”相比较，它与最根本的人性、人情有直接的关系，最能体现、抒发人性和人情。同时，它也是美化德操的良剂，对“化性起伪”有着根本的作用：“穷本极变，乐之情也。”（《乐论》）这里的“本”指本真的人性、人情；“变”即“性术之变”，指人的喜、怒、哀、乐等情感变化；“情”指情实。“穷本极变”的意思是说，由于文艺与人的性情的关系最为直接，它能够穷究根本的人性、人情，从根本上大大改变人的性情；同时，它也能够表现出人类喜、怒、哀、乐等情感的变化。这就是文艺情实。

---

① 蒋孔阳：《先秦音乐美学思想论稿》，第168页。

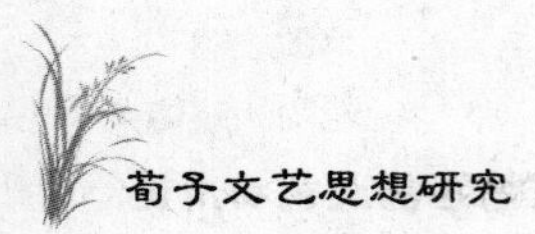

荀子“穷本极变”的理论可以说已经进入了文艺的本体[①]，从文艺与情感的关系方面说明了文艺在改变人之性情方面的“治本”的作用。对于个体的生命而言，文艺根源于人情的本然反应，比礼更接近于人的原始自然的生命状态。因此，在对人的影响上，文艺比外在的、强制性的“礼”更为有效与深刻。所以荀子说：“乐者，治人之盛者也。”(《乐论》)文艺最能矫正人之性情，对人的影响最大。

(一)“乐者，所以道乐也”——文艺具有抒发感怀的作用

文艺来源于人类的情感，是喜、怒、哀、乐等情感的表现，因而具有抒发情感的宣泄作用。荀子说：“夫乐者，乐也，人情之所必不免也，故人不能无乐。乐则必发于声音，形于动静，而人之道，声音、动静、性术之变尽是矣。”(《乐论》)人“生而有耳目之欲，有好声色焉”，所以“人不能无乐”。文艺的产生顺应人的这种生理欲求，为人类情感的表达提供了途径。荀子将文艺的这种作用概括为“乐者，所以道乐”：“乐者，乐也。君子乐得其道，小人乐得其欲。以道制欲，则乐而不乱；以欲忘道，则惑而不乐。故乐者，所以道乐也。金石丝竹，所以道德也。乐行而民乡方矣。”(《乐论》)“道”，导也。文艺是用以引导人的喜悦之情的，金、石、丝、竹之音是用以引导人的德行的。音乐符合中和之美的标准，人民就向着正确的方向前进。

然而，并不是所有的情感的抒发都是合理的，也不是所有的音乐都是正确的，都有利于人类情感的抒发。荀子认为，人若是毫无克制地表现他的情感，就有可能流于冲动。文艺还要经过筛选与考察，需要引导，需要取其精华、去其糟粕：

> 故人不能不乐，乐则不能无形，形而不为道，则不能无乱。先王恶其乱也，故制《雅》、《颂》之声以道之，使其声足以乐而不流，使其文足以辨而不諰，使其曲直、繁省、廉肉、节奏足以感动人之善心，使夫邪污之气无由得接焉。(《乐论》)

人的情感表现若不加以正确引导，就会发生混乱。古圣王于是制作出《雅》与《颂》等符合“中声”的音乐给予引导，使文艺既能够表达人的喜乐情感，又不至于陷入淫乱；使乐章辞通意达，旋律婉转悠扬、节奏完美。因而，荀子所提倡的文艺应该是礼与情完美结合的文艺。只有这种文艺才能够发挥“故乐者，所以道乐也”(《乐论》)的功能，调节人的情感，引导人的快乐。

---

① 陈良运先生认为荀子的《乐论》并未进入音乐的本体，到了《礼记·乐记》才“基本上进入了音乐本体”。(参见《中国诗学批评史》，江西人民出版社1995年版，第59—60页)然而从其所引用的《乐记》中的句子来看，《乐记》基本上还是对荀子的《乐论》“穷本极变”的模仿与发挥，在本质上并没有超出《乐论》的范畴。

(二)"乐行而志清"——文艺是美化情操之良剂

关于文艺的作用,从人的能动上来说,人能够凭借文艺抒发情感,感发情怀;从被动上来说,文艺能够由内而外影响人的性情与行为,是修身养性、指引人的行为的良剂,即文艺可实现儒家"修身""齐家""治国""平天下"等道统中修养性情、美化德操的作用。所以荀子说:"夫声乐之入人也深,其化人也速。"(《乐论》)文艺本生于人之情性,故其对人的影响极为深刻,能够直接而迅速地感化、教化人之性情。

"气"是中国哲学中一个非常重要的范畴。在某些哲学家的思想中,"气"甚至能够上升到本体论的高度。在荀子的思想中,"气"并未有显著的地位。但荀子在论述君子人格修养的理论中,却常常以"气"来贯通,他认为"气"是生命存在的凭借,是从水火、草木到禽兽、人类所共有的,因而是世间万物的共性与根本。[①] 然而,"气"在"本始材朴"之性中,依照等级、属性与功能的不同,属于"血气"—"志意"—"知虑"序列中最基本、最原初的一种,同时也最接近人的向恶的本性。[②] 所以在修身养性上,必须要经过"治气"的过程,因为血气激荡往往是使人产生争夺的原因。《尧问》篇说:"君子力如牛,不与牛争力;走如马,不与马争走;知如士,不与士争知。彼争者,均者之气也。"也就是说,人之所以争夺是由于血气激荡,来源于人的生理需求及心理欲望。若要使人消融由"血气"激荡所产生的争夺的意向,使人"血气平和",必须借助礼乐的作用。荀子在谈到"治气养心之术"时说:"凡治气养心之术,莫径由礼,莫要得师,莫神一好。"(《修身》)此处"礼"即含"乐"。同时,由于"礼"来源于对人的生理欲求的压制,所以在"治气"上"礼"与"血气"是尖锐的矛与盾的关系。而文艺正好相反,它们来源于人的性情,是有"血气"的人类情感的自然流露,所以文艺教化是消融由"血气"所产生的争夺意向的最佳方式:

> 凡奸声感人而逆气应之,逆气成象而乱生焉;正声感人而顺气应之,顺气成象而治生焉。唱和有应,善恶相象,故君子慎其所去就也。君子以钟鼓道志,以琴瑟乐心,动以干戚,饰以羽旄,从以磬管。故其清明象天,其广大象地,其俯仰周旋有似于四时。故乐行而志清,礼修而行成,耳目聪明,血气和平,移风易俗,天下皆宁,美善相乐。(《乐论》)

---

① 《王制》言:"水火有气而无生,草木有生而无知,禽兽有知而无义,人有气、有生、有知,亦且有义,故最为天下贵也。"

② 荀子认为在人的本然之性中,由低到高有一鲜明的序列:"血气"—"志意"—"知虑"。如《修身》:"凡用血气、志意、知虑,由礼则治通,不由礼则勃乱提僈。"《正论》:"血气筋力则有衰,若夫智虑取舍则无衰。"

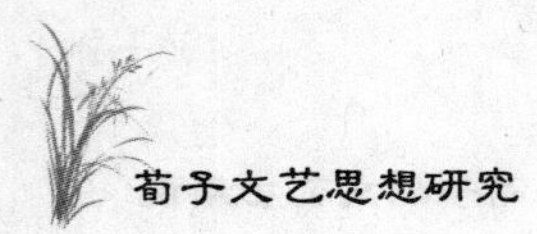

“乐行而志清。”文艺来源于情感，“气”则是人与音乐产生感应的中介。音乐之所以能够感动人心，正是由于文艺之“声”与人的内在之“气”相感应：奸声之所以诱人是因为人性中逆反之邪气与之相呼应，表现于文艺歌舞中，混乱就产生了；正声之所以感人是因为人性中正气与之相呼应，表现于文艺歌舞中，安定和谐也就产生了。有唱必有和，善唱则善和，恶唱则恶和，因而君子非常重视对于文艺的选择，以钟鼓引导人的志向，以琴瑟来陶冶性情。故而孔子主张“放郑声，远佞人”（《论语·卫灵公》），“恶郑声之乱雅乐也”（《论语·阳货》）。荀子也主张“禁淫声”，“使夷俗邪音不敢乱雅”（《王制》）：

> 故齐衰之服，哭泣之声，使人之心悲；带甲婴胄，歌于行伍，使人之心伤；姚冶之容，郑、卫之音，使人之心淫；绅端章甫，舞《韶》歌《武》，使人之心庄。故君子耳不听淫声，目不视邪色，口不出恶言。此三者，君子慎之。（《乐论》）

悲恸的哭声使人心悲，行伍的歌唱使人振奋，郑、卫的靡靡之音则诱惑人产生淫邪之心。所以君子耳不听淫乱之声，目不看淫乱之色，口不讲粗语恶言。这三点，君子要非常谨慎地对待。只有这样，才能“使夫邪污之气无由得接焉”（《乐论》），才能使淫声不至于影响到人内在的血气，不激荡起因血气而产生的争夺的意向。所以说君子之所以喜好文艺，是因为他们“得其道”，精通文艺教化之道，用文艺以辅助修身养性。而一般的人（即“小人”）则不同，他们之所以喜好文艺是因为文艺能满足其耳目之欲，是“得其欲”：“故曰：乐者，乐也。君子乐得其道，小人乐得其欲。以道制欲，则乐而不乱；以欲忘道，则惑而不乐。”（《乐论》）

由此可见，与礼对人的外在行为的制约不同，文艺对人的作用是全面的。从生理到心理、由内到外，人都受到文艺的影响。文艺具有娱乐性，能够直接作用于人情，使人感到快乐；同时，文艺对人格的修养发挥着“穷本极变”的根本性作用。故而荀子说：“夫声乐之入人也深，其化人也速，故先王谨为之文。”（《乐论》）

二、“天下之大齐也，中和之纪也”——移风易俗，止乱致治

荀子是一位卓越的社会学家，他的礼乐之治理论是儒家的最高理想。荀子充分意识到艺术的社会作用，他从艺术的社会功能出发，认为文艺不仅可以影响个人，使人抒发情感、美化情操，同时也对国家、社会有着重要的意义，发挥着使人民和睦、兵劲城固、国家富强等作用。

（一）“先王导之以礼乐，而民和睦”——移风易俗，使民和睦

“中和”是文艺的特质。荀子说：“调和，乐也”（《臣道》）；“乐也者，和之不可变者也”（《乐论》）。文艺不仅具有“中和”的特质，也发挥着“和”的作用。荀子就是从文艺这种“中和”的特征来论述其社会效用的。“乐合同”，故能补“别异”之

礼所不能及者。《乐论》篇曰：

> 故乐在宗庙之中，君臣上下同听之，则莫不和敬；闺门之内，父子兄弟同听之，则莫不和亲；乡里族长之中，长少同听之，则莫不和顺。故乐者，审一以定和者也，比物以饰节者也，合奏以成文者也，足以率一道，足以治万变。

礼的特点是"分"，所以它是刚性的；刚性的礼把人分为不同的等级，在各个等级中有着严格的区别。所以，倘若没有柔性的乐来缓和这种因礼而引发的阶级矛盾，则不同的人群之间必定水火不容。荀子认识到礼的这种不足，所以他提出要用乐来调和。在"中和"之乐的洗礼下，不同阶级的人可以情感共通、和谐相处，因为乐本身就是"中和"的，是由鼓、钟、磬、竽、笙、箫、瑟、琴等合奏的。所以乐无论是在宗庙、闺门，还是在乡里，都有其独特的功能，可以发挥"和"的作用，使人与人之间"和敬""和亲""和顺"：在宗庙中使君臣和睦相敬，在家庭中使父子兄弟和睦亲爱，在家族中使长幼老小和睦顺从。音乐完全可以统率为人处世之道，调和各种思想感情的变化，使人群和睦、社会和谐："乐者，圣王之所乐也，而可以善民心，其感人深，其移风易俗，故先王导之以礼乐而民和睦。"(《乐论》)音乐可以使民心向善，所以能够移风易俗，影响整个社会的风俗习气，能够使人民和睦相处，达到社会和谐的目的。

(二)"乐者，出所以征诛也"——振奋人心，鼓舞士气

音乐从其产生以来便是战争中不可缺少的一部分，它对于鼓舞士气有着非常重要的作用，有的时候甚至会决定战争的胜败。《左传·庄公十年》中记载的"曹刿论战"便是一个广为人知的战例，所谓"夫战，勇气也。一鼓作气，再而衰，三而竭"。《韩非子·五蠹》中曾经记载了舜用乐舞征服苗人的故事："当舜之时，有苗不服，禹将伐之，舜曰：'不可。上德不厚而行武，非道也。'乃修教三年，执干戚舞，有苗乃服。"舜没有用武力去征服苗人，而是用乐舞对他们进行感化教导，可见文艺有的时候比武力更能征服人心。《华阳国志·巴志》也有周武王以歌舞战胜敌人的记载："周武王伐纣，实得巴、蜀之师，著乎《尚书》。巴师勇锐，歌舞以凌殷人，前徒倒戈，故世称之曰'武王伐纣，前歌后舞'也。"[①]周武王以善歌舞的巴蜀之师做前锋，凭借歌舞的声势，既鼓舞了自己的士气，又摧毁了商纣军队的斗志。一场王朝鼎革的战役在歌舞声中发生了转变，可见乐舞在当时战争中的重要性。处在战国纷乱环境中的荀子也认识到音乐的这一作用，他认为音乐能使人和睦的功能不仅能够在促进社会和谐中发生作用，也可以在军事活动中表现出来，使兵士训练有素、士气高涨：

---

① 常璩撰，任乃强校注：《华阳国志校补图注》，上海古籍出版社 1987 年版，第 4 页。

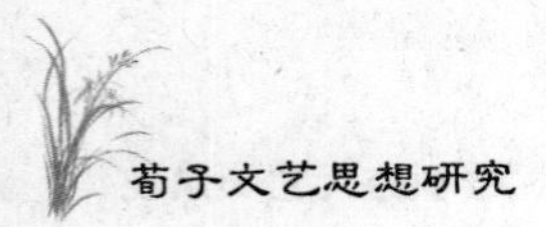

> 故听其《雅》、《颂》之声，而志意得广焉；执其干戚，习其俯仰屈伸，而容貌得庄焉；行其缀兆，要其节奏，而行列得正焉，进退得齐焉。故乐者，出所以征诛也，入所以揖让也。征诛揖让，其义一也。出所以征诛，则莫不听从；入所以揖让，则莫不从服。(《乐论》)

乐可以调节各种思想感情的变化，因而听了《雅》《颂》的声音，心胸就会宽广；拿起各类舞蹈道具，练习俯仰、屈伸等动作，体态容貌就显得庄重肃穆；排列恰当，符合节奏，队伍就非常整齐，进退十分得当。所以乐对外可以征讨杀伐，对内可以礼让谦虚。对外征讨杀伐，就没有不听从的；对内恭敬礼让，就没有不服从的。

(三)"百乐者，生于治国者也"——审乐知政，文艺治国

荀子认为，从一个国家的音乐中，可以看出其在政治上的得失：

> 乱世之征：其服组，其容妇，其俗淫，其志利，其行杂，其声乐险，其文章匿而采，其养生无度，其送死瘠墨，贱礼义而贵勇力，贫则为盗，富则为贼。治世反是也。(《乐论》)

音乐的邪僻与否是一个国家治乱的标志，乱世的象征之一便是音乐邪僻，郑、卫之音流行；治世则与之相反，音乐中正平和。在《强国》篇中，荀子回答应侯"入秦何见"时说："入境，观其风俗，其百姓朴，其声乐不流污，其服不佻，甚畏有司而顺，古之民也。"荀子认为"佚而治，约而详，不烦而功，治之至也，秦类之矣"。秦国之政在战国中算是好的，"其声乐不流污"就是称赞秦国的音乐不邪淫污秽，而具有清雅之貌。"百乐者，生于治国者也。"(《王霸》)只有安定繁荣的国家才会有美的音乐。同样，音乐的存在直接影响到国家政治的成败得失与国家的治乱兴衰：

> 乐中平则民和而不流，乐肃庄则民齐而不乱。民和齐则兵劲城固，敌国不敢婴也。如是，则百姓莫不安其处，乐其乡，以至足其上矣。然后名声于是白，光辉于是大，四海之民莫不愿得以为师。是王者之始也。乐姚冶以险，则民流僈鄙贱矣。流僈则乱，鄙贱则争。乱争则兵弱城犯，敌国危之。如是，则百姓不安其处，不乐其乡，不足其上矣。故礼乐废而邪音起者，危削侮辱之本也。故先王贵礼乐而贱邪音。(《乐论》)

"天下之本在国，国之本在家，家之本在身。"(《孟子·离娄上》)文艺有修身、齐家之功效，而国家是由个人所组成的，因此文艺对国家的政治安定具有重要的作用：中正和平之乐可以使人民和睦，严肃庄重之乐可以使人民团结；人民和睦、团结，就能使兵力强大、城防巩固，敌人就不敢侵犯。这样，百姓就能安居乐业、忠君报国，君主的名声于是益发显扬，四海之民莫不愿得以为君师，这就是称王于天下的开始。郑卫之音的作用则恰恰相反：音乐轻浮邪僻，百姓就会流荡怠慢、鄙陋轻浅；流荡怠慢则导致混乱，鄙陋轻浅则导致争夺。如此则兵弱城脆，敌国

就会乘机来犯，百姓亦不能安居乐业。所以说礼乐被废则淫邪之音就会兴起，这是国家招致危削侮辱的根本原因。因而古代圣王重视礼乐，以邪淫之音最为下贱。

总而言之，荀子将文艺看成是修身、齐家、治国、平天下所必不可少的工具，认为它在抒发性情、修身养性及维护社会和谐、国家稳定中具有重要的作用。所以他说：

> 故乐者，天下之大齐也，中和之纪也，人情之所必不免也。(《乐论》)
>
> 故乐者，审一以定和者也，比物以饰节者也，合奏以成文者也，足以率一道，足以治万变。(《乐论》)

梁启雄曰："《乐记》注：'纪，总要之名。'《述闻》十五：'齐，同也。天下之大齐，谓天下之大同也。纪，与齐皆是统同之义。'"[①]音乐使天下趋于大同，是中和之总要；它完全可以遵循和一之道，治理千变万化。因而，荀子极力反对墨子的"非乐"理论，在《乐论》篇的每段背后，他几乎都发出"而墨子非之，奈何！"的感叹。

---

① 梁启雄：《荀子简释》，第279页。

下　编

第七章 《成相》与《赋》

孔孟之儒，秉承孔子"述而不作"的思想，很少自觉地从事文学创作。无论是孔子还是孟子，都没有严格意义上的文学作品出现。荀子虽然以秉承孔子之学为己任，但他却能将自觉的文艺创作与抽象的理论学说结合起来。在"中和"之美及"不全不粹之不足以为美"的真、善、美统一的审美理想论的指导下，他创作出了中国说唱文学中的第一篇作品——《成相》，以及最早的以"赋"名篇的作品——《赋》。因此，荀子在中国俗文学史以及赋学史上具有重要的地位。杜国庠先生评价荀子说："荀子在战国末叶，不但是一位批判综合了以前学术的大思想家，而且是一位理解运用了民间文学的富有创造力的文学家。"①

第一节 "托于成相以喻意"
——荀子的《成相》

一、"成相"释义

(一)"相"

关于"成相"之"相"的含义，学者们主要有以下几种看法：

1."举重劝力之歌"

朱熹将《成相》收入《楚辞集注》的最后一篇《楚辞后语》中。他在解释"相"时说："相者，助也，举重劝力之歌，史所谓'五羖大夫死，而舂者不相杵'是也。"②朱熹认为，"相"就是"相助"，引申为一种"劝力之歌"，也就是劳动歌谣。《史记·商君列传》载："五羖大夫死，秦国男女流涕，童子不歌谣，舂者不相杵。"在这里，

---

① 《杜国庠文集》，第158页。

② 朱熹撰，蒋立甫校点：《楚辞集注》，上海古籍出版社2001年版，第209页。

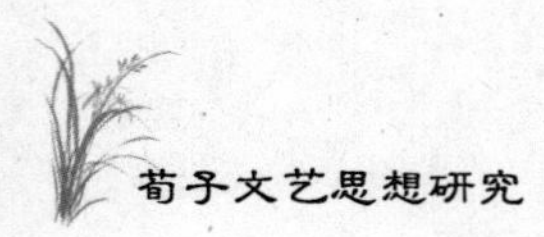

"相"即舂谷时发出的号子声。清人俞樾在《诸子平议·荀子四》中认为："此'相'字，即'舂不相'之相。《礼记·曲礼篇》'临有丧，舂不相'，郑注曰：'相，谓送杵声。'盖古人于劳役之事，必为歌讴以相劝勉，亦举大木者呼邪许之比，其乐曲即谓之相。"[①]近人杜国庠认为："相是送杵的声音，像举大木呼邪许一样，发展起来就成为一种歌讴，即舂者的劳动歌。"[②]

2."相"乃乐器

清人卢文弨认为："相乃乐器，所谓舂牍。"[③]《文献通考·乐考》记载"舂牍"："舂牍，以竹大五六寸，长七尺，短者一二尺，其端有两空髹画，以两手筑地。"[④]郑玄认为："拊者，以韦为表，装之以穅，穅一名相，因以名焉。今齐人或谓穅为相。"[⑤]刘师培在《荀子校补》中，以《礼记·乐记》中的郑玄注"相，柎也"和《风俗通义》所说"相，柎也，所以辅相于乐。奏乐之时，先击相"为基础，认为"相"即乐器"柎"(即"拊"，"柎""拊"二字相通)。[⑥] 近人朱少滨等人亦持类似的观点，但他把"相"看成是"鼓板"："奏乐之时，先击相，是相犹今鼓板，每大鼓书开唱之时，则先击鼓，并拍板，北京各大鼓书场皆先击鼓而后唱也。"[⑦]

3."相"为乐器与"举重劝力之歌"

近人饶宗颐持此种观点。他认为，"相"本是乐器的拊，用以节乐。在庙堂上奏乐时，亦击拊(相)以合歌声之节奏。原来单纯唱歌，一面击着糠鼓来伴奏就叫作"相"。到了后来，凡利用一定节奏来调节歌声缓急的，都可以叫作"相"。因此，"相"亦为劝力呻吟的声音。[⑧]

4."相"为"治"

王念孙反驳卢文昭的观点说："卢以相为乐器之舂牍，斯为谬矣。以相为乐器，则'成相'二字，义不可通，且乐器多矣，何独举舂牍言之乎？……窃谓相者，治也。(昭九年《左传》'楚所相也'，二十五年《传》'相其室'，杜注并曰：'相，治也。'《小尔雅》同)"[⑨]王念孙认为"相"即"治"，即"治理""管理"，在这里引申为

---

① 俞樾：《诸子平议》，中华书局1954年版，第289页。

② 《杜国庠文集》，第159页。

③ 王先谦撰，沈啸寰、王星贤点校：《荀子集解》，第455页。

④ 马端临撰：《文献通考》，中华书局1986年版，第1231页。

⑤ 郑玄注，孔颖达等正义：《礼记正义》，《十三经注疏》本，第1538页。

⑥ 参见刘师培：《荀子校补》卷三，宁武南氏校印。"柎"通"拊"。清阮元校刻版《十三经注疏》(中华书局1980年版，第1538页)中作"拊"，应劭《风俗通义》中亦作"拊"。

⑦ 转引自《杜国庠文集》，第176—177页。

⑧ 参见饶宗颐：《澄心论萃》，上海文艺出版社1996年版，第32—33页。

⑨ 此语见于王引之之父王念孙：《读书杂志·荀子第八》，商务印书馆1930年版，第1页。王先谦《荀子集解》中引为王引之之言的说法尚欠考证。

"治之方",也就是治理的方法。

5."相"为"治"与"以声音相劝"

梁启雄先生认为,"相"有两种含义:"(一)《小尔雅·广诂》:'相,治也。'《吕览·举难》:'相也者,百官之长也。'(二)《礼记·檀弓》:'邻有丧,舂不相;里有殡,不巷歌。'注:'相,谓以音声相劝。'《曲礼》注:'相,谓送杵声。'"①

(二)"成相"

"成相"之义,历来存在着较大的争议,主要有以下几种观点:

1."初发语词"

唐杨倞并未确切地分析"成相"的含义,他认为荀子《成相》篇篇名的来源是"以初发语名篇"。同时,他列举了"成功在相,故作《成相》三章"②的说法。

2.乐曲名或曲艺名、民歌

大文豪苏东坡云:"成相者,盖古讴谣之名乎。"③他认为,"成相"是一种古代歌谣的名字。卢文弨认为:"审此篇音节,即后世弹词之祖。……首句'请成相'言请奏此曲也。"④他认为《成相》篇是后世弹词(明清两代流行的说唱文学形式,属曲艺的一种)之开端。俞樾赞成卢文弨的观点,认为"请成相者,请成此曲也",把"成相"看作曲艺的一种。杜国庠认为,"成相"是劳动歌的通称,但却是"徒歌",因此不能称之为"乐曲"。⑤ 陆侃如、冯沅君虽赞成俞樾与刘师培的说法,认为"成相"是一种民歌,但却认为"'成相'二字为连文,不能把成字当作动词"⑥。姜书阁先生赞成二人的观点,并进一步说:

> "成相"二字连文应是战国后期南方楚地的一种民间歌曲调名,如《阳春》、《白雪》、《下里》、《巴人》,以及《蒿里》、《薤露》、《苦寒》、《精列》,乃至后世的弹词、说唱等俚曲小调,若《山坡羊》、《打枣竿》、《寄生草》之类,荀况取其格调,以写自己的政治思想,积若干章而成一篇,自具收尾,可用一调反复重叠吟诵或歌唱。……"成相"这种民间歌曲小调原先定是一种相助劳役之歌讴,亦即后世的劳动号子,所以曲调简短,适于配合比较费力的集体劳动,如打夯、拉纤、抬重("举大木",抬大石)之类,用以齐一力量;或配合比较单调的个体劳动,如舂米之类,用以解除疲劳。⑦

---

① 梁启雄:《荀子简释》,第 342 页。

② 王先谦撰,沈啸寰、王星贤点校:《荀子集解》,第 455 页。

③ 《苏轼文集》,中华书局 1986 年版,第 2054 页。

④ 王先谦撰,沈啸寰、王星贤点校:《荀子集解》,第 455 页。

⑤ 《杜国庠文集·论荀子的〈成相篇〉》,第 160 页。

⑥ 陆侃如、冯沅君:《中国诗史》,第 129—130 页。

⑦ 姜书阁:《先秦辞赋原论》,第 161—162 页。

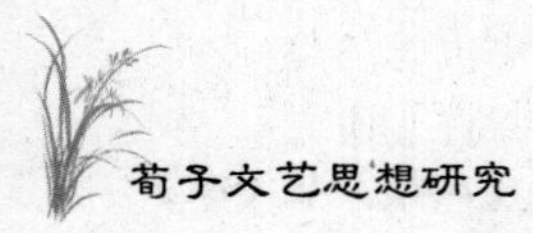

3.“成相”即“成治”

王念孙认为“相”即“治”:“成相者,成此治也。成相者,请言成治之方也。自‘世之殃’以下,乃先言今之不治,然后言成治之方也。”[①]王念孙将“成相”看成是“成就治国的伟业”,是从作品的内容方面来解释“成相”的。

4.“成相”的含义是双关的

梁启雄认为,“成”有“就”“奏”二义,“相”有“治”“以声音相劝”二义,因此“成相”既谓“成就相治国家的伟业”,又谓“合唱舂米歌”,因此“这个标题的含义是双关的”。[②] 这种观点遭到姜书阁先生的反驳。他认为:“《成相》这一篇名,正如下篇《赋》篇的篇名一样,就是一种问题,并非‘双关’,而‘请成相’和‘凡成相’也就是请歌成相与凡歌成相之意。”[③]

笔者认为“相”乃一种乐器,又被称为“拊”。《礼记·乐记》中记述子夏在谈论“古乐”的时候说:“今夫古乐,进旅退旅,和正以广;弦匏笙簧,会守拊鼓;始奏以文,复乱以武;治乱以相,讯疾以雅。”[④]“文”“武”“相”“雅”皆为乐器。《尔雅义疏·释乐》云:“和乐谓之节。”义疏:“节者,邢疏云:‘乐器名,谓相也。’”[⑤]因为相是用来节乐的,所以又被称为“节”。郑玄认为:“文谓鼓也,武谓金也。相即拊也,亦以节乐。”[⑥]“相”与“雅”相对,均为调节音乐节奏的乐器。郑玄谓“相”“形如鼓,以韦为之,著之以糠”[⑦];“雅”“状如漆筒而弇口,大二围,长五尺六寸,以羊韦鞔之,有两纽疏画”[⑧]。“相”与“雅”在古代乐舞中常常相互配合使用。饶宗颐认为:“古代的歌与舞往往联合举行,以相来调节歌,以雅(乐器)来调节舞。”[⑨]这里所说的就是“相”与“雅”交互为用的问题。

又,应劭《风俗通义》说:“相,拊也。所以辅相与乐。奏乐之时,先击相。”[⑩]“相”本是乐器“拊”,外面用“韦”(即经去毛加工制成的柔皮)包裹,形状似鼓。《周礼·春官·大师》说:“大祭祀,帅瞽登歌,令奏击拊。”在作乐之时,“大师帅取瞽人登堂于西阶之东,北面坐,而歌者与瑟以歌诗也。……拊所以导引歌者,故

① 王念孙:《读书杂志·十二》,第1页。

② 梁启雄:《荀子简释》,第342页。

③ 姜书阁:《先秦辞赋原论》,第161—162页。

④ 郑玄注,孔颖达等正义:《礼记正义》,《十三经注疏》本,第1538页。

⑤ 《尔雅义疏》卷五《释乐》第七。

⑥ 郑玄注,孔颖达等正义:《礼记正义》,《十三经注疏》本,第1538页。

⑦ 《周礼·春官·大师》:“大祭祀,帅瞽登歌,令奏击拊。”郑玄注曰:“拊,形如鼓。”(郑玄注,贾公彦疏:《周礼注疏》,《十三经注疏》本,第796页)

⑧ 马端临撰:《文献通考》,中华书局1986年版,第1231页。

⑨ 饶宗颐:《澄心论萃》,第32页。

⑩ 王利器:《风俗通义校注》,第485页。

先击拊，瞽乃歌也”①。祭祀用的“拊”是“导引歌者”的，在未歌之前应先击“拊”，然后瞽者才能歌诗。

关于“相”的形制，宋聂崇义在《三礼图》中绘之如图 7-1，《四书引蒙略图解》则绘之如图 7-2，明人王圻、王思义等人在《三才图会》中绘之如图 7-3。

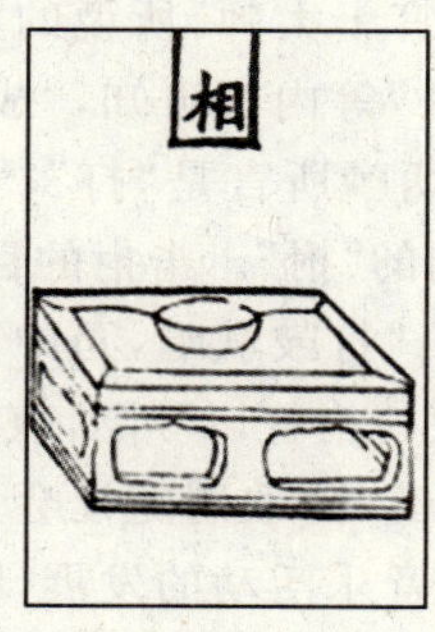

图 7-1 《三礼图》所绘之“相”②

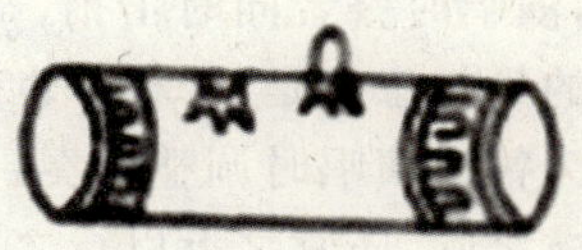

图 7-2 《四书引蒙略图解》所绘之“相”③

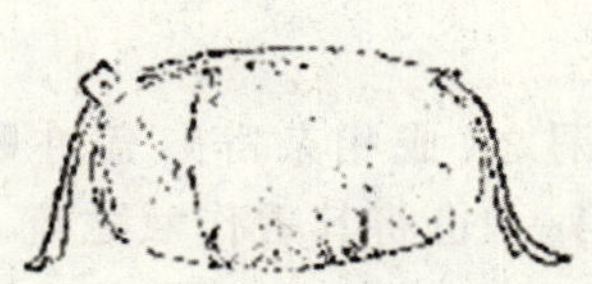

图 7-3 《三才图会》所绘之“相”④

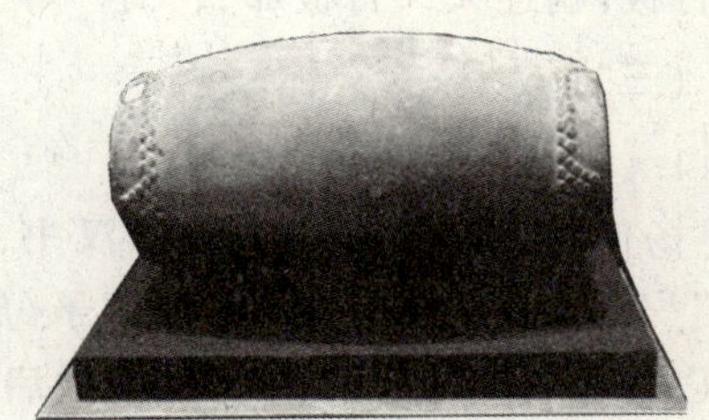

图 7-4 天坛博物馆藏“搏拊”⑤

从图 7-1、7-2 可见，二者外形虽然略有不同，一为长方体，一为柱形，但都是外革里穅，都是用手敲击的打击乐器。明代的王圻、王思义等人认为，“相”为鼓形：“八音以鼓为君，以相为臣，是相为鼓。其状如鼙，韦表，糠里。”⑥特别是

① 郑玄注，贾公彦疏：《周礼注疏》，《十三经注疏》本，第 796 页。

② 聂崇义：《新定三礼图·投壶图》，宋淳熙两年刻本。

③ 参见李日刚：《辞赋流变史》，文津出版社 1987 年版，第 78 页。

④ 王圻、王思义编集：《三才图会》，上海古籍出版社 1988 年版，第 1139 页。

⑤ 见中华人民共和国国家文物局网站，http://www.sach.gov.cn:8080/www.sach.gov.cn/tabid/891/InfoID/19663/Default.aspx。

⑥ 王圻、王思义编集：《三才图会》，第 1141 页。

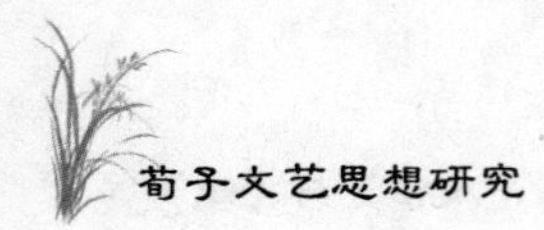

图 7-2、7-3 所绘的两种“相”均为椭圆形，且都有可以系于腰间的绳段或布条，与现在的腰鼓及凤阳花鼓极为相似。[①]现今天坛博物馆所藏的“搏拊”（见图 7-4）的形制也很好地说明了拊为鼓形、以手击打的特点。因而，有的学者认为“拊的形制、作用与后世戏曲、曲艺中使用的‘板鼓’（或曰‘单皮’、‘单皮鼓’）相类”[②]。

综上所述，“相”应是像鼓的“拊”。从《周礼·春官·大师》所说的“大祭祀，帅瞽登歌，令奏击拊”及荀子提到的“如瞽无相何怅怅”等内容可知，“成相”由瞽者演唱，演唱时瞽者同时击拊。“成”的意思正如章炳麟所言是“打”，“成相”或“打相”的最初意思是“击相”，也就是用手来击打皮制的“拊”。击拊的目的是“助节”，即为瞽人演唱时调整节奏。所以有的学者就说：“打鼓歌唱，乃中国最古之风。唐虞之际，庙堂之上以行之，盖此乃国家盛会，故搏拊佐以琴瑟，兼用各种乐器，而民间染其风，仅采简单形式，独用小鼓，以为节奏，而歌词随社会人民而变迁；如无小鼓，则击壤而歌，最为简单之式矣。”[③]随着音乐活动的发展，“成相”二字逐渐连文，成为一种助节的曲调，而其中的歌辞则被称为“成相杂辞”。荀子的《成相》便是其中的一种。《成相》篇中的开头语“请成相”就是把“相”敲起来，是《成相》的开场语，类似于现在北京大鼓书中的“请打打鼓来唱一曲”，或快板中的“打竹板，响连天”“竹板那么一打”等。

（三）《成相》的文体

1.《成相》为“赋”

杨倞在注《成相》时说：“《汉书·艺文志》谓之《成相杂辞》，盖亦赋之流也。”[④]朱熹在《楚辞后语》中将荀子《成相》列为第一，也将其看作赋之流。清胡元仪也认为《成相》是五篇赋。[⑤] 梁启超认为《成相》是“赋之流”[⑥]。姜书阁先生也认为《成相》是“早起赋之一体”[⑦]，“《荀子·成相》篇中当共收‘成相’体赋四篇”，《成相》“其实是赋类”[⑧]。马积高先生也基本上将《成相》看作荀子赋的一类。[⑨]

---

① 参见李日刚：《辞赋流变史》，第 78—79 页。

② 姚小鸥：《“成相”杂辞考》，《文艺研究》2000 年第 1 期。

③ 朱师辙：《朱师辙（少滨）先生答著者论〈成相〉很像〈凤阳花鼓词〉书》，《杜国庠文集》，第 177 页。

④ 王先谦撰，沈啸寰、王星贤点校：《荀子集解》，第 455 页。王念孙对杨倞的这一观点作了反驳。他说：“《志》所载《成相杂辞》，在汉人杂赋之末，非谓荀子之《成相篇》也。”（王念孙：《读书杂志·十二》，第 1 页）

⑤ 胡元仪：《荀卿别传·考异》，王先谦撰，沈啸寰、王星贤点校：《荀子集解·考证下》，第 45 页。

⑥ 罗根泽编著：《古史辨》（四），第 113 页。

⑦ 姜书阁：《先秦辞赋原论》，第 164 页。

⑧ 姜书阁：《汉赋通义》，齐鲁书社 1989 年版，第 36 页。

⑨ 参见马积高：《赋史》，上海古籍出版社 1987 年版，第 50 页。

2.《成相》为诗歌或歌谣

元代祝尧《古赋辨体》中云："屈子《离骚》，即古赋也。古诗之义，若荀卿《成相》、《佹诗》是也。"明代吴纳赞成他的观点，说："《成相》、《佹诗》，亦非赋体。"①陶秋英先生也认为，"《成相篇》的句调，明明是诗的格式"，"《成相篇》中间自成段落处，正如《诗经》三百篇的篇章分明是一样的，所以这是诗，那里是赋?"因此"至多也只能认为是赋之流，而不是赋"。② 高光复先生也说，"《成相》原本应是古代的一种民间的歌讴"，它"基本上保留着民间讽谣的风调，因而把它看作是诗而不是赋，要更确切一些；它与赋的距离实在是很远的"。③

"赋"是一种最具特色的民族文学体裁。一般来说，它有两个本质特征：一是"不歌而颂谓之赋"(《汉书·艺文志》)，二是"赋者，铺也；铺采摛文，体物写志也"(《文心雕龙·诠赋》)。虽然这两点并不能完全概括赋的特点(例如"诔""箴""铭"等虽然是不和乐的，但它们不是赋)，但却说明了赋的一个基本特点——它是不和乐的。前面我们已经说过，"相"为乐器"舂牍"或"拊"，最早是用来节乐的。卢文弨认为《成相》是"后世弹词之祖"("弹词"是今天的"鼓儿词"或"大鼓词"之祖)，它本身就含有自己的曲调，是能够和乐而唱的，它的出现与古代祭祀、宴乐等活动密不可分。所以有的学者说，"成相""全为一种歌谣或道情式之曲调，当日必可以简单乐器伴唱"④。从《成相》可以和乐的情况看，它是用"相""拊"等简单的乐器敲击伴奏而演唱的，因而它不符合赋"不歌而颂"及"铺采摛文，体物写志"的特点。所以我们不能简单地将其看成是"赋"。从其和着简单的节奏与曲调、以"相"等乐器伴奏的特点来看，它更符合诗或民歌的特点。因而，如果我们硬要把它与赋相联系的话，它也只能算是"赋之流"。

(四)《成相》的分篇及句式、用韵

1.《成相》的分篇

《成相》总共有56章。关于这56章的分篇，学者们主要有三分法、四分法与五分法三种观点：

(1)三分法。唐杨倞认为《成相》应分为三章(这里的三章即我们所说的三篇)。朱熹也在《楚辞后语》中将《成相》分为三章，这是沿用了杨倞的观点。今人

① 以上均见吴纳：《文章辨体序说》，人民文学出版社1998年版，第19页。

② 陶秋英：《汉赋之史的研究》，中华书局1939年版，第85—87页。

③ 高光复：《赋史述略》，东北师范大学出版社1987年版，第19页。

④ 李日刚：《辞赋流变史》，第72页。

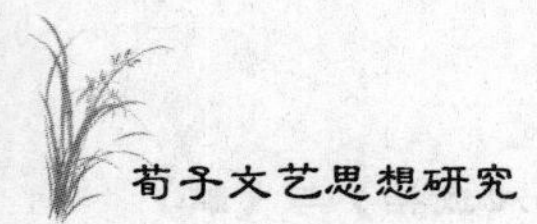

梁启雄、刘大杰、陆侃如、冯沅君、杜国庠等赞同这种观点。[①] 三分法的观点,一般以《成相》中的“请成相”三字为每一篇的开端:第一篇是从第1章到第22章,以“成相竭,辞不蹷,君子道之顺以达。宗其贤良,辨其殃孽”结尾,共22章;第二篇是从第23章至第44章,共22章,以“观往事,以自戒,治乱是非亦可识。托于成相以喻意”结尾;最后一篇是从第45章至结尾,共12章。

(2)四分法。王先谦《荀子集解》中使用的就是这种方法。姜书阁先生也将《成相》分为四篇。[②] 四分法与三分法最大的不同是将三分法中的第二篇分为两篇,即从第23章到第33章(共11章)为第二篇,从第34章到第44章(共11章)为第三篇,其余分章不变。

(3)五分法。清胡元仪在其《荀卿别传·考异》中认为,《成相》应该分为五篇,即从第1章至第13章为第一篇,第14章至第22章为第二篇,第23章至第33章为第三篇,第34章至第44章为第四篇,第45章至第56章为第五篇。[③]

对于《成相》究竟应分为几篇,笔者认为王先谦等人的观点是比较符合实际的。其实,文章分篇最忌讳的就是割裂其中的文义与内在的逻辑关系。三分法或五分法,要么过于笼统,将在内容上不相联系的部分强加在一起;要么强加断句,割裂了各个篇章相对独立的内容。只有王先谦等人的四分法避免了这些错误。因为《成相》的各个部分,其实都有一个可以总结各篇内容的句子,结尾处也有总结上文、提出观点的句子:

第一篇(第1章至第22章):第一句:“请成相,世之殃,愚闇愚闇堕贤良。人主无贤,如瞽无相何伥伥!”开篇概括本篇的内容是说良臣贤将对国家的重要性。全篇也以其为中心作了说明。然后最后一章说:“成相竭,辞不蹷,君子道之顺以达。宗其贤良,辨其殃孽。”也是以“贤良”为中心总结了全篇的主导思想。

第二篇(第23章至第33章):第一句:“请成相,道圣王,尧舜尚贤身辞让,许由善卷,重义轻利行显明。”从这一句中我们可以看出,此篇的内容主要是说明圣王尚贤辞让和重义轻利的高尚道德品行。从第24章直到最后的“天乙汤,论举当,身让卞随举牟光。道古贤圣基必张”,都是在说明这一主导思想。

第三篇(第34章至第44章):“愿陈辞,世乱恶善不此治。隐过疾贤,长由奸诈鲜无灾”为此篇的主要内容。该篇以周幽王、周厉王的暴政等历史事实,说明

---

① 参见王先谦撰,沈啸寰、王星贤点校:《荀子集解》,第455页;朱熹撰,蒋立甫校点:《楚辞集注》,第209页;梁启雄:《荀子简释》,第342页;刘大杰:《中国文学发展史》(上),第89页;陆侃如、冯沅君:《中国诗史》,第129页;《杜国庠文集·论荀子的〈成相篇〉》,第163页。

② 参见姜书阁:《先秦辞赋原论》,第171页。

③ 参见胡元仪:《荀卿别传·考异》,王先谦撰,沈啸寰、王星贤点校:《荀子集解·考证下》,第45页。

君王若疾害贤良、常用奸诈，必定会后患无穷。同时，荀子也在此篇的最后一句道出了作《成相》的目的："观往事，以自戒，治乱是非亦可识。托于成相以喻意。"

第四篇（第45章至第56章）：此篇开头即点明主旨："请成相，言治方，君论有五约以明。君谨守之，下皆平正国乃昌。"然后，荀子详细说明了"臣下职""君德明""刑称陈""言有节"和"上通利"而"下不私"五种为君之道。最后，荀子又以"臣谨修，君制变，公察善思论不乱，以治天下，后世法之称律篇"作结。

由此可见，《成相》中的四篇，篇篇主题鲜明、条理清晰，既独立成篇，又彼此联系、不可割舍。若以三分法将第二篇与第三篇综合为一篇，则第二篇的篇头不能概括第三篇的内容；若将第一篇划分为两篇，则又割裂了第一篇的内在逻辑。因此，无论是三分法还是五分法都是不正确的划分方式。

2.《成相》的分句及用韵方式

《成相》作为我国最早的"弹词"，需要演唱者反复吟诵，因而它本身就具有较为特殊的节奏与韵律。所以，对其句式的划分就显得极为重要。学者们主要有以下三种划分方式：

(1)四句式。顾千里认为，《成相》"两三字句，一七字句，一十一字句为一章。每章凡四句，每句有韵"[①]。这种划分方式也就是：

□□韵，□□韵，□□□□□□韵，□□□□□□□□□□韵。

这种句式以"三、三、七、十一"为划分方式，在每句的结尾都押韵。在十一字句中，"或上八下三，或上四下七"[②]。台湾学者简宗梧先生也赞成这种观点。[③]

(2)五句式。王念孙认为："盖此篇通例，两三字句，一七字句，一四字句，又一七字句，如此五句为一章也。"[④]俞樾大致赞同王念孙的观点，但在后两句的划分上，他认为不必过分拘泥于字数："古人之文，变动不居……不应拘泥字数，转至不通。"[⑤]

今人杜国庠也认为应以五句为一章，他认为："后两句为上四下七，而四字句不协韵。而《成相篇》把这两句十一个字，给以种种的变化分读，自成一种风格。"[⑥]按照他的观点，《成相》每章的句式可以标示为：

□□韵，□□韵，□□□□□□□韵，□□□□，□□□□□□韵。

(3)六句式。除了四句式、五句式外，有的学者还主张六句式。朱少滨认为，

① 王先谦撰，沈啸寰、王星贤点校：《荀子集解》，第462页。

② 王先谦撰，沈啸寰、王星贤点校：《荀子集解》，第462页。

③ 参见简宗梧：《赋与骈文》，（台北）台湾书店1998年版，第45—46页。

④ 王念孙：《读书杂志·十二》，第6页。

⑤ 俞樾：《诸子平议》，第291页。

⑥ 《杜国庠文集·论荀子的〈成相篇〉》，第162页。

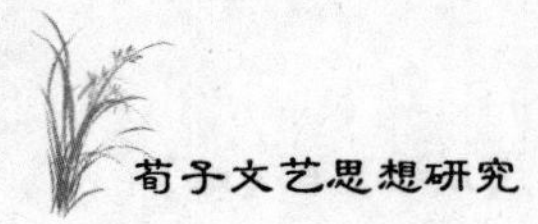

除了第 21 章、第 22 章、第 23 章、第 41 章、第 44 章五章外，“其一、二句皆三字一句，第三句七字皆有韵，以下两四字句多无韵，末三字句必有韵。其每章六句四韵，乃其常律”[①]。按照他的观点，《成相》的一般句式为：

□□韵，□□韵，□□□□□□韵，□□□□，□□□□，□□韵。

综上所述，笔者认为五分法是最恰当的。四分法的错误在于后面的十一字句，因为“以语言的发展规律而论，战国末期，诗歌刚刚由以四言为主的四言诗时代进到五、六、七言长句的《楚辞》体，怎么可能竟有了唐、宋以后甚至明、清以来才有的十一字句呢？”[②]若按照朱少滨等人的六句式，则《成相》中的很多篇章会被分得四分五裂，且混乱不堪。仅举几例如下：

治之道，美不老，君子由之佼以好。下以教诲子弟，上以事祖考。（第21 章）

上壅蔽，失辅埶，任用谗夫不能制。郭公长父之难，厉王流于彘。（第41 章）

按照五句式，上面两句尚可说得通；但若按照朱少滨的六句式，真不知道该如何断句才好。

关于《成相》的节奏形式，杨荫浏先生曾经这样划分（见图 7-5）：

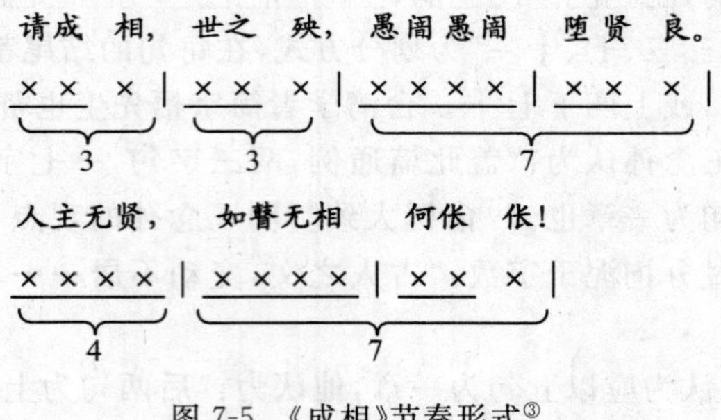

图 7-5 《成相》节奏形式[③]

《成相》每章五句，以“三、三、七、四、七”字句为主，第一、第二、第三、第五句押韵，格式统一，节奏鲜明。这一节奏，颇类于现今的鼓词或唱词。

① 朱师辙：《朱师辙（少滨）先生答著者论〈成相篇〉很像〈凤阳花鼓词〉书》，《杜国庠文集》，第178 页。

② 姜书阁：《先秦辞赋原论》，第 175 页

③ 杨荫浏：《中国古代音乐史稿》（上），第 73 页。

(五)《成相》的渊源

1.《成相》与《诗》

荀子深于诗教,对“五经”的传授,特别是对《诗》的传授有着深远的影响。他的创作深受《诗》的影响,特别是其三言句式和押韵方式直接来源于《诗》。《诗》中有许多《成相》的影子,《成相》里面有很多《诗》的痕迹。在以四言为主的《诗》中,特别是在《国风》等民歌中,有着为数不多的三字句。这些三字句的用法,与《成相》篇较为相似:

螽斯羽,诜诜兮。宜尔子孙,振振兮。(《周南·螽斯》)

江有汜,之子归,不我以。不我以,其后也悔。(《召南·江有汜》)

山有枢,隰有榆。子有衣裳,弗曳弗娄。子有车马,弗驰弗驱。宛其死矣,他人是愉。(《唐风·山有枢》)

不仅如此,《诗》中有许多诗句的用韵方式,也与《成相》中五句四韵的方式相同。比如《魏风·革屦》的第二章:

好人提提,宛然左辟,佩其象揥。维是褊心,是以为刺。

全章押 i 韵,第一句、第二句、第三句、第五句押韵,第四句不押韵,与《成相》的押韵方式完全相同。再如:

迨天之未阴雨,彻彼桑土,绸缪牖户。今女下民,或敢侮予?(《豳风·鸱鸮》)

坎坎伐檀兮,置之河之干兮。河水清且涟猗。不稼不穑,胡取禾三百廛兮?(《魏风·伐檀》)

其押韵方式与《成相》的押韵方式完全相同。由此可见,荀子的《成相》受《诗》的影响很大,《诗》可能是《成相》的直接渊源之一。

2.《成相》与《睡虎地秦墓竹简》

1975 年,考古工作者在湖北省云梦县睡虎地发掘了 12 座战国末至秦代的墓葬,其中十一号墓出土了大量的秦代竹简。这座墓的主人极有可能是“喜”,他生于秦昭王四十五年(前 262 年),卒于秦始皇三十年(前 217 年)。竹简的内容大部分是法律、文书,其中有一篇《为吏之道》,专家推测是供学做官吏的人使用的识字课本。在本篇中,存有韵文八首,它的格式与用韵,与荀子的《成相》极其相似:

凡治事,敢为固,谒私图,画局陈畀以为耤。肖人聂心,不敢徒语恐见恶。

凡戾人,表以身,民将望表以戾真。表若不正,民心将移乃难亲。

操邦柄,慎度量,来者有稽莫敢忘。贤鄙溉辥,禄立(位)有续孰敀上。

邦之急,在體(体)级,掇民之欲政乃立。上毋间陛,下虽善欲独可

(何)急?

审民能,以赁(任)吏,非以官禄夬助治。不赁(任)其人,及官之敃岂可悔?

申之义,以毄畸,欲令之具下勿议,彼邦之㱙(倾),下恒行巧威故移。

将发令,索其政,毋发可异史(使)烦请。令数囚环,百姓榣(摇)贰乃难请。

听有方,辩短长,困造之士久不阳。①

这八首韵文,论述了居官为政、治理国家的为吏之道,其中包括各种各样的道德规范和行为准则:要取法棋类,反复思考;要以身作则,谨慎从事;要确立等级,控制民欲;要任贤使能,审能授官;要打击邪恶,维护正义;要政令正确,令行禁止。它的内容,与荀子的《成相》极其相似,都说明了德刑兼备的为吏、为君之道。它的形式,则与《成相》完全相同:每章五句,每句25字,句式都是三、三、七、五、七式(第一章中的"凡治事"三字应为全文总冒,最后一章部分内容佚失);全篇节奏鲜明,且都是第一句、第二句、第三句、第五句押韵。它的内容与形式与荀子《成相》如此接近,因而有的学者说它是"据当时民间曲调'相'的句式写成的"②。由此可见,荀子的《成相》在战国末期至秦时并不是孤篇,"相"的这种民间歌谣形式在当时是相当流行的。

3.《成相》与先秦其他典籍

卢文弨、方孝岳、饶宗颐等人认为,《逸周书·周祝》与《成相》句式有相类之处。③ 姜书阁认为它们"体虽相类,但看不出有什么继承关系"④。郑炯坚认为,《左传》之《祈招》《守城者讴》,《古诗源》辑录之古歌谣《衣铭》《饭牛歌》,《吴越春秋》之《渔夫歌》,屈原之楚辞以及《老子》第二十八章中的部分内容,都有类似于《成相》的地方。⑤然而,他们的这些观点,大多缺乏强有力的证据。

二、"托于成相以喻意"——《成相》的理论旨归

荀子生当战国末年。当是时,周室衰微,礼崩乐坏;战火不断,群雄逐鹿;百姓居无定所,颠沛流离。在这个旧秩序逐渐瓦解、新秩序尚未建立的时期,儒、墨、法等百家活跃、诸子争鸣。各个学派之间为了证立其说,"各著书言治乱之事

---

① 睡虎地秦墓竹简整理小组编:《睡虎地秦墓竹简》,文物出版社1990年版,第173页。

② 睡虎地秦墓竹简整理小组编:《睡虎地秦墓竹简》,第174页。

③ 参见王先谦撰,沈啸寰、王星贤点校:《荀子集解》,第455页;方孝岳:《关于"屈原""天问"》,《中山大学学报》1955年第1期;饶宗颐:《澄心论萃》,第33页。

④ 姜书阁:《先秦辞赋原论》,第177页。

⑤ 参见郑炯坚:《荀子文学与美学》,第132—136页。

以干世主"[1]，希望自己的主张能够得到统治者的支持并得以实施。为了实现王道一统的政治主张，荀子像孔子一样周游列国、言说布道。他曾游说秦昭王，与临武君议兵于赵孝成王前，但俱不能用；及楚，却受到小人的谗陷。春申君死后，他定居兰陵，著书数万而卒。《成相》篇便是在这种情形下产生的。由于荀子的主张在现实中得不到实施，他只有依托于"成相"这一通俗文学的形式，"作书刺事"，将自己的主张以说唱文学的形式表现出来。这正如他自己所说，要"观往事，以自戒"，"托于成相以喻意"。可以说，这是他所讲的以礼义为"中"的"中和"之美和以善为美、"不全不粹之不足以为美"的真、善、美统一的审美理想论在其创作实践中的体现。

（一）"观往事，以自戒"

"孙卿迫于乱世，鰌于严刑，上无贤主，下遇暴秦，礼义不行，教化不成，仁者绌约，天下冥冥，行全刺之，诸侯大倾。"（《尧问》）荀子曾周游于燕、齐、秦、赵、楚等国，然而却屡遭诽谤、污蔑。对于当时的社会统治，他已感到无望与无奈。然而，儒家的济世情怀却促使他迸发出更加强烈的创作冲动，《成相》就是他废居兰陵时的产物。《成相》虽以说理为主，但是荀子通过总结重重的历史经验，揭露并批判了当时的黑暗政治，抒发了自己的忧愤之情。全文列举了 40 多位历史人物，概括并论述了他们的种种恶迹或善行，陈述了他们不同的后果或下场，由此以说明任贤使能、推行仁政的必要性。

在第一篇中，荀子论述了贤臣良将在国家中的作用，着重提出了君主要重用贤良的政治主张。他认为，当世政治黑暗的原因之一便是小人当道："世之殃，愚闇愚闇堕贤良"；"主之孽，谗人达"；"世之灾，妒贤能"；"世之衰，谗人归"；"世之祸，恶贤士"；"世之愚，恶大儒"。他举了武王伐纣的例子，说明了圣主贤君与昏君暴主的区别：

> 世之灾，妒贤能，飞廉知政任恶来。卑其志意，大其园囿高其台。
>
> 武王怒，师牧野，纣卒易乡启乃下。武王善之，封之于宋立其祖。
>
> 世之衰，谗人归，比干见刳箕子累。武王诛之，吕尚招麾殷民怀。

商纣王受到奸人谗臣的蛊惑，任用飞廉与恶来，听信谗言，大兴土木，虐待忠良之士，比干忠谏被剖腹，箕子进谏被囚禁，最终身死国灭，为天下人所耻笑。周武王善待纣王的臣子微子启等人，任用贤能的姜尚。他们指挥得当，使民心归附，最终取得牧野大胜，一统中原。所以说，治国之根本，在于任贤使能，近贤臣、远小人：

> 请牧基，贤者思，尧在万世如见之。谗人罔极，险陂倾侧此之疑。

[1] 钱穆：《先秦诸子系年·稷下统考》，第 270 页。

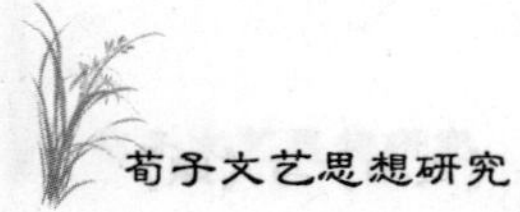

"所听视者近而所闻见者远""君子不下堂室而海内之情举积此"的君子"操术"和《君道》篇中所讲的"远者天下,近者境内,不可不略知也"讲求"术"的主张是一致的。

总之,荀子在《成相》中,历数了尧、舜、禹、汤等贤主与夏桀、商纣、周幽、周厉等昏君的各种事迹,采用通俗的民间歌谣的形式,以生动活泼的语言、规整而有节奏与韵律的诗句,揭露并批判了当时政治黑暗、礼崩乐坏的社会现象。他在痛斥"愚闇愚闇堕贤良""谗人达""妒贤能""恶贤士""恶大儒""拒谏饰非"等病态政治的同时,提出了通过"礼"(在荀子的思想中"礼"常常包含着"乐")、"法"等途径来矫正此种病态社会的政治理论纲领。朱熹在《楚辞后语》中这样评价荀子的《成相》:"杂陈古今治乱兴亡之效,讬声诗以风时君,若将以为工师之诵、旅贲之规者,其尊主爱民之意亦深切矣。"[①]郝懿行也说荀子思想"其旨归意趣,尽在《成相》一篇"[②]。因此,可以说《成相》是荀学的纲领,是荀子思想的总汇,我们应当充分重视其在荀子思想体系中的重要地位。

三、《成相》的影响

《成相》"三、三、七、四、七"的句式及押韵方式,对后世的诗赋、乐府、民歌等影响深远。卢文弨认为"审此篇音节,即后世弹词之祖"[③]。杜国庠则认为《成相》"本身就是二千多年前的通俗作品,简直可以说是俗文学的祖宗呢!(与其说是弹词之祖,毋宁说是凤阳花鼓词之类的先河)"[④]。朱师辙认为:"《成相》为中国鼓儿词之最早者。"[⑤]因而,《成相》在中国的诗史、俗文学史、民歌史中具有承前启后的作用。

首先,《成相》对乐府民歌影响较为深远。《成相》的"三、三、七、四、七"句式,特别是"三、三、七"的形式,在乐府中经常见到,是较为流行的样式。例如汉乐府《平陵东》:

平陵东,松柏桐,不知何人劫义公?劫义公,在高堂下,交钱百万两走马。

两走马,亦诚难,顾见追吏心中恻。心中恻,血出漉,归告我家卖黄犊。[⑥]

---

① 朱熹:《楚辞后语·成相第一》,朱熹撰,蒋立甫校点:《楚辞集注》,第209页。

② 王先谦撰,沈啸寰、王星贤点校:《荀子集解·考证上》,第16页。

③ 王先谦撰,沈啸寰、王星贤点校:《荀子集解》,第455页。

④ 《杜国庠文集·论荀子的〈成相〉篇》,第165页。

⑤ 《杜国庠文集·论荀子的〈成相〉篇》,第176页。

⑥ 郭茂倩编:《乐府诗集》,中华书局1979年版,第410页。

在这首乐府诗中，既有三字句，也有四字句、七字句。诗中“三、三、七”字句反复使用，节奏快捷而强烈，且它的顶真修辞手法的运用，与《成相》如出一辙：

愿陈辞，(脱三字)，世乱恶善不此治。隐讳疾贤，良由奸诈鲜无灾。

患难哉！阪为先，圣知不用愚者谋。前车已覆，后未知更何觉时？

不觉悟，不知苦，迷惑失指易上下。中不上达，蒙掩耳目塞门户。

门户塞，大迷惑，悖乱昏莫不终极。是非反易，比周欺上恶正直。

正直恶，心无度，邪枉辟回失道途。己无邮人，我独自美岂独无故！

再如《君马黄》：

君马黄，臣马苍，二马同逐臣马良。①

再如《圣人出》：

圣人出，阴阳和。美人出，游九河。佳人来，骓离哉何。驾六飞龙四时和。君之臣明护不道，美人哉，宜天子。免甘星筮乐甫始，美人子，含四海。②

其次，《成相》对唐代“变文”③及宋话本也产生了一定的影响。例如在敦煌变文《媿女缘起》中也出现了三字句与七字句结合应用的模式：

叹佛了，求加被，低头礼拜心专志。容颜顿改旧时仪，百媿变作千般媚。④

特别是在《大目乾连冥间救母变文》中，有的句式就是“三、三、七、四、七”形式，与《成相》完全相同：

左边沈，右边没，如山岌岌云中出。催催嵬嵬，天堂地狱一时开。

行如雨，座如雷，似月围围海上来。⑤

在宋代的话本中，我们也能时常见到这种“三、三、七”的句式。特别是在《快嘴李翠莲记》中尤为突出。仅举几例如下：

爷是天，娘是地，今朝与儿成婚配。男成双，女成对，大家欢喜要吉利。人人说道好女婿：有财有宝又豪贵；又聪明，又伶俐，双六象棋通六艺；吟得诗，做得对，经商买卖诸般会。这门女婿要如何？愁得苦水儿滴滴地。⑥

又：

---

① 郭茂倩编：《乐府诗集》，第 229 页。

② 郭茂倩编：《乐府诗集》，第 231 页。

③ 变文是唐代俗文学之一种。由散文与韵文交杂组成，以敷陈故事为主，多取材于佛经，后来又扩大至包括历史故事、民间传说等。常见的有《维摩诘经变文》《伍子胥变文》《孟姜女变文》等，皆于敦煌出土。(参见《辞源》：商务印书馆 1988 年版，第 2925 页)

④ 王重民等编：《敦煌变文集》，人民文学出版社 1957 年版，第 798 页。

⑤ 王重民等编：《敦煌变文集》，第 738 页。

⑥ 洪楩、熊龙峰编印：《清平山堂话本·熊龙峰四种小说》，华夏出版社 1995 年版，第 29 页。

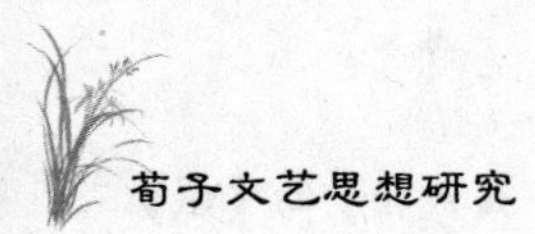

爷开怀，娘放意。哥宽心，嫂莫虑。女儿不是夸伶俐，从小生得有志气。纺得纱，绩得苧，能裁能补能绣刺；做得粗，整得细，三茶六饭一时备；推得磨，捣得碓，受得辛苦吃得累。①

在《快嘴李翠莲记》中，李翠莲几乎都是用这种“三、三、七”言式的句式来说白的。这种句式节奏整齐、押韵工整，与《成相》篇可谓异曲同工。

再次，《成相》篇也对唐宋词产生了影响。许多词牌里面就有固定的“三、三、七”言格式。例如《钗头凤》：

红酥手，黄滕酒，满城春色宫墙柳。东风恶，欢情薄，一怀愁绪，几年离索。错！错！错！（陆游）

世情薄，人情恶，雨送黄昏花易落。晓风干，泪痕残，欲笺心事，独倚斜栏，难！难！难！（唐婉）

再如《长相思》：

汴水流，泗水流，流到瓜洲古渡头。吴山点点愁。思悠悠，恨悠悠，恨到归时方始休。月明人倚楼。（白居易）

一重山，两重山，山远天高烟水寒，相思枫叶丹。鞠花开，鞠花残，塞雁高飞人未还，一帘风月闲。（李煜）

乐府民歌与唐宋词本有扯不断的因缘关系，因此在唐宋词中出现《成相》的影子也就不足为怪了。

除此之外，《成相》对弹词、鼓词等民族通俗艺术也产生了影响。比如京韵大鼓词与凤阳花鼓词等都有许多“三、三、七”字句，且都有类似《成相》中的“请成相”“请布基”等的开头语。例如《凤阳花鼓词》的开头：“说凤阳，道凤阳，凤阳本是个好地方。”因而，有的学者说弹词与鼓词“二者皆以乐府为其远祖，《成相辞》则为始祖”②。

第二节 “命赋之厥初”——荀子的《赋》

荀子在中国文学史上的另一重大贡献是创作了中国第一篇以“赋”命名的文学作品——《赋》。关于《赋》在中国文学史上的地位，刘勰认为它是“别诗之原始，命赋之厥初”（《文心雕龙·诠赋》），因而荀赋有“宗师”的意味。荀子的《赋》与其《成相》一样，都是通过对各种历史事件或具体事物的描述来表述其礼义之

① 洪楩、熊龙峰编印：《清平山堂话本·熊龙峰四种小说》，第30页。

② 郑炯坚：《荀子文学与美学》，第152页。

统或礼乐之治的思想。

一、《赋》的篇数与分章

关于荀赋的篇数，历来纷争不已。班固《汉书·艺文志》谓"荀卿赋十篇"，刘向认为荀卿赋只有《赋》1篇，王先谦、胡元仪等人则认为荀卿赋有11篇[①]。孰是孰非，我们有必要作进一步的判定。

前面我们已经论述过，我们不能简单地把《成相》四篇看成是赋。在严格意义上，它应该属于民歌或诗。如果我们非要把它看成是赋，那么也只能是"赋之流"。因而，荀子的赋只有可能是《赋》中所载的《礼》《知》《云》《蚕》《箴》及《佹诗》等。《礼》《知》《云》《蚕》《箴》5篇在荀子的《赋》中独立成篇，它们是赋显然毫无疑问。这就涉及《佹诗》是否为赋的问题。

一种观点认为，《佹诗》是诗而不是赋。如明代吴纳认为："《成相》、《佹诗》，亦非赋体。"[②]梁启超也认为，"其（荀子）赋又仅五首"[③]，未将《佹诗》看成是赋。梁启雄在《箴》赋的结尾说："以下的《佹诗》，好像本来是另外一篇独立的篇章，不是《赋篇》的卒章；它的标题或是《佹诗》，或是《诗篇》。"[④]他认为《箴》赋以下的文章应该不属于《赋》的范围，而应单独分章为诗。

另一种观点认为，《佹诗》是赋而不是诗。唐杨倞在《佹诗》末注云："此章即遗春申君之赋也。"[⑤]意即将其看作赋。朱光潜更是将《佹诗》称为《乱赋》[⑥]。姜书阁也认为"《佹诗》就是一篇赋"[⑦]；同时，他进一步认为，由于战国时期初有"赋"称，诗与赋并未严格区分，因而《佹诗》"既为诗，亦为赋"[⑧]。

以上两种不同的观点，到底哪个更准确呢？班固《汉书·艺文志·诗赋略》中说：

> 传曰："不歌而颂谓之赋。登高能赋可以为大夫。"言感物造耑；材知深美，可与图事，故可以为列大夫也。古者诸侯卿大夫交接邻国，以微言相感，当揖让之时，必称《诗》以喻其志，盖亦别贤不肖而观盛衰焉。故孔子曰"不学《诗》，无以言"也。春秋之后，周道寖坏，聘问歌咏不行于列国，学《诗》之士逸在布衣，而贤人失志之赋作矣。大儒孙卿及楚臣屈原离谗忧国，皆作赋

---

① 胡元仪：《荀卿别传考异》，王先谦撰，沈啸寰、王星贤点校：《荀子集解·考证下》，第45页。

② 吴纳：《文章辨体序说》，第19页。

③ 转引自罗根泽编著：《古史辨》（四），第113页。

④ 梁启雄：《荀子简释》，第360页。

⑤ 王先谦撰，沈啸寰、王星贤点校：《荀子集解·考证下》，第484页。

⑥ 参见朱光潜：《朱光潜美学文集·诗论》第2卷，上海文艺出版社1982年版，第39页。

⑦ 姜书阁：《先秦辞赋原论》，第192页。

⑧ 姜书阁：《汉赋通义》，第33—34页。

以风，咸有恻隐古诗之意。

班固认为，“赋”就是“不歌而颂”，意思就是诵读而不和乐歌唱《诗》就是“赋”。此“赋”即“赋诗言志”之赋。《左传》《国语》中就有关于士大夫“赋诗”的记载。春秋以后，随着文学的发展，聘问歌咏的方式已经不再流行，且由于受教育的人群不断扩大，许多失意的文人开始作赋。“赋”由不歌而颂的歌诗方式转义而为文体之名，那些由文人创作但是又不能和乐歌唱的诗被称为“赋”，“赋”正式成为一种文体。因而，从赋的来源看，它是来源于诗的，与诗有着千丝万缕的联系。最早的赋从形式上说与诗并没有什么差别，只不过诗最初是和乐的，而赋从其一开始就是与乐分离的。所以班固说：“赋者，古诗之流也。”姜书阁甚至说：“春秋时代诗亦言赋。”[①]荀子的《赋》篇，全文大多采用《诗经》的四言体，很明显是集成《诗经》的语言形式而形成的。因而，我们甚至可以说整个的《赋》篇都是“诗之流”。从《佹诗》来看，全文无论是句式的采用还是韵语的使用都与整个《赋》篇相一致，且从刘向到杨倞都将其纳入《赋》篇的范围，因此，《佹诗》为赋，毋庸置疑。因而，荀子的《赋》包括《礼》《智》《云》《蚕》《箴》5篇咏物赋和1篇《佹诗》（即朱光潜所谓《乱赋》），合起来总共有6篇赋。

二、荀赋的内容

荀子的《赋》总共包括5篇咏物赋和1首亦属于赋的《佹诗》。从内容上看，前5篇咏物赋是咏物说理的，后1篇赋则是言陈诡异激切之言，发愤抒情的。

《礼》赋。在荀子的哲学中，“礼”具有核心的地位。他将“礼”看作修身养性的根本、治国的根本：“凡治气、养心之术，莫径由礼。”（《修身》）“礼者，治辨之极也，强国之本也，威行之道也，功名之总也。”（《议兵》）为了说明这一道理，他在《赋》篇专门有论述礼的《礼》赋。荀子通过描述礼的形态、动静、特点等宣扬了礼义之道对个人及国家的作用。荀子写道：礼是一个“大物”，它虽然“非丝非帛”，但能“文理成章”；虽然“非日非月”，但能“为天下明”。它既是“文而不采”“简然易知”的，又是“致明而约，甚顺而体”（极其严明而又简要，极顺事理而又具体可行）的。“性不得则若禽兽，性得之则甚雅。”凭借着它，“生者以寿，死者以葬。城郭以固，三军以强。粹而王，驳而伯，无一焉而亡”。“匹夫隆之则为圣人，诸侯隆之则一四海。”这就是“礼”。

《知》赋。在孔、孟、荀儒家道统中，荀子是最重“智”的一个。以王先谦《荀子集解》本为例，《荀子》全书总共有8次直接提到“智”[②]，有479次提到“知”（其中

① 姜书阁：《先秦辞赋原论》，第189页。

② 统计数据根据台湾宗青图书出版公司主编：《荀子引得》，（台北）宗青出版公司1989年版，第585页。

"知""智"互通的情形超过50次)。[①] 荀子正是为了说明"知"("智",包括知识、智慧、认知等)的作用而作《知》赋的。在《知》赋中,荀子描绘了"知"的特点:"湣湣淑淑,皇皇穆穆。周流四海,曾不崇日"(有的浑浊,有的清澈;有的博大,有的细小。不到一日便能周游四海);"大参乎天,精微而无形"(其广大上参乎天,其精微直到无形);"血气之精也,志意之荣也"(血气的结晶,志意的精英)。接着,他又从正反两方面描绘了"知"的作用:"桀纣以乱,汤武以贤。君子以修,跖以穿室。"论述了"知"能修身、齐家、治国、平天下的功效:"行义以正,事业以成。可以禁暴足穷,百姓待之而后泰宁。"

《云》赋。荀子《礼》赋、《知》赋是对抽象的范畴的阐述,《云》赋则是对具体事物的描述。他在描述云的形态时说:"有物于此,居则周静致下,动则綦高以钜。圆者中规,方者中矩。大参天地,德厚尧、禹。精微乎毫毛,而充盈乎大寓。忽兮其极之远也,攭兮其相逐而反也,印印兮天下之咸蹇也。德厚而不捐,五采备而成文。往来惛憊,通于大神,出入甚极,莫知其门。"荀子将云或动或静、或圆或方、或聚或散、或舒或展、或精微或充盈、或绚丽或隐讳的形态描绘得精微细致、淋漓尽致,其手法正如刘勰所说的"极声貌以穷文",即通过穷尽富丽的辞藻以描写事物的声音和形貌。荀子认为,云不仅有优美洒脱的形态,而且它是世间必不可少的:"天下失之则灭,得之则存。"荀子将云看作"大参天地""充盈大宇""功被天下"的"广大精神"。

《蚕》赋。与《云》赋相同,《蚕》赋也是一篇咏物的赋作。赋中描绘了蚕这一动物的主要特点与功用:它虽然具有"蠡蠡兮"(赤身裸体)的形状,但却能"屡化如神,功被天下,为万世文。礼乐以成,贵贱以分,养老长幼,待之而后存";虽然"名号不美,与暴为邻"("蚕"与"残"同音),但却能"人属所利",为人所用。它身体柔润婉转,其头像马("身女好""头马首");多变而不长寿("屡化而不寿");有父母却没有雌雄("有父母而无牝牡");冬天隐伏,夏天生长("冬伏而夏游");吃桑吐丝("食桑而吐丝");先是凌乱,后是条理分明("前乱而后治");生长在夏季却害怕酷暑,喜欢滋润却害怕雨水("夏生而恶暑,喜湿而恶雨"),等等。

《箴》赋。"箴",同"针"。《箴》赋也就是《针》赋。荀子在赋中铺陈叙述了针头尖尾长的形状——"长其尾而锐其剽""头铦达而尾赵缭";描写了针在活动时的姿态:"一往一来,结尾以为事。无羽无翼,反复甚极。尾生而事起,尾邅而事已。"(针的一来一去,穿线打结后才能做事;没有羽毛与翅膀,动作却非常迅捷;穿上线后才开始工作,回绕打结才算完成)。同时,论述了针的作用:"无知无巧,善治衣裳。……日夜合离,以成文章。以能合从,又善连衡。下覆百姓,上饰帝

① 统计数据根据台湾宗青图书出版公司主编:《荀子引得》,第913—919页。

王。”(针虽然没有智慧,但是能够缝制衣裳;它日夜地把分离者合拢起来,织成美丽的华锦;对下能衣百姓,对上能衣君王)它的特点是功业极大却不显摆,用的时候就存在,不用的时候就遁匿。(“功业甚博,不见贤良。时用则存,不用则亡。”)

《佹诗》。《佹诗》与前面五赋不同,它是纯粹的说理,没有咏物。杨倞认为《佹诗》是“陈佹异激切之诗,言天下不治之意也”[①]。总的看来,它意在阐述与控诉当时社会的种种黑暗,既表现了“天下不治”的种种表现,譬如小人当道、贤人隐退,黑白混淆、公私不分等现象(“幽晦登昭,日月下藏。公正无私,见谓从横。志爱公利,重楼疏堂。无私罪人,憼革贰兵。道德纯备,谗口将将。仁人绌约,敖暴擅强。”),同时也希望君子圣王能够修养身心、励精图治(“千岁必反,古之常也。弟子勉学,天不忘也。圣人共手,时几将矣。”)。

三、荀赋的特色

鲁迅先生在《汉文学史纲要》一文中介绍荀子的赋说:“臣以隐语设问,而王以隐语解之,文亦质朴,概为四言,与楚声不类。”[②]鲁迅将荀赋的特点概括为善用隐语、君臣对答、文风质朴、善用四言四个方面。荀赋本来源于楚地民歌俗乐,因而其吸收了《诗》善用四言的特点;又荀子《赋》篇与《成相》篇相类,都是以说理为主的,因而在遣词造句的运用上均文风质朴,与《楚辞》等截然不同。至于善用隐语、君臣对答,可以说是荀赋的最大特点。除此之外,荀赋还有铺陈叙述、以礼义统摄全篇的特点。现将荀赋的主要特色概述如下:

(一)“荀结隐语,事数自环”——善用隐语

隐语是在先秦时期出现的特有的语言文化现象。刘勰在《文心雕龙·谐隐》中说:“讔者,隐也。遁辞以隐意,谲譬以指事也。”他认为,“讔”的意义就是隐藏,是用隐约的言辞来暗示某种内在的意义,用曲折的譬喻暗指某种事物,也就是《国语》中所谓的“廋辞”[③]。闻一多将隐语与比喻作了比较。他说:“隐语古人只称作隐,它的手段和喻一样,而目的完全相反,喻训晓,是借另一事物来把本来说不明白的说得明白点;隐训藏,是借另一事物来把本来可以说得明白的说得不明白点。”[④]朱光潜认为,“赋就是隐语的化身”[⑤]。荀子是最善于运用隐语的人之

---

① 王先谦撰,沈啸寰、王星贤点校:《荀子集解》,第480页。

② 鲁迅:《汉文学史纲要》,《鲁迅全集》第9卷,人民文学出版社2005年版,第386页。

③ 《国语·晋语五》:“范文子暮退于朝。武子曰:‘何暮也?’对曰:‘有秦客廋辞于朝,大夫莫之能对也;吾知三焉。’”韦昭注:“廋,隐也。谓以隐伏谲诡之言问于朝也。东方朔曰:‘非敢诋之,与为隐也。’”(左丘明撰,鲍思陶点校:《国语》,齐鲁书社2005年版,第196页)

④ 《闻一多全集》第1卷,三联书店1982年版,第117页。

⑤ 朱光潜:《诗论》,《朱光潜美学文集》第2卷,第39页。

一，他的《赋》篇，纯以隐语的形式出现。因而刘勰说："荀结隐语，事数自环"（《文心雕龙·诠赋》）；"荀卿《蚕赋》，已兆其体"（《文心雕龙·谐隐》）。徐师曾也说："赵人荀况……所作五赋，工巧深刻，纯用隐语，若今人之揣谜，于诗六义，不啻天壤，君子盖无取焉。"①

荀子的《赋》篇，除去《佹诗》，其余的都是用隐语写成。鲁迅认为，荀赋的艺术特征是"臣以隐语设问，而王以隐语解之，文亦朴质，概为四言，与楚声不类"②。比如在首篇《礼》赋中，荀子先设一问，然后再设一答，此一问一答就全是用隐语写成：

> 爰有大物，非诗非帛，文理成章；非日非月，为天下明。生者以寿，死者以葬；城郭以固，三军以强。粹而王，驳而伯，无一焉而亡。臣愚不识，敢请之王。王曰：此夫文而不采者与？简然易知而致有理者与？君子所敬而小人所不者与？性不得则若禽兽，性得之甚雅似者与？匹夫隆之则为圣人，诸侯隆之则一四海者与？致明而约，甚顺而体，请归之礼。礼。

荀子先用臣子的口吻把礼的外貌、形态、特性、功能描绘出来，然后以"猜谜"的方式求问于王。王虽然心知肚明，但仍以发问的方式把礼重新描述一番，最后揭示出"谜底"——礼。

再看《蚕》赋：

> 有物于此，蠡蠡兮其状，屡化如神。功被天下，为万世文。礼乐以成，贵贱以分。养老长幼，待之而后存。名号不美，与暴为邻。功立而身废，事成而家败。弃其耆老，收其后世。人属所利，飞鸟所害。臣愚不识，请占之五泰。五泰占之曰：此夫身女好而头马首者与？屡化而不寿者与？善壮而拙老者与？有父母而无牝牡者与？冬伏而夏游，食桑而吐丝，前乱而后治，夏生而恶暑，喜湿而恶雨。蛹以为母，蛾以为父。三俯三起，事乃大已。夫是之谓蚕理。蚕。

荀子此赋，先将蚕的外形、生长变化的规律写得细致而逼真，以谜面的方式表达出来，再求教于王。王以提问的方式将蚕的形状及作用描绘出来，然后再揭示出谜底——蚕。

除此之外，荀子的《知》《云》《箴》等篇亦全以隐语写成。每篇赋都可分为三部分：第一部分是"谜面"，先以隐语的形式描绘某一事物的形状、特征、功能，然后再提出问题；第二部分是回答者以疑问句的形式将提问者所描绘的事物重新叙述，其形式仍是隐语；第三部分是回答者简洁地揭示问题的答案。

---

① 徐师曾著，罗根泽点校：《文体明辨序说》，人民文学出版社1998年版，第101页。

② 转引自伏俊琏：《俗赋研究》，西北师范大学博士学位论文，2000年。

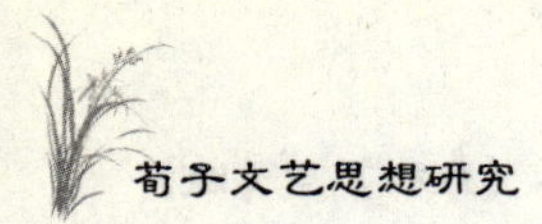

（二）"遂客主以首引"——主客对答

刘勰在评价荀子的赋的时候说："荀结隐语，事数自环。""自环"即自相问答。范文澜认为是"重演其义而告之"[①]，陆侃如、牟世金认为"《赋篇》各部分都是先作问语，后作答语"[②]。荀子赋的这种"事数自环"的方式也被称为"遂客主以首引"，即以主客两人对话的格式描述某个事物或陈述某个对象。前面我们已经说过，荀子的前5篇赋，全部有其固定的格式，都是以一方发问、一方回答的形式写成。如：

"爰有大物……臣愚不识，敢请之王。王曰……"（《礼》）

"皇天隆物……臣愚不识，敢问其名。（王）曰……"（《知》）

"有物于此……弟子不敏，此之愿陈，君子设辞，请测意之。（君子）曰……"（《云》）

"有物于此……臣愚不识，请占之五泰。五泰占之曰（王曰）……"（《蚕》）

"有物于此……臣愚不识，敢请之王。王曰……"（《箴》）

上面的5篇赋，均是以君臣问答、师徒问答、占卜问神等方式（问者为主，答者为客）写成，其中的占卜问神的方式其实质仍是君臣对答的方式。在这种问答方式中，一般是地位较低的人发问，其目的往往是想通过询问地位或名望较高的君王或君子以获取答案；回答的人作为君王或师长，往往又以疑问的方式"重演其义"，将所要回答的事物的特点或作用重新以疑问的方式描绘一番，最后再揭示出最终的答案。这种对问方式，往往与隐语同体互生。因为回答者不直接揭示事物的名称，故而常常相难相问。在《汉书·艺文志》"《隐书》十八篇"中，颜师古引刘向《别录》云："隐书者，疑其言以相问，对者以虑思之，可以无不谕。""谕"即明白、明了。刘向的意思是说，隐书通过猜度发问者的方式反问之，这样可以促使其加深思考，更加通晓明了。这就是主客对答的方式在赋中的作用：问者铺陈其辞，答者不直接解答而又以提问的方式"重演其义"，再次对其进行叠加描述。这样，所问之物在这双重的提问中已经穷尽其象，谜底也就"昭然若揭"了。

（三）"极声貌以穷文"——铺陈叙述

刘勰在《文心雕龙·诠赋》中对"六义"之"赋"解释说："《诗》有六义，其二曰赋。赋者，铺也，铺采摛文，体物写志也。"刘勰认为，"赋"的一个特征就是铺叙。铺陈文采，目的就是描绘事物，抒写情志。荀赋中的咏物赋很好地体现了赋体

---

① 范文澜：《文心雕龙注》，人民文学出版社1958年版，第144页。

② 刘勰著，陆侃如、牟世金译注：《文心雕龙译注》，齐鲁书社1995年版，第165页。

“铺采摛文”的特点。无论是抽象的事物还是具体可感的事物,荀子都将其表现得淋漓尽致,做到了“极声貌以穷文”。

“礼”“知”都是抽象的事物,然而荀子却能将这种难以诉诸感官的事物化为具体可感的形象,化抽象为具象。以《知》赋为例,“知”是不可感知的抽象事物,然而在《知》赋中,荀子却通过描述“知”的特质与作用,将“知”的形象描绘得栩栩如生:

皇天隆物,以示下民,或厚或薄,常不齐均。桀、纣以乱,汤、武以贤。涽涽淑淑,皇皇穆穆,周流四海,曾不崇日。君子以修,跖以穿室。大参乎天,精微而无形。行义以正,事业以成。可以禁暴足穷,百姓待之而后泰宁。臣愚不识,愿问其名。曰:此夫安宽平而危险隘者邪?修洁之为亲而杂污之为狄者邪?甚深藏而外胜敌者邪?法禹、舜而能弇迹者邪?行为动静,待之而后适者邪?血气之精也,志意之荣也。百姓待之而后宁也,天下待之而后平也,明达纯粹而无疵也,夫是之谓君子之知。知。

荀赋“遂客主以首引”的主客对答方式使赋的铺叙方式更加显著。荀子通过主、客两人对“知”的提问以极尽描述“知”的特征:在提问者这里,“知”表现出因人而异、有浊有清、有大有小的特点;在回答者那里,“知”又表现出能使人宽宏平正、举止得当、修身养性、齐家治国的特性。他以种种描绘自然事物的词语来形容抽象的“知”,将抽象的事物自然化、具象化,极尽铺陈,完美地演绎了“知”的特征。

对于“云”“蚕”“箴(针)”等具体可感的事物,荀子也能穷尽其象,将其刻画得生动形象。《云》赋:

有物于此,居则周静致下,动则綦高以钜。圆者中规,方者中矩。大参天地,德厚尧、禹。精微乎毫毛,而大盈乎大寓。忽兮其极之远也,攭兮其相逐而反也,卬卬兮天下之咸蹇也。德厚而不捐,五采备而成文。往来惛憊,通于大神,出入甚极,莫知其门。天下失之则灭,得之则存。弟子不敏,此之愿陈,君子设辞,请测意之。曰:此夫大而不塞者与?充盈大宇而不窕,入郄穴而不偪者与?行远疾速而不可讬讯者与?往来惛憊而不可为固塞者与?暴至杀伤而不亿忌者与?功被天下而不私置者与?讬地而游宇,友风而子雨。冬日作寒,夏日作暑。广大精神,请归之云。云。

荀子将“云”这一自然事物的形态及变化规律描绘得细致入微:云的形态,或舒或展,或聚或散;云的体貌,大可齐天,细如毫毛;云的变化,来去无踪,出入如神;云的容颜,鲜艳美丽,五彩成文。不仅如此,荀子还将其拟人化,赋予云以人才有的价值属性,比如“德厚尧禹”“德厚而不捐”(德行广厚而不抛弃万物)、“功被天下而不私置”(功德泽被天下而不偏私)等。

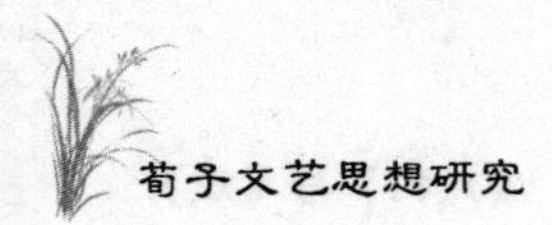

(四)以礼义之道统摄全篇

荀子的《赋》篇,并不仅仅是描绘事物。荀子在铺叙事物的特质与作用的同时,也将自己的志意投入进去,体现出以赋道志、体物写志的特点。刘勰称:“荀况学宗而象物名赋,文质相称,固巨儒之情也。”(《文心雕龙·才略》)荀子借物言志,通过赞美礼、知、云、蚕、针等事物的优秀品质与作用表达自己的志向与抱负,采用想象、对比、夸张、议论等方式将自己的社会理想与价值追求用具体的形象表现出来。因而魏源在《诗比兴笺序》中说:“荀卿赋蚕,非赋蚕也,赋云,非赋云也。诵诗论世,知人阐幽,以意逆志,始知三百篇皆仁圣贤人发愤之所作焉,岂第藻绘虚车已哉?”①

荀子的前5篇小赋,从内容上看,并不是孤立的。它们都是在荀子所十分重视的礼义之道的统摄下联系在一起的:

礼是荀子思想的核心,因而荀赋的第一篇便是《礼》赋。在《礼》赋中,荀子认为礼虽然“非日非月”,但是能与日月一样“为天下明”,给天下带来光明。对于个人来说,“性不得则若禽兽,性得之则甚雅似”;对于国家、社会来说,礼能使“生者以寿,死者以葬。城郭以固,三军以强”。可见,礼对个人及社会发挥着根本性的作用。

荀子认为“智”是实现礼的保证,是践行礼的基本条件,因此他的第二篇赋便是《知》赋。“智”是“血气之精”“志意之荣”。凭借它,人才能够“行义以正,事业以成”,“汤武以贤”。当然,如果掌握不好“智”,不能在礼的统摄下正当、正确地运用“智”,就可能出现适得其反的后果,比如出现“桀纣以乱”“砣以穿室”等违礼的现象。因而,“智”必须在礼的引导下,循着礼的方向而达到“明达纯粹而无疵”。

《云》赋虽然是一篇咏物赋,看似是对自然事物的描述,但荀子却借描述云的形态与特质来暗指礼。例如,云所具有的“大参天地,德厚尧禹,精微乎毫毛,而充盈乎大寓”的特点,其实就是礼的特点——《礼论》篇云:“厚者,礼之积也;大者,礼之广也;高者,礼之隆也;明者,礼之尽也。”此外,“德厚而不捐,五采备而成文”就是用来说礼“情文具尽”的特点的;“天下失之则灭,得之则存”则是说礼为“人道之极”“政之挽”等特点与作用的。

荀子的《蚕》赋、《箴》赋,其指涉亦是礼。在《蚕》赋中,蚕常常以拟人化的方式出现,荀子常常通过描述蚕的特性与作用来指涉礼。蚕所具有的“功被天下,为万世文。礼乐以成,贵贱以分,养老长幼,待之而后存”的特点说的就是礼的作

① 舒芜等编选:《近代文论选》,人民文学出版社1959年版,第4页。

用。在《箴》赋中，针所具有的“下覆百姓，上饰帝王。功业甚博，不见贤良”的特点也是与礼的作用相符的。

总而言之，荀子的《赋》是其“中和”之美及以善为美的真、善、美统一的审美理想论在其创作中的体现：《佹诗》本身就是说理赋，是用来说明礼义之道的作用的；《礼》《知》《云》《蚕》《箴》五赋都继承了“诗言志”的传统。荀子作赋就是为说明他的礼义之道的思想而服务的。班固所言“大儒孙卿及楚臣屈原，离谗忧国，皆作赋以风，咸有恻隐古诗之义”（《汉书·艺文志》），说的就是荀赋咏物说理的特色。

四、荀赋的地位与影响

（一）“爰锡名号”“命赋之厥初”

刘勰认为，荀子与宋玉的赋都属于“爰锡名号”“命赋之厥初”：

> ……“赋”也者，受命于诗人，拓宇于《楚辞》也。于是荀况《礼》《智》，宋玉《风》《钓》，爰锡名号，与诗画境，六义附庸，蔚成大国。遂客主以首引，极声貌以穷文。斯盖别诗之原始，命赋之厥初也。（《文心雕龙·诠赋》）

刘勰认为，荀子的《礼》《知》与宋玉的《风》《钓》正式给这种有别于“诗”的作品以“赋”的名称，从此它就与诗分家了。赋从诗之“六义”的一部分变为独立的文体壮大起来，是赋和诗分家而独自命名的开始。因而，清王芑孙在论诗与赋的分家时说：“单行之始，椎轮晚周，别子为祖，荀况、屈平是也。”[①]

刘勰虽把宋玉之《风》《钓》二赋亦看作“爰锡名号”，但是《风》《钓》二赋是不是宋玉的作品尚且存疑，且宋玉不像荀子一样收其小赋于书中，并标明为《赋》。因而，荀子才是赋史上第一个正式以“赋”命名的作家，清人程廷祚认为荀子之赋“始构赋名”[②]是可信的。

（二）咏物说理赋之先声

赋本于诗。《毛诗序》言：“诗者，志之所之也。在心为志，发言为诗。”班固言荀子《赋》篇“咸有恻隐古诗之义”，就是说荀赋之旨在于讽喻。荀赋六篇，除《佹诗》外，虽然都是咏物赋，但其目的却在于说理。刘大杰先生在《中国文学发展史》中早就说过：

> 荀子的赋，其表面虽是咏物，其内容还是说理。其主要目的，是要说明礼、智、云、蚕、箴这五种具体的或是抽象的物的形状与功用。这种态度，正如他写论文时候所取的态度一样，是抱着不反先王之言不背礼义的要旨的。

---

① 王芑孙：《读赋卮言》，陈良运主编：《中国历代赋学曲学论著选》，百花洲文艺出版社 2002 年版，第 374 页。

② 程廷祚：《骚赋论》，徐志啸编：《历代赋论辑要》，复旦大学出版社 1991 年版，第 74 页。

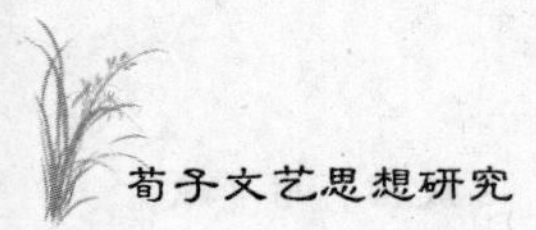

所不同的是，他采取了一种诗文结合的新体裁。[①]《礼》《知》两篇，纯是为说明“礼”“智”之特点与作用的，自不待言；《云》《蚕》《箴》三篇咏物赋，多用比喻、拟人、夸张、双关等手法，将所要说明的道理寓于云、蚕、针等普通的事物中，借物言理，以物抒情。荀子这种以铺陈文采描绘事物，进而述行序志的赋体写作，对汉代的咏物赋影响深远。

（三）“遂客主以首引”的主客对答体与汉赋

文学中的“遂客主以首引”的主客对答体虽然不是荀子的首创[②]，但荀子是最早以赋名篇的，且其将隐语与主客对答体完美地结合起来，因而主客对答体在赋体创作中的运用对汉赋影响深远。比如司马相如《子虚赋》中，借虚构的子虚、乌有先生、亡是公三人的彼此问答，讽刺了齐王的骄奢，全赋都是以对话为主线写成的。此外，扬雄的《长杨赋》有翰林主人、子墨客卿的对话，班固的《两都赋》有西都宾与东都主人的对话，张衡的《两都赋》有凭虚公子、安处先生的对话，左思的《三都赋》有西蜀公子、东吴王孙、魏国先生的对话，等等。这些汉赋作品均以对答方式布局谋篇，赋中的对答体正式得以确立。因而，刘勰认为：“荀况《礼》、《智》……遂客主以首引，极声貌以穷文。斯盖别‘诗’之原始，命‘赋’之厥初也。”刘大杰也认为，荀赋的问答形式“成为汉代赋家普遍采用的形式”，汉赋的问答体是“源于荀子”的。[③] 赵蔚芝亦认为荀赋是“汉赋的渊源之一”[④]。

（四）“极声貌以穷文”与赋之“铺采摛文”

荀卿之赋，皆曲尽物态、极力描绘，可以说是赋之“极声貌以穷文”的先声。荀赋的这一特点，与汉赋的华丽文风是一致的。特别是司马相如等人的赋，大肆铺张扬厉。王芑孙说：“相如之徒，敷典摛文，乃从荀法。”[⑤]他认为汉赋铺张扬厉的作赋方式是受到荀子的直接影响而产生的。

---

① 刘大杰：《中国文学发展史》（上），第 89－90 页。

② 南宋著名文学家洪迈认为，屈原的《卜居》《渔父》二赋就是问答体。《荣斋五笔》卷七《东坡不随人后》中云：“自屈原辞赋假为渔夫、日者问答之后，后人作者悉相规仿。”［洪迈：《容斋随笔》（下），上海古籍出版社 1978 年版，第 888 页］饶宗颐在《释主客：论文学与兵家言》中认为：“战国时人著书，惯用对话，近出土马王堆佚书，若《伊尹》、《九主》、《十大经》，无不如此，自是一时风气使然。”［《文辙——文学史论集》（上），台湾学生书局 1991 年版，第 193 页］

③ 参见刘大杰：《中国文学发展史》（上），第 89 页。

④ 王志民主编：《齐文化概论》，山东人民出版社 1993 年版，第 525 页。

⑤ 王芑孙：《读赋卮言》，陈良运主编：《中国历代赋学曲学论著选》，第 374 页。

第八章 《荀子》引《诗》与经典诠释

荀子是儒家经学系统化中极其重要的一个人物，他不仅明确地将《诗》《书》《礼》《乐》《春秋》“五经”并称，而且对经典传授影响重大。根据清儒汪中的考证，荀子在“六经”的传播史上具有举足轻重的地位，他是连系尧、舜、禹、汤、文、武、周公、孔子与汉儒的关键，正是由于荀子，中国的传统文化才能在一脉相传之道统中不至于中断。蒋伯潜、蒋祖怡也认为“传经之功，荀子最大”[①]。荀子对诸经之影响极其深远，尤其是对《毛诗》的形成产生了重要影响。清代著名国学家俞樾曾说：“读《毛诗》而不知荀义，是数典而忘祖也。”[②]荀子不仅大量征引《诗》等儒家经典，而且在征引及诠释过程中，将儒家的实用精神投射进去，这使得他的经典诠释活动渗透着强烈的实践性品格。他在用《诗》时所提出的“隆礼义而杀《诗》、《书》”及“为其人以处之”的观点，是对其道德实践与经世致用的实践性品格的最好的注脚。

第一节 “述而不作”与经典诠释

著名学者吕思勉认为，我国的学术研究大致可以分为“七期”。他说：

吾国学术，大略可分为七期：先秦之世，诸子百家之学，一也。两汉之儒学，二也。魏晋以后之玄学，三也。南北朝隋唐之佛学，四也。宋明之理学，五也。清代之汉学，六也。现今所谓新学，七也。七者之中，两汉魏晋，不过承袭古人；佛学受诸印度；理学家虽辟佛，实于佛学入之甚深；清代汉学，考证之法甚精，而于主义无所创辟；最近新说，则又受诸欧美者也。历代学术，

① 蒋伯潜、蒋祖怡：《经与经学》，世界书局1941年版，第169页。

② 俞樾：《荀子诗说》，《曲园褀纂第六》，《春在堂全书》光绪九年重定本。

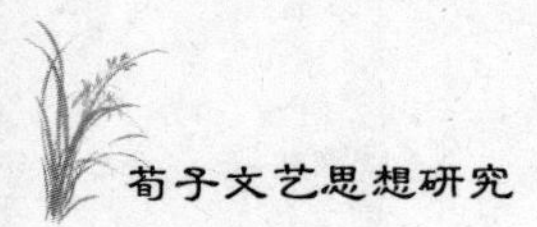

纯为我所自创者，实止先秦之学耳。[①]

在吕先生看来，历代中国之学术，两汉儒学、魏晋玄学承袭古人；南北朝隋唐佛学、宋明理学或来源于印度佛学，或受到佛学影响；清代汉学“为方法运动，非主义运动”[②]，因重在考证，于思想、主义无所开拓；近代以来的新学，又是受到欧美思想传入的影响而产生的。因此，只有先秦诸子百家之学才纯为国人自创。吕先生之说，虽有贬低秦汉以来学术之嫌，但却道出了先秦学术原创性、民族性与经典性的特征。

先秦学术是中华民族智慧的结晶，是国学的源头与活水，是中国历代学术的立足点和理论生发点。因此，对这些经典进行不断的诠释，是历代学子孜孜不倦的追求。儒家经典不仅是儒者修身立命的基础，也是经国之大事，同时也是儒者借以表述自己的人生理想和抱负的重要途径。借助对经典的诠释以阐述自己的学术思想，是古代儒者重要的言说方式。从圣人孔子开始，学者们正是在对经典的解读与阐发中发扬中华民族优秀文化成果的。

孔子在《论语·述而》中说：“述而不作，信而好古，窃比于我老彭。”这句话自然是孔子自谦的话，因为他曾删《诗》《书》，订《礼》《乐》，制《春秋》，赞《周易》，熔铸“六经”，宣扬微言大义。[③]《说文》：“述，循也。”关于“述而不作”，朱熹这样解释：“述，传旧而已。作，则创始也。故作非圣人不能，而述则贤者可及。”[④]《礼记·乐记》有言：“故知礼乐之情者能作，识礼乐之文者能述，作者之谓圣，述者之谓明。”《中庸》也说：“非天子不议礼，不制度，不考文。”只有圣人或天子才能“作”，孔子自认不是圣人，亦非天子，因此他说自己“述而不作”。他的努力只是致力于“传旧”，也就是传述经典，由此他“信而好古”——笃信典籍，爱好古人之文化。但是他又不敢自比于古之贤人，所以他说“窃比于我老彭”——我连老、彭[⑤]这样信古而传述的贤大夫都不如，何敢言新创！这虽然是孔子自谦的话，但

---

① 吕思勉：《先秦学术概论》，第1页。

② 吕思勉：《先秦学术概论》，第1页。

③ 《史记·孔子世家》中说：“古者《诗》三千余篇，及至孔子，去其重，取可施于礼义，上采契、后稷，中述殷、周之盛，至幽、厉之缺，始于衽席。”又说：孔子“追迹三代之礼，序《书传》，上纪唐虞之际，下至秦缪，编次其事”；“《书传》、《礼记》自孔氏”；孔子于音乐造诣颇深，“子与人歌而善，必使反之，而后和之”，尝言“吾自卫反鲁，然后乐正，《雅》、《颂》各得其所”。《孟子·滕文公下》言：“世衰道微，邪说暴行有作，臣弑其君者有之，子弑其父者有之。孔子惧，作《春秋》。”《史记·孔子世家》又言：孔子“晚而喜《易》，序《彖》、《系》、《象》、《说卦》、《文言》。读《易》，韦编三绝。曰：‘假我数年若是，我于《易》则彬彬矣。’”由此可见，孔子与“六经”关系密切。

④ 朱熹：《四书章句集注》，第93页。

⑤ 关于老彭，学者观点不一。朱熹认为其是殷商时的贤大夫；郑玄、王弼则认为“老”指老子，“彭”指彭祖；日人竹添光鸿则认为其是《离骚》中所说的彭咸。今从郑玄、王弼说。[详见王熙元编著：《论语通释》(上)，台湾学生书局1981年版，第328—329页]

是我们可以从中看出孔子是笃信经典，非常重视对经典的解释和阐发的。《中庸》中说："仲尼祖述尧舜，宪章文武。"也是说孔子熔铸"六经"，征圣而宗经的。所以朱熹说："孔子删《诗》、《书》，定礼乐，赞《周易》，修《春秋》，皆传先王之旧，而未尝有所作也。"[①]

孔子虽然不创作文章，但是他的传述之功比创作还重要。因为他在阐释经典的过程中，"集群圣之大成而折衷之"，所以"其事虽述，而功则倍于作矣"。[②]孔子对经典进行整理的过程也是阐释的过程。在朱熹看来，孔子传述（阐释）经典比创作典籍还要重要，因为他能在传述中集众家之所长而折中。由此可见，传述（阐释）在一定意义上比"作"更重要。

经典之所以成为经典，重要原因之一，就是它的可诠释性；经典的魅力就是在不断的阐释中被发现的（误读和误解作为诠释的一部分也发挥着不可磨灭的作用）。《诗》《书》《礼》《乐》《易》《春秋》作为经典中的经典——"元典"，在中华文化中的作用和价值是不可估量的。关于元典，冯天瑜先生是这样解释的："只有那些具有深刻而广阔的原创性意蕴，又在某一文明民族的历史上长期发挥精神支柱作用的书籍方可称之'元典'。"[③]《说文》："元，始也，从一从兀。"《尔雅·释诂下》："元，首也。""元"就是"始""首"，"元典"的本质内涵之一就是始创性和根本性。元典既是原典，又是经典；既是最初的典籍，又是万古长存的。因此，元典在历史长河中具有不朽的地位和价值。依照这个标准，冯天瑜先生说："在中华文化系统中，堪称'元典'的首推《易》、《诗》、《书》、《礼》、《乐》、《春秋》等'六经'。因《乐》早已亡佚，中华元典实为'五经'。"[④]《诗》《礼》《乐》等典籍之所以被称为"元典"，是因为它们在中国文化史上具有开创性的地位，对中华民族五千年文明的形成和发展起到了决定性的作用。所以孔子说："文之以《礼》、《乐》，亦可以成人矣。"（《论语·学而》）孔子对自己的儿子伯鱼的教诲，更是说明了《诗》《礼》等元典在人的成长过程中的重要性：

> 陈亢问于伯鱼曰："子亦有异闻乎？"对曰："未也。尝独立，鲤趋而过庭。曰：'学诗乎？'对曰：'未也。''不学诗，无以言。'鲤退而学诗。他日又独立，鲤趋而过庭。曰：'学礼乎？'对曰：'未也。''不学礼，无以立。'鲤退而学礼。闻斯二者。"（《论语·季氏》）

孔子对自己儿子的教诲，无外《诗》《礼》。《诗》在先秦时期被广泛应用于各种社

---

① 朱熹：《四书章句集注》，第 93 页。
② 朱熹：《四书章句集注》，第 93 页。
③ 冯天瑜：《中华元典精神》，上海人民出版社 1994 年版，第 4 页。
④ 冯天瑜：《中华元典精神》，第 7 页。

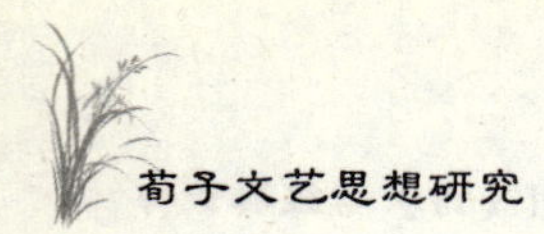

交场合，因此，不学《诗》便不能酬酢答对；《礼》是圣人依据人之自然情性而作的规定，既是一种社会规范，又是一种道德约束，因此，不学《礼》，就不能自立于世；而《乐》能荡涤人之邪污之气，使人义精仁熟而体于道。所以孔子说："兴于《诗》，立于礼，成于乐。"（《论语·泰伯》）。由此可见，《诗》《礼》《乐》不仅是治国之术，也是成人之经。它们在儒家传统的"修身—齐家—治国—平天下"的人生追求中发挥着重要的作用。尤其是《诗》，被孔子看成是修身的根本，在完善人格的休养中，处在第一位："子曰：'小子！何莫学夫诗？诗，可以兴，可以观，可以群，可以怨。迩之事父，远之事君。多识于鸟兽草木之名。'"（《论语·阳货》）

《诗》可以感兴意志，使人兴起良知良能；可以考见得失，给个人、国家以参考与借鉴；可以和合天人、通融群己，使人民团结、社会安定；还可以怨而不怒、美刺时政。小可以使父子亲爱、邻里和睦，大可以辅佐朝政、定国安邦。且"诗言志"，"志有三个意义：一、记忆，二、记录，三、怀抱"[①]。所以《诗》还可以于"名"有所创制，可以使人多知道鸟兽草木的名字，即可以使人增长知识、拓展视野。所以孔子说："不学《诗》，无以言。"

《诗》《书》等元典具有如此大的功用，因而自孔子以来，对它们的理解与阐释从来没有停止过。赵岐《孟子题辞》中说孟子"通五经，尤长于《诗》、《书》"[②]。可见孟子作为孔子后的一个"述"者是非常重视对元典的诠释的。据徐复观先生统计，《孟子》"引《诗》者大约有三十四次"，"全书引'《书》曰'或径举《书》篇名者，大约有十六次"，因此孟子"有得于《诗》、《书》之教，尤其有得于《书》教"。[③] 迨及荀子，他更是"尤功于诸经"，不仅对诸经的内容与特色作了较为准确的解释，而且对中国传统经典的确立和传授产生了重要的影响。比如他在论及《诗》《书》《礼》《乐》《春秋》等经典的特色时说：

> 《书》者，政事之纪也；《诗》者，中声之所止也；《礼》者，法之大分，类之纲纪也。（《劝学》）
>
> 《礼》之敬文也，《乐》之中和也，《诗》、《书》之博也，《春秋》之微也。（《劝学》）
>
> 《礼》、《乐》法而不说，《诗》、《书》故而不切，《春秋》约而不速。（《劝学》）
>
> 《诗》言是其志也，《书》言是其事也，《礼》言是其行也，《乐》言是其和也，《春秋》言是其微也。（《儒效》）

钱穆先生认为："《论》、《孟》不言'经'。……'经'之称昉《墨子》，有《经·上

① 闻一多：《神话与诗·歌与诗》，第151页。

② 朱熹：《四书章句集注·孟子序说》，第197页。

③ 徐复观：《中国经学史的基础》，台湾学生书局1982年版，第28—33页。

下篇》。荀子儒家，始称‘经’，始以《春秋》与《诗》、《书》、礼、乐连称。”[①]《论语》《孟子》并未称《诗》《书》为“经”，而荀子不仅明确地将《诗》《书》《礼》《乐》《春秋》“五经”并称，而且将它们的不同的艺术特色诠释出来：《诗》为情志所发，故言志；《书》为历史典籍，故言事；《礼》为外在规范，故言行；《乐》可和合天人，通融群己，故言和；《春秋》微言大义，故言微。此“五经”皆圣人之意，所以《劝学》篇云：“学恶乎始？恶乎终？曰：其数则始乎诵经，终乎读礼；其义则始乎为士，终乎为圣人。”《礼论》篇也说：“故学者，固学为圣人也。”由此可见荀子对“五经”之推崇有加。[②]

除主张文必宗经外，荀子的经典传授也为经学的确立打下了坚实的基础。清儒汪中在《荀卿子通论》中对荀子的传经作了详细的考证。他认为：“盖自七十子之徒既没，汉诸儒未兴，中更战国、暴秦之乱，六艺之传，赖以不绝者，荀卿也。周公作之，孔子述之，荀卿子传之，其揆一也！”[③]根据汪中的考证，荀子在“六经”的传播史上具有举足轻重的地位。汪中认为，荀子是《诗》《春秋》《礼》甚至《易》的直接传授者，特别是与《诗》之《毛诗》《鲁诗》《韩诗》和《左氏春秋》《穀梁春秋》《曲台礼》等都有直接的传承关系。根据汪中的考证，我们可以把荀子的传经活动图示如下：

① 钱穆：《国学概论》，商务印书馆 1997 年版，第 23 页。

② 关于“五经”或“六经”并称的问题，在郭店楚简发现前，学者多不相信“六经”说起于战国。钱穆在《国学概论》中说：“荀卿屡举《诗》、《书》、礼、乐、《春秋》而不及《易》，《孟子》七篇无一字及《易》，知《易》不与《诗》、《书》、礼、乐、《春秋》同科。”在竹简发现后，学界对“六经”的源出基本上有了共识。郭店楚简《六德》云：“故夫夫、妇妇、父父、子子、君君、臣臣，六者各行其职，而谗谄无由作也。观诸《诗》、《书》则亦在矣，观诸礼、乐则亦在矣，观诸《易》、《春秋》则亦在矣。”（简 23—25）因为“郭店竹简典籍均早于《孟子》的成书”[李学勤：《先秦儒家著作的重大发现》，《郭店楚简研究》（《中国哲学》第 20 辑），第 15 页]，所以“六经”并称应始于战国中期。《庄子・天运》篇中亦有“六经”之说：“孔子谓老聃曰：丘治《诗》、《书》、礼、乐、《易》、《春秋》六经，自以为久矣，孰知其故矣。”《天运》属寓言性质，且又属于庄子《外篇》，可能是后人的作品。但《外篇》虽晚出，也是有所依据的。学者王葆玹即怀疑“《易》以道阴阳”以下两句为后人补入。（参见王葆玹：《今古文经学新论》，中国社会科学出版社 1997 年版，第 39—40 页）

③ 汪中著，古直笺，王清信、叶纯芳点校：《汪中集》，第 119 页。

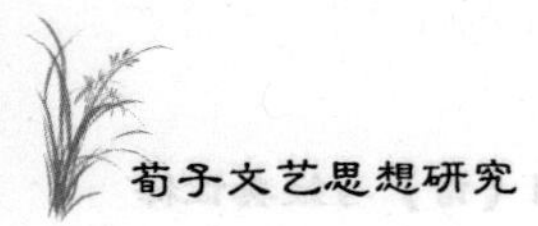

> 子西赋《黍苗》之四章，赵孟曰："寡君在，武何能焉？"
>
> 子产赋《隰桑》，赵孟曰："武请受其卒章。"
>
> 子大叔赋《野有蔓草》，赵孟曰："吾子之惠也。"
>
> 印段赋《蟋蟀》，赵孟曰："善哉，保家之主也！吾有望矣。"
>
> 公孙段赋《桑扈》，赵孟曰："'匪交匪敖'，福将焉往？若保是言也，欲辞福禄，得乎？"
>
> 卒享。文子告叔向曰："伯有将为戮矣！诗以言志，志诬其上而公怨之，以为宾荣，其能久乎？幸而后亡。"叔向曰："然。已侈，所谓不及五稔者，夫子之谓矣。"
>
> 文子曰："其余皆数世之主也。子展其后亡者也，在上不忘降。印氏其次也，乐而不荒。乐以安民，不淫以使之，后亡，不亦可乎！"

为了晋、郑交好，子展等人都"赋《诗》""美"赵孟。赵孟通过子展等人的诗，可以"观七子之志"。也就是说，赋《诗》人通过"赋《诗》"以言己志，就像文子所说的"诗以言志"，而听《诗》之人则可以通过赋《诗》人所赋之《诗》"观志""知志"。正是这种"观志"的功能，使赵孟听出伯有与郑伯有怨，斥责了伯有。

值得注意的是，"赋诗言志"之"志"并不是后来所说的"诗言志"之"诗人之志"，而是"诗以言志"的"赋《诗》"人之志"。正所谓"志之所至，《诗》亦志焉；《诗》之所至，礼亦至焉；礼之所至，乐亦至焉"(《礼记·孔子闲居》)。因此，"赋《诗》"的目的就是表明赋《诗》人的志意。这样，赋《诗》人可以抛却原有的诗意，因而"赋诗言志"的特点就是"断章取义"："(卢蒲)曰：'宗不余辟，余独焉辟之？赋诗断章，余取所求焉，恶识宗？'"(《左传·襄公二十八年》)"赋诗断章"，晋杜预注为："言己欲有求于庆氏，不能复顾礼。譬如赋诗者，取其一章之义。"①"取其一章之义"也即断章取义，是说赋《诗》之人抛弃了所赋之《诗》的原有诗义，仅取能够表达己意的章节来诵读。因此，赋《诗》之人若是没有相当的诗学素养，是不能随便赋《诗》的；观《诗》之人若不能正确领会赋《诗》人之"志"，是很容易闹出矛盾的。《左传·僖公二十三年》中就有这样一个例子：

> 他日，公享之。子犯曰："吾不如衰之文也。请使衰从。"公子赋《河水》，公赋《六月》。赵衰曰："重耳拜赐。"公子降，拜，稽首，公降一级而辞焉。衰曰："君称所以佐天子者命重耳，重耳敢不拜。"

秦穆公设宴款待重耳，子犯自知自己的诗学素养较差，因此让赵衰随从赴会。由此可见，赋《诗》是一项意义重大的活动，如果赋《诗》者不能娴熟地掌握《诗》的内容，根据不同的情景随机应变，在社交场合中是非常窘迫的。所以孔子说："诵《诗》三

---

① 杜预注，孔颖达等正义：《春秋左传正义》，《十三经注疏》本，第2000页。

百，授之以政，不达；使于四方，不能专对；虽多，亦奚以为？”（《论语·子路》）

“赋诗”之“诗”，在多数情况下是指《诗经》，但有的时候也指自作诗。如《左传·隐公元年》中就有一例：

公（郑庄公）入而赋：“大隧之中，其乐也融融！”姜（武姜）出而赋：“大隧之外，其乐也泄泄。”遂为母子如初。

《正义》曰：“赋诗，谓自作诗也。”[①]“自作诗”就是说在赋诗的时候，赋诗人可以根据具体的情景自己创作诗句以应和。庄公与武姜所赋之诗一为“大隧之中”，一为“大隧之外”；一为“融融”，一为“泄泄”（“融融”“泄泄”皆为快乐状），一唱一和，可以看出赋诗在某些场合中是非常轻松与融洽的。

随着时代的发展，赋《诗》的风习在春秋末期逐渐衰退。到战国时期，已经很少看到“赋诗言志”的情况发生了。杨伯峻认为：“《左传》记赋《诗》者始于此（僖公二十三年，公元前627年——笔者注），而终于定公四年（鲁定公四年，公元前506年——笔者注）秦哀公之赋《无衣》。”[②]在《战国策》及诸子的论辩中，赋《诗》现象已经凤毛麟角了，取而代之的则是引《诗》现象的兴盛。

引《诗》不同于赋《诗》。赋《诗》一般都是和乐的，甚至在很多时候是通过乐工来赋《诗》的，比如《左传》中的“工歌”“使大师歌”就是让乐工赋《诗》的明证。[③]引《诗》则是不和乐的，只引用《诗》中的文句，并不一定要有音乐来陪衬。因此，相对于赋《诗》来说，引《诗》完全“以义为用”，引《诗》者通过对《诗》的语言和语义的熟练掌握来引《诗》言（喻）志。

先秦的引《诗》活动，最早见于《左传》。《桓公六年》记载：“人各有耦，齐大，非吾耦也。《诗》云：‘自求多福。’在我而已，大国何为？”这是郑太子忽回答自己为何不娶齐文姜的话。引诗出自《大雅·文王》，“言求福由己非由人”[④]，意在赞美郑太子不娶淫乱的文姜。

作为儒家奠基者的孔子，引《诗》活动并不多。今本《论语》中引《诗》6次，而

---

① 杜预注，孔颖达等正义：《春秋左传正义》，《十三经注疏》本，第1717页。

② 杨伯峻：《春秋左传注》，中华书局1981年版，第410页。

③ 《左传·襄公四年》：“穆叔如晋，报知武子之聘也，晋侯享之。金奏《肆夏》之三，不拜。工歌《文王》之三，又不拜。歌《鹿鸣》之三，三拜。”《襄公十四年》：“卫献公戒孙文子、宁惠子食，皆服而朝。日旰不召，而射鸿于囿。二子从之，不释皮冠而与之言。二子怒。孙文子如戚，孙蒯入使。公饮之酒，使大师歌《巧言》之卒章。大师辞，师曹请为之。初，公有嬖妾，使师曹诲之琴，师曹鞭之。公怒，鞭师曹三百。故师曹欲歌之，以怒孙子以报公。公使歌之，遂诵之。”

④ 杜预注，孔颖达等正义：《春秋左传正义》，《十三经注疏》本，第1750页。

孔子本人只征引了4次[①]：

孔子谓季氏："八佾舞于庭，是可忍也，孰不可忍也？"三家者以雍彻。子曰："'相维辟公，天子穆穆'，奚取于三家之堂？"（《八佾》）

子曰："衣敝缊袍，与衣狐貉者立，而不耻者，其由也与？'不忮不求，何用不臧？'"子路终身诵之。子曰："是道也，何足以臧？"（《子罕》）

"唐棣之华，偏其反而。岂不尔思？室是远而。"子曰："未之思也，夫何远之有？"（《子罕》）

"齐景公有马千驷，死之日，民无德而称焉；伯夷叔齐饿于首阳之下，民到于今称之。'诚不以富，亦衹以异。'[②]其斯之谓与？"（《季氏》）

孔子引《诗》第一条是用《周颂·雍》篇的诗句来反讽季氏僭用礼乐的不合理。第二条是用《邶风·雄雉》中的诗句来赞美子路为人豪爽，有"不忮不求"（不嫉妒他人的美好，不贪求他人的富贵）的精神，并告诫他不可以此自满。第三条所引之诗句为"逸诗"，用来勉励仁人志士仁道不远人，深思力求就能得到。最后一条孔子引用《小雅·我行其野》的诗句来说明一个人最值得后人称道的是道德而不是财富。

孔子以后，特别是到了孟子时期，引《诗》活动已经成为一种潮流。孟子"通五经，尤长于诗书"[③]。梁玉绳说："《孟子》七篇中言书凡二十九，援诗凡三十五，故称叙诗书。"可见孟子引《诗》之盛。《孟子》一书中，39次涉及《诗》，其中有35次引《诗》。[④] 在这35次的引《诗》中，孟子本人引《诗》30次；齐宣王，前人晋御者王良，孟子弟子万章、咸丘蒙、公孙丑各引《诗》1次。《荀子》引《诗》，在下文中有详细论述，在此不再赘述。

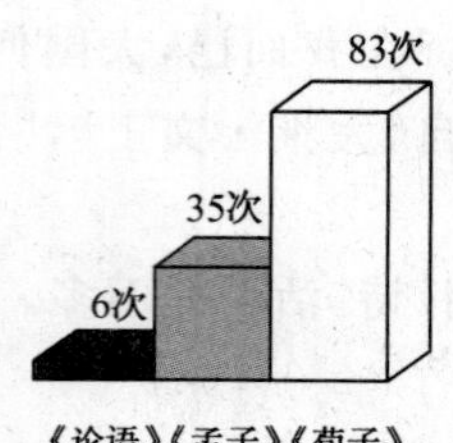

图8-2 《论语》《孟子》《荀子》引《诗》次数统计

① 《论语》中另有两次引《诗》分别为子贡与曾子所引，不计孔子引《诗》中。《学而》："子贡曰：'诗云："如切如磋，如琢如磨。"其斯之谓与？'"《泰伯》："曾子有疾，召门弟子曰：'启予足！启予手！诗云："战战兢兢，如临深渊，如履薄冰。"而今而后，吾知免夫！小子！'"

② "诚不以富，亦衹以异"原在《颜渊》"子张问崇德"篇，程子认为错简，应在此章之首，朱子认为应在"其斯之谓与"前。今从朱熹。（详见朱熹：《四书章句集注》，第173页）

③ 朱熹：《四书章句集注》，第197页。

④ 黄俊杰认为是33次。（参见黄俊杰：《孟子运用经典的脉络及其解经方法》，《台大历史学报》2001年第28期）

赋《诗》与引《诗》活动，虽然都是通过引《诗》以喻志，但两者之间的区别还是很明显的。

首先，赋《诗》多半发生在正式的场合，常在各国诸侯、士大夫朝聘盟会活动中举行，因此赋《诗》常伴乐，显得正式而隆重。故而，赋《诗》活动必须遵循"歌诗必类"的原则，否则容易引起大国间的争端。《左传·襄公十六年》云：

> 晋侯与诸侯宴于温，使诸大夫舞，曰："歌诗必类！"齐高厚之诗不类。荀偃怒，且曰："诸侯有异志矣！"使诸大夫盟高厚，高厚逃归。于是，叔孙豹、晋荀偃、宋向戌、卫宁殖、郑公孙虿、小邾之大夫盟曰："同讨不庭。"

孔颖达《毛诗正义》认为："歌古诗，各从其恩好之义类。"[1]齐国高厚所歌之诗不符合这个标准，被看成是"有异志"的表现，所以叔孙豹等人打算"同讨不庭"。可见赋《诗》必须严格遵从"歌诗必类"的原则，赋《诗》与等级礼制是紧密结合的。与赋《诗》相比，引《诗》则不必遵循这种原则，引《诗》之人可以根据其对《诗》的掌握程度而自由征引。

其次，赋《诗》时常以诗句代替辞令，因此，所赋之《诗》常常是辞令的主体，除此之外，一般并无他文介入。当赋《诗》活动结束后，赋《诗》者一般不再就所赋之《诗》多作解释。《左传》中的赋《诗》，常常诗句相应，赋《诗》活动结束，赋《诗》人也就不掺杂其他的辞令在里面。《文公十三年》记载："郑伯与公宴于棐。子家赋《鸿雁》。季文子曰：'寡君未免于此。'文子赋《四月》。子家赋《载驰》之四章。文子赋《采薇》之四章。郑伯拜。公答拜。"郑穆公与文公会饮，郑大夫公子归生（子家）与季文子对赋，当中除了季文子（此时为观诗之人）在子家赋《鸿雁》后所发的感慨外，没有一句辞令在里面，完全是诗句在发挥着辞令的作用。在《左传》中，这种例子不胜枚举。引《诗》则不同。引《诗》除了引用诗句外，常常对诗句加以解释或阐发，《诗》不再是辞令的主体，所引诗句只是用以强调引《诗》者自己的观点和见解。比如，在《大略》篇中，荀子引用《卫风·淇奥》中的诗句来证明做学问要有精心细致的精神："人之于文学也，犹玉之于琢磨也。《诗》曰：'如切如磋，如琢如磨。'谓学问也。"此处，在引《诗》后，荀子对诗句作了解释与分析。

此外，赋《诗》重在"言志"，体例比较固定；引《诗》则论旨明确，形式更加自由，说理性也更强。赋《诗》人多用所赋之《诗》来体现自己的志向，观《诗》之人则通过赋《诗》人所赋之《诗》"观志"，双方酬酢应对、志达情通，从而实现政治、外交的目的。引《诗》大多被用于说理论证，在诸子散文中尤其常见。

---

① 杜预注，孔颖达等正义：《春秋左传正义》，《十三经注疏》本，第1963页。

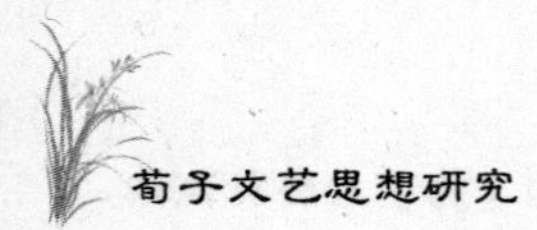

二、"六经注我，我注六经"——引《诗》与《诗》义的呈现

"六经注我，我注六经"是南宋哲学家陆九渊提出的一个重要命题，语见《象山语录》：

> 或问先生何不著书？对曰："六经注我，我注六经。韩退之是倒做，盖欲因学文而学道。欧公极似韩，其聪明皆过人，然不合初头俗了。"或问："如何俗了？"曰："符读书城南三上宰相书是已。至二程方不俗，然聪明却有所不及。"①

注疏经书一向是儒者的志向。陆九渊作为一位儒学大师，却没有任何经学著作。当时人问及此事时，他认为韩愈、欧阳修等人是"倒做"，是"因学文而学道"，是"聪明但却粗俗"的；而"二程"却恰恰相反，是"不俗"但有失"聪明"的。

要想正确领会"六经注我，我注六经"的确切含义，且看陆九渊对"六经注我"的解释：

> 《论语》中多有无头柄的说话，如"知及之，仁不能守之"之类，不知所及、所守者何事；如"学而时习之"，不知时习者何事。非学有本领，未易读也。苟学有本领，则知之所及者，及此也；仁之所守者，守此也；时习之，习此也。说者说此，乐者乐此，如高屋之上建瓴水矣。学苟知本，六经皆我注脚。②

"六经皆我注脚"就是"六经注我"的另一种说法。在他看来，若想高屋建瓴地理解经典的确切含义，重点在于先知"道"，所谓"道外无事，事外无道"③。"六经"之本意在于教导人们得"道"，此"道"就是"知之所及""仁之所守"和"时习之"的最高目标和追求。那么，究竟什么才是"道"呢？陆九渊认为，此"道"便是崇德好善的"仁"：

> 仁，人心也，心之在人，是人之所以为人，而与禽兽草木异焉者也，可放而不求哉？古人之求放心，不啻如饥之于食，渴之于饮，焦之待救，溺之待援，故其宜也。学问之道，盖于是乎在。下愚之人忽视玩听，不为动心。而其所谓学问者，乃转为浮文缘饰之具，甚至于假之以快其遂私纵欲之心，扇之以炽其伤善败类之焰，岂不甚可叹哉！④

他认为，"六经"的精神是"道"，"道"是崇德好善的儒家人文关怀。若得到此道，圣人制定"六经"的目的也就达到了，学者宗经的追求也就实现了；若只知空守经

---

① 陆九渊著，钟哲点校：《陆九渊集》，中华书局 1980 年版，第 399 页。
② 陆九渊著，钟哲点校：《陆九渊集》，第 395 页。
③ 陆九渊著，钟哲点校：《陆九渊集》，第 395 页。
④ 陆九渊著，钟哲点校：《陆九渊集》，第 373 页。

典,不能领会经典的真正含义,得不到"道",就是学不知"本"。譬如,若只知道做注疏"六经"的表面文章,埋头于"我注六经"的表面工作中而不知"六经"的精神所在,就像孔子所说的"人而不仁,如礼何?人而不仁,如乐何"一样,不知"礼"与"乐"的真正价值是"仁",我们学习它们又有什么用呢?同样,如果我们只知道为注疏"六经"而注疏"六经",却不懂注疏"六经"的真正价值,那么我们注疏"六经"的意义又在哪里呢?"人之为学,贵于有所兴起。"[①]注疏"六经"作为一种学问,最有价值之处便是能引起学者的"起兴",使其触类旁通,有感而发。经典的可贵之处是揭示了"人之为人"的特质和奥秘,经典的作用就是引发人们的感触,高扬生命的价值和意义。若是拘泥于经典不能自拔,为注疏而注疏,不注重经义的解释与阐发,无异于缘木求鱼、南辕北辙。

由此可见,"六经注我,我注六经"是一个有机的统一体。经典的注解过程看似是对文本本文的注疏和诠释,实际上却是一种意义建构的过程,是诠释者以自己的主观体验对经典进行再创造的过程。诠释者把对自己所掌握的"道"义的阐释看成是对"经"义的解释,"六经"在诠释者手中成为一种解释"道"义的工具而不是解释的目的。这样,"我注六经"成为一种有特定目的的活动,其目的是使"六经皆我注脚"——以"六经"来证明"道"义是从对经典的诠释中而来的,"六经"的至高无上客观上说明了"道"义的不可违背。然而,"六经注我,我注六经"并不总是被动的,经典诠释的实质是文本与诠释者的互动——诠释者从经典那里得到了客观的知识,经典也在诠释者的诠释中不断生发自己。作为一种"存在",经典的意义在这种诠释中(虽然这种诠释极有可能违背了经典文本的本意)不断得到扩充和自我延伸。在经典与诠释者的这种不断的"沟通"过程中,文本的阐释空间得以不断扩大,它在"它的展现中生存"[②]。

引《诗》活动作为经典注解的一种方式,是"六经注我,我注六经"的互动的活动,同时也是《诗》义得以不断呈现的过程。

首先,引《诗》是"我注六经"的过程。"述而不作"是先秦儒家对待经典的基本态度,引《诗》活动就是此种解经活动的一个重要方面。引《诗》者在引《诗》的过程中,无论是对《诗》的文本还是对《诗》的意义都有所注解与阐释。引《诗》者通过对所引诗篇的文字进行校诂与考证,并结合自己的理解,将《诗》的文本、内容与意义阐发出来,点校诗篇的字句,理解诗篇的意义。因而,从这个角度来说,引《诗》活动是"我注六经"的过程。

其次,引《诗》活动也是"六经注我"的过程。前面我们已经说过,"我注六经"

---

① 陆九渊著,钟哲点校:《陆九渊集》,第 407 页。

② [德]伽达默尔著,夏镇平、宋建平译:《哲学解释学》,上海译文出版社 1994 年版,第 17 页。

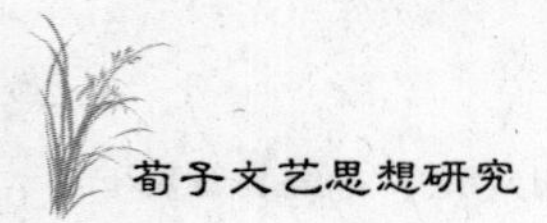

与"六经注我"是一个有机的统一体，两者看似矛盾，实则并行不悖。"六经注我"实质上是通过注解活动使"六经皆我注脚"，也就是"六经皆为我所用"的过程。用"六经"的章句来说明自己的观点与理论主张以实现"六经"教化的目的，这才是注疏"六经"的最终归宿。引《诗》活动作为注疏"六经"的一种方式，其意图也在此。因此，在这种目的的要求下，经典的原作者的目的（诗本义）在解释中不再处于主导地位，引《诗》者引《诗》的目的（"断章"之义）成为经解活动的旨归，诗义在引《诗》者的刻意要求下得到扩张而具有"目的论"的性质。[①]也正因如此，《诗》等经籍的意义不再局限于"文本"本身的表面意义。引《诗》者在引《诗》的过程中，已经将自己在特定时空条件下的个体意识加入诗中，对诗进行了"第二次创作"，诗的意义更具张力，引《诗》者对《诗》的引用也更加灵活。引《诗》者通过对诗义的把握，或断章取义，或总领其类，将自己的主观意识与"诗"的客观情景相结合，引申出符合自己的使用目的的诗义来。在这个过程中，由于"诗"是开放的，引《诗》者既是阅读者（《诗》的欣赏者），也是"创作者"（阅读本身就是一种创造活动）。《诗》正是在引《诗》者的引《诗》活动中充分展现着自己存有的价值和意义，不论这种解释活动是正解（对"诗本义"的阐发）还是反解（对《诗》的误读，在引《诗》论证中最常见的方式就是断章取义）。关于这一点，我们可以用《诗》中的具体例子来加以证实：

关关雎鸠，在河之洲。窈窕淑女，君子好逑。

这是《关雎》中的一句话。按照文意，此句是说："雎鸠关关相对唱，双栖河里小岛上；纯洁美丽好姑娘，真是我的好对象。"[②]而《毛诗序》却是如此解释的："关雎，后妃之德也。风之始也。所以风天下而正夫妇也。"[③]如果我们仅就文意来看，很难发现《关雎》体现出"后妃之德"，是赞颂文王之妃的诗句。很显然，《毛诗序》的作者将"诗本义"之外的意义加入其中，在对《关雎》的理解中加入了主观目的——将儒家传统的道德教化注入诗义当中，使《诗》更加符合儒家"诗教"的目的。此种解《诗》方法便是"六经注我"的过程，是将解《诗》者（在引《诗》活动中为引《诗》者）的主观感受赋予"诗"，使"诗"更加符合解《诗》者言《诗》的目的。《诗》等"六经"成为解释"我"（解《诗》者或引《诗》者）的工具，这便是"六经注我"的本意之一。

值得注意的是，引《诗》活动中的"我注六经""六经注我"并不是毫不相干的，而是你中有我、我中有你，休戚相关、并行不悖的。缺少了两者中的任何一者，引

① 这恰恰可以说明为何中国大多数文论家认为儒家的文艺思想具有"尚用"的特质。郭绍虞认为孔门之文学观最重要的两点是"尚文"与"尚用"，认为"孔门论文，因重在'道'的关系，于是处处不离应用的观念"。（参见郭绍虞：《中国文学批评史》，上海古籍出版社 1979 年版，第 13－16 页）

② 译文参见程俊英：《诗经译注》，上海古籍出版社 1985 年版，第 3 页。

③ 毛亨传，郑玄笺，孔颖达等正义：《毛诗正义》，《十三经注疏》本，第 269 页。

《诗》活动都不可能完成:如果缺少了"我注六经",引诗者不能把握"诗本义",那么经解过程就缺少了"诗本义"的支撑,经解活动就会成为无源之水;如果缺少了"六经注我",引《诗》者就会陷入胶柱鼓瑟、刻舟求剑、拘泥文义的困境,那么诗义就会过分地依赖诗的文本意义,作为诗歌最重要的特征的意境或境界就不会得到生发,诗也就失去了含蕴无限、言不尽意的艺术特色。

第三节 《荀子》引《诗》考论

荀子作为集先秦各家之大成的儒者,吸取先秦引《诗》传统的优秀成果,将先秦的引《诗》传统发挥到极致,无论是在引《诗》的数量还是在引《诗》的方式、方法上,均可冠绝诸子。朱自清先生评价说:"荀子影响汉儒最大。汉儒著述里引诗,也是学他的样子;汉人的诗教,他算是开山的祖师。"[①]

一、《荀子》引《诗》的量化分析

关于《荀子》中引《诗》的确切次数,学界说法不一,主要有"81 处""82 处"与"83 处"三种不同的说法。

郭志坤在《荀学论稿》中认为:"现存的《荀子》一书 32 篇,其中论《诗》7 处,引证诗句 81 处。"[②]然而在同书的 284 页又说:"在《荀子》一书中有 66 处引用《诗经》。"两说不一,不知何故。

杨太辛在《论荀子的学术批评》中说:"《荀子》全书引《诗》82 次,论《诗》11 次。……(据罗根泽统计)其中引《诗》次数为诸子和先秦典籍之冠。"[③]持同样观点的还有董治安、郑炯坚、洪湛侯等人。[④]

赵伯雄在《〈荀子〉引〈诗〉考论》中认为:"《荀子》全书 32 篇,引《诗》83 处,分布在除《乐论》、《性恶》、《成相》、《赋》、《哀公》5 篇之外的 27 篇之中。"[⑤]赞同此说

① 朱自清:《诗言志辨》,第 114 页。

② 郭志坤:《荀学论稿》,第 63 页。

③ 杨太辛:《论荀子的学术批评》,《哲学研究》1992 年第 10 期。

④ 董治安在《先秦文献与先秦文学》一书中说,"《荀子》引《诗》论学或政事计 82 条",同书第 56 页亦有此说。但其在附录中有"《荀子》论《诗》、引《诗》表",此表中列出《荀子》引《诗》达 96 次之多;第 13 页说"《荀子》引诗 107 条";第 61 页说"《荀子》全书引诗多达一百又七条";第 216 页又说"《荀子》引诗一百十六例"。各说不一,不知为何。郑炯坚在《荀子文学与美学》一书中说:"《荀子》三十二篇,论诗十四次,引诗经诗句八十二次(其中引逸诗六次),全书共涉及诗经共达九十六次,为诸子之冠,可见荀子虽云'杀诗书'仍对诗经颇重视。"(第 178 页)洪湛侯在《诗经学史》中说:"《荀子》中涉及《诗经》的记载共九十六则,其中论诗之文十四则,引诗八十二则,荀子本人所引则有七十六则之多。"(第 95 页)

⑤ 赵伯雄:《〈荀子〉引〈诗〉考论》,《南开学报》2000 年第 2 期。

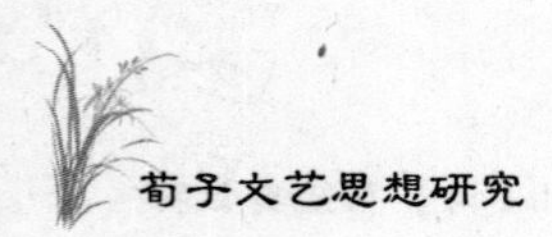

的还有郝明朝、王志弘、陈英立等人。①

按照王先谦《荀子集解》的版本考证,《荀子》一书引《诗》共计 83 处。全书除了《乐论》《性恶》《成相》《赋》《哀公》5 篇外,均有引《诗》出现。(详见下表)

《荀子》引《诗》情况统计表

序号	篇章	引《诗》内容②	《诗》原文③	论旨	《诗》篇章
1	《劝学》	嗟尔君子,无恒安息。 靖共尔位,好是正直。 神之听之,介尔景福。	嗟尔君子,无恒安息。 靖共尔位,好是正直。 神之听之,介尔景福。	人性本恶,必学以矫正。(神莫大于化道,福莫长于无祸)	《小雅·小明》
2	《劝学》	尸鸠在桑,其子七兮。 淑人君子,其仪一兮。 其仪一兮,心如结兮。	尸鸠在桑,其子七兮。 淑人君子,其仪一兮。 其仪一兮,心如结兮。	学贵专心致志。(君子结于一也)	《曹风·尸鸠》
3	《劝学》	匪交匪舒,天子所予。	彼交匪舒,天子所予。	君子要不傲、不隐、不瞽,谨慎以修其身。(君子不傲,不隐,不瞽,谨顺其身)	《小雅·采菽》
4	《修身》	噏噏呰呰,亦孔之哀。 谋之其臧,则具是违; 谋之不臧,则具是依。	潝潝訿訿,亦孔之哀。 谋之其臧,则具是违; 谋之不臧,则具是依。	言小人卑劣行径必将无善果。(虽欲无亡,得乎哉?)	《小雅·小旻》

① 郝明朝《〈荀子〉引〈诗〉说》中有"《荀子》引诗情况一览表",计《荀子》引诗 83 次。(《聊城大学学报》2002 年第 4 期)台湾学者王志弘也持此观点:"《荀子》一书涉及诗经的段落共有九十七次,引诗论证的记载也多达八十三次。"(《孟荀"引诗论证"之比较研究》,台湾"国立"暨南国际大学中国语文学研究所硕博论文,2000 年)陈英立认为,《荀子》引《诗》"共计八十三条,涉及《诗》作品五十三篇"(《〈荀子〉用〈诗〉考论》,黑龙江大学硕士学位论文,2008 年)。

② 引文据王先谦撰,沈啸寰、王星贤点校:《荀子集解》。

③ 此处引用之《诗》版本按朱熹:《诗集传》,上海古籍出版社 1980 年版。

续表

序号	篇章	引《诗》内容	《诗》原文	论旨	《诗》篇章
5	《修身》	礼仪卒度，笑语卒获。	礼仪卒度，笑语卒获。	礼为人、事、国之所本。（人无礼则不生，事无礼则不成，国家无礼则不宁）	《小雅·楚茨》
6	《修身》	不识不知，顺帝之则。	不识不知，顺帝之则。	引诗喻师法暗合天道。（非礼，是无法也；非师，是无师也）	《大雅·皇矣》
7	《不苟》	物其有矣，唯其时矣。	物其有矣，维其时矣。	君子唯其当之为贵。（君子行不贵苟难，说不贵苟察，名不贵苟传，唯其当之为贵）	《小雅·鱼丽》
8	《不苟》	温温恭人，惟德之基。	温温恭人，维德之基。	君子应“至文”（夫是之谓至文）。	《大雅·抑》
9	《不苟》	左之左之，君子宜之； 右之右之，君子有之。	左之左之，君子宜之。 右之右之，君子有之。	君子能以礼义应变自如。（言君子以义屈信变应故也）	《小雅·裳裳者华》
10	《荣辱》	受小共大共， 为下国骏蒙。	受小共大共， 为下国骏厖。	先王制定礼法以尽人伦。（先王案为之制礼义以分之，使有贵贱之等，长幼之差，知愚、能不能之分，皆使人载其事而各得其宜）	《商颂·长发》

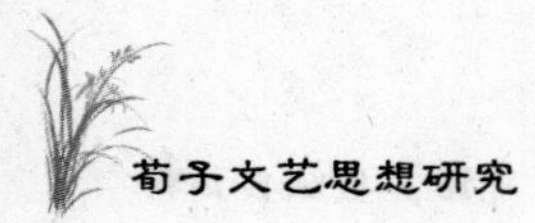

续表

序号	篇章	引《诗》内容	《诗》原文	论旨	《诗》篇章
11	《非相》	雨雪瀌瀌,宴然聿消。 莫肯下隧,式居屡骄。	雨雪瀌瀌,见晛曰消。 莫肯下遗,式居娄骄。	“欲为善则恶自消”①,论错误的行为不能长久。(人有此三数行者,以为上则必危,为下则必灭)	《小雅·角弓》
12	《非相》	徐方既同,天子之功。	徐方既同,天子之功。	论“兼术”之重要。(故君子贤而能容罢,知而能容愚,博而能容浅,粹而能容杂,夫是之谓兼术)	《大雅·常武》
13	《非十二子》	匪上帝不时,殷不用旧。虽无老成人,尚有典刑。曾是莫听,大命以倾。	匪上帝不时,殷不用旧。虽无老成人,尚有典刑。曾是莫听,大命以倾。	论“兼服天下之心”。(无不爱也,无不敬也,无与人争也,恢然如天地之苞万物。如是则贤者贵之,不肖者亲之。如是而不服者,则可谓讠夭怪狡猾之人矣,虽则子弟之中,刑及之而宜)	《大雅·荡》
14	《非十二子》	温温恭人,维德之基。	温温恭人,维德之基。	论道德为“诚君子”之本。(不诱于誉,不恐于诽,率道而行,端然正己,不为物倾侧:夫是之谓诚君子)	《大雅·抑》(同8)

① 王先谦撰,沈啸寰、王星贤点校:《荀子集解》引杨倞注,第77页。

续表

序号	篇章	引《诗》内容	《诗》原文	论旨	《诗》篇章
15	《仲尼》	媚兹一人，应侯顺德。 永言孝思，昭哉嗣服。	媚兹一人，应侯顺德。 永言孝思，昭哉嗣服。	臣子顺应君王为“持宠处位，终身不厌之术”。	《大雅·下武》
16	《儒效》	自西自东，自南自北，无思不服。	自西自东，自南自北，无思不服。	论大儒在国家治理中的地位。（近者歌讴而乐之，远者竭蹶而趋之，四海之内若一家，通达之属莫不从服。夫是之谓人师）	《大雅·文王有声》
17	《儒效》	为鬼为蜮，则不可得。 有靦面目，视人罔极。 作此好歌，以极反侧。	为鬼为蜮，则不可得。 有靦面目，视人罔极。 作此好歌，以极反侧。	刑名之说如鬼如蜮、故弄玄虚，但终会被人戳穿。（狂惑戆陋之人，乃始率其群徒，辩其谈说，明其辟称，老身长子，不知恶也。夫是之谓上愚，曾不如相鸡狗之可以为名也）	《小雅·何人斯》
18	《儒效》	鹤鸣于九皋，声闻于天。	鹤鸣于九皋，声闻于天。	君子虽隐居，但声名显赫。（君子隐而显，微而明，辞让而胜）	《小雅·鹤鸣》
19	《儒效》	民之无良，相怨一方。 受爵不让，至于己斯亡。	民之无良，相怨一方。 受爵不让，至于己斯亡。	小人之行为会适得其反。（鄙夫反是：比周而誉俞少，鄙争而名俞辱，烦劳以求安利，其身俞危）	《小雅·角弓》

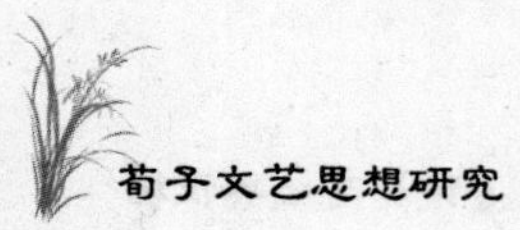

续表

序号	篇章	引《诗》内容	《诗》原文	论旨	《诗》篇章
20	《儒效》	平平左右，亦是率从。	平平左右，亦是率从。	应公平对待左右之人。（言上下之交不相乱也）	《小雅·采菽》
21	《儒效》	维此良人，弗求弗迪； 维彼忍心，是顾是复。 民之贪乱，宁为荼毒。	维此良人，弗求弗迪； 维彼忍心，是顾是复。 民之贪乱，宁为荼毒。	君子得所求，小人却招恶。（凡人莫不欲安荣而恶危辱，故唯君子为能得其所好，小人则日徼其所恶）	《大雅·桑柔》
22	《王制》	天作高山，大王荒之。 彼作矣，文王康之。	天作高山，大王荒之。 彼作矣，文王康之。	治乱在人不在天。（天之所覆，地之所载，莫不尽其美，致其用，上以饰贤良，下以养百姓而安乐之。夫是之谓大神）	《周颂·天作》
23	《富国》	雕琢其章，金玉其相。 亹亹我王，纲纪四方。	追琢其章，金玉其相。 勉勉我王，纲纪四方。	论人君文质并美、纲纪四方、品质高尚。（古者先王分割而等异之也，故使或美或恶，或厚或薄，或佚或乐，或劬或劳，非特以为淫泰夸丽之声，将以明仁之文，通仁之顺也）	《大雅·棫朴》

续表

序号	篇章	引《诗》内容	《诗》原文	论旨	《诗》篇章
24	《富国》	我任我辇，我车我牛。 我行既集，盖云归哉！	我任我辇，我车我牛。 我行既集，盖云归哉。	百姓尊重“仁人”。（故仁人在上，百姓贵之如帝，亲之如父母，为之出死断亡而愉者，无它故焉，其所是焉诚美，其所得焉诚大，其所利焉诚多）	《小雅·黍苗》
25	《富国》	无言不雠，无德不报。	无言不雠，无德不报。	人主的作为，善恶有报。（臣或弑其君，下或杀其上，粥其城，倍其节，而不死其事者，无它故焉，人主自取之）	《大雅·抑》
26	《富国》	钟鼓喤喤，管磬玱玱，降福穰穰。降福简简，威仪反反。既醉既饱，福禄来反。	钟鼓喤喤，磬筦将将，降福穰穰。降福简简，威仪反反。既醉既饱，福禄来反。	儒术施行则天下大治。（故儒术诚行则天下大富，使而功劳，撞钟击鼓而和）	《周颂·执竞》
27	《富国》	天方荐瘥，丧乱弘多。 民言无嘉，憯莫惩嗟。	天方荐瘥，丧乱弘多。 民言无嘉，憯莫惩嗟。	施行墨术则天下大乱。（墨术诚行则天下尚俭而弥贫，非斗而日争，劳苦顿萃而愈无功，愀然忧戚非乐而日不和）	《小雅·节南山》
28	《富国》	淑人君子，其仪不忒。 其仪不忒，正是四国。	淑人君子，其仪不忒。 其仪不忒，正是四国。	仁人治国，兼及他国。（仁人之用国，非特将持其有而已也，又将兼人）	《曹风·尸鸠》

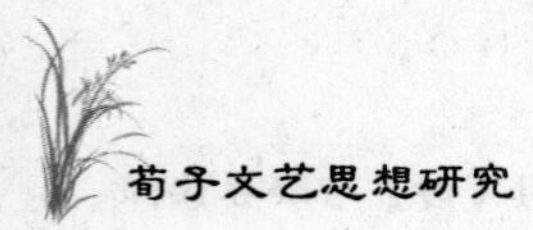

续表

序号	篇章	引《诗》内容	《诗》原文	论旨	《诗》篇章
29	《王霸》	如霜雪之将将，如日月之光明，为之则存，不为则亡。		礼可正国。（国无礼则不正）	逸诗
30	《王霸》	自西自东，自南自北，无思不服。	自西自东，自南自北，无思不服。	立足百里之地，尽忠信、明仁义，可使天下归附。（故百里之地足以竭势矣，致忠信，著仁义，足以竭人矣，两者合而天下取，诸侯后同者先危）	《大雅·文王有声》（同16）
31	《君道》	王犹允塞，徐方既来。	王犹允塞，徐方既来。	言君王好礼义则远方之国亦来归顺。（故上好礼义，尚贤使能，无贪利之心……夫是之谓至平）	《大雅·常武》
32	《君道》	介人维藩，大师为垣。	价人维藩，大师为垣。	君主好士与爱民的重要性。（故君人者，爱民而安，好士而荣，两者无一焉而亡）	《大雅·板》
33	《君道》	温温恭人，维德之基。	温温恭人，维德之基。	论礼义为最高的治国原则。（天子不视而见，不听而聪，不虑而知，不动而功，块然独坐而天下从之如一体，如四胑之从心。夫是之谓大形）	《大雅·抑》（同8、14）

续表

序号	篇章	引《诗》内容	《诗》原文	论旨	《诗》篇章
34	《君道》	济济多士，文王以宁。	济济多士，文王以宁。	反喻君主不重人才的后果。（人主无便嬖左右足信者谓之闇，无卿相辅佐足任者谓之独，所使于四邻诸侯者非其人谓之孤，孤独而晻谓之危。国虽若存，古之人曰亡矣）	《大雅・文王》
35	《臣道》	国有大命，不可以告人，妨其躬身。		论乱世中明哲保身之道。（迫胁于乱时，穷居于暴国，而无所避之，则崇其美，扬其善，违其恶，隐其败，言其所长，不称其所短，以为成俗）	逸诗
36	《臣道》	不敢暴虎，不敢冯河。 人知其一，莫知其它。 战战兢兢，如临深渊，如履薄冰。	不敢暴虎，不敢冯河。 人知其一，莫知其它。 战战兢兢，如临深渊，如履薄冰。	立身处世要"敬小人"，小心谨慎。（仁者必敬人）	《小雅・小旻》
37	《臣道》	不僭不贼，鲜不为则。	不僭不贼，鲜不为则。	论仁人言行为立世之则。（忠信以为质，端悫以为统，礼义以为文，伦类以为理，喘而言，臑而动，而一可以为法则）	《大雅・抑》

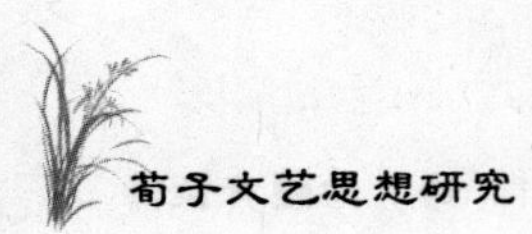

续表

序号	篇章	引《诗》内容	《诗》原文	论旨	《诗》篇章
38	《臣道》	受小球大球，为下国缀旒。	受小球大球，为下国缀旒。	言忠臣侍奉君主，应通权达变，敢于仗义执言。	《商颂·长发》
39	《致士》	惠此中国，以绥四方。	惠此中国，以绥四方。	招贤纳士，“礼及身”“义及国”“令行禁止”而王者之事毕。（礼及身而行修，义及国而政明，能以礼挟而贵名白，天下愿，令行禁止，王者之事毕矣）	《大雅·民劳》
40	《致士》	无言不雠，无德不报。	无言不雠，无德不报。	言事必有报。（水深而回，树落则粪本，弟子通利则思师）	《大雅·抑》（同25）
41	《议兵》	武王载发，有虔秉钺。如火烈烈，则莫我敢遏。	武王载旆，有虔秉钺。如火烈烈，则莫我敢遏。	仁者用兵则无不克。（仁人用，国日明，诸侯先顺者安，后顺者危，虑敌之者削，反之者亡）	《商颂·长发》
42	《议兵》	自西自东，自南自北，无思不服。	自西自东，自南自北，无思不服。	论大儒在国家治理中的地位。（四海之内若一家，通达之属莫不从服，夫是之谓人师）	《大雅·文王有声》（同16、30）

续表

序号	篇章	引《诗》内容	《诗》原文	论旨	《诗》篇章
43	《议兵》	淑人君子，其仪不忒。①	淑人君子，其仪不忒。	仁人用兵，不战而屈人之兵。（仁义之兵……近者亲其善，远方慕其德，兵不血刃，远迩来服，德盛于此，施及四极）	《曹风·尸鸠》（同 28）
44	《议兵》	王犹允塞，徐方既来。	王犹允塞，徐方既来。	盛德者，四方归顺。（故民归之如流水，所存者神，所为者化。……夫是之谓大化至一）	《大雅·常武》（同 31）
45	《强国》	价人维藩，大师维垣。	价人维藩，大师为垣。	君主好士与爱民的重要性。（君人者，爱民而安，好士而荣，两者亡一焉而亡）	《大雅·板》（同 32）
46	《强国》	德輶如毛，民鲜克举之。	德輶如毛，民鲜克举之。	论积微的重要性。（财物货宝以大为重，政教功名反是，能积微者速成）	《大雅·烝民》
47	《天论》	天作高山，大王荒之， 彼作矣，文王康之。	天作高山，大王荒之。 彼作矣，文王康之。	治乱在人不在天。（治乱非天也。……治乱非时也。……治乱非地也）	《周颂·天作》（同 22）

① 陈奂（1786－1863），清经学家。字倬云，号硕甫、师竹，晚号南园老人，长洲（今江苏苏州）人。专治《毛诗》，所撰有《诗毛氏传疏》及《毛诗说》《毛诗音》等。他认为，根据上文语义，"淑人君子，其仪不忒"下尚有"其仪不忒，正是四国"句。（参见王先谦撰，沈啸寰、王星贤点校：《荀子集解》，第 280 页）

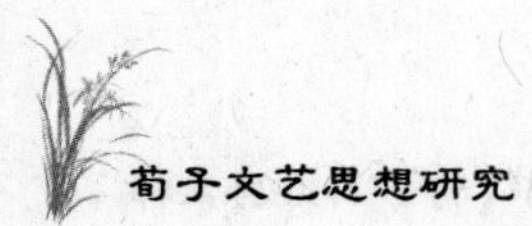

续表

序号	篇章	引《诗》内容	《诗》原文	论旨	《诗》篇章
48	《天论》	何恤人之言兮!		君子守道而不贰则不畏人言。(天有常道矣,地有常数矣,君子有常体矣。君子道其常而小人计其功)	逸诗
49	《正论》	明明在下。	明明在下。	驳斥"主道利周"。(主道利明不利幽,利宣不利周)	《大雅·大明》
50	《正论》	下民之孽,匪降自天,噂沓背憎,职竞由人。	下民之孽,匪降自天。噂沓背憎,职竞由人。	编造世俗之说的人让相信者遭殃。(作者不祥,学者受其殃,非者有庆)	《小雅·十月之交》
51	《礼论》	礼仪卒度,笑语卒获。	礼仪卒度,笑语卒获。	礼对人的重要性。(厚者,礼之积也;大者,礼之广也;高者,礼之隆也;明者,礼之尽也)	《小雅·楚茨》(同5)
52	《礼论》	怀柔百神,及河乔岳。	怀柔百神,及河乔岳。	言圣人之功。(宇中万物、生人之属,待圣人然后分也)	《周颂·时迈》
53	《礼论》	恺悌君子,民之父母。	岂弟君子,民之父母。	解释为何要有"三年之丧"。(君之丧,所以取三年,何也)	《大雅·泂酌》

续表

序号	篇章	引《诗》内容	《诗》原文	论旨	《诗》篇章
54	《解蔽》	凤凰秋秋，其翼若干，其声若箫。有凤有凰，乐帝之心。		论"不蔽之福"。	逸诗
55	《解蔽》	采采卷耳，不盈顷筐。 嗟我怀人，寘彼周行。	采采卷耳，不盈顷筐。 嗟我怀人，寘彼周行。	要一心一意。（心容其择也，无禁必自现，其物也杂博，其情之至也不贰）	《周南·卷耳》
56	《解蔽》	墨以为明，狐狸而苍。		言昏君。（上幽而下险）	逸诗
57	《解蔽》	明明在下，赫赫在上。	明明在下，赫赫在上。	言明君。（上明而下化）	《大雅·大明》
58	《正名》	颙颙卬卬，如圭如璋，令闻令望。岂弟君子，四方为纲。	颙颙卬卬，如圭如璋，令闻令望。岂弟君子，四方为纲。	圣人之辩说为人们的典范。（有兼听之明而无矜奋之容，有兼覆之厚而无伐德之色。说行则天下正，说不行则白道而冥穷，是圣人之辨说也）	《大雅·卷阿》
59	《正名》	长夜漫兮，永思骞兮。 大古之不慢兮，礼义之不愆兮，何恤人之言兮！		言"士君子之辨说"，辩说得正，不畏人言。（能处道而不贰，咄而不夺，利而不流，贵公正而贱鄙争，是士君子之辨说也）	逸诗

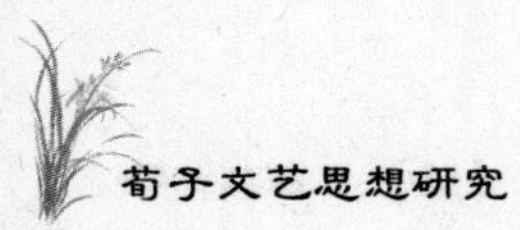

续表

序号	篇章	引《诗》内容	《诗》原文	论旨	《诗》篇章
60	《正名》	为鬼为蜮，则不可得， 有靦面目，视人罔极。 作此好歌，以极反侧。	为鬼为蜮，则不可得。 有靦面目，视人罔极。 作此好歌，以极反侧。	言愚者的辩说。(君子之言……而愚者反是)	《小雅·何人斯》(同17)
61	《君子》	溥天之下，莫非王土； 率土之滨，莫非王臣。	溥天之下，莫非王土。 率土之滨，莫非王臣。	天子至尊无上。(天子也者，执至重，形至佚，心至愈，志无所诎，形无所劳，尊无上矣)	《小雅·北山》
62	《君子》	百川沸腾，山冢崒崩； 高岸为谷，深谷为陵。 哀今之人，胡憯莫惩！	百川沸腾，山冢崒崩。 高岸为谷，深谷为陵。 哀今之人，胡憯莫惩！	喻乱世之象。(乱世则不然：刑罚怒罪，爵赏踰德，以族论罪，以世举贤)	《小雅·十月之交》
63	《君子》	淑人君子，其仪不忒， 其仪不忒，正是四国。	淑人君子，其仪不忒。 其仪不忒，正是四国。	尊圣尚贤则四海归一。(故尊圣者王，贵贤者霸，敬贤者存，慢贤者亡，古今一也)	《曹风·尸鸠》(同28、43)
64	《大略》	颠之倒之，自公召之。	颠之倒之，自公召之。	诸侯召其臣，臣不俟驾，颠倒衣裳而走，礼也。	《齐风·东方未明》

续表

序号	篇章	引《诗》内容	《诗》原文	论旨	《诗》篇章
65	《大略》	我出我舆，于彼牧矣。自天子所，谓我来矣。	我出我舆，于彼牧矣。自天子所，谓我来矣。	天子召诸侯，诸侯辇舆就马，礼也。	《小雅·出车》
66	《大略》	物其指矣，唯其偕矣。	物其指矣，维其偕矣。	礼物要合“礼”。(不时宜，不敬文，不驩欣，虽指，非礼也)	《小雅·鱼丽》
67	《大略》	饮之食之，教之诲之。	饮之食之，教之诲之。	要富民、教民。(不富无以养民情，不教无以理民性)	《小雅·绵蛮》
68	《大略》	我言维服，勿用为笑。先民有言，询于刍荛。	我言维服，勿以为笑。先民有言，询于刍荛。	言博问。(诗曰……言博问也)	《大雅·板》
69	《大略》	如切如磋，如琢如磨。	如切如磋，如琢如磨。	做学问如工匠治玉。(人之于文学也，犹玉之于琢磨也)	《卫风·淇奥》
70	《大略》	温恭朝夕，执事有恪。	温恭朝夕，执事有恪。	言事君难。(事君难，事君焉可息哉)	《商颂·那》
71	《大略》	孝子不匮，永锡尔类。	孝子不匮，永锡尔类。	言事亲难。(事亲难，事亲焉可息哉)	《大雅·既醉》

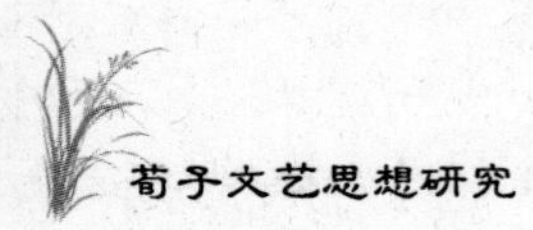

续表

序号	篇章	引《诗》内容	《诗》原文	论旨	《诗》篇章
72	《大略》	刑于寡妻，至于兄弟，以御于家邦。	刑于寡妻，至于兄弟，以御于家邦。	息于妻子难。（妻子难，妻子焉可息哉）	《大雅·思齐》
73	《大略》	朋友攸摄，摄以威仪。	朋友攸摄，摄以威仪。	交友难。（朋友难，朋友焉可息哉）	《大雅·既醉》
74	《大略》	昼尔于茅，宵尔索绹， 亟其乘屋，其始播百谷。	昼尔于茅，宵尔索绹。 亟其乘屋，其始播百谷	从事耕种难。（耕难，耕焉可息哉）	《豳风·七月》
75	《大略》	无将大车，维尘冥冥。	无将大车，维尘冥冥。	言不与小人相处。（言无与小人处也）	《小雅·无将大车》
76	《宥坐》	忧心悄悄，愠于群小。	忧心悄悄，愠于群小。	应防“小人成群”。（小人成群，斯足忧也）	《邶风·柏舟》
77	《宥坐》	尹氏大师，维周之氐， 秉国之均，四方是维， 天子是庳，卑民不迷。	尹氏大师，维周之氐。 秉国之均，四方是维。 天子是毗，俾民不迷。	应任贤尚能。	《小雅·节南山》

续表

序号	篇章	引《诗》内容	《诗》原文	论旨	《诗》篇章
78	《宥坐》	周道如砥，其直如矢。 君子所履，小人所视。 眷焉顾之，潸焉出涕！	周道如砥，其直如矢。 君子所履，小人所视。 睠言顾之，潸焉出涕。	喻当时教化混乱、刑罚繁多。（今之世则不然：乱其教，繁其刑，其民迷惑而堕焉，则从而制之，是以刑弥繁而邪不胜）	《小雅·大东》
79	《宥坐》	瞻彼日月，悠悠我思。 道之云远，曷云能来！	瞻彼日月，悠悠我思。 道之云远，曷云能来。	言施行教化则国泰民安。（子曰："伊稽首，不其有来乎？"）	《邶风·雄雉》
80	《子道》	孝子不匮。	孝子不匮。	言孝心无穷尽。	《大雅·既醉》
81	《法行》	涓涓源水，不雝不塞。 毂已破碎，乃大其辐。 事已败矣，乃重大息。		不慎去初，追悔无及。[①]（内人之疏而外人之亲，不亦远乎！身不善而怨人，不亦反乎！刑已至而呼天，不亦晚乎）	逸诗
82	《法行》	言念君子，温其如玉。	言念君子，温其如玉。	君子比德于玉。（夫玉者，君子比德焉）	《秦风·小戎》
83	《尧问》	既明且哲，以保其身。	既明且哲，以保其身。	言荀子身处乱世不得不明哲保身。（孙卿怀将圣之心，蒙佯狂之色，视天下以愚）	《大雅·烝民》

《荀子》一书中，除《乐论》《性恶》《成相》《赋》《哀公》5 篇未引《诗》外，《劝学》引《诗》3 次、《修身》引《诗》3 次、《不苟》引《诗》3 次、《荣辱》引《诗》1 次、《非相》引

① 王先谦撰，沈啸寰、王星贤点校：《荀子集解》引杨倞语，第 534 页。

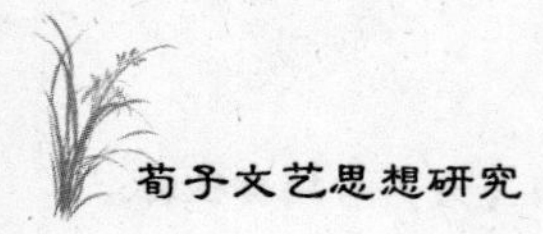

《诗》2 次、《非十二子》引《诗》2 次、《仲尼》引《诗》1 次、《儒效》引《诗》6 次、《王制》引《诗》1 次、《富国》引《诗》6 次、《王霸》引《诗》2 次、《君道》引《诗》4 次、《臣道》引《诗》4 次、《致仕》引《诗》2 次、《议兵》引《诗》4 次、《强国》引《诗》2 次、《天论》引《诗》2 次、《正论》引《诗》2 次、《礼论》引《诗》3 次、《解蔽》引《诗》4 次、《正名》引《诗》3 次、《君子》引《诗》3 次、《大略》引《诗》12 次、《宥坐》引《诗》4 次、《子道》引《诗》1 次、《法行》引《诗》2 次、《尧问》引《诗》1 次。其中，除了荀子本人所引的 71 次外，孔子引《诗》10 次，分别是《大略》5 次、《宥坐》4 次、《法行》1 次；曾子在《法行》中引诗 1 次；荀子弟子在《尧问》中引《诗》1 次。

二、《荀子》引《诗》的类型

《荀子》的引《诗》活动，大致可以分为以下几种征引类型：

(一)直用其义

为了论证某一理论的正确性，荀子常征引诗句从正面加以说明，加强理论的可信度。今举几例如下：

(1)《劝学》篇："目不能两视而明，耳不能两听而聪。螣蛇无足而飞，梧鼠五技而穷。诗曰：'尸鸠在桑，其子七兮。淑人君子，其仪一兮。其仪一兮，心如结兮。'故君子结于一也。"荀子为了说明君子在为学的过程中要用心专一，专门征引《曹风・尸鸠》中的诗句来加以说明。《毛诗序》言："《鸤鸠》，刺不一也。在位无君子，用心之不一也。"荀子的引用与诗本义相吻合。

(2)《儒效》篇："为君子则常安荣矣，为小人则常危辱矣。凡人莫不欲安荣而恶危辱，故唯君子为能得其所好，小人则日徼其所恶。《诗》曰：'维此良人，弗求弗迪；唯彼忍心，是顾是复。民之贪乱，宁为荼毒。'此之谓也。"荀子认为，只有举止谨慎、认真对待风俗并积累善行、磨炼自己，才能成为君子，得到安宁和荣耀，小人则正好相反。他引用《大雅・桑柔》中描述贤君与暴君的文字，既符合诗的原意，又佐证了自己的理论。

(3)《君道》篇："哓然独明于先王之所以得之，所以失之，知国之安危臧否，若别白黑。是其人也，大用之，则天下为一，诸侯为臣；小用之，则威行邻敌；纵不能用，使无去其疆域，则国终身无故。故君人者，爱民而安，好士而荣，两者无一焉而亡。《诗》曰：'介人维藩，大师为垣。'此之谓也。"荀子认为，君人贤明的表现之一便是任用贤能、举贤纳士，贤人对国家有着举足轻重的作用。他所引用的《大雅・板》中的诗句也正是说明"介人"等贤能对国家的作用的。

(二)反用其义

荀子引《诗》除了直用其义外，还常常反用诗义以证理，取诗的相反义。

(1)《修身》篇:“人无礼则不生,事无礼则不成,国家无礼则不宁。《诗》曰:‘礼仪卒度,笑语卒获。’此之谓也。”“礼仪卒度,笑语卒获”语出《小雅·楚茨》,原意是说礼仪完全符合法度,一言一笑都非常得当。荀子用在这里却是用来说明“无礼”的后果是怎样的,这显然是一种逆用,也就是反用其义。

(2)《君道》篇:“故人主无便嬖左右足信者谓之闇,无卿相辅佐足任使者谓之独,所使于四邻诸侯者非其人谓之孤,孤独而晻谓之危。国虽若存,古之人曰亡矣。《诗》曰:‘济济多士,文王以宁。’此之谓也。”荀子认为,如果君主没有贤良的人辅佐,他就会昏暗、孤独、孤立,孤立、独处、昏暗就会国危,国危则国家虽存而实亡。而他所引用的《大雅·文王》中的诗句却是说明文王人才济济、国泰民安的。荀子的引用取其反义,意在告诫统治者要招贤纳士、远离小人。

(三)断章取义

前面笔者已经说过,荀子征引《诗》的目的是“以诗证理”,而正是在这样一个征引原则下,“所引《诗》不复是原诗意义整体中的一个有机‘部分’(从原诗的整体语境出发来诠释这个‘部分’,其解读受此语境的规约,不容歪曲),而是被迁移到一个新的语境之中,这个语境便是《荀子》的意义体系。引《诗》的内涵在原诗语境和《荀子》意义体系的双重挤压之下,必然发生改变,这是理解《荀子》引《诗》及论《诗》之内容与特点的基本出发点。当两个语境之间和谐一致时,引《诗》自然属于‘准确引用’;当两个语境不是完全一致,甚至彼此牴牾时,引《诗》便属于‘不准确引用’”[①]。因此,荀子引《诗》往往游离于《诗》的文本之外,断章取义便属于这种“不准确引用”。

荀子在引《诗》中断章取义,常常不顾诗中字句的原本意义而用其他的相关甚至无关意义代替以引用目的。在这种引《诗》中,征引者随意解读所引诗句的意义,而这种解读根本不顾及全诗甚至全章的意义,引《诗》者的唯一目的就是曲解诗义以证明其自有的理论学说。例如:

(1)《不苟》篇:“故曰:君子行不贵苟难,说不贵苟察,名不贵苟传,唯其当之为贵。《诗》曰:‘物其有矣,唯其时矣。’此之谓也。”

《大略》篇:“《诗》曰:‘物其指矣,唯其偕矣。’不时宜,不敬文,不驩欣,虽指非礼也。”

“物其有矣,唯其时矣”与“物其指矣,唯其偕矣”出自《小雅·鱼丽》。从诗的原意来看,这是一首写贵族宴飨宾客的诗,描绘的是丰盛的酒菜,反映了贵族生活的奢华。所引的两句诗原本也是用来说明宴会的丰盛的,但荀子只摘取诗中

---

① 刘耘华:《诠释学与先秦儒家之意义生成——〈论语〉、〈孟子〉、〈荀子〉对古代传统的解释》,上海译文出版社2002年版,第160页。

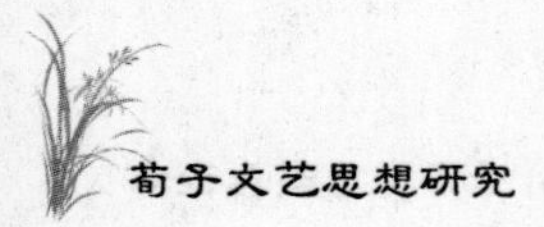

的“时”与“谐”义，引申为要符合时宜、恰当，显然与原诗义不符，曲解了诗义。

(2)《君子》篇：“天子也者，执至重，形至佚，心至愈，志无所诎，形无所劳，尊无上矣。《诗》曰：‘溥天之下，莫非王土；率土之滨，莫非王臣。’此之谓也。”荀子所引诗句出自《小雅·北山》，这是一首怨恨大夫分配徭役劳逸不均的诗，在原诗“溥天之下，莫非王土；率土之滨，莫非王臣”后紧跟的是“大夫不均，我从事独贤”(大夫做事不公平，派我工作特别苦[①])。荀子只取所引诗句的字面意义而脱离了诗篇的整个意旨，这显然是一种“断章取义”式的引用。

(3)《宥坐》篇：“故先王既陈之以道，上先服之；若不可，尚贤以綦之；若不可，废不能以单之；綦三年而百姓从风矣。邪民不从，然后俟之以刑，则民知罪矣。《诗》曰：‘尹氏大师，维周之氐，秉国之均，四方是维，天子是庳，卑民不迷。’是以威厉而不试，刑错而不用，此之谓也。”荀子通过引用《小雅·节南山》中的诗句来说明太师任重道远。然而从诗的原意来看，此诗是讽刺太师尹氏的，这里的引《诗》只取其字面意义而无视诗的主旨，是断章取义。

三、《荀子》引《诗》的特点

作为先秦诸子中引《诗》最多的一位，荀子在征引《诗》的过程中有许多偏好，呈现出与孔、孟引《诗》不同的特点。

(一)重《雅》《颂》而轻《风》

荀子在引《诗》中，大量引用《雅》诗：在83次引《诗》中，引用《大雅》17篇32次[②]，分别是《抑》6次，《文王有声》《板》《常武》《既醉》各3次，《大明》《烝民》各2次，《文王》《棫朴》《皇矣》《下武》《思齐》《泂酌》《卷阿》《民劳》《荡》《桑柔》各1次；引用《小雅》17篇25次，分别是《鱼丽》《十月之交》《小旻》《何人斯》《楚茨》《采菽》《节南山》《角弓》各2次，《出车》《鹤鸣》《北山》《无将大车》《小明》《裳裳者华》《黍苗》《绵蛮》《大东》各1次；引用《风》8篇11次，分别是《曹风·尸鸠》4次，《周南·卷耳》《卫风·淇奥》《齐风·东方未明》《秦风·小戎》《邶风·雄雉》《邶风·柏舟》《豳风·七月》各1次；引用《颂》5篇8次，分别是《周颂·天作》2次，《周颂·时迈》《周颂·执竞》《商颂·那》各1次，《商颂·长发》3次；引逸诗7次，其中《正名》篇中的引文“长夜漫兮，永思骞兮，大古之不慢兮，礼义之不愆兮，何恤人之言兮！”与《天论》篇中所引的“礼义之不愆兮，何恤人之言兮！”应出自逸诗中的同一篇章。

---

① 程俊英：《诗经译注》，第416页。

② 有的学者认为《荀子》征引诗句的83次当中，涉及《小雅》18篇，《大雅》16篇。此种说法不确切。(参见刘立志：《荀子与两汉〈诗〉学》，《中国文学研究》2001年第2期)

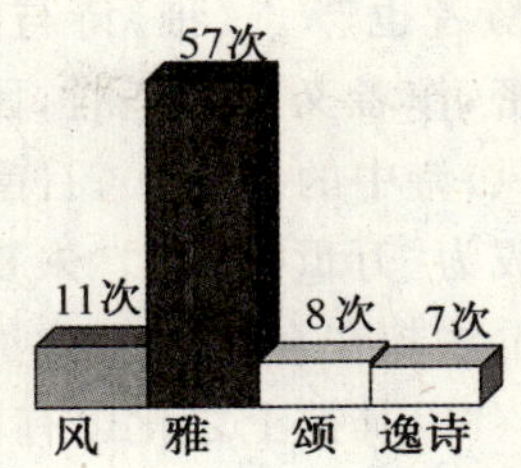

图 8-3 荀子引《诗》的种类与次数

从上图(图 8-3)中我们可以看出,《荀子》引用最多的是《雅》诗,达到 34 篇 57 次;其次是《风》《颂》、逸诗。虽然引《颂》8 次,比引《风》的次数(11 次)少了 3 次,但是《荀子》引用了全部《颂》诗中的 5 篇,占《颂》诗总数(40 篇)的 1/8;引用了全部《风》诗中的 8 篇,只占到《风》诗总数(160 篇)的 1/20。因此,从引用频率上来说,《荀子》是重视引《颂》而忽视引《风》的。

关于《荀子》喜引《雅》《颂》而不善引《风》的原因,学者们曾有过推断。董治安先生在分析了《左传》《国语》引《诗》情况后认为:"这是否意味着时人征引雅诗(以及颂诗)常着眼于诗文的直接含义,而对于风诗就较多重视其比喻、象征意义和音乐价值呢?"[①]根据这个推断,郝明朝认为:"荀子生活的战国时代'赋诗'、'歌诗'之风不再,作为一个严肃、务实的学者,其引诗或证事,或明理,所看重的正是诗文之直接含义。因而,准史诗类的《大雅》、反映礼乐制定的《小雅》以及展示先王之制、礼义彬彬的《颂》诗,便自然而然地成了其为文引诗的重点对象。"[②]洪湛侯从《雅》诗的行文特点分析,认为"《大雅》之诗,议论说理之句较多,孟、荀都喜欢引用《大雅》,用作自己立论的根据,同时也想藉以表明自己的学说渊源有自"[③]。笔者认为,《荀子》之所以喜引《雅》《颂》,与《雅》诗与《颂》诗的特点以及《荀子》引《诗》的目的分不开。朱熹认为:"凡诗之所谓风者,多出于里巷歌谣之作,所谓男女相与咏歌,各言其情者也。惟周南召南亲被文王之化以成德,而人皆有以得其性情之正,故其发于言者,乐而不过于淫,哀而不及于伤,是二篇独为风诗之正经。"[④]《风》诗大多出自民间里巷,是反应男女之情的。除了《周南》《召南》外,《风》诗大多不符合诗教的标准。就《雅》《颂》而言,它们"若夫雅颂之篇,则皆成周之世,朝廷郊庙乐歌之辞,其语和而庄,其义宽而密,其作者往往圣人之

① 董治安:《先秦文献与先秦文学》,第 32 页。

② 郝明朝:《〈荀子〉引〈诗〉说》,《聊城大学学报》2002 年第 4 期。

③ 洪湛侯:《诗经学史》(上),第 96 页。

④ 朱熹:《诗集传·序》,上海古籍出版社 1958 年版。

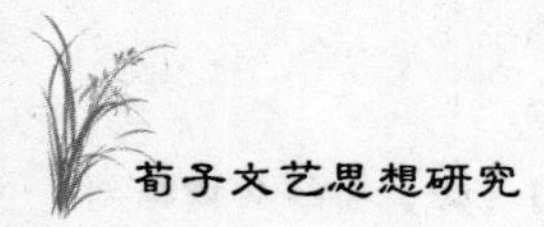

徒，固所以为万世法程而不可易者也”①。《雅》诗与《颂》诗为朝廷郊庙乐歌，语言平和而庄严，诗义宽厚而细密，作者又都是圣哲，因而可以看作万世的不二法则。因此，在朱熹看来，除了《风》诗中的《周南》《召南》外，只有《雅》《颂》之诗才能在诗教中发挥积极的作用，成为“万世法程”。朱熹的观点虽然过分地贬低了《风》诗的艺术作用，但是他的看法却在客观上反映了《风》《雅》《颂》三种不同类型的诗的特点。《风》的特点是：“以其被上之化以有言，而其言又足以感人，如物因风之动以有声，而其声又足以动物也。是以诸侯采之以贡天子，天子受之而列于乐官，于以考其俗尚之美恶，而知其政治之得失焉。”②《风》是男女情歌，天子可以根据不同的《风》诗而看出风俗的美恶；诸侯也可以通过《风》诗来讽谏天子。《毛诗序》说：“上以风化下，下以风刺上，主文而谲谏，言之者无罪，闻之者足以戒。”因此，《风》诗大多是委婉而含蓄的，诗义也较难把握。《雅》《颂》则与之相反：“雅者，正也。言王政之所有兴废也。”“颂者，美盛德之形容，以其成功告于神明者也。”它们都是用在正式场合的庄严肃穆之辞，诗义宽厚而细密，读《诗》者可以直接从此类诗中看出其诗义来。荀子引《诗》意在“以诗证理”，其目的是引《诗》以佐证其观点，加强论证的说服力。因此，本着这样一个目的，他引用的诗句必须诗义明确，观点鲜明。很显然，《雅》诗与《颂》诗是最佳的选择，所以《荀子》喜引《雅》《颂》而不善引《风》。

（二）“议论＋诗曰/诗云（引诗）＋‘此之谓也’”——引《诗》模式的定型化

从孔子到孟子再到荀子，儒者引《诗》的模式逐渐定型化与模式化。孔子在引《诗》时，直接将诗句加到自己说的话中，前面并未冠以“诗曰”或“诗云”的字眼。其中，在《论语·季氏》中有一处引《诗》：“齐景公有马千驷，死之日，民无德而称焉；伯夷叔齐饿于首阳之下，民到于今称之。‘诚不以富，亦祇以异。’其斯之谓与?”这里的“其斯之谓与”应与“此之谓也”同义，但也仅此一见，并未定型化或固定化。在孟子本人引《诗》的30条中，只有1条未冠以“诗云”，其他的都以“诗云”开头，并且有5条句末紧接“此之谓也”的语句③。由此可见，孔子以后，学者们的引《诗》活动开始逐渐形成某种固定的模式，并且这种模式被普遍接受和采用。

荀子对于引《诗》活动已经相当熟练。为了更好地实现其引《诗》以证理的目

① 朱熹：《诗集传·序》。

② 朱熹：《诗集传·序》。

③ 分别是：(1)“《诗》云：‘自西自东，自南自北，无思不服。’此之谓也。”(《公孙丑上》，引《诗》见《大雅·文王有声》)(2)“《诗》云：‘永言配命，自求多福。’太甲曰：‘天作孽，犹可违；自作孽，不可活。’此之谓也。”(《公孙丑上》，引《诗》见《大雅·文王》)(3)“《诗》云：‘殷鉴不远，在夏后之世。’此之谓也。”(《离娄上》，引《诗》见《大雅·荡》)(4)“《诗》云：‘其何能淑，载胥及溺。’此之谓也。”(《离娄上》，引《诗》见《大雅·桑柔》)(5)“《诗》曰：‘永言孝思，孝思维则。’此之谓也。”(《万章上》，引《诗》见《大雅·下武》)

的，他在引《诗》的时候已经将引用模式固定化，“议论＋诗曰/诗云（引诗）＋‘此之谓也’”成为他引《诗》活动的固定模式。在《荀子》一书的83次引《诗》中，有70次是以“诗曰”开头的，13次是以“诗云”开头的；有56次引《诗》是以“此之谓也”作结语①。

在“议论＋诗曰/诗云（引诗）＋‘此之谓也’”结构中，“议论”部分为荀子自发的言论，是其所提出和所要论证的观点；“诗曰”或“诗云”部分是引《诗》的内容，其被引用的目的是证明前面的“议论”的内容；“此之谓也”译为“就是这个意思”，是用来为文义作结的。在整个句式中，“议论”的内容是重点，是整个引《诗》活动存在的基础与条件。它不仅决定着引用诗句内容的取舍，而且还是对所引诗句诗义的解释与阐发，是一种“释诗”活动。“诗曰/诗云”等引诗内容就是为了证明前面的议论而存在的，是证明前面理论之所以成立的论据，是阐发引《诗》者思想的辅助手段，因此其内容必须与“议论”的内容有着直接的关联。“此之谓也”是结束语，是为了确立“议论”与“引《诗》”的相互关联与融通的。以《君子》篇中所引《小雅·北山》的诗句为例：

> 天子也者，势至重，形至佚，心至愈，志无所诎，形无所劳，尊无上矣。诗曰：“溥天之下，莫非王土；率土之滨，莫非王臣。”此之谓也。

在荀子的这次引《诗》中，“天子也者，势至重，形至佚，心至愈，志无所诎，形无所劳，尊无上矣”是“议论”的内容，其意是说天子在社会中具有至尊无上的地位；所引《小雅·北山》之诗为“引《诗》”的内容，引用的目的也是证明天子的至高地位，而“溥天之下，莫非王土；率土之滨，莫非王臣”在字面上确实能够说明天子为天下至尊。因此，前面议论的内容可以看成是对这句诗的解释或阐发；“此之谓也”将“议论”与“引《诗》”联系起来，在客观上也证明了“议论”的正确性。

（三）“以《诗》证理”——《荀子》引《诗》的目的

春秋战国时期是中国历史上一个巨大的变革时期。这种变革不仅表现在经济、政治上，更表现在社会文化上。其中较大的变化之一便是诸子散文的兴起。在这个“百家争鸣”的时期，学派之间与学派内部之间逐渐产生了分化，儒、墨、道、法等学派间壁垒分明，儒家内部也产生了分歧。韩非在他的《韩非子·显学》里说：“自孔子之死也，有子张之儒，有子思之儒，有颜氏之儒，有孟氏之儒，有漆雕氏之儒，有仲良氏之儒，有孙氏之儒，有乐正氏之儒。”不同的儒者为了使自己的理论得到统治者的施行，纷纷著书立说以阐释自己的理论并证明其可行性。因此，引用圣人创制的经典特别是引用《诗》成为儒者著书的特征之一。荀子的

① 荀子不仅在引《诗》时会以“此之谓也”作结语，而且在引用《书》《传》等典籍及孔子等人的话时，也常以此句作结。并且，在引用《书》《传》时，他也常以“书曰/传曰＋引用＋此之谓也”为固定格式。

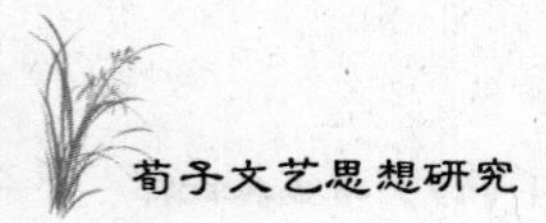

引《诗》活动正是在这种特定的历史背景之下产生的。

从上面所论述的荀子引《诗》的定型化中我们可以看出，荀子引《诗》主要是为证明其“议论”服务，其目的是更好地阐发自己的思想。朱自清先生说：“《荀子》引诗，常在一段议论之后，作证断之用，也比前人一贯。”[①]因此，《荀子》一书中引《诗》的目的是“以诗证理”——用诗句来证明荀子自己的理论观点。傅道彬先生认为，这种引《诗》方法的产生，是时代发展的必然：

> 聘问赋诗的风气在战国消逝了。但是，从实用的角度，以逻辑推理的方法解诗用诗，战国比春秋有了进一步的发展，这个发展是以诗证理的发展。战国诸子百家蜂起，标志着奴隶社会与封建社会交错的那个伟大的历史转变时期已进入哲理的思辨时代，思想家们对哲学、道德、政治命题的广泛思考和论辩，反映着这个时期的思维活动比之前代有了巨大的飞跃。这是考察我国思维发展史的一个极其重要的时期。在这样一个抽象思维发达的时代，哲学家们没有放弃《诗》的应用。《诗》被带进了思考的时代。春秋赋诗虽割裂原诗的感情，但它还有士大夫用诗过程中的虚伪平和之情，到了诸子手里《诗》的情思被彻底消融到逻辑思维里去了。荀子引诗以证理是先秦诸子把诗歌纳入思辨领域的典型。[②]

傅先生认为，战国时期诸子百家争鸣的兴起证明历史已经进入了“哲理的思辨时代”，这是一个抽象思维发达的时代。《诗》被运用到逻辑思辨中，成为先秦诸子各立其说的一种工具。诸子引《诗》的唯一目的便是“引《诗》证理”，即引用《诗》以证明自己的理论观点，而荀子正是运用这种引《诗》形式的代表性人物。“……对诗的理解不是为诗的浓烈情感所感染，不是从中得到美的享受，引起共鸣，触发联想，而是把诗作为一些具有普遍意义的思想符合[③]，可以根据场合对象等等不同来表示各式各样的思想。”[④]因此，荀子引《诗》，重视的既不是诗歌平仄押韵、抑扬顿挫的外在形式，也不是触物生情、引人联想的情感内容，而是将《诗》看成是一种表达并证明其理论的工具，是对《诗》的一种应用阐释。《诗》在荀子的引用中唯一的作用便是“证理”——证明其理论观点。

（四）“善为《诗》者不说”——善于意会

荀子在读《诗》时，主张“隆礼义而杀《诗》、《书》”，也就是说在理解诗义时不要拘泥于诗的字面意义，更重要的是要体会诗带给我们的教育意义——从诗中

---

① 朱自清：《诗言志辨》，第114页。

② 傅道彬：《中国文学的文化批评·先秦用诗论》，黑龙江人民出版社2000年版，第110－111页。

③ 从上下文的文义看，这里的“符合”应改为“符号”。此处可能是印刷错误。

④ 傅道彬：《中国文学的文化批评·先秦用诗论》，第110页。

读出其中所蕴含的礼义之道来。在这种思想的指导下，荀子在《大略》篇中提出读《诗》《易》《礼》者的最高境界为“不说”“不占”“不相”：“不足于行者说过，不足于信者诚言。故《春秋》善胥命，而《诗》非屡盟，其心一也。善为《诗》者不说，善为《易》者不占，善为《礼》者不相，其心同也。”荀子认为，做事不踏实的人总是夸夸其谈，不守信用的人总是言之凿凿。“胥命”是会盟的一种，但却没有歃血的仪式，是一种君子约定。《公羊传·桓公三年》赞许这种会盟说：“古者不盟，结言而退。”《诗·小雅·巧言》中说：“君子屡盟，乱是用长。”君子屡次和暴乱结盟，暴乱因此增加，所以《诗》是反对盟誓的形式的。因此，只要言而有信——“其心一也”就可以了。由此，荀子认为，我们在读《诗》《易》《礼》的时候，所要重点掌握的不是它们的外在形式——引章摘句（“说”）、占卜问卦（“占”）、为人赞相（“相”）[①]，而是它们的内容——里面所蕴含的为人处世之礼义之“道”。对于荀子的这种读经的方法，特别是“善为《诗》者不说”的引《诗》、解《诗》方法，唐杨倞注曰：“皆言与理冥会者，至于无言说者也。”[②]就是说我们在读《诗》时，重点不在摘引诗句、讽诵朗读，而是要善于意会，领悟其中的微言大义。

第四节 《荀子》引《诗》的实践性品格

一、儒家经典诠释的实践性品格

劳思光先生在谈到中国哲学与西方哲学的区别时，认为中国哲学的基本性格是“引导的哲学”：

> 中国哲学作为一个整体看，基本性格是引导的哲学。中国传统中有许多哲学学派，但除了极少数例外，他们的哲学全是引导的哲学。[③]

对于何为“引导的哲学”，他进一步说：

> 当我们说某一哲学是引导性的，我们的意思是说这个哲学要在自我世界方面造成某些变化。为了方便，我们可以提出两个词语，即“自我转化”与“世界转化”。这两个词语可以涵盖中国传统中哲学的基本功能。[④]

“引导的(orientative)”也就是说哲学家“有了某种特殊的关怀或旨趣”，其目的是对内在的人的自我及外在的世界的转化。对“自我”或“世界”的转化也就是一

① “相”是一种“赞礼”，是指举行典礼时司仪唱读仪式叫“人行礼”。（参见《辞源》：商务印书馆 1998 年版，第 2974 页）

② 王先谦撰，沈啸寰、王星贤点校：《荀子集解》，第 507 页。

③ 劳思光：《对于如何理解中国哲学之探讨及建议》，《中国文哲研究集刊》（创刊号）1991 年第 1 期。

④ 劳思光：《对于如何理解中国哲学之探讨及建议》，《中国文哲研究集刊》（创刊号）1991 年第 1 期。

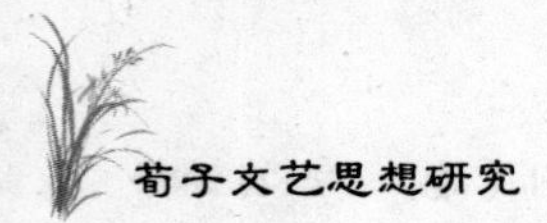

种对“内圣外王之道”的追求，其目的是要建立个人生活及社会两方面的秩序。且对于儒学来说，“自始即坚持在世界中创造文化秩序是人生的恒常目标。这事实上意味着对自然世界的一种转化。而这种转化又靠人的自觉努力。由此，通过教育以达成人格转化便成为一个起点”[①]。教育是实现转化的起点，但却不是转化的终点。儒家的哲学是最务实的。较之道家在理论上的过度强调，儒家哲学的实践意义也最强。儒家哲学的这种对实用性的追求、对普世情怀的不懈追寻，不仅体现在其哲学或社会理论上，也体现在其经典诠释理论上。

(一)“为己之学”

“为己之学”语出《论语·宪问》。在此篇中，夫子将“为己之学”与“为人之学”作了对比：“子曰：‘古之学者为己，今之学者为人。’”程子(程颐)认为：“为己，欲得之于己也。为人，欲见之于人也。”又言：“古之学者为己，其终至于成物。今之学者为人，其终至于丧己。”[②]“为己”不同于现代意义上的“利己”或“私己”。程子认为“为己”是“得之于己”，也就是学者在求学中能够于己有所得、有所收获，可以丰富自己的阅历，增长见识，修养身心，其目的是塑造完美的心性。所以他认为能够“为己”的古之学者可以“成物”。“成物”的概念来自《中庸》：

> 诚者自成也，而道自道也。诚者，物之终始。不诚无物。是故是君子诚之为贵。诚者，非自诚己而已也，所以成物也。成己，仁也。成物，知也。性之德也，合外内之道也。故时措之宜也。

《中庸》的作者认为，“诚”是人格完善的要件、自然的道理，万事万物的始终都离不开它，所以君子一刻也不离“诚”。然而“诚”并不仅仅是“成己”——自我完善，而是要“成物”——成就万事万物。朱熹认为：“诚虽所以成己，然既有以自成，则自然及物，而道亦行于彼矣。仁者体之存，知者用之发，是皆吾性之固有，而无内外之殊。既得于己，则见于事者，以时措之，而皆得其宜也。”[③]“成己”是一种“仁”的修炼，朱熹认为这是“体”；“成物”是一种知识与智慧的学习。“成物”是人的本身才德的发挥，是在“仁”的基础上形成的一种能力。“成己”之“仁”与“成物”之“知”都是人性中所固有的，是无所谓内外之别的，在朱熹看来这是一种“用”。只有先“成己”，才能“成物”，“成物”是在“成己”的基础上自然而然形成的。与“为己之学”不同，“为人之学”并不是为了人格的自我完善与修养而学习，而是为了以学到的东西来炫耀或自夸以满足自己的私欲，为了迎合他人的需要而学习的。很显然，儒家对这种求学的方式是持反对态度的。

---

① 劳思光：《对于如何理解中国哲学之探讨及建议》，《中国文哲研究集刊》(创刊号)1991年第1期。
② 朱熹：《四书章句集注》，第155页。
③ 朱熹：《四书章句集注》，第34页。

没有无“先见”或“前见”的解释。海德格尔曾经说过：“解释从来不是对先行给定的东西所作的无前提的把握。”这种所谓的“前提”“原不过是解释者的不言而喻、无可争议的先入之见”。① 伽达默尔也指出：“一切理解都必然包含某种前见。”②“先见”或“前见”是解释活动得以进行的前提。在解释活动发生时，由于受到“期待视野”的影响，解诗者不可避免地将自己的价值观念、知识经验及情感体验等“前理解”映照到解释活动中，从而影响到他们对文本的理解与体悟，这种现象是不可避免的。儒家主张学习是一种“为己之学”，因而他们十分重视《诗》《书》等圣人之遗言对君子人格的塑造。他们试图通过不断的解读来领悟圣人通过典籍所要表达的至理名言，希冀以注疏经典的方式表达企慕圣人之“道”的心路历程。这样，在对经典进行诠释的过程中，他们不可避免地将自己的这种思慕之情体现出来，将自己体会或思慕的“道”的内容与经典联系起来。这种解经方法，就是“以礼义去推索”的方式：“问：‘圣人之解经，如何能穷得？’曰：‘以礼义去推索可也。学者须先读《论》、《孟》，穷得《论》、《孟》，自有个要约处。以此观他经，甚省力。’”③程颐认为，圣人之所以能穷得经典之微言大义，是因为他们能够“以礼义去推索”，也就是用自己心中的“礼”“义”等已有的价值系统去推索圣人制定典籍的目的和所要表达的价值指向。对于这种解经的方法，朱熹也曾作过描述。他说：“凡吾心之所得，必以考之圣贤之书。”④“吾心之所得”同于程颐所说的“礼义”，以之“考之圣贤之书”也就是在典籍中找到能体现这种已有的“礼”“义”的字、词、句来加以证明。

儒家的这种经典诠释方式带有明显的内在经验的实践性品格——将解经看作一种生命的体验活动，解经者将自己的心路历程体现在对经典的诠释中，经典是为了体现某种“道”而存在并实现其价值的。因而，这种诠释是以诠释者的思想意识为本位的，是从诠释者自己的意识出发向经典追索存在的依据。所以，“六经”都成为“我”的注脚。例如：“子夏问曰：‘“巧笑倩兮，美目盼兮，素以为绚兮。”何谓也？’子曰：‘绘事后素。’曰：‘礼后乎？’子曰：‘起予者商也！始可与言诗已矣。’”（《论语·八佾》）“巧笑倩兮，美目盼兮，素以为绚兮”语出《诗·卫风·硕人》。朱自清认为，此句“本来是说的美人，所谓天生丽质。他却拉出末句来比方作画，说先有白底子，才会有画，是一步步发展的；作画还是比方，他说的是文化，人先是朴野的，后来才进展了文化——文化必须修养而得，并不是与生俱来

① ［德］海德格尔著，陈嘉映等译：《存在与时间》，三联书店1999年版，第176页。

② ［德］伽达默尔著，洪汉鼎译：《真理与方法》第1卷，上海译文出版社1999年版，第347页。

③ 《河南程式遗书》卷十八，程颢、程颐著，王孝鱼点校：《二程集》第2册，第205页。

④ 转引自钱穆：《朱子学提纲》，三联书店2002年版，第134页。

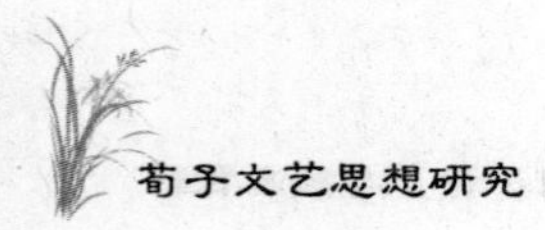

的"[①]。此句本来是说美人的天生丽质,但是孔子却从中阐释出文化在人的修养中的作用以及文化必须从修养中获得的道理。从孔子的阐释中我们可以看出,由于孔子非常重视文化修养在君子人格完善中的巨大作用,他所推崇的"仁"的实现必须经由不断的文化与生活实践的磨炼。他将自己这种对君子人格不懈追求的求"仁"的理念投射到对《诗》等经典的诠释中,使《诗》的诠释义与文本义出现了脱离。这种诗义的获得,其实是由于解诗者在不断的社会实践中,将自己对于人生的体悟与《诗》的本义相契合,把解《诗》活动看作一种人生体验的活动。正如王阳明所言:"古人言语,俱是自家经历过来,所以说得亲切,遗之后世,曲当人情。若非自家经过,如何得他许多苦心处?"[②]孔子正是有"自家经过"的学问,他把自己的切身体验运用到对经典的诠释中,将自己的境遇与经典联系起来,将经典文本与这种"诠释学境况"联系起来。伽达默尔曾说:

> 研讨某个流传物的解释者就是试图把这种流传物应用于自身。……为了理解这种东西,他一定不能无视他自己和他自己所处的具体的诠释学境况。如果他想根本理解的话,他必须把文本与这种境况联系起来。[③]

解释者若想将经典中所蕴含的微言大义应用到自己的实践中去,必须要充分重视自己所处的诠释学境况。解释者把文本与这种境况联系起来用于诠释经典的时候,这种诠释不再是也不可能是一种毫无预设性的理解;恰恰相反,解释者将自己的期待视野与经典文本结合起来,把自己对修身养性的"修为"功夫的追求的思维指向运用到解释活动中去,将个人的精神体验与思想信念投射到对经典的解释中去,使得这种经典解释活动具有明显的实践性品格。正是基于此种解释前提,孔子才能在"巧笑倩兮,美目盼兮,素以为绚兮"中阐释出其所未有的"人先是朴野的,后来才进展了文化——文化必须修养而得,并不是与生俱来的"的"为己之学"来。此后孟子所提出的"以意逆志"的解诗方法也体现了儒者解诗的这一特色。

(二)经世之学

孔孟之道,内圣而外王。《孟子·尽心上》中说:"古之人,得志,泽加于民;不得志,修身见于世。穷则独善其身,达则兼善天下。"古人的修养功夫,得志时,则恩泽于民;不得志时,则修身养性名显于世。穷困时就独修其身,显达时便使天下同趋于善。无论是得志还是不得志,穷困还是显达,君子都应积极进取,对内修身以养性,对外积极处事;小能齐家,大则可以治国、平天下。儒家的学问除了

---

① 朱自清:《经典常谈》,上海世纪出版集团2006年版,第23页。

② 陈荣捷:《王阳明传习录详注集评》,台湾学生书局1988年版,第345页。

③ [德]伽达默尔著,洪汉鼎译:《真理与方法》第1卷,第416－417页。

能够独善其身外，兼善天下、经世致用也是其主要作用之一。陆九渊云："儒者虽至于无声、无臭、无方、无体，皆主于经世；释氏虽尽未来际普度之，皆主于出世。"[①]儒教与佛教不同，儒者经世、佛者出世。本着经世致用的价值追求，儒家的经典诠释者将儒学的这种经世之学的特征运用到对经典的解释中，使得这种诠释具有明显的"实学"的特点：

> 从经典解释者的目的而言，他们希望经由赋古典以新义，从而驯化王权，并完成济世、经世、救世的目标。所以，经典解释者常常从政治角度进入经典的思想世界，而且，不同的解释社群也常常在政治领域里交锋激辩。[②]

因为"东亚儒家经典尤其以经世为其根本精神"，儒者希冀通过解释经典以体现其入世的目标，在解释中常常按照这一预设的目的而对经典作符合其经世目的的解释，"甚至在某些特定的历史情境之中，经典文本也受到权力掌控者的误读、删改或扭曲"。[③] 透过儒家先哲论《诗》、引《诗》、释《诗》的特点，我们尤其可以看出儒家的这种经世之学的特点。

儒家在论《诗》中所体现的经世之学的特点，始自孔子。在《论语》中，夫子曾屡次说到《诗》的作用，其中条条不离《诗》的经世致用的特点：

> 不学《诗》，无以言。(《论语·季氏》)
>
> 小子何莫学夫诗？诗，可以兴，可以观，可以群，可以怨。迩之事父，远之事君。多识于鸟兽草木之名 。(《论语·阳货》)
>
> 诵《诗》三百，授之以政，不达；使于四方，不能专对；虽多，亦奚以为？(《论语·子路》)

孔子论道，很少谈论超越了实践之道的抽象意义上的学问之道。他非常重视《诗》《书》等典籍对现实的指导价值，不满意纯粹的记诵之学，而是重视其应用价值。在孔子看来，学《诗》不仅可以涵养德性、增长知识，还可以沟通人际关系、教化人伦、辅佐政治。《诗》具有一种达成目的的"工具"性的特点。朱熹在《四书章句集注》中认为，诵《诗》之人，"必达于政而能言"："《诗》本人情、该物理，可以验风俗之衰，见政治之得失。其言温厚和平，长于风谕，故诵之者，必达于政而能言也。"[④]《诗》具有"验风俗之衰，见政治之得失"的"风谕"作用，因此孔子之后的儒者都希冀通过引《诗》来达到教化、讽谏的效果。为了达到这种效果，他们断章取

---

① 陆九渊著，钟哲点校：《陆九渊集》，第 17 页。

② 黄俊杰：《论东亚儒家经典诠释与政治权力之关系——以〈论语〉、〈孟子〉为例》，《台大历史学报》2007 年第 40 期。

③ 黄俊杰：《论东亚儒家经典诠释与政治权力之关系——以〈论语〉、〈孟子〉为例》，《台大历史学报》2007 年第 40 期。

④ 朱熹：《四书章句集注》，第 143 页。

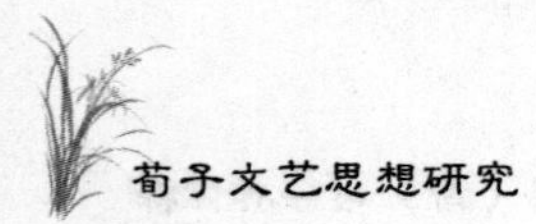

义，甚至不惜歪曲《诗》的本义，将封建礼义道德等价值因素强加到《诗》中去。拿我们非常熟悉的《关雎》这首诗来说："关关雎鸠，在河之洲。窈窕淑女，君子好逑。"关于此诗的解释，汉、宋诸儒皆认为其是歌颂"后妃之德"的，作诗者的目的是用此诗所表现的"乐而不淫，哀而不伤"(《论语·八佾》)的内容来风化天下、教导万民。《毛诗序》在解释这首诗的时候认为，"《关雎》，后妃之德也。风之始也。所以风天下而正夫妇也。故用之乡人焉，用之邦国焉"。《毛诗序》的作者认为，《关雎》是用来说明"后妃"的高尚品德的，对乡人与邦国均有重要作用，可以以之来实现诗教的目的。此后的汉、宋诸儒皆以此为要义来解释《关雎》。欧阳修等人更是将"后妃"具体化为周文王之妃太姒，认为此诗是"述文王太姒为好匹如雎鸠雄雌之和谐尔"[①]。朱熹也认为，"女者，未嫁之称，盖指文王之妃大姒为处子时而言也。君子，则指文王也"[②]；"周之文王生有圣德，又得圣女姒氏以为之配。宫中之人，于其始至，见其有幽闲贞静之德，故作是诗"，因此此诗是"言后妃之德，宜配君子"的。[③]

由此可见，无论是孔子、《毛诗序》的作者还是欧阳修、朱熹等人，他们都把《诗》看成宣扬儒家伦理道德思想的工具。清人程廷祚指出："汉儒言诗，不过美刺二端。"[④]"美"即歌颂，"刺"即讽刺。《诗大序》中指出，《国风》中的诗歌是"下以风刺上，主文而谲谏"的，《颂》诗则是"美盛德之形容，以其成功告于神明者"的。这些解《诗》者认为，《诗》的作用离不开"美""刺"，因而他们在解释《诗》的内容时，往往用儒家关于君臣、父子、夫妇等的纲常伦理比附某些《诗》中的历史事件和历史人物，将《诗》中原本并未体现的道德、伦理等内容强加到《诗》中去。就拿《关雎》来说，它原本是一首情诗，描绘的是"女子采荇于河滨，君子见而悦之"[⑤]的情景，"这首诗歌唱一个贵族爱上一个美丽的姑娘，最后和她结了婚"[⑥]。从这首诗本身，我们看不出有什么所谓的"后妃之德"，更看不出这首诗是描绘周文王之妃太姒的，这些只不过是解诗者强加到诗当中去的，与原义无涉。这些解诗者受到特定历史条件的影响，在解诗的时候将自己的意志映照到诗当中去，使诗本义发生了变形与扩张。这种变形或扩张的目的正是使诗更符合某种特定目的的要求——《诗》是一种"载道"的工具，是一种使人从野蛮走向文明、从文质互

---

① 欧阳修:《诗本义》卷一。(转引自晁福林:《从上博简〈诗论〉看〈关雎〉的主旨》,《中国文化研究》2008 年第 1 期)

② 朱熹:《诗集传》,中华书局 1980 年版,第 1 页。

③ 朱熹:《四书章句集注》,第 66 页。

④ 程廷祚:《诗论十三·再论刺诗》,《青溪集》卷二,金陵丛书本。

⑤ 闻一多:《闻一多全集·风诗类钞》(3),开明书店 1948 年版,第 47 页。

⑥ 高亨:《诗经今注》,上海古籍出版社 1980 年版,第 1 页。

胜走向文质彬彬的手段。因此，可以说儒学即“实学”。

二、“隆礼义而杀《诗》、《书》”与“为其人以处之”——荀子引《诗》与释《诗》的实践性品格

无论是“为己之学”还是“经世之学”，儒家在对经典进行诠释与解读的时候，总是以学以致用之“实学”为根本之归宿。荀子作为先秦儒家的集大成者，生当国家动荡纷扰、战乱迭起之时。他将移风易俗、匡世救国、救民于水火作为己任。因此，他在征引并解释《诗》的时候均有很强的目的性与工具性，他的称《诗》活动具有强烈的实践性品格。

（一）“隆礼义而杀《诗》、《书》”

孔子、孟子、荀子均非常重视“践行”的学问，而以荀子尤甚。《儒效》篇曰：

> 不闻不若闻之，闻之不若见之，见之不若知之，知之不若行之，学至于行之而止矣。行之，明也。明之为圣人。圣人也者，本仁义，当是非，齐言行，不失毫厘，无他道焉，已乎行之矣。故闻之而不见，虽博必谬；见之而不知，虽识必妄；知之而不行，虽敦必困。

荀子认为，道听途说而非亲眼所见，虽然广博，但必有谬误之处；见而不知其理，则虽知有其事，但不正确；知其理而不以之指引自己的行为，则虽然知识丰厚却必时常困顿而不通达于事。圣人能够以仁义为本、明辨是非、言行一致，功夫全在行其所知上，更在践行活动中。在“闻”“见”“知”“行”的认知体系中，最浅显的是“闻”，其次是“见”“知”，最深刻、最终极的则是“行”。“行”是为学的最终目的与要求，学到的东西只有经由“行”的实践检验才能明通其理。“君子之学也，入乎耳，箸乎心，布乎四体，形乎动静，端而言，蝡而动，一可以为法则。小人之学也，入乎耳，出乎口。口耳之间则四寸耳，曷足以美七尺之躯哉！”（《劝学》）君子为学，心耳合一、知行一致，内能领会于心，外能表现于语言、动作等具体的行为中，认知（“知”）只是一种外在活动，实践（“行”）则是其内在目的。而小人之学则正好相反，他们不过是出乎口耳四寸之间罢了。

那么，何谓“行”呢？“夫行也者，行礼之谓也。”（《大略》）“行”即行礼，也就是对“礼”的履行。荀子把“礼”作为人的行为规范与准则，将是否行“礼”看作君子与小人的根本区别。他在谈到学习的起始与终结时说：“学恶乎始？恶乎终？曰：其数则始乎诵经，终乎读礼；其义则始乎为士，终乎为圣人。”（《劝学》）杨倞注曰：“经，谓《诗》、《书》，礼，谓典礼之属也。”[①]学以《诗》《书》等经籍为要，但最终都要落在对“礼”的施行与遵守上。这是为何呢？荀子认为：“《书》者，政事之纪

① 王先谦撰，沈啸寰、王星贤点校：《荀子集解》，第11页。

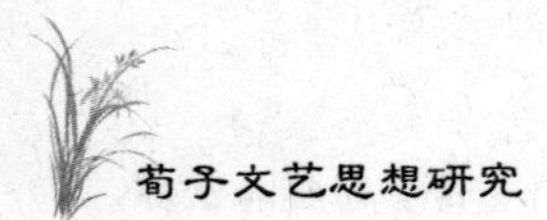

也;《诗》者,中声之所止也;《礼》者,法之大分,类之纲纪也,故学至乎《礼》而止矣。”(《劝学》)《书》是记载政事的,《诗》是极其中和之乐章,而《礼》是修身治人最好之礼法,是典法之大分、统类之纲纪,是人在世界上生存的最高准则,也是检验儒教是否完成的标志之一,故孔子在教育上“博我以文,约我以礼”(《论语·子罕》)。“博我以文,致知格物也。约我以礼,克己复礼也。”[①]既能在知识上致知格物,又能在社会理想中实现克己复礼,这也就达到儒教的目的了。

荀子主张学习的最终目的是践行,是在“终乎读礼”的基础上用实践活动来检验经典之所以不朽的原因,因此在对《诗》《书》等典籍的态度上他要求“隆礼义而杀《诗》、《书》”。他在区分俗儒与雅儒时认为,俗儒不知“隆礼义而杀《诗》、《书》”,雅儒能够“隆礼义而杀《诗》、《书》”,是雅俗之大分之一:

> 不知法后王而一制度,不知隆礼义而杀《诗》、《书》……是俗儒者也。(《儒效》)
>
> 法后王,一制度,隆礼义而杀《诗》、《书》……是雅儒者也。(《儒效》)

关于“杀”字,清人郝懿行认为,“‘杀’,盖‘敦’字之误”[②],因此“杀”字无义,荀子对于《诗》《书》与礼义没有褒贬的意思。然而,《劝学》篇有言:“上不能好其人,下不能隆礼,安特将学杂识志顺诗书而已耳。则末世穷年不免为陋儒而已。”在这里,荀子显然将礼义抬高到比《诗》《书》更高的位置,认为单纯的顺应《诗》《书》的话,即使做得再好也是“陋儒”——甚至比“俗儒”的地位更低。沈括《梦溪笔谈》卷一一中“第一埽水信未断,然势必杀半”之“杀”即为“减少”义。所以,“杀诗书”之“杀”字在这里应理解为“减少”或“降等”,意即贬抑。这都可以从荀子的书中找到证据。例如,《礼论》篇:“文理繁,情用省,是礼之隆也;文理省,情用繁,是礼之杀也”;“君子上致其隆,下尽其杀,而中处其中”。《乐论》篇:“隆杀之义辨矣。”在这些句子中,“隆”与“杀”分指礼节的繁多隆重与简约平易。《修身篇》:“君子贫穷而志广,隆仁也;富贵而体恭,杀势也。”“隆”“杀”对比成文。所以说,“隆礼义而杀《诗》、《书》”不应译为“尊礼义而敦说《诗》《书》”,而应是“尊礼义而贬抑《诗》《书》”。为何要贬抑《诗》《书》呢?荀子认为:“《礼》、《乐》法而不说,《诗》、《书》故而不切,《春秋》约而不速。”(《劝学》)《礼》《乐》有大法而不曲说;《诗》《书》记载古之事但不委曲切近其人,博杂而无统类;《春秋》辞约旨远而难以理解。如果我们拘泥于典籍而不会灵活变通,仅仅从经典的字面意义来理解的话,我们就无法领会其中所要表达的确切意义。荀子说:

> 将原先王,本仁义,则礼正其经纬蹊径也。若挈裘领,诎五指而顿之,顺者不可胜数也。不道礼宪,以《诗》、《书》为之,譬之犹以指测河也,以戈舂黍

① 朱熹:《四书章句集注》,第111页。

② 王先谦撰,沈啸寰、王星贤点校:《荀子集解》,第139页。

也，以锥餐壶也，不可以得之矣。（《劝学》）

《诗》《书》等先王之遗言遗道，其最根本的就是仁义道德。为学之要道即在明道，而礼正是追溯先王之道、推究仁义之本的纵横蹊径。这同手提裘衣，只要提起领子屈着五指去撰捋，皮毛就全能理顺的道理是一样的。“尽信书，则不如无书。”（《孟子·尽心下》）在为学的过程中，如若不遵循礼法而只空谈《诗》《书》，就像用手指去测量河水的深浅，用矛戈去舂米，用锥子作“筷子”吃饭一样，是不会达到目的的。这正如牟宗三先生所说：“自人生言，诗书可以兴发，而不足语于坚成。自史事言，‘诗书故而不切’，（亦《劝学》篇文），必待乎礼制条贯以通之。”①

鉴于《诗》《书》等典籍“故而不切”、幽隐而不显明的特性，它们并不能直接并恰当地指导人的各种实践活动。因此，荀子主张在对待经典的态度上要“隆礼义而杀《诗》、《书》”。体现在引《诗》与释《诗》上，就是不再拘泥于《诗》的原本意义，而是要真正掌握诗歌的理论内核——礼义。《诗》《书》等是体现“道”——礼义的，在诠释《诗》《书》等经典文献的过程中，应以“道”作为最高准则，只有合乎礼义的解读才是恰当的解读。荀子说：

> 圣人也者，道之管也。天下之道管是矣，百王之道一是矣，故《诗》、《书》、《礼》、《乐》之道归是矣。《诗》言是，其志也；《书》言是，其事也；《礼》言是，其行也；《乐》言是，其和也；《春秋》言是，其微也。故《风》之所以为不逐者，取是以节之也；《小雅》之所以为小雅者，取是而文之也；《大雅》之所以为大雅者，取是而光之也；《颂》之所以为至者，取是而通之也：天下之道毕是矣。（《儒效》）

“圣人者，道之极也。”（《礼论》）圣人是体“道”之枢要，《诗》《书》《礼》《乐》《春秋》皆是圣人之遗言遗志，是最能够体现圣人之道的。此“道”无他，就是荀子所推崇的礼义之道：“先王之道，人之隆也，比中而行之。曷谓中？曰：礼义是也。道者，非天之道，非地之道，人之所以道也，君子之所道也。”（《儒效》）先王之道，是仁德之极致，遵循中道而行。何谓中道？礼义便是中道。“道”不是天之道，也不是地之道，而是人之道，人道就是礼义之道，只有君子才能够遵从它。六艺经传都是体现礼义之道的，只有符合礼义之道的《诗》《乐》等艺术才能够对人生、对社会、对国家产生积极的作用，因此荀子在文艺上明确地提出了“明道”的文学观。同时，他既用这种观点来引《诗》，也用这种观点来释《诗》。他以自己对“道”的体悟来审视并理解《诗》的思想，“道”成了他诠释《诗》的出发点和归宿。比如他在《大略》篇中说：“《诗》曰：‘物其指矣，唯其偕矣。’不时宜，不敬文，不驩欣，虽指非礼也。”“物其指矣，唯其偕矣”出自《诗·小雅·鱼丽》。据《毛诗正义》中的解释，

① 牟宗三：《名家与荀子》，第196页。

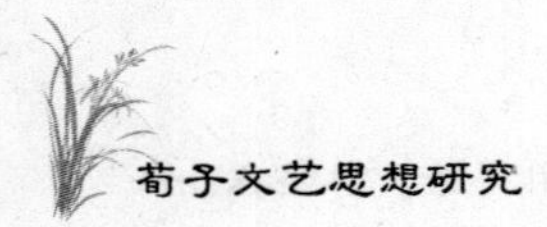

“《鱼丽》,美万物盛多能备礼也。……故美万物盛多,可以高神明矣”[1]。从诗的原意来看,这是一首写贵族宴飨宾客的诗,描绘的是丰盛的酒菜,反映了贵族生活的奢华。所引的诗句也是用来说明宴会的丰盛的,但荀子只摘取诗中的“时”与“谐”义,引申为做事情要符合“礼”——要符合时宜、恰当,他引用的目的是宣传其所要强调的礼义之统的“道”。

(二)“为其人以处之”

从孔子到孟子,再到荀子,他们的思想虽然并非完全相承,但是他们对经典的态度大同小异。在学习经典的过程中,他们都非常重视将自己的修为与经典联系起来,重视“持养”的功夫。孔子说:“兴于《诗》,立于礼,成于乐。”(《论语·泰伯》)“兴”“立”“成”的观点说明《诗》《礼》《乐》等在人的修养过程中具有举足轻重的作用。“知之者不如好之者,好之者不如乐知者”(《论语·雍也》),孔子认为个人只有把对《诗》《礼》《乐》的被动学习变为自觉的遵守与体悟,通过不断地持之、养之,才能“成人”。孟子“知言养气”,希望通过听其言、读其文以窥其心、知其人,借由“以意逆志”来由已知推及未知,这就是所谓的体会。荀子将这种“持养”的功夫推而极之,认为文艺等艺术可以“养目”“养耳”:

> 刍豢稻粱,五味调香,所以养口也;椒兰芬苾,所以养鼻也;雕琢、刻镂、黼黻、文章,所以养目也;钟鼓、管磬、琴瑟、竽笙,所以养耳也;疏房、檖貌、越席、床笫、几筵,所以养体也。故礼者,养也。(《礼论》)

“礼”能够供养人之所欲。作为广义的“礼”的内容,黼黻、文章、钟鼓、管磬等文艺能够“养目”“养耳”,同时也能够“养情”[2],所以荀子非常重视对文艺的学习。他说:

> 君子知夫不全不粹之不足以为美也,故诵数以贯之,思索以通之,为其人以处之,除其害者以持养之。使目非是无欲见也,使口非是无欲言也,使心非是无欲虑也。(《劝学》)

荀子认为,“君子之学也以美其身”(《劝学》),学习是为了实现圣人先贤的修养功夫。在学习中,在面对经典的时候,我们首先要学会诵读,然后通过思索以通达其精旨;同时,在理解经典时要效慕古之君子,设身处地地以理体会圣人著书立说的目的,然后取其精华、去其糟粕,将学习的目的归于德行的修养。在这个过程中,“诵数以贯之”→“思索以通之” →“为其人以处之” →“除其害者以持养之”是不可分割的,这是学习由浅入深,不断深入的过程。在学习经典的这四个

---

① 毛亨传,郑玄笺,孔颖达等正义:《毛诗正义》,《十三经注疏》本,第417页。

② 《礼论》篇言:“天子大路越席,所以养体也;侧载睪芷,所以养鼻也;前有错衡,所以养目也;和鸾之声,步中武象,趋中韶护,所以养耳也;龙旗九斿,所以养信也;寝兕持虎,蛟韅、丝末、弥龙,所以养威也;故大路之马必信至,教顺,然后乘之,所以养安也。孰知夫出死要节之所以养生也!孰知夫出费用之所以养财也!孰知夫恭敬辞让之所以养安也!孰知夫礼义文理之所以养情也!”

阶段中,“诵数以贯之”与“思索以通之”都是较为初级的阶段,“为其人以处之”是经典诠释与理解的重点,“除其害者以持养之”则是学经的终极目的。

“为其人以处之”的经典诠释方法是荀子解经、释经的基本原则。“为其人”也就是《解蔽》篇所说的“学者,以圣王为师,案以圣王之制为法,法其法,以求其统类,象效其人”,意即要以古人、圣人为榜样;“以处之”也就是说要与古人、与经典的作者为友,理解古人、经典作者著述经典时的处境。“为其人以处之”就是说要“效慕其人,而设身处地以求之”[①]。这一理论与德国哲学家 F. D. E. 施莱尔马赫(Schleiermacher,1768—1843)的普遍诠释学理论非常相似。施莱尔马赫认为,理解和解释只不过是重新体验和再次认识文本所产生的意识、生活和历史,我们必须创造性地重新认识或重新构造作者的思想。这种重认或重构,施莱尔马赫是用“设身处地(Einleben)”的理论来理解的,他认为作者与读者是同一个精神的表现。[②]

荀子“为其人以处之”的诠释智慧,是为了“除其害者以持养之”,其目的是实现德行的修养,因而它“显示了‘理解’在儒家经学中不像在西方哲学诠释学中具有终极存有的意义。对儒家而言,即使是最高境界的理解(即设身处地的理解)也只是追求圣人之学的中间阶段”[③]。所以说,荀子的经典诠释理论脱离不了其道德实践与经世致用的品格。

① 熊公哲:《荀子今注今译》,第16页。

② 参见洪汉鼎主编:《理解与解释——诠释学经典文选·编者引言:何谓解释学》,东方出版社2001年版,第22页。

③ 陈昭瑛:《儒家美学与经典诠释·先秦儒家与经典诠释问题》,华东师范大学出版社2007年版,第12—13页。

余论　荀子文艺思想的检讨与评价

牟宗三先生说：

> 荀子之学，历来无善解。宋明儒者，因其不识性，不予重视，故其基本灵魂遂隐伏不彰。民国以来，讲荀子者，惟对其《正名》篇尚感兴趣。至于其学术之大略与精神之大端，则根本不能及。近人根本不喜言礼义，故亦不识其所言之"礼义之统"之意义，亦不能知其言"礼义之统"所依据之基本精神与心思之形态。故荀子正面所说之一切，近人皆不能感兴趣，而无法接得上。盖以其无冲旨，太典实，而又分量过重也。①

牟先生概括说明了两千年来荀学的升降，同时也说明了荀学隐而不显的原因，将其归结为"无冲旨""太典实"，这与纪昀所说的"主持太甚，词义或至于过当"②异曲而同工。牟先生的这一评价，可以说是概括了荀子思想特色之大端。特别是"太典实"一语，一语中的地指出了荀学与孔孟之学的不同之处——重功利、重实用的社会实践性品格。荀学的这一品格，不仅仅体现在其哲学、伦理学及政治学理论中，也体现在其文艺思想当中。

一、"由内向外"与"由外向内"：孟子、荀子不同的思维路线

《韩非子·显学》中记载，孔子死后"儒分为八"："自孔子之死也。有子张之儒，有子思之儒，有颜氏之儒，有孟氏之儒，有漆雕氏之儒，有仲良氏之儒，有孙氏之儒，有乐正氏之儒。"按照荀子的观点，"子思之儒"与"孟氏子儒"实为一家，他将其称为"子思孟轲"（《非十二子》），即今所说的"思孟学派"。韩非虽然认为孔子之后有八家之儒，但就历史事实来看，在秦汉以后还能薪火相传的只有两家，

---

① 牟宗三：《名家与荀子·荀学大略·前序》。

② 纪昀：《四库全书总目·子部·儒家类》。（转引自王先谦撰，沈啸寰、王星贤点校：《荀子集解·考证上》，第10页）

即“孟氏之儒”与“孙氏之儒”。孟子与荀子同为儒家传人，他们都以孔子为师，都以弘扬孔道为己任，因而都有一个共同的理想，担负着共同的历史使命，这便是以周文为典范重新建立新的秩序。[1] 然而，两者在建立这一秩序时，却采用了不同的路径。牟宗三先生说：“孔子与孟子俱由内转，而荀子则自外转。”[2]“由内转”即由内向外的思维路线，“自外转”即由外向内的思维路线。这两种不同的思维路线决定了孔孟与荀子在重建周文时所采用的不同的思维方式与研究方法，也说明了孔孟之学与荀子之学之间不同的理论特色。

孔子时期，礼崩乐坏。孔子说：“周监于二代，郁郁乎文哉！吾从周。”（《论语·八佾》）又说：“文王既没，文不在兹乎？”（《论语·子罕》）此处之“文”就是周文，它代表具有历史文化意义的礼乐典制。这两句话的意思是说，周文最能代表两代优秀的文化传统。周文王死了以后，文化的传统、礼乐典制都在孔子的身上。因而，他以匡扶周文为己任，希望能够以“克己复礼以为仁”的方式兴起周文。何谓“仁”？怎样才能“仁”呢？《论语·颜渊》中记载了颜渊问仁的故事：

> 颜渊问仁。子曰：“克己复礼为仁。一日克己复礼，天下归仁焉。为仁由己，而由人乎哉？”颜渊曰：“请问其目。”子曰：“非礼勿视，非礼勿听，非礼勿言，非礼勿动。”颜渊曰：“回虽不敏，请事斯语矣。”

《左传·昭公十二年》记载：“仲尼曰：‘古也有志：“克己复礼，仁也。”信善哉！’”克，胜也。“克己复礼”也就是要约束自己而使自己的言行合礼，这就是“仁”。孔子这种求“仁”的方式，也就是说“仁”要通过反躬自省、养心修德，在具体的生活层面上、在日常行为上一点点地修成。孔子在《论语·里仁》里说：“见贤思齐焉，见不贤而内自省焉。”又说：“我欲仁，斯仁至矣。”（《论语·述而》）所以，孔子的“仁”学，重点在于自身的修为、个人自觉的修养，是通过反省而获得道德的自我完善。在此基础上，通过挖掘人之所以为人的根本、生命的真谛，也就是内在的“仁”进而反省以悟出周文来。

孟子继承了孔子通过自觉的反省以求“仁”的方法，并将其作了进一步的发挥。《孟子·尽心上》中说：“孟子曰：‘尽其心者，知其性也。知其性，则知天矣。存其心，养其性，所以事天也。殀寿不贰，修身以俟之，所以立命也。’”在孟子“心—性—天”的系统中，他认为人只要充分扩充其善良的本心，就可以知晓自然所禀赋的天性；只有懂得了人的本性，才能知晓天道。天是价值的源头，也就是

---

① 韦政通先生说：“就先秦儒家所担负的时代使命言，孔、孟、荀实可以说有一共同的理想，此理想即欲以周文为型范而重建一新秩序。先秦的二三百年中，是儒家人文思想自觉的形成时期，此人文思想所以能自觉形成，从历史因缘看，即是由周文之弊的反省而悟入。”（《荀子与古代哲学》，第1页）

② 牟宗三：《历史哲学》，台湾学生书局2000年版，第120页。

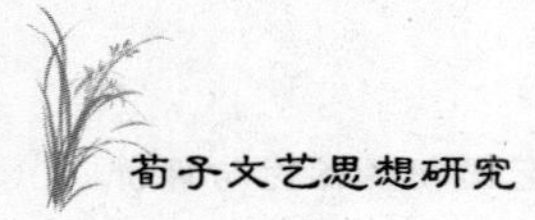

说,天道的获得,全在于扩充人的善心;通过存养人的本心,培养自然的善性,就可以知天道。所以,尽心是知性、知天的关键所在,是人与天打通为一的关键。那么,如何才能尽心呢?孟子认为这就需要充实人之善心:

> 孟子曰:"人皆有不忍人之心。先王有不忍人之心,斯有不忍人之政矣。以不忍人之心,行不忍人之政,治天下可运之掌上。所以谓人皆有不忍人之心者,今人乍见孺子将入于井,皆有怵惕恻隐之心——非所以内交于孺子之父母也,非所以要誉于乡党朋友也,非恶其声而然也。由是观之,无恻隐之心,非人也;无羞恶之心,非人也;无辞让之心,非人也;无是非之心,非人也。恻隐之心,仁之端也;羞恶之心,义之端也;辞让之心,礼之端也;是非之心,智之端也。人之有是四端也,犹其有四体也。有是四端而自谓不能者,自贼者也;谓其君不能者,贼其君者也。凡有四端于我者,知皆扩而充之矣,若火之始然,泉之始达。苟能充之,足以保四海;苟不充之,不足以事父母。"(《孟子·公孙丑上》)

人的恻隐之心、羞恶之心、辞让之心、是非之心,分别是仁之端、义之端、礼之端、智之端。它们就如同人的四体一样,是上天所赋予的、生而有之的,同时也是人作为人所不可或缺的。人的这些四端之善性,如若能够"扩而充之",就如同星星之火,可以燎原;如同涓涓细流,可以成海。所以,只要将其扩充,不仅可以事父母,更足以保四海。由此可见,孟子的思维路线是从内在的"心"出发,自内向外而生发出一切的价值。在孟子看来,心是价值的本体,只要充分扩充自己的善心,人世间的一切价值与意义均可以从人的心性中获得。为了说明这一点,孟子还以仁义内在来加以说明:

> 告子曰:"食色,性也。仁,内也,非外也;义,外也,非内也。"孟子曰:"何以谓仁内义外也?"曰:"彼长而我长之,非有长于我也;犹彼白而我白之,从其白于外也,故谓之外也。"曰:"异于白马之白也,无以异于白人之白也;不识长马之长也,无以异于长人之长与?且谓长者义乎?长之者义乎?"曰:"吾弟则爱之,秦人之弟则不爱也,是以我为悦者也,故谓之内。长楚人之长,亦长吾之长,是以长为悦者也,故谓之外也。"曰:"耆秦人之炙,无以异于耆吾炙。夫物则亦有然者也,然则耆炙亦有外与?"(《孟子·告子上》)

告子认为,仁来自于内心,而义来自于外部。对于告子的观点,孟子加以反驳。他的主要观点是:行义之事虽然在外,但是行其事者,均发自于内,所以说仁与义都是内在的。这就是他所说的"仁义礼智根于心"(《孟子·尽心上》)。所以,对于孟子来说,"学问之道无他,求其放心而已矣"(《孟子·告子上》)。"放心"即遗失的善心,"求其放心"就是要把遗失的善心找回来。只要能找到这种善心并将其扩充,便可以事父母、保四海。由此可见,孟子在借由周文来建立新秩序时所采用的路径与孔子相同，都是通过反身内求的方式，通过自省而获得。孟子说："万物皆备于我矣。反身而诚，乐莫大焉。强恕而行，求仁莫近焉。"（《孟子·尽心上》）就是说，"万物之理具在吾身，体之而实，则道在我而乐有余；行之以恕，则私不容而仁可得"①。因万物之理都在人心，故而通过反身而诚的内求方式，就可以得仁。

先秦儒家发展到荀子，可以说出现了一个急转的变化。从整个大的学术环境来看，战国末期社会发生急剧的变革，孔孟儒学在此时遇到了极大的挑战。表现在文化上，随之而来的便是"诸侯异政，百家异说"（《解蔽》）。杨倞在《荀子序》中说："陵夷至于战国，于是申、商苛虐，孙、吴变诈，以族论罪，杀人盈城，谈说者又以慎、墨、苏、张为宗，则孔氏之道几乎息矣，有志之士所为痛心疾首矣！故孟轲阐其前，荀卿振其后。"②诸子百家为了使自己的理论学说为统治者所用，纷纷游说布道。然而，作为儒家"亚圣"的孟子游事齐宣王而不用，遇梁惠王而不采，四处碰壁，由孟子所承继的孔子之道为世所不用。荀子看到了儒学不振这一现象，同时也看到了子思、孟轲之道"僻违而无类，幽隐而无说，闭约而无解"（《非十二子》），已经不适用于当时的社会。正是在对思孟学派进行反思的过程中，他力图建立一个与思孟学派不同的理论架构，希望通过另一种方法来推行孔子之道。

与孟子十分相信天赋之心、性不同，荀子看到了社会中种种邪恶的现象，从这些经验入手，他认为人性是恶的："人之生固小人，无师无法，则唯利之见耳"（《荣辱》）；"人之性恶"（《性恶》）。既然人性本恶，如果不求于外，从恶的人性中出发是推不出善来的，是不能实现善的，更不会产生仁、义、礼、智等价值，所以荀子已经不相信孟子尽心、尽性而知天的模式，也不相信人类可以通过反身以诚、内求自省的方式而得到仁。与之相反，他认为只有通过礼义等外在的规范来矫正人性，对人性进行改造，通过"化性起伪"（《性恶》）的方式，才能使恶的人性得到矫正，仁、义、礼、智等价值才能得以产生。他说："凡礼义者，是生于圣人之伪，非故生于人之性也。"（《性恶》）礼、义等不是生于人之性的，而是生于"圣人之伪"。"伪"与"性"不同，"性"是"不可学，不可事之在天者"（《性恶》），"伪"是"可学而能，可事而成之在人者"（《性恶》）。圣人是通过"积思虑，习伪故，以生礼义而起法度"（《性恶》）的。只有通过礼义法度等圣人之"伪"才能矫正人性，使人弃恶从善："故必将有师法之化，礼义之道，然后出于辞让，合于文理，而归于治。"（《性恶》）更进一步地讲，礼不仅关乎个人的生存，也关系到社会的稳定、国家的存亡："人无礼则不生，事无礼则不成，国家无礼则不宁"（《修身》）；"礼者，治辨之

① 朱熹语：《四书章句集注》，第350页。

② 王先谦撰，沈啸寰、王星贤点校：《荀子集解》，第51页。

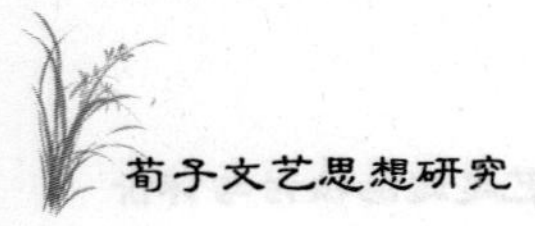

可以说,以实践效用为主是荀子文艺思想的主要特色。他的整个诗学与实践,都是围绕着这一目的而建立的。

荀子重视文艺的社会实践价值,故而他主张"征圣""明道""宗经"。他认为:"圣人也者,道之管也。天下之道管是矣,百王之道一是矣,故诗书礼乐之道归是矣。"(《儒效》)又说:"不闻先王之遗言,不知学问之大也。"(《劝学》)所以他主张文章、文学要效法先贤圣人,征圣而明道。"《礼》之敬文也,《乐》之中和也,《诗》《书》之博也,《春秋》之微也,在天地之间者毕矣。"(《劝学》)经典是"恒久之至道,不刊之鸿教也"(《文心雕龙·宗经》)[①]。《诗》《书》《礼》《乐》《春秋》等是最能体现圣人言行的经典著作,也最能表现礼义之道,所以它们能够将天地间的万物、万事都囊括其中,是我们学习的最好教材。因而,我们一定要以此为宗,恪守其中所蕴含的礼义之道。

荀子重视文艺的社会实践价值,故而在文艺的审美理想论上主张"中和之美":"乐之中和也"(《劝学》);"故乐者,天下之大齐也,中和之纪也"(《乐记》)。"中"就是要符合礼义:"先王之道,仁之隆也,比中而行之。曷谓中?曰:礼义是也。"(《儒效》)"和"就是调和,是"审一以定和",也就是说在文艺的价值论上要以礼义为核心来审定五音。与此同时,"和"也体现了文艺使人合同的作用,如使君臣和敬、父子和亲、长少和顺,等等。故而,文艺的"中和之美"的审美标准,其最终指向也是社会实践价值。

荀子重视文艺的社会实践价值,故而常常以善为美,主张"美善相乐":"耳目聪明,血气和平,移风易俗,天下皆宁,美善相乐。"(《乐论》)"善"即有利、有用的价值。作为儒家的异出,荀子除了继承了孔孟以仁、义、礼、智等内容为善的理论外,赋予善以特殊的内容,他特别强调要从社会影响方面来论述善恶的问题。荀子说:"凡古今天下之所谓善者,正理平治也;所谓恶者,偏险悖乱也:是善恶之分也矣。"荀子认为文艺应当合"善",符合礼义之道。"善"就是"正理平治",它既是文艺的内容与标准("礼乐"),也是文艺的作用("乐者……可以善民心,其感人深,其移风易俗"),亦是文艺的目的(实现"正理平治")。

荀子重视文艺的社会实践价值,故而在艺术的情文观上,他主张"情文俱尽""称情而立文":"凡礼,始乎棁,成乎文,终乎悦校。故至备,情文俱尽;其次,情文代胜;其下复情以归大一也。"(《礼论》)"情文俱尽"也就是要做到"文理情用相为内外表里"(《礼论》)。体现在文艺上,也就是要做到内容与形式、情感与表现的统一。《礼论》篇曰:"三年之丧,何也?曰:称情而立文,因以饰群,别亲疏贵贱之节,而不可益损也。""称情而立文"就是要根据情感以确定表达方式,按照不同的

① 刘勰著,陆侃如、牟世金译注:《文心雕龙译注》,第110页。

情感用不同的形式表达出来。只有通过“称情而立文”的方式，达到“情文俱尽”的艺术境界，才能使艺术对人的情感及国家、社会的作用充分发挥出来，实现“人文化成”的最终目的。

荀子重视文艺的社会实践价值，故而他十分重视文艺对个人及国家、社会的作用，礼乐之治成为他在政治上“永远的乡愁”：“且乐也者，和之不可变者也；礼也者，理之不可易者也。乐合同，礼别异，礼乐之统，管乎人心矣。穷本极变，乐之情也；著诚去伪，礼之经也。”(《乐论》)“礼”与“乐”的作用是相互补充、相互依存的，只有“礼”没有“乐”，则会因过分“别异”而引起人民的抵触与反抗；只有“乐”没有“礼”，则会导致等级的无序与混乱。所以荀子说：“礼乐之统，管乎人心。”他每每“礼”“乐”相对举，有“礼”就有“乐”，有“乐”就有“礼”，将两者的不同特点与作用阐释得相当明了。

荀子重视文艺的社会实践价值，故而在文学创作中，以实用为目的，以教化为旨归。《成相》篇曰：“观往事，以自戒，治乱是非亦可识。托于成相以喻意。”在《成相》中，荀子列举了40多位历史人物，概括并论述了他们的种种恶迹或善行，陈述了他们不同的后果或下场，以此说明任贤使能、推行仁政的必要性。他通过“观往事，以自戒”的方式，“托于成相以喻意”，阐释了自己礼(包括乐)、法、术并重的治国纲领。荀子的《赋》与其《成相》一样，也是通过对各种历史事件或具体事物的描述来表述其礼义之统或礼乐之治的思想的。他的《礼》《智》《云》《蚕》《箴》5篇咏物赋及《佹诗》，意在说明礼义之统对个人及国家、社会的作用，进而强调人们要以礼为宗，恪守礼义之道。

荀子重视文艺的社会实践价值，故而他在称引《诗》的时候，带有强烈的目的性与实践性，他征引《诗》的目的是为实现其礼义之道服务。荀子引《诗》主要是为证明自己的理论学说服务，其目的是更好地阐发自己的思想。因而，为了“以诗证理”，他常常断章取义。他“隆礼义而杀《诗》、《书》”“为其人以处之”的观点，也体现了他的经典诠释的实践性品格。也正因此，陈良运先生评价荀子说：“他对中国诗学建设的贡献不在于用《诗》有绩，而在于论述作为文献的《诗》，有利于儒家诗教的确立。”①

荀子重视文艺的社会实践价值，但这并不代表他没有认识到文艺的情感维度。在他看来，无论是在文艺的产生还是在其作用方面，情感都发挥着巨大的作用。比如，他在论述文艺的产生的时候说：“夫乐者，乐也，人情之所必不免也。”(《乐论》)他认为文艺产生于人的情感，是人的喜乐情感的自然流露。在论述文艺的作用时，他提出“乐合同，礼别异”，认为与礼的“别异”作用不同，文艺作用于

① 陈良运：《中国诗学批评史》，江西人民出版社1993年版，第50—51页。

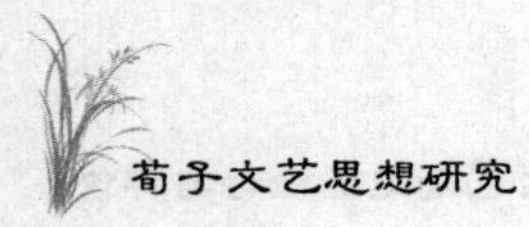

人的情感，发挥着合同的作用。他又说：“故乐行而志清，礼修而行成，耳目聪明，血气和平，移风易俗，天下皆宁，美善相乐。”（《乐论》）意思是说，文艺通过影响人类的情感，小可以矫正人性、颐养人情，大可以发挥治国、平天下的作用。

值得注意的是，荀子虽然重视艺术的情感维度，然而这种强调仍然是以客观实践为前提的。荀子认为文艺产生于人的情感，重视文艺对人的情感的影响，其最终目的还是为实现其政治目的而服务，即为实现“天下皆宁，美善相乐”的政治诉求而服务。因而，在荀子的思想中，文艺的实用维度是第一位的，情感维度是第二位的；实用是目的与归宿，情感是工具与途径。所以李春青先生说：

> 如果说孔子的诗学观念开启了后世以诗歌作为陶冶个人情操的修身方式以及臣下对君主表达不满的形式之先河，孟子开启了一种诗学阐释学之先河，那么荀子则主要是在理论上突出了以诗歌作为社会政治教化之手段的功用。《毛诗序》中的诗歌功能论正是与荀子一脉相承的。①

总而言之，荀子重视文艺的社会实践价值，这既是儒学传统的特点，也是荀学性格的表现。荀子在“天生人成”的荀学基本原则的基础上，认为“天”与“性”皆是负面的、被治的，唯有依靠外在的礼义之统以“制天命而用之”“化性起伪”，通过礼、乐等“人文”以化成天下。包括文艺思想在内的他的一切理论学说，最终都指向于社会实践应用这一目的。虽然这一思想为后人所诟病，但是我们绝不能忽视荀子对中国文学理论的贡献。

① 李春青：《荀学与思孟学派的差异及荀子诗学的独特性》，《三峡大学学报》2004年第2期。

参考文献

一、《荀子》主要版本

1. 北京大学《荀子》注释组:《荀子新注》,中华书局 1979 年版。
2. 董治安、郑杰文汇撰:《〈荀子〉汇校汇注》,齐鲁书社 1997 年版。
3. 方孝博:《荀子选》,人民文学出版社 1958 年版。
4. 吉林大学《荀子》注释组:《荀子选注》,吉林人民出版社 1974 年版。
5. 李德永:《荀子》,上海人民出版社 1959 年版。
6. 李涤生:《荀子集释》,台湾学生书局 1979 年版。
7. 梁启雄:《荀子简释》,中华书局 1983 年版。
8. 天津《荀子选注》注释组:《荀子选注》,天津人民出版社 1975 年版。
9. 王天海:《荀子校释》,上海古籍出版社 2005 年版。
10. 王先谦撰,沈啸寰、王星贤点校:《荀子集解》,中华书局 1988 年版。
11. 熊公哲:《荀子今注今译》,台湾商务印书馆 1975 年版。
12. 杨柳桥:《荀子诂译》,齐鲁书社 1985 年版。
13. 张觉撰:《荀子译注》,上海古籍出版社 1995 年版。
14. 章诗同:《荀子简注》,上海人民出版社 1974 年版。
15. 朱谦之:《荀子校释》,中华书局 1963 年版。
16. 朱砚夫:《荀子》,中华书局 1963 年版。

二、《荀子》研究专著

1. 安家正:《合璧儒法:荀子的故事》,华文出版社 1997 年版。
2. 陈大齐:《荀子学说》,(台北)中华文化出版社专业委员会 1959 年版。
3. 陈登元:《荀子哲学》,商务印书馆 1928 年版。
4. 陈飞龙:《荀子之礼学研究》,台北市文史出版社 1979 年版。
5. 陈修武:《人性的批判:荀子》,海南出版社 1998 年版。
6. 储昭华:《明分之道:从荀子看儒家文化与民主政道融通的可能性》,商务

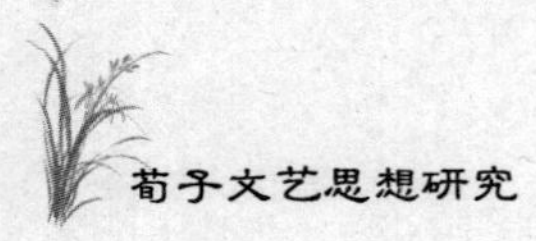

印书馆 2005 年版。

7. 方尔加:《荀子新论》,中国和平出版社 1993 年版。

8. 高正:《荀子版本源流考》,中国社会科学出版社 1992 年版。

9. 郭沫若:《十批判书》,东方出版社 1996 年版。

10. 韩德民:《荀子与儒家的社会理想》,齐鲁书社 2001 年版。

11. 胡玉衡、李育安:《荀况思想研究》,中州书画社 1983 年版。

12. 湖北人民出版社编:《论荀况》,湖北人民出版社 1974 年版。

13. 惠吉星:《荀子与中国文化》,贵州人民出版社 1996 年版。

14. 吉联抗译注:《孔子孟子荀子乐论》,人民音乐出版社 1959 年版。

15. 孔繁:《荀况》,人民出版社 1975 年版。

16. 孔繁:《荀子评传》,南京大学出版社 1997 年版。

17. 赖纯美、陈籽伶编著:《荀子名言的智慧:性恶论的人生哲学》,岳麓书社 2004 年版。

18. 辽宁人民出版社编:《论荀况》,辽宁人民出版社 1974 年版。

19. 刘师培:《荀子补释》,宁武南氏刘申叔先生遗书本,1936 年。

20. 刘耘华:《诠释学与先秦儒家之意义生成:〈论语〉、〈孟子〉、〈荀子〉对古代传统的解释》,上海译文出版社 2002 年版。

21. 刘子静:《荀子哲学纲要》,长沙商务印书馆 1938 年版。

22. 陆建华:《荀子礼学研究》,安徽大学出版社 2004 年版。

23. 骆瑞鹤:《荀子补正》,武汉大学出版社 1997 年版。

24. 马积高:《荀学源流》,上海古籍出版社 2000 年版。

25. 牟宗三:《名家与荀子》,台湾学生书局 1979 年版。

26. 彭万荣:《荀子:进取人生》,长江文艺出版社 1997 年版。

27. 秦榆编著:《荀子学院:荀子的人定胜天》,中国长安出版社 2006 年版。

28. 山西人民出版社编:《荀况和〈天论〉》,山西人民出版社 1974 年版。

29. 沈永宏、苏静编著:《隆礼至法:荀子谋略纵横》,蓝天出版社 1997 年版。

30. 唐任伍:《荀子思想与现代企业形象》,广西人民出版社 1999 年版。

31. 唐淑云主编:《治国名儒——荀子》,中国华侨出版社 1996 年版。

32. 陶师承:《荀子研究》,上海大东书局 1931 年版。

33. 汪国栋:《荀况天人系统哲学探索》,广州人民出版社 1987 年版。

34. 王恩洋:《荀子学案》,东方文教研究院 1945 年版。

35. 王颖:《荀子伦理思想研究》,黑龙江人民出版社 2006 年版。

36. 翁慧美:《荀子论人研究》,(台北)正中书局 1988 年版。

37. 吴文璋:《荀子的音乐哲学》,文津出版社 1994 年版。

38. 夏甄陶:《论荀子的哲学思想》,上海人民出版社 1979 年版。
39. 熊公哲:《荀卿学案》,商务印书馆 1922 年版。
40. 熊良智、庄剑编著:《〈荀子〉与现代社会》,四川人民出版社 1995 年版。
41. 徐平章:《荀子与两汉儒学》,文津出版社 1988 年版。
42. 杨大膺:《荀子学说研究》,中华书局 1936 年版。
43. 杨筠如:《荀子研究》,商务印书馆 1930 年版。
44. 张国风:《荀子·王霸之道》,中国社会出版社 2004 年版。
45. 张曙光:《外王之学:〈荀子〉与中国文化》,河南大学出版社 1995 年版。
46. 周炽成:《荀子韩非子的社会历史哲学》,中山大学出版社 2002 年版。
47. 周群振:《荀子思想研究》,(台北)文津出版社 1987 年版。
48. 周绍贤:《荀子要义》,台湾中华书局 1977 年版。

三、相关著作

1. 白奚:《稷下学研究——中国古代的思想自由与百家争鸣》,三联书店 1998 年版。
2. 班固撰,颜师古注:《汉书》,中华书局 1999 年版。
3. 蔡镇楚:《中国古代文学批评史》,岳麓书社 1999 年版。
4. 蔡仲德:《音乐与文化的人本主义思考》,广东人民出版社 1999 年版。
5. 蔡仲德:《中国音乐美学史》,人民音乐出版社 1995 年版。
6. 曹利华:《中华传统美学体系探源》,北京图书馆出版社 1999 年版。
7. 曹顺庆:《中西比较诗学史》,巴蜀书社 2008 年版。
8. 曾繁仁:《美学之思》,山东大学出版社 2003 年版。
9. 曾遂今:《音乐社会学概论》,文化艺术出版社 1997 年版。
10. 陈大齐:《孟子性善说与荀子性恶说的比较研究》,(台北)“中央”文物供应社 1953 年版。
11. 陈来:《古代宗教与伦理:儒家思想的根源》,三联书店 2009 年版。
12. 陈来:《早期道学话语的形成与演变》,安徽教育出版社 2007 年版。
13. 陈良运:《文与质·艺与道》,百花洲文艺出版社 1992 年版。
14. 陈炎:《多维视野中的儒家文化》,山东教育出版社 2006 年版。
15. 陈炎:《中国审美文化史》(先秦卷),山东画报出版社 2000 年版。
16. 陈昭瑛:《儒家美学与经典诠释》,华东师范大学出版社 2007 年版。
17. 成复旺:《中国古代的人学与美学》,中国人民大学出版社 1992 年版。
18. 程树德:《论语集释》,中华书局 1990 年版。
19. 丁冠之:《孟子研究论文集》,山东大学出版社 1997 年版。
20. 丁祯彦:《中国哲学名论解读》,华东师范大学出版社 2000 年版。

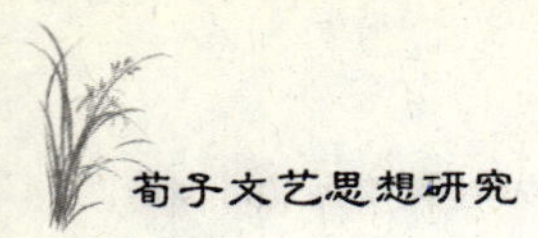

21. 段玉裁:《说文解字注》,上海古籍出版社1981年版。

22. 范寿康:《中国哲学史通论》,三联书店1983年版。

23. 范文澜:《中国通史》,人民出版社1978年版。

24. 房列曙、木华主编:《中国文化史纲》,科学出版社2001年版。

25. 冯达文:《早期中国哲学略论》,广东人民出版社1998年版。

26. 冯天瑜:《中华元典精神》,上海人民出版社1994年版。

27. 冯有兰:《中国哲学史》,华东师范大学出版社2000年版。

28. [英]弗雷泽著,徐育新等译:《金枝》,中国民间文艺出版社1987年版。

29. 高亨:《诗经今注》,上海古籍出版社1980年版。

30. 高亨:《周易大传今注》,齐鲁书社1979年版。

31. 高亨:《诸子新笺》,齐鲁书社1980年版。

32. 葛兆光:《中国思想史》,复旦大学出版社1998年版。

33. 郭沫若:《郭沫若全集》(历史编),人民出版社1982、1984年版。

34. 郭庆藩撰:《庄子集释》,中华书局1961年版。

35. [德]海德格尔著,陈嘉映、王庆节译:《存在与时间》,三联书店1987年版。

36. [德]黑格尔著,朱光潜译:《美学》,商务印书馆1981年版。

37. 侯外庐:《中国思想通史》,人民出版社1957年版。

38. 胡适:《中国哲学史大纲》,上海古籍出版社1997年版。

39. 黄俊杰:《孟学思想史论》,(台北)"中央"研究院中国文哲研究所2006年版。

40. 黄克剑、林少敏编:《牟宗三集》,群言出版社1993年版。

41. 黄克剑:《由"命"而"道"——先秦诸子十讲》,线装书局2006年版。

42. 霍松林:《古代文论名篇详注》,上海古籍出版社1986年版。

43. 吉联抗:《春秋战国音乐史料》,上海文艺出版社1981年版。

44. 吉联抗:《秦汉音乐史料》,上海文艺出版社1981年版。

45. 季旭昇主编,陈霖庆、郑玉姗、邹濬智合编:《〈上海博物馆藏战国楚竹书(一)〉读本》,北京大学出版社2009年版。

46. 姜书阁:《先秦辞赋原论》,齐鲁书社1983年版。

47. 蒋伯潜:《诸子通考》,浙江古籍出版社1985年版。

48. 荆门市博物馆编:《郭店楚墓竹简》,文物出版社1998年版。

49. 康有为著,姜义华、吴根友编校:《康有为全集》,上海古籍出版社1987年版。

50. 孔德立:《子思与思孟学派》,山东文艺出版社2004年版。

51. 劳思光:《新编中国哲学史》(一卷),广西师范大学出版社 2005 年版。

52. 李零:《郭店楚简校读记》(增订本),中国人民大学出版社 2007 年版。

53. 李明辉:《孟子重探》,(台北)联络出版事业公司 2001 年版。

54. 李日刚:《辞赋流变史》,文津出版社 1987 年版。

55. 李维武编:《徐复观文集》,湖北人民出版社 2002 年版。

56. 李衍柱:《经典文本与文艺学范畴研究》,暨南大学出版社 2002 年版。

57. 李泽厚、刘纲纪:《中国美学史》(先秦两汉编),安徽文艺出版社 1999 年版。

58. 李泽厚:《美学三书》,安徽文艺出版社 1999 年版。

59. 李泽厚:《中国古代思想史论》,安徽文艺出版社 1994 年版。

60. 李宗桂:《中国文化概论》,中山大学出版社 1988 年版。

61. 梁启超:《论中国学术思想变迁之大势》,上海古籍出版社 2001 年版。

62. 梁启超:《先秦政治思想史》,中华书局 1986 年版。

63. 梁启超:《饮冰室合集》,中华书局 1989 年版。

64. 梁漱溟:《东西文化及其哲学》,商务印书馆 2005 年版。

65. 梁漱溟:《中国文化要义》,学术出版社 1987 年版。

66. 梁涛:《郭店竹简与思孟学派》,中国人民大学出版社 2008 年版。

67. 刘宝楠:《论语正义》,中华书局 1980 年版。

68. 刘黎明:《先秦人学研究》,巴蜀书社 2001 年版。

69. 刘熙载:《艺概》,上海古籍出版社 1978 年版。

70. 陆侃如、牟世金:《文心雕龙译注》,齐鲁书社 1982 年版。

71. 罗根泽:《中国文学批评史》,上海书店出版社 2003 年版。

72. 罗根泽编著:《古史辨》(四)(六),上海古籍出版社 1982 年版。

73. 吕思勉:《先秦学术概论》,世界书局 1933 年版。

74. 马承源主编:《上海博物馆藏战国楚竹书(一)》,上海古籍出版社 2001 年版。

75. 马承源主编:《上海博物馆藏战国楚竹书(二)》,上海古籍出版社 2002 年版。

76. 马宗霍:《中国经学史》,商务印书馆 1996 年版。

77. 敏泽:《中国美学史》第 1 卷,齐鲁书社 1989 年版。

78. 牟宗三:《心体与性体》(全三册),上海古籍出版社 1999 年版。

79. 牟宗三:《中国哲学十九讲》,上海古籍出版社 1997 年版。

80. 欧阳祯人:《先秦诸家情性思想研究》,武汉大学出版社 2005 年版。

81. 彭亚非:《华夏审美风尚史》第 2 卷,河南人民出版社 2000 年版。

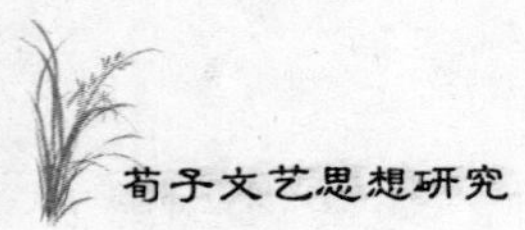

82. 皮锡瑞:《经学历史》,中华书局 1959 年版。

83. 蒲友俊:《中国文学批评史论》(先秦—魏晋南北朝卷),巴蜀书社 2002 年版。

84. 钱穆:《国学概论》,商务印书馆 1997 年版。

85. 钱穆:《孟子研究》,上海书店 1992 年版。

86. 钱穆:《先秦诸子系年》,二十一世纪出版社 2005 年版。

87. 钱穆:《中国近三百年学术史》,中华书局 1986 年版。

88. 钱穆:《中国文化史导论》,商务印书馆 1994 年版。

89. 丘贾孙:《历代乐志律志校释》,人民音乐出版社 1997 年版。

90. 饶宗颐:《澄心论萃》,上海文艺出版社 1996 年版。

91. 任继愈:《中国哲学发展史》,人民出版社 1983 年版。

92. 阮元校刻:《十三经注疏》,中华书局 1980 年版。

93. 施昌东:《先秦诸子美学思想述评》,中华书局 1979 年版。

94. 司马迁:《史记》,中华书局 1999 年版。

95. 孙家富:《先秦两汉诗学》,湖南人民出版社 2000 年版。

96. 谭好哲:《从古典到现代:中国文艺美学的民族性问题》,齐鲁书社 2004 年版。

97. 谭宇权:《孟子学术思想评论》,文津出版社 1995 年版。

98. 唐君毅:《人性之体验》,广西师范大学出版社 2004 年版。

99. 唐君毅:《中国文化之精神价值》,广西师范大学出版社 2004 年版。

100. 唐君毅:《中国哲学原论》,中国社会科学出版社 2005 年版。

101. 王弼著,楼宇烈校释:《王弼集校释》,中华书局 1980 年版。

102. 王国维:《人间词话》,中国社会科学出版社 1997 年版。

103. 王力:《中国语言学史》,山西人民出版社 1981 年版。

104. 王利器:《盐铁论校注》,中华书局 1992 年版。

105. 王先慎:《韩非子集解》,中华书局 1998 年版。

106. 王向峰:《中国美学论稿》,中国社会科学出版社 1996 年版。

107. 王兴华:《中国美学论稿》,南开大学出版社 1993 年版。

108. 王一川:《审美体验论》,百花文艺出版社 1992 年版。

109. 王岳川:《思·言·道》,北京大学出版社 1997 年版。

110. 王岳川:《艺术本体论》,三联书店 1994 年版。

111. 王运熙、黄霖:《中国古代文学理论体系》,复旦大学出版社 1999 年版。

112. 王志民主编:《齐文化概论》,山东人民出版社 1993 年版。

113. 王洲明:《先秦两汉文化与文学》,山东大学出版社 1996 年版。

114. 韦勒克、沃伦著，刘象愚等译:《文学理论》，三联书店 1984 年版。

115. 韦政通:《先秦七大哲学家》，江苏教育出版社 2006 年版。

116. 吴乃恭:《儒家思想研究》，东北师范大学出版社 1988 年版。

117. 夏甄陶:《中国认识论思想史稿》上卷，中国人民大学出版社 1992 年版。

118. 夏之放:《文学意象论》，汕头大学出版社 1993 年版。

119. 熊十力:《读经示要》，中国人民大学出版社 2006 年版。

120. 熊十力:《原儒》，中国人民大学出版社 2006 年版。

121. 修海林:《古乐的沉浮》，山东文艺出版社 1989 年版。

122. 徐复观:《中国人性论史》，华东师范大学出版社 2005 年版。

123. 徐复观:《中国文学精神》，上海书店出版社 2006 年版。

124. 徐复观:《中国艺术精神》，春风文艺出版社 1987 年版。

125. 杨伯峻:《论语译注》，中华书局 1980 年版。

126. 杨大膺:《孟子学说研究》，上海书店 1992 年版。

127. 杨华:《先秦礼乐文化》，湖北教育出版社 1997 年版。

128. 杨宽:《战国史》，上海人民出版社 1998 年版。

129. 杨儒宾:《中国古代思想中的气论及身体观》，台北巨流图书公司 1993 年版。

130. 杨守森:《艺术境界论》，上海人民出版社 2008 年版。

131. 杨荫浏:《中国古代音乐史稿》，人民音乐出版社 1981 年版。

132. 杨泽波:《孟子评传》，南京大学出版社 1998 年版。

133. 杨泽波:《孟子性善论研究》，中国社会科学出版社 1995 年版。

134. 姚文放:《美学文艺学本体论》，社会科学文献出版社 2002 年版。

135. 叶继业:《孟子思想研究》，台北黎明文化事业股份有限公司 1993 年版。

136. 袁济喜:《和——中国古典审美理想》，中国人民大学出版社 1989 年版。

137. 詹福瑞:《中古文学理论范畴》，河北大学出版社 1997 年版。

138. 张岱年:《中国哲学大纲》，中国社会科学出版社 1982 年版。

139. 张岱年主编:《中国文化概论》，北京师范大学出版社 1994 年版。

140. 张法:《中国美学史》，上海人民出版社 2000 年版。

141. 张光直:《中国青铜时代二集》，三联书店 1990 年版。

142. 张国庆:《中和之美——普遍艺术和谐观与特定艺术风格论》，巴蜀书社 1995 年版。

143. 张岂之:《中国思想史》，西北大学出版社 1989 年版。

144. 张世英:《哲学导论》，北京大学出版社 2002 年版。

145. 章太炎:《章太炎全集》1—6 册，上海人民出版社 1982—1986 年版。

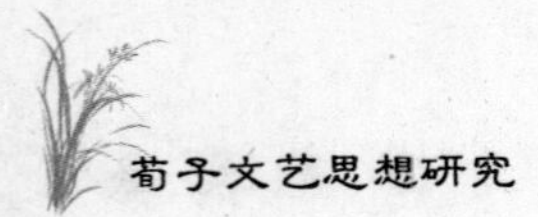

146. 章学诚:《文史通义》,中华书局1961年版。

147. 周振甫:《文心雕龙今译》,中华书局1986年版。

148. 朱光潜:《朱光潜美学文集》,上海文艺出版社1982年版。

149. 朱立元:《天人合一:中华审美文化之魂》,上海文艺出版社1998年版。

150. 朱熹:《四书章句集注》,中华书局1990年版。

151. 朱自清:《诗言志辨》,开明书店1947年版。

152. 诸葛志:《中国原创性美学》,上海古籍出版社2000年版。

153. 宗白华:《美学散步》,上海人民出版社1981年版。

154. 宗白华:《中国美学史论集》,安徽教育出版社2000年版。

155. 宗白华:《中国哲学史提纲》,江苏教育出版社2005年版。

四、学位论文

1. 陈良武:《荀子的礼学思想及其历史影响》,云南师范大学硕士学位论文,2006年。

2. 陈伟:《荀子"分"思想的法哲学分析》,重庆大学博士学位论文,2012年。

3. 崔存明:《荀子与儒家六艺经典化——出土文献视野下荀子与儒家经典生成研究》,首都师范大学博士学位论文,2011年。

4. 付晓青:《荀子"乐论"美学思想研究》,山东大学博士学位论文,2008年。

5. 顾炯:《儒家视域中的修身之道——荀子身体思想研究》,华东师范大学博士学位论文,2011年。

6. 洪永稳:《论荀子的文艺思想》,安徽大学硕士学位论文,2005年。

7. 黄文彦:《荀子礼治思想研究》,逢甲大学硕士学位论文,2001年。

8. 李莹瑜:《荀子内圣外王思想研究》,"国立"中兴大学硕士学位论文,2003年。

9. 林建邦:《荀子理想人格类型的三种境界及其意义——以士、君子、圣人为论述中心》,"国立"政治大学硕士学位论文,2004年。

10. 刘乃华:《荀子道德思想之研究》,南华大学硕士学位论文,2002年。

11. 刘素香:《荀子礼论性论及其关系之研究》,"国立"中山大学硕士学位论文,2002年。

12. 孟凯:《正名与正道——荀子名学与伦理政治思想研究》,华东师范大学博士学位论文,2012年。

13. 王嘉陵:《荀子"化性起伪"思想研究》,"国立"高雄师范大学硕士学位论文,2003年。

14. 王伟:《荀子性恶论人学与美学》,郑州大学硕士学位论文,2000年。

15. 王向东:《荀子"分"论》,河南大学硕士学位论文,2005年。

16.王小平:《荀子文学思想及影响研究》,华中科技大学硕士学位论文,2005年。

17.杨艾璐:《荀子功利文艺思想研究》,辽宁大学博士学位论文,2010年。

18.杨波:《荀子人性学说及其当代价值》,安徽大学硕士学位论文,2006年。

19.余全介:《荀子诗说研究》,安徽大学硕士学位论文,2002年。

20.袁世杰:《礼学重构中的荀子性恶论文艺观》,苏州大学博士学位论文,2003年。

21.张源旺:《荀子〈乐论〉的美学思想》,扬州大学硕士学位论文,2003年。

五、期刊论文

1.包遵信:《浅谈〈荀子·赋篇〉》,《文史哲》1978年第5期。

2.曾振宇:《从出土文献再论荀子"天"论哲学性质》,《齐鲁学刊》2008年第4期。

3.陈良运:《论荀子和屈原的诗学观》,《暨南学报(哲学社会科学版)》1993年第4期。

4.陈鹏飞:《简论荀子的语言哲学思想》,《中州学刊》2002年第4期。

5.陈阳、王赛:《乐善则善善,乐美则美美——浅论〈荀子·乐论〉中荀子的音乐思想》,《管子学刊》2011年第4期。

6.陈迎年:《"能定能应,夫是之谓成人"——〈荀子〉论道德之源》,《江淮论坛》2005年第6期。

7.陈泳超:《荀子"贵文"思想及其美学意义》,《江海学刊》1997年第6期。

8.程梁:《〈荀子·乐论〉析》,《郑州大学学报(哲学社会科学版)》1982年第4期。

9.褚玉龙:《试论荀子对音乐社会作用的论述》,《中央音乐学院学报》1981年第4期。

10.褚玉龙:《荀子论音乐的抒情特质》,《中国音乐》1981年第4期。

11.丁成际:《荀子"分""和"思想的四重内涵》,《现代哲学》2011年第4期。

12.丁四新:《天人·性伪·心知——荀子哲学思想的核心线索》,《中国哲学史》1997年第3期。

13.丁秀菊:《论荀子对孔子立言修辞思想的继承与发展》,《山东大学学报(哲学社会科学版)》2012年第6期。

14.杜寒风:《荀子的"美善同一"观》,《道德与文明》1986年第3期。

15.樊琪:《试述〈论衡〉对〈荀子〉文论观的继承》,《江苏社会科学》1994年第4期。

16.范明华:《荀子"性伪论"的美学意蕴》,《求是学刊》1995年第4期。

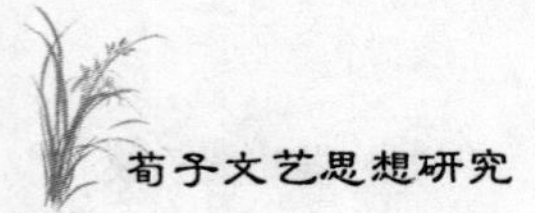

17. 谷云义:《荀子的文学主张及其特征》,《东北师大学报》1986 年第 4 期。

18. 顾永芝:《荀子发展了"中和之美"的思想》,《音乐研究》1985 年第 3 期。

19. 郭卫华:《论荀子"礼以养情"的性情观》,《广西社会科学》2013 年第 2 期。

20. 郭志坤:《荀子的文艺思想》,《湖南师大社会科学学报》1987 年第 3 期。

21. 郭志坤:《荀子的语言艺术》,《中南民族学院学报(社会科学版)》1986 年第 4 期。

22. 郭祖仪:《荀子〈正名〉篇的心理语言思想探析》,《陕西师大学报(哲学社会科学版)》1993 年第 4 期。

23. 韩德民:《荀子的乐论与性恶论》,《浙江社会科学》2001 年第 5 期。

24. 郝强:《荀子"美善相乐"的"乐教"理论》,《道德与文明》1993 年第 3 期。

25. 侯文华:《〈荀子·赋篇〉与楚国巫祭仪式关系考论》,《中国文化研究》2011 年第 2 期。

26. 胡雪冈:《荀子美学思想管窥》,《学术月刊》1987 年第 11 期。

27. 花三科:《试论〈荀子〉的语言学价值》,《宁夏大学学报(社会科学版)》1989 年第 4 期。

28. 黄君良:《从〈易〉到荀子看"文"之观念的衍化》,《学术月刊》1992 年第 2 期。

29. 黄意明:《〈荀子·乐论〉与〈礼记·乐记〉思想比较》,《戏剧艺术》2008 年第 1 期。

30. 惠吉星:《四十年来荀子研究述评》,《河北学刊》1996 年第 5 期。

31. 蒋颖荣:《荀子的"礼乐"教化思想与现代道德传播》,《哲学动态》2010 年第 5 期。

32. 黎传绪:《中国说唱文学之祖新探——荀子〈成相篇〉在中国说唱文学史的价值和地位》,《江西社会科学》2004 年第 3 期。

33. 李炳海:《〈荀子·成相〉的篇题、结构及其理念考辨》,《江汉论坛》2010 年第 9 期。

34. 李春青:《〈荀子·乐论〉与儒家话语建构的文化逻辑》,《江海学刊》2011 年第 3 期。

35. 李凯:《荀子批判理论与西方诠释学》,《海南大学学报(人文社会科学版)》2008 年第 2 期。

36. 李立新:《荀子〈正名〉的语言观探源》,《兰台世界》2010 年第 6 期。

37. 李松岩:《荀子〈正名篇〉对语言本质的论述》,《新疆大学学报(哲学社会科学版)》1997 年第 3 期。

38. 李翔海:《从心性学说看荀子思想的学派归属》,《哲学研究》1998 年第 10 期。

39. 李衍柱:《世界轴心时代的诗学双峰——与亚里士多德〈诗学〉并峙的荀子〈乐论〉》,《山东师范大学学报(人文社会科学版)》2006 年第 6 期。

40. 李英华:《荀子天人论的几个问题——兼论郭店竹简〈穷达以时〉》,《海南大学学报(人文社会科学版)》2001 年第 2 期。

41. 李宗桂:《荀子对中国文化的贡献》,《中华文化论坛》2005 年第 1 期。

42. 梁启雄:《荀子乐论篇浅解》,《音乐研究》1958 年第 3 期。

43. 廖名春:《荀子"虚壹而静"说新释》,《孔子研究》2009 年第 1 期。

44. 林桂榛:《论荀子性朴论的思想体系及其意义》,《现代哲学》2012 年第 6 期。

45. 刘立志:《荀子与两汉〈诗〉学》,《中国文学研究》2001 年第 2 期。

46. 刘文忠:《〈荀子〉对〈文心雕龙〉的影响》,《求索》1997 年第 1 期。

47. 刘延福:《"天生人成"与道德叙事——论荀子叙事观的理论旨归》,《江西社会科学》2010 年第 1 期。

48. 刘延福:《论荀子与儒家礼乐观的情感论转向》,《湖南师范大学社会科学学报》2014 年第 4 期。

49. 刘延福:《论荀子与儒家文质观的情感转向》,《江西社会科学》2013 年第 10 期。

50. 刘延福:《以情论乐——荀子诗乐观的情感特质》,《名作欣赏》2010 年第 2 期。

51. 刘毓庆、郭万金:《荀子〈诗〉学与先秦"诗传"》,《晋阳学刊》2007 年第 6 期。

52. 刘耘华:《先秦儒家诠释学的问题向度——以〈论语〉、〈孟子〉、〈荀子〉为个案》,《学术界》2002 年第 4 期。

53. 刘再生、陈瑞泉:《〈荀子·成相〉"相"字析疑兼及"瞽"文化现象》,《音乐研究》2011 年第 3 期。

54. 路德斌:《试论荀子哲学的特质及其对儒家道统之意义》,《孔子研究》2003 年第 2 期。

55. 路德斌:《试论荀子哲学在儒学发展中的地位和意义》,《中国哲学史》1997 年第 3 期。

56. 路德斌:《荀子"性恶"论原义》,《东岳论丛》2004 年第 1 期。

57. 罗玉华:《论荀子对〈诗经〉民歌的引用价值》,《名作欣赏》2008 年第 16 期。

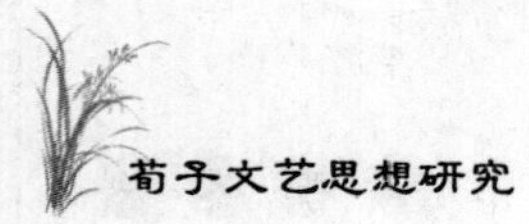

58. 罗渊:《从〈正名〉看荀子的语言认知意识》,《语言研究》2004 年第 3 期。

59. 吕慧燕:《荀子生态和谐思想探论》,《东北师大学报(哲学社会科学版)》2013 年第 3 期。

60. 马世年:《〈荀子·赋篇〉体制新探——兼及其赋学史意义》,《文学遗产》2009 年第 4 期。

61. 马银琴:《荀子与〈诗〉》,《清华大学学报(哲学社会科学版)》2008 年第 3 期。

62. 马育良:《荀子对礼之存在合理性的另一种论证》,《孔子研究》1997 年第 3 期。

63. 马征:《荀子美学思想研究》,《孔子研究》2001 年第 6 期。

64. 毛新青:《荀子"礼"论的审美意蕴》,《孔子研究》2007 年第 2 期。

65. 毛新青:《荀子"情义"观探析》,《管子学刊》2011 年第 2 期。

66. 苗润田:《批判与建构——荀子社会批判思想研究》,《管子学刊》2008 年第 2 期。

67. 欧景星:《略论荀子的"中和"观》,《音乐艺术(上海音乐学院学报)》2001 年第 4 期。

68. 濮之珍:《荀子的语言学思想》,《学术月刊》1980 年第 11 期。

69. 祁海文:《论荀子的礼乐教化美育观》,《东岳论丛》2013 年第 4 期。

70. 秦立:《荀子〈成相〉的诗体学意义》,《名作欣赏》2010 年第 3 期。

71. 鄯爱红:《试论荀子乐教与成人之道》,《孔子研究》1999 年第 4 期。

72. 石洪波:《论荀子的性情观》,《管子学刊》2006 年第 2 期。

73. 石蔚:《荀子音乐思想辨析》,《管子学刊》2010 年第 4 期。

74. 石应宽:《荀子音乐思想二议》,《中国音乐》1990 年第 4 期。

75. 史鉴:《荀子的语言规范理论》,《语文建设》1995 年第 4 期。

76. 宋志明:《荀子的文化哲学》,《东岳论丛》1992 年第 2 期。

77. 涂光社:《荀子的性恶论及其与文学的关系》,《辽宁大学学报(哲学社会科学版)》1995 年第 4 期。

78. 王安庭:《论荀子的文艺思想》,《山西师大学报(社会科学版)》2006 年第 3 期。

79. 王建疆:《无万物之美而可以养乐——荀子修养美学新探》,《西北师大学报(社会科学版)》2000 年第 4 期。

80. 王杰:《荀子的人性论及其"成人之道"》,《社会科学辑刊》2001 年第 4 期。

81. 王堃:《荀子"正名"伦理思想的元语言学分析》,《周易研究》2012 年第

3 期。

82. 王薇:《从现代语言学角度看荀子语言观》,《宁夏大学学报(人文社会科学版)》2011 年第 1 期。

83. 王雪霞:《荀子语言学思想新探》,《河北学刊》2005 年第 1 期。

84. 王寅:《荀子论语言的体验认知辩证观——语言哲学再思考:语言的体验性(之五)》,《外语学刊》2006 年第 5 期。

85. 王占通:《论荀子对先秦儒家传统的突破》,《法制与社会发展》2010 年第 6 期。

86. 王长华、张文书:《荀子美学思想述评》,《河北学刊》1989 年第 6 期。

87. 王志成:《荀子音乐美学思想辨析》,《艺术百家》2004 年第 3 期。

88. 温海明:《荀子心"合"物论发微》,《中国哲学史》2008 年第 2 期。

89. 吴丽红:《荀子的明分论及其历史意义》,《江淮论坛》1992 年第 4 期。

90. 吴乃恭:《荀子〈乐论〉及其同〈乐记〉关系的探讨》,《社会科学战线》1987 年第 4 期。

91. 吴祖刚:《〈荀子〉"性、情、欲"之关系分析》,《道德与文明》2013 年第 6 期。

92. 萧鲁:《试论荀子的人文意识》,《孔子研究》1991 年第 3 期。

93. 谢遐龄:《〈孟子〉〈荀子〉感学初步比较——儒学之美学的可能性探讨》,《云南大学学报(社会科学版)》2012 年第 1 期。

94. 修建军:《〈吕氏春秋〉与〈荀子〉思想主体之比较——兼议学派归属性的一般问题》,《管子学刊》1994 年第 3 期。

95. 徐克谦:《论荀子的"中道"哲学》,《中国哲学史》2011 年第 1 期。

96. 许艾琼:《荀子正名理论的符号学意义》,《中国哲学史》1994 年第 1 期。

97. 颜炳罡:《郭店楚简〈性自命出〉与荀子的情性哲学》,《中国哲学史》2009 年第 1 期。

98. 燕国材:《荀子论情、欲、性》,《心理学报》1980 年第 2 期。

99. 杨庆云:《荀子的社会语言学思想》,《中州学刊》2012 年第 5 期。

100. 杨太辛:《论荀子的学术批评》,《哲学研究》1992 年第 10 期。

101. 杨太辛:《荀子的人文精神及其影响》,《浙江社会科学》1998 年第 5 期。

102. 于世君:《试论荀子的"至善"学说》,《辽宁大学学报(哲学社会科学版)》1992 年第 1 期。

103. 余皓:《简论荀子的礼乐教化思想》,《黄钟(武汉音乐学院学报)》2000 年第 2 期。

104. 余兰森:《荀子〈乐论〉与音乐社会学》,《黄钟(武汉音乐学院学报)》1993

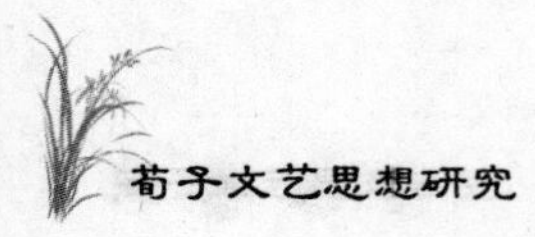

年第 4 期。

105. 虞圣强:《荀子“性恶”论新解》,《复旦学报(社会科学版)》1996 年第 4 期。

106. 张惠仁:《荀子——我国古代散文赋的首倡者》,《四川师院学报(社会科学版)》1981 年第 4 期。

107. 张节末:《从道统转向政统的意识形态理论——荀子美学再检讨》,《文史哲》1998 年第 4 期。

108. 张连捷:《荀子情感教育思想评述》,《教育理论与实践》1985 年第 1 期。

109. 张奇伟:《论“礼义”范畴在荀子思想中的形成——兼论儒学由玄远走向切近》,《北京师范大学学报(人文社会科学版)》2001 年第 2 期。

110. 张思齐:《从〈荀子·成相篇〉看质朴和俚俗诸审美范畴在中国诗学中的嬗变》,《中州学刊》1993 年第 5 期。

111. 张颂之、杨春梅:《荀子是儒学还是黄老之学的代表?——与赵吉惠先生商榷》,《哲学研究》1994 年第 9 期。

112. 张文勋:《孟子和荀子美学思想之比较》,《社会科学战线》1995 年第 5 期。

113. 张雁:《从〈正名〉看荀子的语言思想》,《东岳论丛》2007 年第 3 期。

114. 张源旺:《荀子乐论与儒家乐论传统》,《孔子研究》2011 年第 6 期。

115. 张运华:《荀子对道家思想的吸收和对儒学的重建》,《求索》1998 年第 3 期。

116. 张铮:《荀子与〈诗〉学刍议》,《古籍整理研究学刊》2008 年第 5 期。

117. 赵伯雄:《〈荀子〉引〈诗〉考论》,《南开学报(哲学社会科学版)》2000 年第 2 期。

118. 赵东栓:《从荀子论〈诗〉看荀子的〈诗〉学观念》,《东岳论丛》2012 年第 2 期。

119. 赵国付、陈光连:《论荀子分的思想》,《学术论坛》2009 年第 11 期。

120. 赵逵夫:《〈荀子·赋篇〉包括荀卿不同时期两篇作品考》,《贵州社会科学》1988 年第 4 期。

121. 赵士林:《“礼”的诗化:从宗教情感到审美情感——荀子美学新解》,《哲学研究》2001 年第 6 期。

122. 郑炳硕:《从天生到人成——荀子的天生人成与尊群体思想论析》,《孔子研究》2014 年第 1 期。

123. 支菊生:《荀子〈成相〉与诗歌的“三三七言”》,《河北大学学报(哲学社会科学版)》1983 年第 3 期。

124. 钟英战:《论荀子“以玉观德”的和谐审美观》,《湖北社会科学》2009 年第 7 期。

125. 钟肇鹏:《荀子与经学》,《管子学刊》1989 年第 4 期。

126. 周光庆:《荀子语言哲学思想发微》,《孔子研究》2007 年第 3 期。

127. 朱师辙:《荀子成相篇韵读补释》,《中山大学学报(社会科学版)》1957 年第 3 期。

128. 朱志荣:《论荀子的美学思想》,《社会科学家》2009 年第 4 期。

129. 卓支中:《荀子文艺美学思想管窥》,《暨南学报(哲学社会科学版)》1990 年第 2 期。

六、英文文献

1. Dubs, Homer H., *The Works of Hsüntze: Tianslation from the Chinese, with Notes*, London: Arthur Probsthain, 1928.

2. Fehl, Noah E., *Li: Rites and Propriety in Literature and Life—A Perspective for a Cultural History of Ancient China*, Hong Kong: Chinese University of Hong Kong, 1971.

3. Cua, A. S., *Ethical Argumentation: A Study in Hsün Tzu's Moral Epistemology*, Honolulu, Hawaii: University of Hawaii Press, 1985.

4. Edward, J. Machle, *Nature and Heaven in the Xunzi: A Study of the Tian Lun*, Albany: State University of New York Press, 1993.

5. Kline, T. C. Ⅲ & Ivanhoe Philip J. (eds.), *Virtue, Nature, and Moral Agency in Xunzi*, Indianapolis: Hackett Publishing Company, 2000.

6. Knoblock, J., *Xunzi: A Translation and Study of Complete Works*, Vols. 1—3. Stanford University Press, 1988—1994.

7. Jih, Chang-Shin, Human Nature as Evil: A Descriptive Comparative Study of *Xunzi and Augustine*, Ph. D dissertation, Temple University, 2004.

8. Hagen, Kurtis George, Confucian Constructivism: A Reconstruction and Application of the Philosophy of Xunzi, Ph. D dissertaion, University of Hawaii, 2002.

9. Stalnaker, Aaron D., Overcoming Our Evil: Spiritual Exercises and Personhood in *Xunzi and Augustine*, Ph. D disseration, Brown University, 2001.

11. Lee, Janghee, The Autonomy of Xin and Ethical Theory in Xunzi, Ph. D disseration, University of Hawaii, 2001.

12. Hutton, Eric Leon, Virtue and Reason in *Xunzi*, Ph. D disseration, Stanford University, 2001.

13. Lundberg, Brian J., Musical and Ritual Therapeutics in *Xunzi*: The Psychophysical Dynamics of Crafting One's Person, Ph. D., University of Hawaii, 2000.

14. Kline, Thornton Charles III, Ethics and Tradition in *Xunzi*, Ph. D dissertation, Stanford University, 1998.

15. Goldin, Paul Rakita, The Philosophy of Xunzi, Ph. D dissertation, Harvard University, 1996.

后 记

拙作是在我的博士学位论文的基础上修改完成的。付梓之际,有许多感谢的话想说。

从在山东师范大学读本科,再到硕博连读,整整经历了九个春秋。在这九年当中,有许多事情深深地铭刻在我的脑海之中,挥之不去,万般不舍。

李衍柱教授是我的授业恩师,也是我的引路人。无论在学业上还是在生活上,先生都给了我莫大的帮助。十年前,先生指导了我的本科毕业论文写作。从那时起,我就深深地被先生的精神品格与学术人格所吸引。先生虽年已古稀,但精神矍铄、鹤发童颜,他朴实无华、平易近人的人格魅力是我学习的榜样。先生酷爱读书,博学睿智,思想深邃,才思敏捷,治学严谨,精益求精,令我高山仰止,是我修身治学的标杆。先生不嫌我愚钝,从本科开始就一直悉心指导我的论文写作。他循循善诱,耳提面命,传我以道,授我以业,解我之惑,帮助我顺利完成了从本科毕业论文到博士毕业论文的写作。师母林春英女士,就像母亲一样关心我的学习和生活上的方方面面,让我感受到了家的温暖。先生及师母对我的恩情,我将永生难忘。

此外,我还要特别感谢山东大学的谭好哲先生。谭先生是我在山东大学博士生访学期间的指导老师。在为期一年的访学过程中,谭老师的每一句鼓励、每一次点拨对我而言都弥足珍贵。在他的指导下,我的视野更加开阔,思维也更加活跃,这为我的论文写作奠定了坚实的基础。

在求学的九年中,特别是在博士论文的选题、写作及修改过程中,我得到了山东师范大学文艺学教研室诸位师长的诸多指导,他们的提携点拨、答疑解惑使我获益匪浅。对他们的关心与帮助,表示诚挚的感谢!

感谢河南理工大学文法学院汉语言文学一级重点学科、文艺学重点学科、中外诗学与多元文化研究中心等平台对拙作的资助,感谢学院领导与同事的关爱与支持。

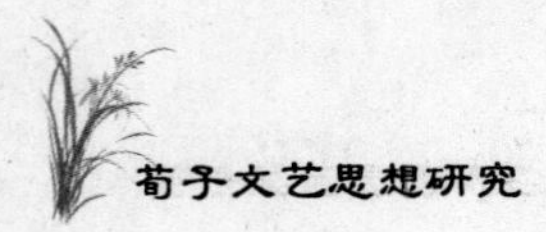

山东大学出版社王立强师弟为拙作出版做了巨大的工作,在此致谢。

最后,我要特别感谢我的家人,尤其是我的爱人周新凤。在任何时候,无论面对任何困难,他们都对我不离不弃,从经济到精神上给予我莫大的支持。是他们的爱让我在逆境中磨炼、奋进、成长,他们是我学术之路上最强大的后盾!

此外,拙作参考了大量前辈学者的研究成果,在此一并致谢。由于水平的限制,拙作定有许多不足之处,希望方家批评、指正。

刘延福
2015 年 7 月 1 日于河南理工大学